MOSTLY HARMLESS ECONOMETRICS

대체로 해롭지 않은 계량경제학

실증연구자의 동반서

An Empiricist's Companion

Joshua D. Angrist & Jörn-Steffen Pischke

강창희 · 박상곤 옮김

經文社

목차

그림 목차

표 목차

역자 서문

이 책의 원제목은 *Mostly Harmless Econometrics*이다. 제목이 암시하는 바와 같이, 이 책의 저자들은 실증 연구자들이 통상적으로 참고하는 계량경제학을 해로운 부류와 (대체로) 해롭지 않은 부류로 나눌 수 있다는 입장을 취한다. 그렇다면 한 계량경제 기법이 해로운 부류에 속하는지 혹은 해롭지 않은 부류에 속하는지를 구분하는 기준은 무엇일까? 이 책에 따르면, 불필요하게 복잡한 계량경제학 방법들은 우선 해로운 부류에 속한다(서문 1쪽). 그리고 널리 알려져 있는 통계 패키지들(예를 들어, SAS, SPSS, Stata, EViews 등)을 사용해 손쉽게 적용할 수 있는 계량경제학 방법들은 해롭지 않은 부류에 속한다(229쪽). 이 책의 저자들에게 계량경제학이란 근본적으로 처치(treatment)의 인과효과를 구하는 데 사용되는 도구이다. 인과효과 추정에 도움이 되는 계량경제 기법은 유익한 것이고, 그렇지 않은 기법은 해로운 것이다. 사람들이 어떤 목적을 달성하기 위해 쓰는 도구가 불필요하게 복잡하다면 그 도구는 보다 간편한 도구에 의해 자연스럽게 대체될 것이다.

이 책의 저자 중 한 사람인 Joshua Angrist는 1980년대 후반부터 줄곧 처치를 무작위 배정하는 실험적인 방법을 적용해야만 처치의 인과효과를 제대로 구할 수 있다고 주장해 왔다. 그가 이와 같이 주장하기 시작하던 1980년대 후반 대부분의 사회과학자들은 그가 주장하는 실험 접근법을 사회과학 연구에 적용하기는 불가능하거나 대단히 어렵다는 입장을 취하였다. 그러나 Angrist는 자신의 여러 연구들을 통해 사회과학 연구에 실험 방법을 적용하는 것이 충분히 가능하고 매우 유익하다는 점을 증명하였다. 이 때 그가 주목했던 실험이란 자연과학 연구에서 우리가 흔히 보는 실험실에서의 무작위 배정 실험이 아니었다. Angrist가 염두에 두고 있던 실험이란 '자연실험(natural experiments)'으로서 자연스러운(natural) 상태에서 진행되었으나 무작위 실험

(experiments)과 동일한 함의를 갖는 사회 내 제도나 그 제도의 변화를 의미한다.

우리나라 사람들에게 매우 익숙한 자연실험의 예로서 중·고등학교 평준화 제도를 들 수 있다. 지금은 평준화 적용 방식이 과거만큼 엄격하지 않지만, 1970~80년대에는 평준화 제도가 매우 엄격하게 적용되었다. 이 당시 평준화 제도를 채택하는 지역에서 인문계 고등학교에 진학하는 학생들의 학교는 문자 그대로 추첨에 의해 무작위로 결정되었다. 우리나라의 고교 평준화 제도는 교육부에서 학생들을 대상으로 어떤 주제를 연구하기 위해 시행한 무작위 실험이 아니다. 하지만 Angrist의 눈에 한국의 평준화 제도는 학생들을 서로 다른 학교에, 서로 다른 급우나 교우들에게, 서로 다른 선생님에게, 그리고 서로 다른 선배들에게 무작위로 배정하는 자연실험이다. 연구자는 평준화 제도가 갖는 이와 같은 자연실험적 함의를 활용함으로써 보통의 상황에서는 연구가 불가능한 주제의 인과효과를 구할 수 있다. 1990년대 이후 자연실험을 사회과학 연구에 활용하는 Angrist의 연구방법은 실증 경제학자들 사이에서 큰 호응을 얻게 되었고, 그의 연구방법은 현재 실증경제학 연구의 주류 방법으로 자리 잡았다.

Angrist의 '자연실험' 접근법은 통계학을 활용해 비실험 자료를 분석하는 전통적인 실증경제학에 대한 근본적인 회의로부터 출발한다. 비실험 자료를 이용한 분석에 대해 근본적인 의심을 갖게 될 때 연구자가 생각할 수 있는 유일한 대안은 실험 자료를 이용하는 방법일 것이다. 실험 연구의 전통은 사실 꽤 오래되었다. 그러나 Angrist는 특별히 우리가 생각하는 실험의 범위를 실험실 실험에서 자연실험으로 확장시키는데 기여를 하였다. 비실험 자료를 분석하는 통계방법과 비교할 때 (자연)실험 자료를 분석하는 방법은 매우 간단하다. 평균 비교법 혹은 t-검정 정도만으로도 인과효과의 훌륭한 추정치를 구하는 데 아무런 손색이 없다. Angrist에게 인과효과를 구하는 가장 바람직한 연구 방법은 자연실험 자료를 찾아 간단한 통계기법을 적용하는 것이고, 가장 우려스러운 연구 방법은 비실험 자료에 대해 매우 복잡한 통계기법을 적용하는 것이다. 문제를 해결할 간단한 방법이 존재함에도 불구하고 굳이 복잡한 길을 궁리한다는 의미에서 불필요하게 복잡하고 현란한 계량경제학은 사람들에게 해롭기까지 하다.

Angirst와 Pischke는 이 책에서 지난 20여 년 동안 개발된 자연실험에 기반한 사회과학 실증연구 방법론을 일목요연하게 정리하고 있다. 그리고 Angirst가 제안하는 연구방법론을 따라 지난 20여 년 동안 진행되었던 많은 연구들을 이 책에서 자세히 설명하고 있다. 이 책을 읽으면서 독자 여러분도 Angrist와 그에게 영감을 받은 많은 실증 경제학자들이 걸었던 생각의 여정에 동행할 수 있기를 바란다. 2014년 현재 Angrist는 아직 노벨 경제학상을 받는 영예를 누리지는 못했다. 그러나 그가 노벨 경제학상을 받는 것은 단지 시간의 문제일 뿐이라는 생각이 이 책을 마칠 즈음 여러분에게 들기를 바란다. 그런 생각이 든다면 여러분은 이 책을 제대로 읽은 것이다.

마지막으로 어려운 출판 여건 속에서도 흔쾌히 이 책을 번역 출판할 수 있도록 도와주신 도서출판 경문사의 한헌주 대표와 초벌 번역본에서 최종 번역본까지 지루한 수정 및 편집 작업을 해주신 한지윤 대리, 그리고 보다 많은 사람들이 이 번역서를 볼 수 있게 도와주신 김재홍 부장께 감사드린다.
가능한 오역이 없도록 그리고 번역문이 어색하지 않도록 많은 노력을 기울였지만, 여전히 남아 있을 부족함은 번역자의 책임이다.

2014년 8월

강창희·박상곤

저자 서문

계량경제학의 세계는 끊임없이 확장하고 있다. 그 결과 계량경제학의 방법론과 실무분야에서는 큰 진전이 있었으나, 계량경제학 방법론의 현대적인 적용방식은 종종 경험 있는 계량 연구자들에게조차 혼란을 주는 것 같다. 그러나 다행스럽게도 이 모든 적용방식들이 동일한 가치와 중요성을 갖고 있는 것은 아니다. 몇몇 생소한 방법들은 불필요할 정도로 복잡하고 심지어 해롭기까지 하다. 그럼에도 불구하고 긍정적인 측면은 응용 계량경제학의 핵심 방법론은 거의 변하지 않은 채, 기본 도구들에 대한 해석이 보다 섬세해지고 세련되어 가고 있다는 점이다. 이 책에 수록된 우리의 동반서는 실증분석 연구자들을 계량경제학의 핵심적인 내용으로 인도하는 안내서 역할을 한다는 의미에서 『대체로 해롭지 않은 계량경제학(*Mostly Harmless Econometrics*)』이라는 제목을 붙인다.*

응용 계량경제학자들이 자료 분석에서 가장 중요시해야 할 방법들은 아래와 같다.

1. 연구 대상이 되는 인과관계가 제대로 드러나지 못하게 방해하는 변수들을 통제하도록 디자인된 회귀모형
2. 진짜 실험(real experiments)과 자연 실험(natural experiments)을 분석에 활용하는 도구변수법(Instrumental variables methods)
3. 관측되지 않는 누락변수(omitted factors)를 통제하기 위해 반복 관측 자료를 사용하는 이중차분(Differences-in-differences) 전략

* **(역주)** 『은하수를 여행하는 히치하이커를 위한 안내서』(5권)에서 우주 조사원인 포드 프리펙트는 지구에 대해 수많은 것을 기록했지만, 정작 안내서에는 '대체로 해롭지 않음(Mostly Harmless)'이라는 단 두 단어로 요약하고 있다.

이 세 가지 기본적인 방법들을 생산적으로 사용하기 위해서는 기본 개념에 대한 요점 파악과 통계적 추론 과정에 대한 명확한 이해가 필수적이다. 본서는 응용 계량경제학의 이 두 가지 측면을 다루고자 한다.

계량경제학 연구에서 무엇이 중요한가에 대한 저자들의 생각은 실증 연구자인 저자들이 경험한 바를 통해서, 그리고 특별히 경제학 박사 과정에서 공부하는 학생들을 가르치고 조언하는 과정에서 만들어졌다. 본서는 이러한 학생들을 염두에 두고 썼다. 동시에 우리는 본서가 계량경제 기법을 선택하고 연구결과를 해석하는 일과 관련하여 실용적인 해답을 구하고자 하는 경제학 이외의 분야 연구자들에게도 도움이 될 수 있기를 희망한다. 응용 계량경제학의 주된 관심사는 다른 사회과학이나 역학(epidemiology)의 주된 관심사와 근본적으로는 다르지 않다. 공공정책을 수립하거나 공중 보건을 향상시키기 위한 자료 분석에 관심이 있는 사람이라면 누구나 통계분석의 결과를 충분히 이해한 상태에서 그것을 사용할 필요가 있다. 사람들에 관한 자료로부터 유용한 추론을 이끌어내는데 관심이 있는 연구자라면 누구나 응용 계량경제학자(applied econometrician)라고 말할 수 있다.

많은 교과서들이 연구 방법에 대한 나름대로의 지침을 제공하고 있고, 실제 사용에 있어 본서와 어느 정도 중복되는 부분이 있다. 그러나 본 '동반서'는 중요한 많은 부분들에서 다른 계량경제학 교과서들과는 구별된다. 첫째, 실증연구가 가장 가치를 발휘하는 경우는 자료를 사용해 "마치" 의학의 무작위 임상실험(randomized clinical trials)에서와 같이 어떤 특정한 인과관계에 대한 답을 제공할 때이다. 이러한 관점이 대부분의 연구 주제들에 대한 우리의 접근방법을 형성한다. 실제 실험이 존재하지 않을 경우, 우리는 잘 통제된 비교방법이나 준자연 실험들(natural quasi-experiments)을 찾는다. 물론 준실험법(quasi-experiments)을 이용하는 몇몇 연구 디자인은 다른 방법들보다 설득력이 높고, 이런 연구에서 사용하는 계량경제학 방법은 거의 항상 상당히 단순하다. 그 결과, 본 동반서는 계량경제학 방법론을 다루는 다른 교과서들보다 분량도 적고 다루는 주제들도 적다. 본서에서 우리는 그간 우리가 읽고 직접 수행한 응용 연구들에서 나타난 개념적 이슈들과 간단명료한 통계학적 기법들을 강조하고, 많은 실증 사례들을 이용해 이러한 개념과 기법들을 설명하고자 한다.

우리가 주장하는 두 번째 차이점은 이 책이 과도하게 심각하지 않다는 것이다. 대부분의 계량경제학 교과서는 계량경제학 모형들을 너무 심각하게 여기는 것 같다. 일반적으로 이런 교과서들은 선형성(linearity)이나 등분산성(homoskedasticity)과 같은 모형의 고전적 가정들이 만족되지 않는 가상적인 상황에 대해 지나치게 많은 관심을 쏟는다. 때로는 이에 대해 심각하게 경고하는 경우도 있다. 이에 비해 우리는 좀 더 융통성 있고 보다 문구에 덜 얽매이는 접근방법을 택한다. 본서에서 우리의 논의를 이끄는 하나의 원칙은 우리가 흔히 사용하는 추정량들이 대부분 언제나 모형에 과도하게 의존하지 않으면서도 간단명료하게 해석될 수 있다는 점이다. 만약 연구자 당신이 구한 추정치가 당신이 원하는 추정치가 아니라면, 그 잘못은 계량경제학에 있는 것이 아니라 계량경제학자인 당신 자신에게 있는 것이다! 그 대표적 사례가 선형 회귀모형(linear regression)인데, 이 모형은 그 함수형태가 무엇이든지 간에 조건부 평균 함수(conditional mean function)에 대한 유용한 정보를 제공한다. 마찬가지로, 도구변수법은 비록 그 도구변수가 모든 사람에게 영향을 미치지는 않더라도, 특정 모집단에 대한 평균 인과효과(average causal effect)를 추정한다. 많은 실증 연구자들이 기초적인 계량경제학 도구들의 개념적 강건성(robustness)을 직관적으로 이해하는 것과는 대조적으로, 이 강건성의 배경이 되는 이론들이 대부분의 교과서들에서는 다루어지지 않고 있다. 본 동반서은 다른 계량경제학 교과서들과는 달리 추정의 측면에서 점근적 효율성(asymptotic efficiency)에 많은 관심을 두지는 않는다. 오히려 추정에 대한 우리의 대부분 논의는 현실의 연구자들을 괴롭히는 유한표본(finite-sample)이라는 골칫거리에 집중하고 있다.

본서에서 다루는 내용들을 이해하기 위한 전제조건은 확률과 통계학에 대한 기초적인 지식이다. 우리는 독자들이 t-통계량이나 표준 오차와 같이 통계학 추정에 사용되는 기초적인 도구들에 대해 편안하게 느꼈으면 좋겠다. 수학적 기대값(mathematical expectation)과 같은 기초적인 확률 개념에 친숙하다면 이 또한 유용하겠지만, 그렇다고 엄청난 수학적 정교함이 본서를 이해하는데 필수적인 것은 아니다. 가끔 중요한 증명들이 나오지만, 기술적인 설명은 그다지 길지도 않고 복잡하지도 않다. 상급 수준의 다른 계량경제학 교과서들과는 달리, 우리는 선형대수학(linear algebra)을 쉽게 풀어나간다. 이러한 이유로 우리의 이 동반서는 다른 경쟁 교과서들에 비해 훨씬 쉽게 읽힐 수 있다고 확신한다.

마지막으로, 우리에게 지속적인 영감을 주는 더글러스 애덤스(Douglas Adams)의 유쾌한 연재물들(『은하수를 여행하는 히치하이커를 위한 안내서』와 『대체로 해롭지 않음』)의 정신에 따라, 우리의 동반서는 때때로 부정확한 내용이 포함되어 있을 수 있다. 하지만 오늘날 시장을 장악한 많은 『은하 대백과 계량경제학 사전(*Encyclopedia Galactica Econometrica*)』보다는 훨씬 저렴하다. 이러한 조건에 맞도록 본 동반서를 배포하는 데 동의해 준 프린스턴 대학교 출판사(Princeton University Press)에 깊은 감사를 드린다.

감사의 글

이 책을 쓰는 동안 우리의 많은 친구들과 동료들이 유익한 조언을 해주었다. 우리는 Alberto Abadie, Patrick Arni, David Autor, Amitabh Chandra, Monica Chen, Victor Chernozhukov, John DiNardo, Peter Dolton, Joe Doyle, Jerry Hausman, Andrea Ichino, Guido Imbens, Adriana Kugler, Rafael Lalive, Alan Manning, Whitney Newey, Derek Neal, Barbara Petrongolo, James Robinson, Gary Solon, Tavneet Suri, Jeff Wooldridge, 그리고 여러 단계에서 원고를 검토해 준 Jean-Philippe Wullrich에게 고마움을 전한다. 그들은 우리의 당돌함이나 이 책에 남아 있을 오류들과는 아무런 관련이 없다. 또한 우리의 초고를 맨 처음 읽고 우리가 무엇이 중요한지를 결정할 수 있도록 도와준 LSE와 MIT 학생들에게도 고마움을 전한다. 또한 능숙하고 부지런하게 연구를 도와준 Bruno Ferman, Brigham Frandsen, Cynthia Kinnan, and Chris Smith에게도 특별한 고마움을 표하고 싶다. 각 장의 서두에 있는 그림을 만들고 크고 작은 일들에 대해 값진 의견을 제시해 준 인내심이 뛰어난 일러스트레이터 Karen Norberg에게도 깊은 감사를 드린다. 또한 우리는 프린스턴 대학교 출판사의 편집진 Tim Sullivan과 Seth Ditchick의 열정과 조언, 원고 편집자 Marjorie Pannell과 제작 편집자 Lieslie Grundfest의 꼼꼼한 작업에 대해서도 감사드린다. 마지막으로 우리는 사랑을 보여주고 지지해 준 우리의 아내들에게 고마움을 전하고 싶다. 그녀들은 실증 연구자의 동반서가 무엇을 의미하는지를 이 세상 그 누구보다도 잘 알고 있다.

책의 구성

우리는 먼저 서론에 해당하는 두 개의 장으로부터 시작한다. 첫 번째 장에서는 이어지는 장들에서 다루어질 내용들에 매우 유용하게 사용될 연구 의제(agenda)의 유형을 설명한다. 두 번째 장에서는 의학 연구에서 사용되는 유형의 무작위 실험이 우리의 흥미를 끄는 질문들에 접근하는 하나의 이상적인 벤치마크를 제공한다는 말의 의미를 논의한다.

서론을 마치고 Ⅱ부에 포함된 세 개의 장에서는 회귀모형, 도구변수법, 그리고 이중차분법의 핵심 내용들이 다루어진다. 이들 장에서는 추정량의 보편적인 특성들(예를 들어, 회귀모형은 항상 조건부 평균 함수를 추정한다는 점)과 실증결과를 인과관계로서 해석하기 위해 필요한 가정들(즉, 조건부 독립성 가정, 무작위 배정과 다름없는 도구변수, 평행세계)이 강조된다.

그런 다음 Ⅲ부에서는 위의 내용들이 중요 영역으로 확장된다. 6장에서는 회귀단절모형(regression discontinuity designs)을 다룬다. 회귀단절모형은 설명변수를 통제하는 회귀모형을 약간 변형한 통계모형이면서 동시에 도구변수법의 한 종류로서 해석될 수 있다. 7장에서 우리는 설명변수가 종속변수의 분포에 미치는 영향을 추정하는 분위회귀법(quantile regression)의 사용 방법을 논의한다. 마지막으로 8장에서는 점근적 접근법(asymptotic approach)을 취한 기존 교과서들이 놓치고 있는 추정에 대한 중요한 문제들을 다룬다. 몇몇 장에는 다른 장들에 비하여 좀 더 기술적이고 전문적인 절들이 포함되어 있다. 그러나 이 절들을 대충 훑어보거나 건너뛰더라도 중요한 아이디어들을 놓치는 일은 없을 것이다. 이러한 절들에는 따로 ★표를 해두었다. 약어들의 원래 의미와 실증분석 사례들을 다룬 색인은 책의 뒷부분에서 확인할 수 있다.

Part
01

준비단계

Preliminaries

1장

'질문'에 대한 질문

"저는 그 질문을 매우 철저하게 검토했습니다.
그리고 확실히 그것이 그 해답입니다.
솔직히 말해 제 생각에 문제는 당신이 그 질문이 무엇인지
실제로 모르고 있다는 것입니다."라고
컴퓨터가 말했다.

더글러스 애덤스, 「은하수를 여행하는 히치하이커를 위한 안내서」

이 장에서 우리는 연구를 성공적으로 수행하기 위해 필요한 기초적인 내용을 간략하게 다룬다. 성경의 출애굽기에서와 같이, 하나의 연구 의제는 네 가지의 질문으로 구성될 수 있다. 우리는 이 질문들을 그 내용에 합당하게 '자주 묻는 질문(FAQ)'이라고 부르기로 한다. 이 네 가지 FAQ가 질문하는 바는 첫째, 관심의 대상이 되는 관계(the relationship of interest), 둘째, 이상적인 실험(the ideal experiment), 셋째, 식별 전략(the identification strategy), 마지막으로 추론 방법(the mode of inference)에 관한 것이다.

연구의 시작단계에서 우리가 반드시 물어야만 하는 질문은 '과연 무엇이 관심의 대상이 되는 인과관계인가'이다. 간혹 순전히 현상을 기술하는 연구(descriptive research)가 중요한 역할을 하는 경우도 있지만, 우리가 생각하기에 사회과학에서 가장 흥미로운 연구주제는 원인과 결과(cause and effect)에 관한 의문이다. 앞으로 2장과 6장에서도 다루겠지만, '학급 내 학생 수가 아이들의 시험성적에 미치는 효과'가 그 하나의 예라고 할 수 있다. 인과관계(a causal relationship)는 환경이나 정책이 변화되었을 때 결과적으로 나타날 일들을 예측하는 데 유용하다. 인과관계는 실제 일어난 바와는 다른 대안적인 세계(alternative worlds) — 다른 말로는, "가상적으로 대응되는" 세계(counterfactual worlds) — 에서 과연 어떤 결과가 나타날지를 알려준다. 예를 들어, 노동경제학자들이 '인적 자본'이라고 부르는 인간의 생산능력에 관한 연구 문제의 하나로서, 우리는 학력이 임금에 미치는 인과효과(causal effect)에 대해 연구해 왔다. (이 분야에 대한 연구들은 Card(1999)에 정리되어 있다.) 학력이 임금에 미치는 인과효과란 한 사람이 학교를 더 다님으로써 추가로 더 받게 되는 임금의 증가분을 의미한다. 일련의 연구결과에 의하면, 대학의 학위는 개인의 임금을 평균 40퍼센트 정도 증가시키는 인과효과를 미친다. (이 정도면 꽤 좋은 수익률이다.) 또한 학력이 임금에 미치는 인과효과는 가령, 대학에 다니는 비용을 변화시키거나 혹은 의무교육을 강화하는 법안이 통과될 경우에 그것이 임금에 미칠 각종 결과들을 예측하는 데에도 유용하다. 또한 인과관계는 경제모형을 통해서도 도출될 수 있기 때문에 이론 연구의 관심사가 되기도 한다.

노동경제학자로서 우리는 주로 노동자들로 구성된 표본을 이용해 인과효과를 연구하곤 한다. 그러나 인과관계 연구의 관측 단위가 반드시 사람일 필요는 없다. 인과관계에 대한 의문은 기업에 대해서 그리고 때로는 국가에 대해서도 제기된다. 예를 들어, Acemoglu, Johnson, and Robinson(2001)은 식민지 시기에 형성된 제도들이 피식민지 국가의 경제 성장에 미치는 영향에 관하여 연구하였다. 이 연구는 식민지 시기에 식민 통치국으로부터 보다 민주적인 제도들을 물려받은 나라들이 그 제도의 결과로 나중에 보다 높은 경제성장을 누렸는가 하는 질문에 관심을 갖는다. 이 질문에 대한 답은 역사에 대한 우리의 이해와 현시점에서 추진되고 있는 경제개발 정책의 결과와 관련하여 여러 시사점을 제공해 준다. 오늘날 우리는 이라크와 아프가니스탄에서 새롭게 형성되고 있는 민주주의 제도가 경제 발전 과정에서 중요한 요인으로 작용할지에 대해 궁금해하기도 한다. 그러나 민주주의의 문제에 관한 한 명확한 답을 구하는 것은 대단히 어렵다. 현시점에서 평가해 보면, 중국은 완벽한 정치적 자유라는 이점 없이도 탄탄한 경제 성장을 누리고 있는 반면, 라틴 아메리카의 많은 나라들에서는 민주화가 높은 경제성장의 열대로 연결되지 않고 있다.

두 번째 연구 FAQ는 '관심의 대상이 되는 인과효과를 도출하기 위해 가장 이상적으로 사용될 수 있는 실험(experiment)'과 관련된다. 예를 들어, 학력과 임금의 사례에서 우리는 잠재적인 학교 중퇴자들에게 학교를 끝까지 마치는 것에 대해 보상을 제공한 후, 그 결과를 탐구하는 연구를 상상해 볼 수 있다. 사실, Angrist and Lavy(2008)는 바로 이런 실험을 실행해 보았다. 비록 이들의 연구가 대학 진학과 같은 단기적인 효과만을 살펴보았지만, 시간을 보다 길게 잡고 연구를 한다면 당연히 임금에 미치는 영향도 살펴볼 수 있을 것이다. 정치적인 제도들에 관한 연구에서 우리는 시간을 돌이켜 과거로 돌아가 과거 식민지 국가들이 독립하던 때에 서로 다른 정부형태를 무작위로 배정하고 싶을 수도 있다. (이 실험은 국립과학재단으로부터 연구비를 지원받을 가능성보다는 영화로 만들어질 가능성이 더 높은 것 같다.)

이상적인 실험은 거의 대부분 가설적(hypothetical)이다. 그럼에도 불구하고 가설적 실험은 유익한 연구 주제를 잡는데 도움이 되기 때문에 생각해 볼만한 충분한 가치가 있다. 이러한 주장이 설득력이 있는지를 확인하기 위해 당신 자신이 예산에 아무런 제약도 없고, 당신의 연구가 사회적으로 타당한지를 감독하는 위원회(Human Subjects Committee)도 없는 연구자라고 생각해 보라. 권위에 대한 반응을 연구하기 위해, 오늘날 같았으면 직장을 잃을 수도 있을 만큼 심각한 논쟁을 불러일으켰던 실험을 1960년대에 디자인해 혁신적인 연구를 수행했던 심리학자 스탠리 밀그램(Stanley Milgram)과 같은 사람이면서도 연구비를 풍부하게 가진 연구자라고 상상해 보라.

사람들이 권위에 어떻게 반응하는지를 이해하기 위해 Milgram(1963)은 애처롭게 저항하는 피해자들에게 고통스러운 전기충격을 가하도록 실험 참가자들을 설득할 수 있음을 보였다. (사실, 전기 충격은 가짜였고 피해자들은 연기하고 있었다.) 당시 이 실험은 기발했을 뿐만 아니라 논쟁을 불러일으키기도 했다. 몇몇 심리학자들은 전기충격을 가한 실험 참가자들이 이 실험으로 인해 심리적인 상처를 입었다고 주장했다. 그럼에도 불구하고 밀그램의 연구는 우리가 생각해 볼만한 실험들이 많이 존재한다는 것을 — 어떤 실험의 경우에는 그저 칠판에 적어만 놓는 것이 더 나을 수도 있다 — 보여주고 있다.[1] 만약 당신이 어떤 일도 가능한 상태에서 당신의 의문에 대해 답을 줄 수 있는 실험을 고안할 수 없다면, 충분치 못한 예산과 비실험적 설문조사 자료만을 가지고 유용한 결과물을 산출할 가능성은 그리 높아 보이지 않는다. 이상적인 실험을 기술해 보는 일은 또한 인과관계에 대한 질문을 보다 명확하게 표현하는 데에도 도움이 된다. 이상적인 실험이 작동하는 원리를 통하여 당신이 조작하기를 원하는 요인들과 고정시켜 두기를 원하는 요인들이 확실하게 드러난다.

어떠한 실험을 통해서도 답을 구할 수 없는 연구 의문은 "근본적으로 식별이 불가능한 질문(fundamentally unidentified questions: FUQ)"이라고 할 수 있다. FUQ는 정확히 어떤 모습일까? 언뜻 보기에, 인종이나 성(性)의 인과효과와 관련된 질문들이 좋은 후보인 것 같다. 왜냐하면 인종이나 성과 같은 것들은 다른 요인들과 동떨어진 채 독립적으로 조작하기 어렵기 때문이다. ("당신의 염색체가 태어날 때 바뀐다고 상상해 보라.") 그러나 경제학자들이 인종, 성별, 노동시장 차별과 같은 영역에서 가장 관심을 가지는 이슈는 누군가가 당신을 흑인이라는 또는 백인이라는 — 혹은 여자나 남자라는 — "믿음"에 의해 당신을 다르게 대우하는가 하는 의문이다. 남성이 여성으로 인식되거나, 혹은 그 반대가 될 수도 있는 가상적 대응세계(counterfactual world)라는 개념은 이미 역사가 오래되었기 때문에 이를 이해하기 위해 더글러스 애덤스의 작품(셰익스피어의 「뜻대로 하세요(As You Like It)」에서 로잘린드(Rosalind)가 가니메데(Ganymede)로 남장을 해서 모든 사람을 속였다는 내용)과 같은 낯선 스타일을 생각할 필요도 없다. 인종이 바뀐다는 개념 역시 멀리 있지 않다. 「인간의 오점(The Human Stain)」에서 작가인 필립 로스(Philip Roth)는 흑인이라는

[1] 나중에 배우 윌리엄 샤트너(William Shatner)가 밀그램 역을 맡은 TV 스페셜이 방송되었다. 이것은 아직 어느 경제학자도 누려보지 못한 영광스러운 일이다. 앵리스트(Angrist)는 아직도 이 영광스러운 일에 대한 희망을 포기하지 않고 있다.

사실을 감추고 백인 문학 교수로 살아가는 콜먼 실크(Coleman Silk)의 세계를 상상하고 있다. 노동경제학자들은 이런 종류의 일들을 언제나 상상한다. 때때로 우리는 과학의 진보를 위해 심지어 입사 지원자들의 가짜 이력서를 만들어 회사에 지원하는 실험 시나리오를 만들기도 한다.[2]

약간의 상상을 통해서도 연구 디자인이 진전되기는 하지만 그렇다고 해서 상상 자체가 모든 문제를 해결해 주는 것은 아니다. 예를 들어, 어린아이를 보통의 취학연령보다 약간 늦추어서 학교에 보내는 경우 그 아이가 학교에서 더 나은 성과를 발휘하는지에 대한 문제에 관심이 있다고 하자. 아마도 7살짜리 아이의 뇌는 6살짜리 아이에 비해 학교 내의 학습 과정에 보다 잘 준비되어 있을 것이다. 이러한 질문은 교육 정책적인 함의를 가지고 있는 것으로서, 실제로 몇몇 교육정책 당국에서는 최근 학업성적을 높이려는 노력의 일환으로 아이들의 취학연령을 늦추고 있다는 사실로부터 이를 확인할 수 있다(Deming and Dynarski, 2008). 취학 시기를 늦추는 일이 아이들의 학업에 미치는 효과를 평가해 보기 위해 우리는 무작위로 두 그룹을 선정한 후, 한 그룹의 아이들은 현재와 같이 6세에 취학시키고 다른 그룹의 아이들은 7세에 1학년에 취학시키는 실험을 생각해 볼 수 있다. 즉, 우리는 늦은 나이에 1학년을 시작한 아이들이 학교에서 더 많은 것을 배우는지, 예를 들어 초등학교 시험성적이 높게 나오는지에 관심이 있다. 이 문제를 구체적으로 살펴보기 위해, 1학년 때의 시험성적을 예로 들어보자.

이 질문에 — 즉, 취학연령이 1학년 때의 시험성적에 어떤 효과를 미치는지에 대한 질문에 — 존재하는 문제점은 7세에 취학하는 그룹은 비교그룹에 비해 동일한 학년 재학시에 나이가 더 많다는 점이다. 그리고 일반적으로 나이가 많은 아이들은 단순히 성숙효과(maturation effect) 때문에 취학연령과 무관하게

[2] 이 방법을 사용한 최근의 사례는 Bertrand and Mullainathan(2004)의 연구이다. 이들은 동일한 이력서에 라키샤(Lakisha)와 같은 흑인 이름을 기재한 경우와 에밀리(Emily)와 같은 백인 이름을 기재한 경우에 고용주들이 서로 다른 반응을 보이는지를 비교하였다. (한편, Fryer and Levitt(2004)은 이름이 인종뿐만 아니라 사회경제적 지위에 관한 정보도 전달할 수 있다는 점에 주목한다.)

시험을 잘 친다. 이제 이러한 문제를 해결하기 위해 학년을 통제하는 대신에 나이를 일정하게 유지하는 방법을 생각해 보자. 즉, 아이들이 모두 7세에 시험을 칠 수 있도록 6세에 취학한 학생들은 2학년이 될 때까지 기다린 후 시험을 치르고, 7세에 취학한 학생들은 1학년이 되었을 때 시험을 치른다고 가정해 보자. 그러나 전자의 그룹은 이미 학교에서 더 많은 시간을 보냈다. 학교가 조금이라도 기능을 한다면 학교에서 시간을 많이 보냈다는 사실은 학생의 학업성취도를 높이는 결과를 낳는다. 결국 아이들이 계속해서 학교에 다니고 있는 상황에서 취학연령이 학습에 미치는 영향을 성숙효과와 학교에 다닌 시간의 효과(time-in-school effect)로 구분할 수 있는 방법은 존재하지 않는다. 여기서의 문제점은 학생들의 경우에 '취학연령=조사 시점의 연령−학교에 다닌 연수'라는 사실에서 발생한다. 어른들 표본에서는 이러한 확정적인 관계가 성립하지 않기 때문에 우리는 — Black, Devereux, and Salvanes (2008)의 연구에서와 같이 — 취학연령이 근로소득이나 최종 학력과 같은 성인의 성과에 미치는 순수한 영향을 탐구할 수 있게 된다. 그러나 취학연령이 초등학교 때의 시험성적에 미치는 영향은 무작위 실험방법을 이용하더라도 해석이 불가능하며, 결과적으로 한마디로 말해 이 질문은 "근본적으로 식별이 불가능한 질문", 즉 FUQ라고 할 수 있다.

세 번째와 네 번째 연구의 FAQ는 특정한 하나의 연구 결과물을 만드는 데 필요한 기본적인 사항들과 관련된다. 세 번째 연구 FAQ는 '당신의 식별 전략(identification strategy)은 무엇인가?'라는 질문이다. Angrist and Krueger(1999)는 연구자가 관측자료(observational data)(즉, 무작위 실험을 통하지 않고 만들어진 자료)를 사용해서 진짜 실험에 근사하는 방법을 설명하기 위하여 식별 전략이라는 용어를 사용하였다. 다시 학교의 예로 돌아가서, Angrist and Krueger(1991)는 미국에서 각 주의 의무교육법과 학생들의 출생 시점(season of birth) 간의 교차항을 하나의 자연 실험으로 활용해 고등학교 졸업이 임금에 미치는 인과효과를 추정하였다. (고등학교 학생은 만 16세가 지나야만 학교를 그만둘 수 있다고 규정한 의무교육법 때문에 출생 시점이 학생의 고등학교 재학 기간에 영향을 미친다.) 3장부터 6장까지의 내용은 주로 식별 전략의 개념적인 구조와 관련되어 있다.

비록 신뢰할 만한 식별 전략을 강조하는 일이 현대 실증 연구의 상징이기는 하지만 이상적 실험과 자연 실험을 병치해 보는 것은 사실 계량경제학에서 역사가 오래되었다. 계량경제학의 아버지 Trygve Haavelmo(1944: 14)는 이 두 종류의 실험 디자인에 대해 좀 더 명시적인 논의가 진행되기를 다음과 같이 제시하고 있다.

> 모든 정량적 이론(quantitative theory)에는 필수적으로 실험의 설계도(물리학자들이 "결정적인 실험(crucial experiment)"이라고 부르는 것의 설명서)가 부록으로 실려 있어야 한다. 우리는 이론을 구성할 때 보통 그러한 실험을 염두에 둔다. 대부분의 경제학자들이 — 불행하게도 — 그들의 실험 설계도를 명시적으로 설명하지는 않지만 말이다. 만약 경제학자들이 실험 설계도를 명시한다면 그들은 자신들이 마음속에 그리고 있는 실험이 다음과 같은 두 가지 종류로 나누어질 수 있음을 알게 될 것이다. 첫째, 실제 일어난 어떤 경제현상이 — "여타의 다른 영향요인들"로부터 인위적으로 분리되었을 경우 — 특정한 가설을 입증하는지를 알아보기 위해 우리가 직접 "만들고 싶어하는" 실험들; 둘째, 자연이라는 거대한 실험실로부터 끊임없이 만들어지지만 우리는 단지 수동적인 관찰자로서 바라보게 되는 일련의 실험들. 이 두 종류의 실험에서 이론의 목적은 동일하다. 그것은 실생활에서 일어나는 일들에 대해 정통하게 되는 것이다.

네 번째 연구 FAQ는 Rubin(1991)의 용어를 빌려온 것이다. '당신의 통계적 추론 방식(mode of statistical inference)은 무엇인가?' 이 질문에 대해 답하려면 연구 대상 모집단, 사용되는 표본, 그리고 표준 오차를 계산할 때 도입하는 가정들을 설명해야 한다. 미국인 모집단을 연구하기 위해 인구센서스의 미시자료 표본을 사용하는 경우처럼, 통계적 추론이 분명한 경우도 가끔은 있다. 그러나 군집화되고(clustered) 그룹화된(grouped) 자료를 이용하는 경우의 통계적 추론은 종종 매우 복잡하다. 이 책의 마지막 장에서는 네 번째 질문에 대해 답을 하고 나면 일어나는 실제적인 문제들을 다룬다. 비록 추론이라는 이슈가 그리 흥미로운 일도 아니고 종종 매우 기술적이긴 하지만, 탄탄하게 구성되고 개념적으로도 대단히 흥미로운 연구 프로젝트조차도 그것의 성공 여부는 궁극적으로 통계적 추론에 달려있다. 추론에 관한 이러한 사실은 가끔 연구자를 의기소침하게 하기 때문에 케이스케 히라노(Keisuke Hirano)는 그의 학위 논문을 마치고 계량경제학에 관하여 짧은 시 하나를 썼다.

T-통계치가 믿지 못할 만큼 너무 잘 나왔다.
군집화된 표준 오차를 사용해 보라.
통계적 유의성이 간곳없이 사라지리.

이상의 논의로부터 명확히 알 수 있듯이, 4개의 연구 FAQ는 연구과제가 발전되어 가는 과정상에 있는 각 부분이다. 앞으로 이어지는 장들에서는 연구자 여러분이 자신의 연구 FAQ에 답한 후 만나게 되는 계량경제학적 질문들이 — 즉, 당신의 연구 아젠다가 정해진 후 일어나는 이슈들 — 집중적으로 다루어진다. 그러나 실증 작업에 필요한 기본적인 사항들을 논의하기에 앞서, 우리는 여기에서 왜 무작위 실험이 실증 연구의 기준이 되어야 하는지 그 이유를 좀 더 자세히 설명하는 것으로부터 시작하고자 한다.

Econo-
metrics
Lab

2장

이상적인 실험

사물은 반드시 겉모양과 같지 않다는 것은 중요하고 널리 알려진 사실이다.
가령, 지구라는 행성에서 인간들은 항상 자신들이 돌고래보다 더 지능이
뛰어나다고 생각했다. 자신들이 바퀴, 뉴욕, 전쟁 등과 같은 엄청난 일들을
만들어낼 동안, 돌고래들이 한 일이라곤 물속에서 빈둥거리기만 했기
때문이다. 그와 반대로 같은 이유로 돌고래들 역시 언제나 자신들이
인간들보다 훨씬 더 지능이 높다고 믿어왔다.
그러나 사실 지구에서 돌고래보다 지능이 높은 생물은 오직 하나뿐이다.
그 생물은 행동연구 실험실에서 쳇바퀴를 돌리면서, 인간을 대상으로
놀라우리만치 정밀하고 예리한 실험들을 수행하면서 대부분 시간을 보냈다.
또 다시 인간들이 이 관계를 전혀 잘못 이해하고 있었던 사실은
전적으로 이 생물들의 계획에 의한 것이었다.

더글러스 애덤스, 「은하수를 여행하는 히치하이커를 위한 안내서」

가장 신뢰할 만하고 영향력이 있는 연구 디자인들은 무작위 배정이라는 방법을 이용한다. 하나의 사례는 <페리 유치원 프로젝트(Perry preschool project)>로서, 이것은 미국 미시간주 입실랜티(Ypsilanti)에 거주하는 123명의 흑인 유치원 아동들에게 조기 교육 프로그램을 적용한 효과를 평가하기 위해 고안된 무작위 실험이다. 페리 프로젝트의 처치집단(treatment group)에게는 유치원 교육과 가정 방문 등이 포함된 집중적인 교육 프로그램이 무작위로 배정되었다. 이 실험은 작지만 잘 설계되어 있어 실험 참가자들이 27세가 되는 1993년까지 실험 참가자를 추적 조사하여 자료를 만들어내

었고, 실험의 영향력은 굳이 과장하지 않아도 될 정도이다. 수십 편의 학술 연구들이 페리 프로그램의 연구 성과를 직접 인용하거나 사용한다. (예를 들어, Barnett(1992)를 보라.) 가장 중요한 점은 페리 프로젝트가 1964년 시작된 Head Start라는 대규모 유치원 프로그램의 학문적 토대를 제공했다는 점이다. 수백만 명의 미국 어린이들이 Head Start의 혜택을 받았고 지금도 그 혜택을 계속 받고 있다.[1]

2.1 선택편의 문제

여기서 잠시, 인과관계를 밝히는 데 있어 실험이 하는 역할에 대해 좀 더 형식을 갖춰 논의하는 시간을 가져보자. 당신이 인과관계에 관한 하나의 의문에 관심이 있다고 가정하자. 구체적으로, '병원은 과연 사람들을 더욱 건강하게 만드는가?'라는 간단한 예를 살펴보자. 우리의 목적을 생각하면 이 질문은 비유에 가깝지만, 이 질문은 보건경제학자들이 관심을 갖고 있는 인과관계에 관한 질문들과 놀랍도록 유사하다. 이 질문을 조금 더 현실적으로 만들기 위해, 우리가 1차 진료를 받기 위해 병원 응급실을 이용하는 빈곤층 노인들을 연구하고 있다고 상상해 보자. 일부의 환자들은 병원 응급실에 입원한다. 이런 종류의 진료형태는 비용이 많이 들고 병원 내 시설을 혼잡하게 만들기 때문에, 아마도 입원 치료는 그다지 효과적이지 않을 것이다. (예를 들어, Grumbach, Keane, and Bindman(1993)을 보라.) 사실, 몸이 좋지 않은 환자들이 다른 환자들에게 노출된다면 그들의 건강에 종국적으로 부정적인 영향을 줄 수도 있다.

[1] Perry 프로그램의 자료는 특히 정책의 관심이 조기 교육으로 다시 돌아오면서 지속적으로 주목을 받고 있다. 최근 Michael Anderson(2008)이 재분석한 결과들은 원래 Perry 프로그램 연구의 많은 결과들을 재확인하고 있다. 이와 더불어 Anderson은 Perry 프로젝트에 나타난 긍정적인 총 효과가 주로 여학생에 대한 긍정적인 효과에 의해 유도된 것임을 보였다. Perry 프로젝트의 교육 프로그램들이 남학생들에게는 아무런 효과가 없었던 것 같다.

그럼에도 불구하고 병원에 입원한 사람들은 여러 가지 중요한 치료들을 받기 때문에, '병원은 사람들을 건강하게 만드는가?'라는 질문에 대한 답은 아마도 '그렇다'일 가능성이 높은 듯하다. 하지만 자료가 이와 같은 답을 뒷받침해 줄 것인가? 실증연구를 하고자 하는 사람들이 택하는 자연스러운 접근법은 병원에 입원한 경험이 있는 사람들의 건강상태와 입원한 경험이 없는 사람들의 건강상태를 비교하는 방법이다. 전국 보건 면접조사(National Health Interview Survey: NHIS)에는 이러한 비교에 필요한 정보가 포함되어 있다. 구체적으로, 이 조사에는 "지난 12개월 동안 당신은 병원에서 하룻밤 이상을 보낸 적이 있습니까?"라는 질문이 포함되어 있는데, 이 질문을 이용해 우리는 응답자가 최근에 병원에 입원한 적이 있는지를 확인할 수 있다. 또한 NHIS에는 "당신의 건강은 대체적으로 다음 중 어떤 상태에 해당합니까? 훌륭하다, 매우 좋다, 좋다, 그저 그렇다, 좋지 않다"라고 묻는 질문이 포함되어 있다. 아래의 표는 입원한 적이 있는 사람들과 그렇지 않는 사람들 간에 평균 건강상태의 — '좋지 않다'는 응답에는 1을, 그리고 '훌륭하다' 응답에는 5를 부여하였다 — 차이를 보여준다. (이 표는 2005년 NHIS를 이용해 작성되었다.)

그룹	표본크기	평균 건강상태	표준 편차
입원 경험자	7,774	3.21	0.014
입원 미경험자	90,049	3.93	0.003

평균값의 차이는 0.72이고 t-통계량은 58.9로서, 입원 미경험 응답자들의 건강상태가 입원 경험자들과 비교할 때 매우 유의하게 양호하다.

이 값들을 액면 그대로 받아들인다면, 표의 결과는 병원에 가면 사람들의 건강상태가 오히려 악화됨을 시사한다. 병원에는 우리에게 병을 옮길 수 있는 많은 환자들과 해로울 수 있는 위험한 기계나 화학약품들이 가득하다는 점을 생각하면 이것이 정답일 가능성을 완전히 배제할 수는 없다. 그러나 이와 같은 비교 결과를 액면 그대로 받아들여서는 안 되는 이유를 파악하는 것은 그리 어려운 일이 아니다. 즉, 병원에 가는 사람들은 그렇지 않은 사람들에 비해 애초부터 건강하지 못하기 때문이다. 더구나 입원 이후에도 진료를 받고자 하는 사람들은 병원에 전혀 가지 않는 사람들에 비해 애초부터 평균적으로 건강상태가 좋지 않다. 이러한 차이는 병원 치료를 받는 사람들이 치료를 받지 않았을 경우에 비해 건강이 더 나아진다고 하더라도 여전히 존재한다.

이 문제를 더 정확히 설명하기 위해, 병원 치료를 2진 확률변수(binary random variable)인 $D_i = \{0, 1\}$ 로 표시해 보자. 우리의 관심대상 성과변수인 건강상태는 Y_i라고 표시하자. 우리의 질문은 병원 치료가 Y_i에 '영향을 미치는지'의 여부이다. 이 질문에 접근하기 위하여, 우리는 병원에 간 사람이 만약 가지 않았더라면 어떤 일이 일어났을지, 그리고 그 반대의 경우에는 어떤 일이 일어났을지 상상해 볼 수 있다. 그러므로 모든 개인에게는 다음과 같은 두 가지의 잠재적 건강 변수가 존재한다.

$$\text{잠재적 결과(potential outcome)} = \begin{cases} Y_{1i} & if \quad D_i = 1 \\ Y_{0i} & if \quad D_i = 0 \end{cases}$$

다시 말하면, Y_{0i}는 한 개인이 병원에 실제로 갔든지 또는 가지 않았든지와는 무관하게 병원에 가지 않았을 경우의 건강상태이고, Y_{1i}는 병원에 갔을 경우의 건강상태이다. 우리는 개인 i가 병원에 가는 선택의 '$Y_{1i} - Y_{0i}$'의 값을 알고 싶어한다. 이 값은 우리가 시간을 되돌아가 이 사람의 병원 치료 여부를 바꿀 수 있는 경우에나 측정할 수 있는 값이다.[2]

관측된 결과(observed outcome)인 Y_i는 잠재적 결과들의 관점에서 다음과 같이 표현될 수 있다.

$$Y_i = \begin{cases} Y_{1i} & if \quad D_i = 1 \\ Y_{0i} & if \quad D_i = 0 \end{cases}$$

$$= Y_{0i} + (Y_{1i} - Y_{0i}) D_i \qquad \text{(식 2.1.1)}$$

[2] 잠재적 결과(potential outcomes)라는 개념은 현대의 인과관계 연구에서 근본이 되는 구성요소이다. 이 개념을 발전시킨 중요한 참고문헌은 Rubin(1974, 1977)과 Holland(1986)로서, 그들은 잠재적 결과들에 기초한 인과분석의 틀을 '루빈의 인과관계 모형(Rubin causal model)'이라고 부른다.

이러한 표기법이 유용한 이유는 '$Y_{1i}-Y_{0i}$'의 값이 바로 병원 입원이 한 개인에게 미치는 인과효과이기 때문이다. 일반적으로 모집단 내에서 Y_{1i}와 Y_{0i} 각각의 확률분포가 존재할 수 있고, 그에 따라 처치효과(treatment effect)가 사람들마다 다를 수 있다. 그러나 우리는 어느 한 개인에 대해 두 가지 잠재적 결과를 결코 동시에 관측할 수 없기 때문에, 병원에 입원한 사람들과 입원하지 않은 사람들의 평균 건강상태를 비교함으로써 입원의 효과를 찾아야만 한다.

입원 여부에 따라 건강상태의 평균값을 단순 비교하는 일은 잠재적 결과들에 대해 무언가를 이야기해줄 수도 있다. 하지만 그 값이 반드시 우리가 알고 싶어하는 값이라는 보장은 없다. 입원 여부에 따라 평균적인 건강상태를 비교하는 일은 다음 방정식에 의해 평균 인과효과(average causal effect)와 정식으로 연결된다.

$$\underbrace{E[Y_i|D_i=1]-E[Y_i|D_i=0]}_{\text{평균 건강상태의 관측된 차이}}=\underbrace{E[Y_{1i}|D_i=1]-E[Y_{0i}|D_i=1]}_{\text{처치자에 대한 평균 처치효과}}$$
$$+\underbrace{E[Y_{0i}|D_i=1]-E[Y_{0i}|D_i=0]}_{\text{선택편의}}$$

위 식의 첫 부분 '$E[Y_{1i}|D_i=1]-E[Y_{0i}|D_i=1]$'은 $E[Y_{1i}-Y_{0i}|D_i=1]$과 같고, 이 값은 다름 아닌 '병원 입원이 실제로 입원했던 사람들에게 미치는 평균 인과효과'이다. 이 식은 실제 병원에 입원했던 사람들의 건강상태($E[Y_{1i}|D_i=1]$)와 그들이 병원에 입원하지 않았더라면 갖게 될 그들의 잠재적 건강상태($E[Y_{0i}|D_i=1]$)의 평균적인 차이를 표현한다. 그러나 건강상태에 대해 실제 관측된 차이에는 이러한 인과효과 이외에도 '선택편의(selection bias)'라고 불리는 부분이 더해져 있다. 이 선택편의는 실제 입원한 사람들($D_i=1$)과 실제 입원하지 않은 사람들($D_i=0$) 사이에 존재하는 Y_{0i}의 평균값의 차이이다. 아픈 사람은 건강한 사람보다 병원치료를 받을 가능성이 높기 때문에, 실제 입원한 사람들은 실제 입원하지 않은 사람들에 비해 Y_{0i}의 값이 낮다. 그리하여 지금 논의하는 예에서는 음(−)의 선택편의가 발생한다.

선택편의가 (절대값으로 환산할 때) 매우 커서 양(+)의 처치효과를 완벽하게 숨겨버리는 경우도 있다. 대부분 실증경제학의 연구 목표는 선택편의를 제거하여 D_i와 같은 변수의 인과효과에 대해 무엇인가 의미 있는 말을 하는 것이다.[3]

2.2 무작위 배정은 선택편의 문제를 해결한다

D_i의 무작위 배정은 선택편의 문제를 해결한다. 그 이유는 무작위 배정에 의해 D_i가 잠재적 결과들과는 독립적으로 되기 때문이다. 이를 살펴보기 위하여 다음의 식에 주목하자.

$$\begin{aligned} E[Y_i|D_i=1]-E[Y_i|D_i=0] &= E[Y_{1i}|D_i=1]-E[Y_{0i}|D_i=0] \\ &= E[Y_{1i}|D_i=1]-E[Y_{0i}|D_i=1] \end{aligned}$$

Y_{0i}와 D_i 간의 독립성에 의해 이 식에서 $E[Y_{0i}|D_i=0]$은 $E[Y_{0i}|D_i=1]$로 바뀔 수 있다. 사실, 무작위 배정이 사용되는 경우 위의 식은 다음과 같이 보다 더 단순화된다.

$$\begin{aligned} E[Y_{1i}|D_i=1]-E[Y_{0i}|D_i=1] &= E[Y_{1i}-Y_{0i}|D_i=1] \\ &= E[Y_{1i}-Y_{0i}] \end{aligned}$$

무작위로 배정받은 입원 치료가 실제 입원 치료를 받은 사람에게 미치는 효과 ($E[Y_{1i}-Y_{0i}|D_i=1]$)는 입원 치료가 임의의 어떤 사람에게 미치는 효과 ($E[Y_{1i}-Y_{0i}]$)와 동일하다. 하지만 중요한 것은 D_i가 무작위로 배정됨으로

[3] 이 절에서 (예를 들어, $E[Y_i|D_i=1]$와 $E[Y_i|D_i=0]$ 등과 같은) 조건부 기대 연산자(conditional expectation operator)가 처음으로 사용된다. 우리는 다른 변수들의 값을 고정시킨 상태에서 한 확률변수의 모집단(또는 무한대로 큰 표본) 평균을 표현하기 위해 이를 사용한다. 이에 대한 보다 공식적이고 자세한 정의는 3장에서 다루어진다.

써 선택편의가 제거되었다는 점이다. 이것은 무작위 실험에 아무런 문제가 없다는 의미가 아니라, 무작위 배정이 실증 연구에서 발생하는 가장 중요한 문제를 원칙적으로 해결한다는 의미이다.

우리가 앞에서 예로 든 입원효과에 관한 비유는 얼마나 적절한 것일까? 실험은 종종 단순 비교만으로는 나타나지 않는 것들을 밝혀낸다. 의약 분야의 최근 한 가지 사례는 호르몬 대체 요법(hormone replacement therapy: HRT)에 대한 효과 평가이다. HRT는 중년 여성들의 폐경기 증후군을 줄이는 데 권고되었던 의학 치료법이다. 간호사들에 대한 대규모 영향력 있는 비실험 조사인 간호사 건강연구(the Nurses Health Study)로부터 나온 증거에 따르면, HRT 사용자들은 미사용자들에 비해 보다 양호한 건강상태를 보였다. 그러나 최근 완료된 무작위 실험의 결과에 의하면, HRT을 사용했을 때의 이점이 전혀 없는 것으로 드러났다. 더욱이 이 무작위 실험을 통해 과거 비실험 자료에서는 분명하게 보이지 않았던 심각한 부작용들이 추가로 드러났다. (예를 들어, Women's Health Initiative(WHI), Hsia *et al.*(2006)을 참고하라.)

우리가 연구하고 있는 노동경제학 분야에서 상징적인 하나의 사례는 정부가 보조하는 직업훈련 프로그램들에 대한 평가 작업이다. 이 프로그램들은 장기 실업자, 마약 중독자, 범법자와 같은 사회적 약자들에게 교실 내 이론 교육과 직업훈련 실습과정을 결합해 제공하는 정부의 프로그램이다. 이 프로그램들은 훈련 참여자들의 취업률과 임금 수준을 높이려는 목적으로 개설되었다. 비실험 자료를 이용해 훈련 참여자들과 비참여자들을 비교하는 연구들에 의하면, 역설적이게도 훈련 참여자들의 훈련 후 소득이 비교가능 집단의 소득에 비해 종종 낮게 나타난다. (예를 들어, Ashenfelter(1978), Ashenfelter and Card(1985)와 Lalonde(1995)를 보라.) 여기에서도 마찬가지로 선택편의 문제가 당연한 걱정거리이다. 왜냐하면 정부가 보조하는 훈련 프로그램들은 애초부터 저소득층의 남성과 여성들을 도우려는 목적으로 기획되기 때문이다. 그러므로 프로그램 참여자들과 비참여자들에 대한 단순 비교에서 참여자들의 소득이 종종 낮게 나타나는 일은 전혀 놀라운 일이 아니다. 이와는 대조적으로, 직업훈련 프로그램의 무작위 배정에 근거한 평가들은 대체로 양(+)

의 훈련효과를 보여준다. (예를 들어, Lalonde(1986)와 Orr *et al.*(1996)을 보라.) 무작위 실험은 아직 사회과학 분야에서는 의학 분야에서만큼 널리 사용되고 있지는 않다. 하지만 그 쓰임새는 점점 널리 퍼져가는 추세에 있다. 무작위 배정의 중요성이 빠르게 증대되고 있는 하나의 분야는 교육관련 연구이다 (Angrist, 2004). 2002년 미국 의회에서 통과된 "교육과학 개혁법(Education Sciences Reform Act)"은 정부가 재정지원을 하는 모든 교육관련 연구에 대해 엄밀한 실험 또는 준실험적 연구 디자인을 사용할 것을 의무화하고 있다. 이에 따라 앞으로 우리는 교육관련 연구에서 더 많은 무작위 실험들을 보게 될 것이다. 교육 연구 분야에서 선구적인 무작위 실험 연구는 초등학교 수준에서 소규모 학급의 효과를 추정하고자 설계된 미국 테네시(Tennessee)주의 STAR(Student Teacher Achievement Ratio) 실험이다.

노동경제학자들이나 다른 분야의 연구자들은 오랫동안 교실 환경의 특성과 아이들의 학습 사이의 인과적 연결고리를 — "교육생산(Education Production)"이라고 불리는 연구 영역 — 찾으려고 노력해 왔다. 교육생산이라는 용어는 우리가 학교 환경의 특성들을 비용이 소요되는 투입물(inputs)로서, 그리고 학생의 학습을 학교가 생산하는 산출물(output)로서 생각하고 있다는 사실을 반영하고 있다. 교육생산 연구에서 중요한 하나의 질문은 주어진 비용 제약 하에서 최대의 학습효과를 만들어내는 투입물은 과연 무엇인가 하는 문제이다. 소규모 학급이란 오직 더 많은 교사들을 고용하는 방법에 의해서만 가능하기 때문에 학급규모(학급당 학생 수)는 가장 값비싼 투입물들 중 하나이다. 이런 관점에서, 소규모 학급에 들어가는 비용이 학생들의 학업성적 향상이라는 성과를 내는지를 검토하는 작업은 중요한 일이다. STAR 실험은 이 질문에 대한 답을 구하려는 목적으로 고안되었다.

교육생산을 연구하기 위해 비실험 자료를 사용한 많은 연구들은 학급규모와 학업성적 사이에 전혀 아무런 연결고리도 존재하지 않는다고 이야기한다. 만약 그렇다면, 어쩌면 학교에서는 교사들을 더 적게 고용함으로써 그 운영비용을 절감하면서도 그에 따른 학업성취도 하락은 경험하지 않을 것이다. 그러나 학급규모와 학업성취도 사이의 관측된 관계를 액면 그대로 받아들여서는 곤란하다. 왜냐하면 공부를 잘하지 못하는 학생들이 가끔 의도적으로 소규모 학급에 배정되기 때문이다. 무작위 실험은 우리가 '사과와 사과'를 비교한다는 점, 즉 서로 다른 규모의 학급에 배정된 학생들이 학급규모 이외의 다른 측면에서는 서로 구분되지 않는다는 점을 명확히 함으로써 이와 같은 문제를 해결한다. 테네시주 STAR 실험의 결과는 소규모 학급에 강력하고 지속적인 성과가 있음을 보여준다. (STAR 실험에 대한 최초의 평가 연구인 Finn and Achilles(1990)과 계량경제학을 적용하여 STAR 자료를 분석한 Krueger (1999)를 참고하라.)

STAR 실험은 대단히 의욕적이고 영향력 있는 시도였기 때문에 자세히 살펴볼 만한 가치가 있다. 이 실험에는 약 1,200만 달러의 비용이 소요되었고, 실험은 1985~86학년도 유치원 학생들을 대상으로 실시되었다. 실험은 이들 유치원생이 3학년이 되는 시점까지 총 4년 동안 대략 11,600명의 학생들에 대해서 이루어졌다. 1985~86학년도 테네시주의 보통 규모 학급들의 평균 학생 수는 약 22.3명이었다. 이 실험에서는 학생들을 다음과 같은 세 종류의 처치집단 중 하나에 배정하였다. (1) 학생 수 13~17명 사이의 소규모 학급, (2) 학생 수 22~25명 사이의 보통 규모이면서 파트타임 보조교사가 배치되는 학급 (통상적인 학급편성 형태), (3) 보통 규모이면서 풀타임 보조교사가 배치되는 학급. 한 학년당 셋 이상의 학급을 가진 학교들이 실험에 참여 신청을 할 수 있었다.

무작위 실험에 대해서 제기되는 첫 번째 질문은 무작위 배정을 통해 실험 참가자들의 여러 특성들이 상이한 처치집단들 간에 적절히 균형을 이룰 수 있는가 하는 질문이다. 이를 평가하기 위해서는 보통 처치 전 성과(pretreatment outcome) 또는 여러 설명변수들을 처치집단들 간에 비교한다. 안타깝게도, STAR 자료에는 처치 전 시험성적이 포함되어 있지 않다. 하지만 인종이나 나이와 같은 아이들의 특성변수는 비교가 가능하다. Krueger(1999)로부터 재구성된 <표 2.2.1>에는 이들 변수들의 평균값이 비교되어 있다. 표에서 비교된 학생 특성들은 무상급식 여부와 학생의 인종 및 나이 변수이다. 저소득층 아이들만이 무상급식을 받을 자격이 주어지기 때문에 무상급식 여부는

표 **2.2.1 테네시주 STAR 실험의 처치집단과 통제집단 간 특성의 비교**

변 수	학급규모			평균값이 동일하다는 가설에 대한 p-값
	소규모	보통규모	보통규모/보조교사	
무상급식	.47	.48	.50	.09
백인/아시아인	.68	.67	.66	.26
1985년도의 나이	5.44	5.43	5.42	.32
표본 이탈률	.49	.52	.53	.02
유치원 재학 시 학급크기	15.10	22.40	22.80	.00
유치원 재학 시 백분위 점수	54.70	48.90	50.00	.00

주: 이 표는 Krueger(1999)의 <표 Ⅰ>를 수정한 것이다. 이 표는 유치원 재학 시 STAR 실험 대상 학교에 입학한 학생들을 대상으로 각 변수들의 평균값을 처치 상태별로 보여준다. 마지막 열에 표시된 p-값은 변수의 평균값이 세 그룹 간에 동일하다는 가설에 대한 F-검정의 p-값이다. 무상급식 변수는 무상급식을 받는 학생들의 비율이다. 백분위 점수는 세 가지 스탠포드 성취도 검사(Stanford Achievement Tests)의 평균 백분위 점수이다. 표본 이탈률은 3학년을 마치기 전에 후속 조사에서 이탈한 학생들의 비율이다.

가구 소득의 좋은 척도이다. 세 종류의 학급 유형 간에 이들 변수의 차이는 작다. 그리고 마지막 열의 p-값에서 확인할 수 있듯이, 이러한 모든 차이들은 영(0)과 유의하게 다르지 않다. 이는 무작위 배정이 의도대로 잘 이루어졌음을 시사한다.

또한 <표 2.2.1>에는 평균 학급규모, 표본 이탈률, 백분위로 환산된 시험성적에 관한 정보가 제시되어 있다. 표본 이탈률(후속 조사에서 이탈한 학생들의 비율)은 보통 규모의 학급들에 비해 소규모 유치원 학급에서 낮았다. 이는 적어도 원칙적인 면에서는 문제의 소지가 있을 수 있다.[4] 학급규모는 소규모로 계획되었던 교실에서 유의하게 낮다. 이는 실험을 통하여 학급규모에 대해 의도되었던 변동이 성공적으로 만들어졌음을 의미한다. 만약 보통 규모의 학급에 배정된 학생들의 부모 중 많은 부모들이 선생님들과 학교장에게

[4] Krueger(1999)는 표본 이탈 문제에 상당한 관심을 기울였다. 처치집단 간 표본 이탈율의 차이는 학년이 올라가면서 학생들이 서로 다른 유형의 학급들 간에 무작위로 분포되지 않는 문제를 야기한다. 이런 이유로, 표본 이탈이 영향을 미치지 못하는 유치원 학생들에 대한 결과가 가장 믿을 만하다.

로비를 해 자기 아이들을 소규모 학급에 배정시켰다면, 처치집단들 간에 학급규모의 차이는 현재보다 훨씬 작아졌을 것이기 때문이다.

무작위 배정에 의해 선택편의가 제거되었기 때문에 처치집단 간의 성과 차이는 학급규모의 평균 인과효과를 — 파트타임 보조교사가 있는 보통 규모의 학급이 비교 기준 — 포착해낸다. 아래에서 보다 자세히 설명하겠지만, 처치집단과 통제집단 간의 평균 차이는 사실 시험성적을 종속변수로 그리고 각 처치집단 더미변수를 설명변수로 설정한 회귀분석을 통해서도 구할 수 있다. (Krueger(1999)의 <표 V>을 재인용하는) <표 2.2.2>에 제시된 바와 같이, 유치원생들을 대상으로 한 처치/통제집단 간의 차이에 대한 회귀분석 추정치는 소규모 학급이 대략 5분위 정도의 성적 향상 효과가 있음을 보여준다. (표의 다른 열들에는 회귀분석에 사용된 통제변수들의 계수값이 제시되어 있다.) 유치원생들 백분위 점수의 표준 편차를 σ라고 할 때, 위 효과의 크기는 약 0.2σ 정도이다. 풀타임 보조교사가 있는 보통 규모 학급의 효과가 작고 유의하지 않은 반면에, 소규모 학급의 효과는 영(0)과 유의하게 다르다.

STAR 연구는 사회과학 역사에서 모범적인 무작위 실험이지만, 동시에 무작위 실험에 내재한 실행상의 어려움, 오랜 지속기간 및 잠재적인 고비용을 부각시켜 준다. 많은 경우 이와 같은 무작위 실험은 비현실적이기도 하다.[5] 어떤 경우에는 해답을 나중이 아닌 지금 당장 구하고자 한다. 그러므로 우리가 하는 많은 연구는 더 적은 비용으로 더 쉽게 구할 수 있는 변동의 원천을 활용하려고 한다. 우리는 다른 요소들이 균형을 이룬 상태에서 관심 변수만이 변동함으로써 무작위 실험과 유사한 상황을 만들어내는 자연 실험(natural

[5] 무작위 실험이 완벽한 것은 아니고, STAR 역시 예외는 아니다. 유급된 학생들과 높은 학년으로 건너뛴 학생들은 실험에서 이탈하였다. 실험대상 학교에 한 학년 늦게 들어온 학생들이 이 실험에 추가되었고 그들은 무작위로 하나의 학급에 배정되었다. 이 실험의 안타까운 측면 중 하나는 보조교사가 없는 보통 규모 학급과 보조교사가 있는 보통규모 학급에 배정된 학생들이 유치원 학년을 마치고 나중에 새로운 학급들로 재배정되었다는 사실이다. 이는 아마도 보조교사가 없는 보통 규모 학급에 배정된 아이들의 부모들이 불만을 제기했기 때문인 것으로 보인다. 또한 유치원 학년을 마치고 학급을 바꾼 아이들도 일부 있었다. 하지만 Krueger(1999)의 분석은 실험 실행상의 이와 같은 문제점들 어느 것도 연구의 주요 결론에는 영향을 끼치지 않았다고 이야기한다.

표 **2.2.2 학급규모가 시험성적에 미치는 효과를 보여주는 실험 추정치**

설명변수	(1)	(2)	(3)	(4)
소규모 학급	4.82 (2.19)	5.37 (1.26)	5.36 (1.21)	5.37 (1.19)
보통학급/보조교사 학급	.12 (2.23)	.29 (1.13)	.53 (1.09)	.31 (1.07)
백인/아시아인	–	–	8.35 (1.35)	8.44 (1.36)
여학생	–	–	4.48 (.63)	4.39 (.63)
무상급식	–	–	-13.15 (.77)	-13.07 (.77)
백인 교사	–	–	–	-.57 (2.10)
교사의 경력	–	–	–	.26 (.10)
교사의 석사학위 여부	–	–	–	0.51 (1.06)
학교 고정효과	No	Yes	Yes	Yes
R^2	.01	.25	.31	.31

주: 이 표는 Krueger(1999)의 <표 V>를 수정한 것이다. 종속변수는 스탠포드 성취도 검사의 백분위 점수이다. 괄호 안에는 잔차의 학급 내 상관관계를 허용하는 강건한 표준 오차가 제시되어 있다. 표본의 크기는 5,681명이다.

experiments) 또는 준실험(quasi-experiments)을 발견하기를 희망한다. 우리는 이런 설득력 있는 자연 실험을 항상 찾아낼 수 있을까? 물론 아니다. 그럼에도 불구하고 우리는 무작위 실험이 우리의 개념적 기준이 된다는 입장을 취한다. 모든 연구자들이 이러한 견해에 동의하는 것은 아니지만, 많은 연구자들이 이 견해에 공감하고 있다. 우리는 이러한 입장을 우리의 선생님이자 논문 지도교수이고 실험과 준실험을 이용한 사회과학 연구 디자인의 선구적인 지지자인 오를리 애쉰펠터(Orley Ashenfelter)에게서 처음 들었다. Ashenfelter (1991)는 관측자료에 기반해 학력과 소득을 연결시키는 연구들의 신뢰성에 대해 다음과 같이 평가한다.

> 교육 수준을 소득과 연결시키는 증거는 얼마나 설득력이 있을까? 나의 대답은 '꽤 설득력이 있다'이다. 만약 내가 이상적인 실험에서 어떤 결론이 도출될지에 대해 내기를 해야 한다면, 나는 그 실험이 높은 교육 수준을 가진 노동자가 높은 소득을 얻는다는 점을 보여줄 것이라는 데에 걸겠다.

Angrist and Lavy(1999)의 학급규모에 대한 준실험 연구는 비실험 자료가 어떻게 실험적인 방식으로 분석될 수 있는지를 보여준다. Angrist and Lavy 연구의 바탕이 되는 것은 이스라엘에서는 학급규모가 최대 40명을 초과할 수 없다는 사실이다. 그리하여 40명으로 구성된 5학년 코호트에 속한 아이는 규모가 40명인 학급에서 공부하는 반면에, 41명으로 구성된 5학년 코호트에 속한 아이는 전체가 나뉘기 때문에 절반 정도 규모의 학급에서 공부하게 된다. 전체가 40명인 학생들 코호트와 전체가 41명인 학생들 코호트는 학업 능력이나 가족배경 등 여타의 차원에서는 비슷할 가능성이 높기 때문에, 우리는 "무작위로 배정된 것이나 다름없는" 40명의 학생들과 41명의 학생들 사이에 성과의 차이를 생각해 볼 수 있다.

Angrist and Lavy의 연구는 규칙에 의거해 정해진 최대 학급규모 40명을 약간 초과하는 전체 학생 수를 가진 학교의 학생들과 40명에 약간 미달하는 전체 학생 수를 가진 학교의 학생들을 비교함으로써 실제 실험을 하지 않고도 학급규모가 급격하게 변동함으로써 나타나는 효과를 보여주는 잘 통제된 추정치를 구하였다. 테네시주의 STAR 연구에서와 같이, Angrist and Lavy의 연구결과는 학급규모와 학업성취도 사이에 강한 연결고리가 있음을 시사한다. 이는 Angrist and Lavy(1999)에도 제시된 바와 같이 큰 규모 학급의 학생들과 작은 규모 학급의 학생들을 단순히 비교하는 순진한 분석들과 뚜렷한 대조를 이룬다. 이 분석들의 비교법은 단지 소규모 학급에서 공부하는 학생들의 시험성적이 더 낮음을 보여줄 뿐이다. 따라서 선택편의를 다룬 병원의 비유가 학급규모에 관한 의문에서도 마찬가지로 적용된다.[6]

[6] Angrist and Lavy(1999)의 결과는 준실험의 일종인 회귀단절모형(regression discontinuity design)의 사례로서 제6장에서 다시 다루어진다.

2.3 실험 자료에 대한 회귀분석

회귀분석은 인과관계에 관한 의문들을 연구하는 데 쓰이는 유용한 도구로서, 실험으로부터 생성된 자료를 분석하는 데에도 요긴하다. 처치효과가 모든 사람에게 동일하다고, 즉 $Y_{1i}-Y_{0i}=\rho$로 일정하다고 (당분간) 가정하자. 동일한 처치효과(constant treatment effects)를 가정하는 경우 우리는 (식 2.1.1)을 다음과 같이 고쳐 쓸 수 있다.

$$Y_i = \underset{\underset{E(Y_{0i})}{\parallel}}{\alpha} + \underset{\underset{(Y_{1i}-Y_{0i})}{\parallel}}{\rho}\, D_i + \underset{\underset{Y_{0i}-E(Y_{0i})}{\parallel}}{\eta_i} \qquad \text{(식 2.3.1)}$$

여기에서 η_i는 Y_{0i}의 확률적인 부분이다. D_i의 값이 0과 1인 경우 각각에 대해 조건부 기대값(conditional expectation)을 위의 등식에 적용하면 다음과 같다.

$$E[Y_i|D_i=1]=\alpha+\rho+E[\eta_i|D_i=1]$$

$$E[Y_i|D_i=0]=\alpha+E[\eta_i|D_i=0]$$

그리고 위 식에서 아래 식을 빼면,

$$E[Y_i|D_i=1]-E[Y_i|D_i=0]$$
$$=\underbrace{\rho}_{\text{처치효과}}+\underbrace{E[\eta_i|D_i=1]-E[\eta_i|D_i=0]}_{\text{선택편의}}$$

그러므로 선택편의는 회귀식의 오차항(error term) η_i와 설명변수 D_i 간의 상관관계에 해당한다. '$E[\eta_i|D_i=1]-E[\eta_i|D_i=0]=E[Y_{0i}|D_i=1]-E[Y_{0i}|D_i=0]$'이 성립하므로, 이 상관관계는 실제 처치를 받은 사람들($D_i=1$)과 그렇지 않은 사람들($D_i=0$) 간 (처치를 받지 않았을 경우의) 잠재적 성과(no-treatment potential outcome)의 차이를 나타낸다. 병원의 예에서는 실제 처치를 받은 사람들($D_i=1$)과 그렇지 않은 사람들($D_i=0$) 간 잠재적 건강상태의 차이가 음

(−)의 값($E[Y_{0i}|D_i=1]-E[Y_{0i}|D_i=0]<0$)을 가졌다. 그리고 Angrist and Lavy(1999)의 연구에서는 소규모 학급 학생들의 시험성적이 원래부터 더 낮은 경향($E[Y_{0i}|D_i=1]-E[Y_{0i}|D_i=0]<0$)이 있었다.

D_i가 무작위로 배정된 STAR 실험에서는 선택편의 부분이 사라진다. 그리고 종속변수를 Y_i, 설명변수를 D_i로 설정한 회귀분석은 우리가 관심을 갖는 인과효과인 ρ를 추정해 준다. <표 2.2.2>에는 여러 개의 서로 다른 회귀방정식이 나타나 있고, 이들 중 일부는 무작위 배정 변수 D_i 외에 다른 설명변수들을 포함하고 있다. 실험 자료에 대한 회귀분석에서 이들 다른 설명변수들은 두 가지의 역할을 한다. 첫째, STAR 실험 디자인에서는 조건부 무작위 배정(conditional random assignment) 방법이 사용되었다. 구체적으로 말하면, 서로 다른 규모로의 학급 배정이 한 학교 내에서는 무작위였으나, 학교들 사이에서는 무작위가 아니었다. 서로 다른 유형의 학교(예를 들어, 도시지역 및 농어촌지역)에 다니는 학생들은 소규모 학급에 배정될 확률이 높을 수도 있고, 낮을 수도 있었다. 그러므로 이 점을 전혀 조정하지 않은 <표 2.2.2>의 (1)열에 제시된 비교 결과는 서로 다른 유형의 학교들 간 성취도 차이로 인하여 진실과는 거리가 있을 수 있다. 이를 조정하기 위하여 Krueger의 회귀모형에서는 학교 고정효과(school fixed effects), 즉 STAR 데이터에서 각 학교에 대해 따로 부여된 절편이 포함되어 있다. 실제로 학교 고정효과를 고려하더라도 결과들이 크게 달라지지는 않지만, 최종 결과가 어느 정도 달라질지는 분석 결과가 나오기 전에는 모르는 일이다. 우리는 제5장에서 고정효과를 포함하는 회귀분석 모형에 대해 보다 자세히 이야기할 것이다.

Krueger의 표에 제시된 통제변수들은 인종, 나이, 무상급식 여부와 같은 학생의 특성들을 기술한다. 우리는 위에서 이와 같은 개인의 특성들이 상이한 학급 유형들 간에 균형을 이룬다는 점, 다시 말해 이 특성들이 학생이 배정된 학급규모와는 체계적으로 연관되지 않는다는 점을 살펴보았다. 만약 이 설명변수들과 — X_i라고 부르자 — 처치변수 D_i와의 상관관계가 영(0)이라면, 이들은 ρ의 추정치에 전혀 영향을 미치지 않을 것이다. 다시 말해, 아래의 (식 2.3.2)의 확장된 회귀모형에서 ρ의 추정치는 (식 2.3.1)의 축약된 모형에서 ρ의 추정치와 유사한 값일 것이다.

$$Y_i = \alpha + \rho D_i + X_i{}'\gamma + \eta_i \qquad \text{(식 2.3.2)}$$

우리는 제3장에서 이에 대한 논의를 확장시킬 것이다.

현재의 예에서 꼭 필요한 것은 아니지만, 변수 X_i가 통제되면 관심대상 인과효과에 대한 보다 정확한 추정치(precise estimate)를 구할 수 있다. (3)열에 표시된 처치효과 추정치의 표준 오차가 (2)열에 표시된 표준 오차보다 작다는 점에 주목하기 바란다. 통제변수 X_i가 D_i와는 상관관계를 갖지 않는다고 하더라도, X_i에 포함된 변수들은 Y_i에 대해 상당한 설명력을 갖는다. 따라서 이 통제변수들이 회귀모형에 포함되면 잔차(residual)의 분산이 줄고, 그 결과로 회귀모형 추정치들의 표준 오차가 감소한다. 마찬가지로, ρ에 대한 추정치의 표준 오차도 학교 고정효과가 포함되면 줄어든다. 왜냐하면, 이들 또한 학생들 성적의 분산 중 많은 부분을 설명하기 때문이다. 마지막 열에는 교사의 특성들이 추가된다. 교사들도 학급에 무작위로 배정되고, 이 자료에서는 교사의 특성이 학생의 학업성취도와 전혀 관련이 없는 것으로 나타나기 때문에, 소규모 학급의 효과와 그것의 표준 오차는 교사 변수들이 추가되더라도 변하지 않는다.

회귀분석은 실증경제학 연구에서 대단히 중요한 역할을 한다. 이 장에서 우리가 이미 다루었듯이, 회귀분석은 실험 자료를 분석하는 데 매우 적합하다. 어떤 경우에는 회귀분석을 사용해 무작위 배정이 없는 경우에도 실험 상황에 근사할 수도 있다. 그러나 회귀분석 결과가 어떤 조건 하에서 인과적으로 해석될 수 있는가라는 중요한 질문에 들어가기 전에, 회귀분석에 관한 여러 가지의 근본적인 사실과 정리들을 검토하는 작업이 필요하다. 이 사실과 정리들은 회귀분석을 어떤 동기로 사용했는지와는 무관하게 모든 회귀분석에 적용되는 진실이기 때문이다.

Part
02

핵심

Core

선생님,
모형의 적합도는 좋은데
해석이 이상해요.

3장

이치에 맞는 회귀분석 구성

"생각할 수 없는 일들을 생각해 보고, 할 수 없는 일들을 해보자.
말로 표현할 수 없는 문제를 해결하고자 노력해 보고,
그것이 정말로 말로 표현할 수 없는 문제인지 확인해 보자."

더글러스 애덤스, 「더크 젠틀리의 성스러운 탐정사무소」

Angrist가 기억하는 하나의 이야기:

내가 회귀분석을 처음으로 한 때는 Oberlin College에서 1학년을 마치고 2학년을 준비하던 1979년 여름이었다. 당시 나는 피츠버그 우리 집 근처의 Carnegie-Mellon University의 교수였던 Allan Meltzer와 Scott Richard의 연구 조교로서 일하고 있었다. 그 당시에 나는 특수 교육(special education) 분야의 일에 큰 관심을 가졌기 때문에 그 전해 여름에 일한 적이 있는 주립 정신병원으로 돌아가 아르바이트를 할 계획이었다. 하지만 경제학 개론 시간에 배운 대로 나는 같은 보수라면 근무시간이나 근로조건이 더 좋은 연구 조교 일이 병원 아르바이트보다 더 낫겠다고 생각하게 되었다. 당시 나는 회귀분석은 물론 통계학조차도 잘 모르는 상태였지만 연구 조교로서 내 업무에는 자료수집과 회귀분석이 포함되어 있었다.

그 해 여름 내가 작업했던 논문(Meltzer and Richard, 1983)은 민주주의 국가들에서 정부의 규모와 — 국내 총생산 GDP 대비 정부 지출의 규모로 측정됨 — 소득 불평등의 관계에 대한 연구였다. 대부분의 소득분포는 꼬리가 오른쪽으로 긴 모양으로서, 이것은 소득의 평균(mean)이 소득의 중위값(median)보다 훨씬 크다는 것을 의미한다. 불평등이 심화될 때에는 보다 더 많은 유권자들이 자신의 소득이 평균 소득보다 낮은 계층이라고 생각

> 한다. 중위값과 평균 사이의 소득을 가진 사람들은 이에 화가 나서 중위값 이하의 소득을 가진 사람들과 연합하여 부자들의 재산을 가난한 사람들에게 재분배하는 재정정책에 찬성표를 던지고자 할 수 있다. 그럴 경우 정부의 규모는 증가하게 된다.
>
> 나는 Meltzer/Richard 프로젝트의 기본 이론을 이해는 했지만, 가난한 사람들의 투표율이 낮다는 이유 때문에 그 이론이 그럴 듯하다고 생각하지는 않았다. 또한 나는 교육에 대한 정부 지출이 공공재로 — 직접적인 영향을 받는 사람들뿐만 아니라 사회의 모든 사람들이 혜택을 누리는 재화로 — 분류되어야 하는지, 혹은 공적으로 공급되는 사적 재화로 — 따라서 복지와 같은 재분배의 한 형태로 — 분류되어야 하는지에 대해 교수님들과 논쟁했던 기억도 있다. 이 프로젝트를 통해 나는 교육의 사회적 수익률에 관심을 갖기 시작했고, 이 주제는 내가 후에 Acemoglu and Angrist(2000)에서 더 깊은 열정과 이해를 가지고 연구했던 주제이기도 하다.
>
> 오늘날 나는 Meltzer와 Richard의 연구가 회귀분석을 이용해 흥미로운 인과관계를 밝혀내고 수량화하려는 하나의 시도였음을 알고 있다. 그러나 당시에 나는 회귀분석 기술자에 불과했다. 가끔 나는 연구 조교의 업무에 우울함을 느꼈다. 교수님들이나 Carnegie-Mellon의 박사 과정 학생들과 — 그들 대부분은 영어를 잘하지도 못했다 — 가끔 대화를 나누는 것 말고는 며칠 동안 아무하고도 이야기하지 않은 채 보내기도 했다. 내가 일하면서 가졌던 최고의 순간은 뛰어난 학자이자 인내심 있고 성품도 좋으신 Allan Meltzer 지도교수님과 같이 한 점심시간이었다. 그분은 점심 도시락을 먹으면서 이야기 나누는 것을 좋아하셨다. (교수님은 적게 드시고 나는 먹는 속도가 빨라서 이 시간이 그리 길지는 않았다.) 나는 어느 날 교수님께 회귀분석의 결과들을 — 그 당시에는 폭이 넓은 초록색 종이에 인쇄되어 있었다 — 꼼꼼히 정독하면서 인생을 보내는 일이 만족스러우신지 여쭈어 보았다. 그러자 교수님은 웃으시면서 이 일 말고는 딱히 하고 싶은 일이 없다고 말씀하셨다.

대학과 대학원에 계시는 우리 선생님들이나 지도교수님들이 그랬듯이, 이제 우리도 역시 회귀분석 결과를 꼼꼼히 정독하면서 즐겁게 인생을 보내고 있다. 이 장에서는 그 이유를 설명하고자 한다.

3.1 회귀분석의 근본 원칙

제2장의 끝부분에서 우리는 실험에서 나타난 처치집단과 통제집단 간의 차이를 추정하는 계산 방법으로서 회귀모형을 소개하였고, 회귀모형에서는 설명변수들이 통제될 수도 혹은 통제되지 않을 수도 있음을 살펴보았다. 2.3절에서 다룬 학급규모에 관한 연구에서 관심 회귀변수인 학급규모는 무작위로 배정되었기 때문에, 이때 도출되는 추정치는 인과관계로서 해석된다. 하지만 대부분의 연구에서 회귀분석이 적용되는 대상은 관측자료(observational data)이다. 무작위 배정의 도움이 없는 경우 회귀분석의 추정치들은 인과관계로서 해석될 수도 있고 그렇지 않을 수도 있다. 우리는 이 장의 뒷부분에서 어떤 조건 하에서 회귀분석의 결과가 인과관계로서 해석되는지에 관한 핵심적인 질문으로 되돌아갈 것이다.

인과관계에 관한 다소 추상적인 문제는 잠시 미루어두고, 우리는 먼저 회귀추정치들의 기계적 특성들에 대해 살펴볼 것이다. 이 특성들은 모집단 회귀벡터(population regression vector)와 그것의 표본 대응식(sample analog)에 대한 보편적인 속성들로서, 연구자가 자신의 분석결과를 해석하는 방법과는 아무런 관련이 없다. 이 속성들에는 모집단 회귀함수(population regression function)와 조건부 기대함수(conditional expectation function) 사이의 밀접한 관계와 회귀추정치의 표본분포가 포함되어 있다.

3.1.1 경제적 관계와 조건부 기대함수

우리가 전공하는 노동경제학 분야의 전형적인 실증연구에서는 개인의 경제적 환경들, 특히 경제적 부의 차이를 설명할 수 있는 사람들 간의 차이를 통계적으로 분석하는 데 관심을 가진다. 경제적 부의 차이를 설명하는 일은 대단히 어렵기로 유명하다. 그 차이는 한 마디로 말해 무작위적이기 때문이다. 그러나 응용 경제학자들인 우리는 무작위성을 적절한 방식으로 정리해 해석할 수 있다고 믿는다. 서론에서 언급했던 "체계적인 무작위성(systematic randomness)"의 하나의 예로서 교육과 임금 간의 관련성을 들 수 있다. 평균적으로 학교를 많이 다닌 사람의 임금은 적게 다닌 사람의 임금보다 높다. 때로는 개인별 환경의 차이가 커서 이것이 잘 보이지 않기도 하지만, 학력과 임금 간의 관련성은 상당한 예측력을 지닌다. 물론 교육을 더 많이 받은 사람의 임금이 덜 받은 사람의 임금보다 높은 경향이 있다는 사실이 곧바로 교육이 임금을 높인다는 인과적 결론으로 이어지지는 않는다. 임금-학력의 관계가 인과관계인지는 매우 중요한 질문이기 때문에 앞으로도 자주 거론될 것이다. 다만, 인과관계라는 어려운 질문에 대한 해답을 제공하지는 않는다 하더라도, 통계학적인 의미에서 교육이 임금을 예측한다는 사실은 명백하다. 이러한 예측력은 조건부 기대함수(conditional expectation function: CEF)라는 개념을 통해 명쾌하게 정리할 수 있다.

$K \times 1$ 인 설명변수 벡터 X_i가 — 이 벡터의 원소는 x_{ki}로 표시한다 — 주어져 있을 때 종속변수 Y_i의 CEF는 X_i를 고정한 상태에서 구한 Y_i의 기대값 또는 모평균이다. 모평균이란 무한히 큰 표본에서 구한 평균 혹은 완벽하게 나열된(completely enumerated) 유한 모집단에서 구한 평균이라고 생각할 수 있다. CEF는 $E[Y_i|X_i]$ 라고 표기하고 X_i의 함수이다. 여기서 X_i는 확률변수이므로 CEF 역시 확률변수이다. 하지만 때로는 CEF의 특정한 값(예를 들어, X_i가 42인 경우 $E[Y_i|X_i=42]$)을 구하기도 한다. 제2장에서 우리는 D_i가 0 또는 1의 값을 갖는 변수일 때의 CEF $E[Y_i|D_i]$를 간략하게 살펴본 적이 있다. 이 때의 CEF는 $E[Y_i|D_i=1]$ 혹은 $E[Y_i|D_i=0]$의 두 값만을 취한다. 이와 같이 특수한 경우도 중요하지만 우리는 많은 변수들(편의상 벡터 X_i라고 표현한다)의 함수인 CEF에 주된 관심을 기울이고자 한다. X_i의 어떤 특정한 값 $(X_i=x)$이 주어진 경우 $E[Y_i|X_i=x]$라고 표시한다. $Y_i=t$에서 $f_y(t|X_i=x)$라는 조건부 확률밀도함수를 가지는 연속변수 Y_i에 대한 CEF는 다음과 같다.

$$E[Y_i|X_i=x]=\int tf_y(t|X_i=x)dt$$

그림 **3.1.1 학력별 로그 주당 평균 임금의 원자료와 CEF**

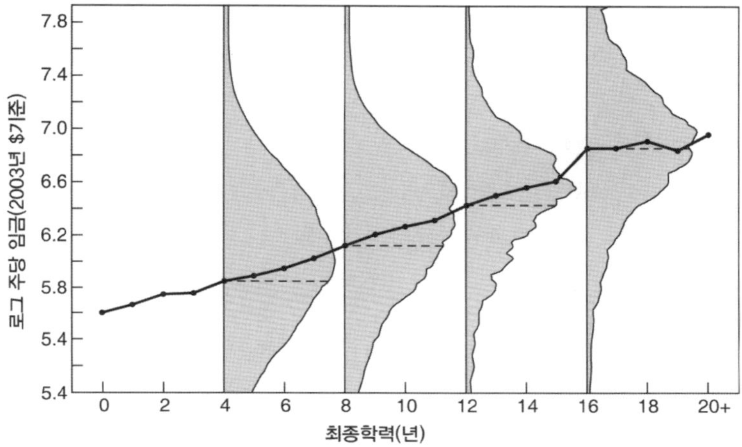

주: 표본은 1980년 IPUMS의 5% 표본 중 40~49세 백인 남성들로 구성되어 있다.

만약 Y_i가 이산변수일 경우 $E[Y_i|X_i=x]$는 $\Sigma_t tP(Y_i=t|X_i=x)$와 같다. 여기서 $P(Y_i=t|X_i=x)$는 $X_i=x$일 때 Y_i의 조건부 확률질량함수(probability mass function)이다.

기대값(expectation)은 모집단에 적용되는 개념이다. 일반적으로 실제 자료는 표본의 형태로 구성되지 모집단 전체를 포괄하는 경우는 거의 없다. 따라서 우리는 표본을 사용해 모집단에 대해 추론한다. 예를 들어, 표본 CEF를 사용해 모집단 CEF를 알고자 한다. 이 점은 필수적이면서도 중요한 내용이지만, 표본으로부터 모집단으로 나아가는 추론 방식에 관한 정식 논의는 나중에 3.1.3절에서 자세히 다루기로 한다. 계량경제학을 "모집단 우선(population-first)"의 관점에서 접근하는 방법은 우리가 자료를 사용해 모집단을 연구하기 전에 먼저 연구대상을 정의해야 한다는 사실에 기반을 둔 것이다.[1] [그림 3.1.1]에는 1980년도 인구센서스의 중년 백인 남성들 표본을 대상으로

[1] "모집단 우선"이라는 계량경제학 접근방법을 사용한 이론 논문으로는 Chamberlain(1984), Goldberger(1991), Manski(1991) 등이 있다.

학력별로 로그 주당 임금의 CEF가 표시되어 있다. 그리고 주요 학력수준인 4, 8, 12, 16년 각각에 대한 소득분포가 그려져 있다. 그림의 CEF는 개인별로 환경의 차이가 매우 큼에도 불구하고 학력이 높은 사람이 임금도 일반적으로 높다는 사실을 보여주고 있다. 학력이 1년 증가함에 따른 평균 임금의 증가분은 대략 10퍼센트 정도이다.

CEF를 보완하는 하나의 중요한 개념은 '반복 기대값 법칙(the law of iterated expectations)'이다. 이 법칙에 의하면, 무조건부(unconditional) 기대값은 CEF에 무조건부 평균을 적용해 다시 쓸 수 있다. 즉, 다음의 관계가 성립한다.

$$E[Y_i] = E\{E[Y_i|X_i]\} \qquad \text{(식 3.1.1)}$$

여기에서 외곽의 기대값(outer expectation)은 X_i의 분포를 사용해 구한다. 아래에는 결합 확률밀도함수 $f_{xy}(u,t)$를 가지는 연속변수 벡터 (X_i, Y_i)에 대해 반복 기대값 법칙이 증명되어 있다. 아래 식에서 $f_y(t|X_i=u)$는 $X_i=u$일 때 Y_i의 조건부 분포이고, $g_y(t)$와 $g_x(u)$는 주변 밀도함수들(marginal densities)이다.

$$\begin{aligned}
E\{E[Y_i|X_i]\} &= \int E[Y_i|X_i=u]g_x(u)du \\
&= \int \left[\int tf_y(t|X_i=u)dt\right]g_x(u)du \\
&= \iint tf_y(t|X_i=u)g_x(u)dudt \\
&= \int t\left[\int f_y(t|X_i=u)g_x(u)du\right]dt \\
&= \int t\left[\int f_{xy}(u,t)du\right]dt \\
&= \int tg_y(t)dt \;=\; E[Y_i]
\end{aligned}$$

위의 증명에서 적분은 X_i와 Y_i가 취할 수 있는 값들(각각 u와 t로 표시됨)에 대해 적용된다. 이 식을 단계별로 자세히 유도한 이유는 CEF와 그것의 여러

특성들이 앞으로 다루어질 부분의 핵심적인 내용이기 때문이다.[2]
반복 기대값 법칙에 의해 우리는 하나의 확률변수를 CEF와 (특별한 특성을 가진) 잔차(residual)라는 두 부분으로 분해할 수 있다.

● 정리 **3.1.1 CEF의 분해 특성**

$$Y_i = E[Y_i|X_i] + \epsilon_i$$

여기에서 (ⅰ) ϵ_i는 X_i와 평균 독립적(mean independent)(즉, $E[\epsilon_i|X_i]=0$)이고, (ⅱ) 그 결과로, ϵ_i는 X_i의 어떤 함수와도 상관관계를 갖지 않는다.

●● 증명

(ⅰ) $E[\epsilon_i|X_i]=E[Y_i - E[Y_i|X_i]|X_i]]=E[Y_i|X_i]-E[Y_i|X_i]=0$. (ⅱ) $h(X_i)$를 X_i의 임의의 함수라고 정의하자. 반복 기대값 법칙에 의해 $E[h(X_i)\epsilon_i]=E\{h(X_i)E[\epsilon_i|X_i]\}$이 성립하고, 평균 독립성에 의해 $E[\epsilon_i|X_i]=0$이 성립한다. ▒

이 정리에 따르면, 어떤 확률변수 Y_i는 "X_i에 의해 설명되는" 부분(즉, CEF)과 X_i의 모든 함수와 직교하는(orthogonal)(즉, 상관관계가 0인) 잔차 부분으로 분해될 수 있다.
CEF가 Y_i와 X_i 간의 관계를 잘 요약할 수 있는 이유는 다음과 같다. 첫째, 우리는 확률변수의 대표값으로서 평균을 사용하는 데 익숙하다. 좀 더 형식을 갖추어 말하면, 평균 제곱 오차의 최소값(minimum mean squared error: MMSE)을 도출한다는 의미에서, X_i가 주어져 있을 때 CEF는 Y_i에 대한 최적 예측치(best predictor)이다. CEF의 이러한 예측 특성은 CEF 분해 특성의 자연스러운 결과이다.

[2] 다음의 간단한 예는 반복 기대값 법칙이 어떻게 작동하는지를 보여준다. 남성과 여성으로 구성된 모집단의 평균 임금 = 남성 평균임금 × 모집단 내 남성의 비율 + 여성 평균임금 × 모집단 내 여성의 비율이다.

● 정리 3.1.2 **CEF의 예측 특성**

$m(X_i)$를 X_i의 임의의 함수라고 정의하자. CEF는 아래 극소화 문제의 해이다.

$$E[Y_i|X_i] = \underset{m(X_i)}{\arg\min} E[(Y_i - m(X_i))^2]$$

따라서 CEF는 X_i가 주어져 있을 때 Y_i의 MMSE 예측치이다.

●● 증명

식을 다음과 같이 써보자.

$$\begin{aligned}(Y_i - m(X_i))^2 &= ((Y_i - E[Y_i|X_i]) + (E[Y_i|X_i] - m(X_i)))^2 \\ &= (Y_i - E[Y_i|X_i])^2 + 2(E[Y_i|X_i] - m(X_i)) \\ &\quad \times (Y_i - E[Y_i|X_i]) + (E[Y_i|X_i] - m(X_i))^2\end{aligned}$$

첫 번째 항은 $m(X_i)$가 포함되어 있지 않기 때문에 중요하지 않다. 두 번째 항은 $h(X_i)\epsilon_i$로 쓸 수 있고, 여기서 $h(X_i) \equiv 2(E[Y_i|X_i] - m(X_i))$이다. 따라서 $h(X_i)\epsilon_i$는 CEF의 분해 특성에 의해 그 기대값이 0이다. 마지막 항은 $m(X_i)$가 CEF일 때 최소값 0을 갖는다. ▒

CEF의 마지막 특성은 분산분석(analysis of variance: ANOVA) 정리로서, 이것은 분해 특성 및 예측 특성 모두와 매우 밀접하게 연관되어 있다.

● 정리 3.1.3 **분산분석 정리**

$$V(Y_i) = V(E[Y_i|X_i]) + E[V(Y_i|X_i)]$$

여기에서 $V(\cdot)$은 분산을 의미하고, $V(Y_i|X_i)$는 X_i가 주어져 있을 때 Y_i의 조건부 분산(conditional variance)이다.

●● 증명

ϵ_i와 $E[Y_i|X_i]$의 상관관계가 0이기 때문에, CEF의 분해 특성에 의해 Y_i의 분산은 CEF의 분산과 잔차($\epsilon_i \equiv Y_i - E[Y_i|X_i]$)의 분산을 합한 값이다.[3] ϵ_i의 분산은 다음과 같다.

$$E\left[\epsilon_i^2\right] = E\left[E\left[\epsilon_i^2 | X_i\right]\right] = E\left[V\left[Y_i | X_i\right]\right]$$

여기서 $\epsilon_i \equiv Y_i - E[Y_i|X_i]$ 이므로, $E\left[\epsilon_i^2|X_i\right] = V[Y_i|X_i]$ 이 성립한다.[4] ▦

CEF의 두 가지 특성과 분산분석 정리에 대해서는 친숙한 느낌이 있다. 예를 들어, 여러분은 회귀분석 결과에서 분산분석표를 본 적이 있을 것이다. ANOVA는 불평등에 관한 연구에 있어서도 중요한 역할을 한다. 불평등에 관해 연구하면서 노동경제학자들은 소득분포의 전체 변동을 노동자들의 개인 특성의 변화로 설명되는 변동과 그 이외 것들에 의한 잔여 변동으로 분해한다. (예를 들어, Autor, Katz, and Kearney(2005)를 보라.) 다소 생소하게 느껴질 수 있는 것은 CEF 특성들과 ANOVA 분산분해가 모집단에서뿐만 아니라 표본에서도 성립하고, 그것들이 CEF의 선형성 가정에 의존하지 않는다는 점이다. 사실 선형 회귀모형이 실증분석 도구로서 가지는 타당성 역시 CEF의 선형성에 의존하지는 않는다.

3.1.2 선형 회귀모형과 CEF

그러면 당신이 분석하고자 하는 회귀모형이란 무엇인가? 연구를 하면서 우리는 이 질문 혹은 이와 비슷한 질문을 거의 매일 듣는다. 회귀분석 추정치는 거의 모든 실증연구에 있어 매우 유용한 출발점을 제공해 준다. 왜냐하면 회귀분석은 CEF와 밀접하게 연결되어 있고 실증적 관계를 자연스럽게 요약해 주기 때문이다. 회귀함수 — 평균 제곱 오차를 최소화시키는 최적 직선 — 와 CEF의 관계를 최소한 세 가지 방식으로 설명할 수 있다. 정확한 설명을 위해 우선 우리가 말하고 있는 회귀함수라는 것이 무엇인지를 명확하게 할 필요가 있다. 우리는 이 절에서 모집단 최소제곱 문제의 해인 모집단 회귀계수 벡터에 대해 논의할 것이다. 따라서 이 절에서는 인과관계에 대해서는 당

3 **(역주)** $V(Y_i) = V(E[Y_i|X_i] + \epsilon_i) = V(E[Y_i|X_i]) + V(\epsilon_i) + 2\cdot Cov(E[Y_i|X_i], \epsilon_i)$. 이 식에서 $Cov(E[Y_i|X_i], \epsilon_i) = 0$ 이므로, $V(Y_i) = V(E[Y_i|X_i]) + V(\epsilon_i)$ 이다.

4 **(역주)** $E\left[\epsilon_i^2|X_i\right] = E\left[(Y_i - E(Y_i|X_i))^2|X_i\right] = V[Y_i|X_i]$ 이다.

분간 신경을 쓰지 않는다. $(K\times 1)$인 회귀계수 벡터 β를 아래 식의 해라고 정의하자.

$$\beta = \underset{b}{\arg\min}\, E\big[(Y_i - X_i'b)^2\big] \qquad \text{(식 3.1.2)}$$

1계 조건을 이용하면 다음과 같다.

$$E[X_i(Y_i - X_i'b)] = 0$$

이 식을 다시 쓰면, $\beta = E[X_iX_i']^{-1}E[X_iY_i]$와 같다. 식의 구조에 의해, $E[X_i(Y_i - X_i'\beta)] = 0$이 성립함에 주목하자. 다시 말해, $Y_i - X_i'\beta = e_i$로서 정의되는 모집단 잔차는 설명변수인 X_i와 상관관계가 0이다. 여기서 이 오차항은 스스로 아무런 역할을 하지 못한다는 점을 강조할 필요가 있다. 즉, β가 주어져야만 이 오차항이 존재할 수 있고 의미를 가질 수 있다. 이 점은 매우 중요하기 때문에 3.2절의 인과관계 회귀모형을 다룰 때 다시 논의할 것이다.

오직 하나의 설명변수 x_i와 상수항만을 갖는 단순 2변량 회귀모형의 경우, 기울기 계수는 $\beta_1 = \frac{Cov(Y_i, x_i)}{V(x_i)}$이고 절편은 $\alpha = E[Y_i] - \beta_1 E[X_i]$이다. 상수항 이외에 두 개 이상의 설명변수를 갖는 다변량 회귀모형의 경우, k번째 설명변수의 기울기 계수는 아래와 같다.

회귀모형의 구조

$$\beta_k = \frac{Cov(Y_i, \tilde{x}_{ki})}{V(\tilde{x}_{ki})} \qquad \text{(식 3.1.3)}$$

여기서 $\tilde{x}_{ki}$는 x_{ki}를 다른 모든 설명변수들에 회귀시킨 후 구한 잔차이다. 다시 말해, $E[X_iX_i']^{-1}E[X_iY_i]$은 $K\times 1$ 벡터로서, k번째 원소의 값은 $\frac{Cov(Y_i, \tilde{x}_{ki})}{V(\tilde{x}_{ki})}$이다. (식 3.1.3)은 행렬식 $\beta = E[X_iX_i']^{-1}E[X_iY_i]$보다 더 많은 것을 보여주기 때

문에 다변량 회귀계수의 구조를 표현하는 중요한 공식이다. 이 식에 의하면, 다변량 회귀모형의 각 회귀계수는 다른 모든 설명변수들의 영향을 제거한 상태에서 구한 x_{ki}의 2변량 기울기 계수이다.

회귀모형의 구조 공식을 입증하기 위해 (식 3.1.3)의 분자에 있는 Y_i를 아래의 식으로 치환해 보자.

$$Y_i = \alpha + \beta_1 x_{1i} + \cdots \beta_k x_{ki} + \cdots + \beta_K x_{Ki} + e_i$$

$\tilde{x}_{ki}$는 설명변수들의 선형결합이기 때문에 $\tilde{x}_{ki}$와 e_i의 상관관계는 0이다. 또한 $\tilde{x}_{ki}$는 x_{ki}를 모형의 다른 모든 설명변수들에 회귀시킨 후 구한 잔차이기 때문에 $\tilde{x}_{ki}$와 다른 설명변수들과의 상관관계 역시 0이다. 동일한 이유로, x_{ki}와 $\tilde{x}_{ki}$의 공분산은 결국 $\tilde{x}_{ki}$의 분산과 같게 된다. 따라서 $Cov(Y_i, \tilde{x}_{ki}) = \beta_k V(\tilde{x}_{ki})$이다.[5]

아마도 독자들은 회귀분석이나 통계학 수업을 통해 회귀모형 구조 공식에 익숙할 것이다. 여기에 한 가지를 덧붙이자면, 이 절에서 정의된 회귀계수들은 추정량이 아니라는 점이다. 이 계수들은 종속변수와 독립변수의 결합분포가 가지는 비확률적인 속성이다. 이 결합분포는 연구자가 관심을 가지는

5 회귀모형의 구조 공식은 Frisch and Waugh(1933)에서 유래되었다고 보통 알려져 있다. 다음과 같은 방식으로도 회귀모형 구조에 관한 분석을 할 수 있다.

$$\beta_k = \frac{Cov(\tilde{Y}_{ki}, \tilde{x}_{ki})}{V(\tilde{x}_{ki})}$$

이 식에서 $\tilde{Y}_{ki}$는 Y_i를 x_{ki} 이외의 모든 설명변수들에 회귀시킨 후 구한 잔차이다. 이 식이 성립하는 이유는 $\tilde{Y}_{ki}$로부터 제거된 예측치들과 $\tilde{x}_{ki}$ 간의 상관관계가 0이기 때문이다. 종종, $\tilde{Y}_{ki}$와 $\tilde{x}_{ki}$에 대한 산점도를 그려보는 것이 유용하다. 이 산점도에서 최소제곱법으로 구한 추세선의 기울기는 비록 2차원의 그림에서 구한 값이지만 다변량 회귀모형의 β_k에 해당한다. 그러나 단지 Y_i만으로부터 여타 설명변수들의 영향을 제거하는 것으로는 충분하지 않음에 유의하자. 왜냐하면 x_{ki}와 다른 설명변수들 간의 상관관계가 0이 아니면 다음의 관계가 성립하기 때문이다.

$$\frac{Cov(\tilde{Y}_{ki}, x_{ki})}{V(x_{ki})} = \left[\frac{Cov(\tilde{Y}_{ki}, \tilde{x}_{ki})}{V(\tilde{x}_{ki})}\right]\left[\frac{V(\tilde{x}_{ki})}{V(x_{ki})}\right] \neq \beta_k$$

모집단에 대해 완벽히 나열할 수 있는 경우(혹은 자료를 만들어내는 확률 과정을 아는 경우)에만 관측할 수 있다. 그러나 연구자는 대개 그와 같은 정보를 가지고 있지 않다. 그럼에도 불구하고, 우리가 모집단 모수들(population parameters)이 무엇을 의미하는지를 먼저 생각해 본 후, 다음 단계에서 그것을 어떻게 측정할 것인가에 대해 염려하는 것은 바람직한 실증연구 방법이다. 아래에서는 왜 모집단 회귀계수 벡터가 관심의 대상이 되는지를 설명하는 세 가지 이유를 살펴본다. 이 세 가지 이유들을 한마디로 요약하면, 당신이 CEF에 관심이 있다면 회귀 모수들에 관심을 가져야만 한다는 것이다.

● 정리 **3.1.4 선형 CEF 정리(회귀분석의 정당성 I)**

CEF가 선형이라고 가정하면, 모집단 회귀함수가 바로 CEF이다.

●● 증명

$(K\times 1)$인 계수 벡터 β^*에 대해 $E[Y_i|X_i]=X_i'\beta^*$라고 가정하자. CEF의 분해 특성에 의해 우리는 $E[X_i(Y_i-E[Y_i|X_i])]=0$라는 것을 알고 있다.

$E[Y_i|X_i]=X_i'\beta^*$를 위 식에 대입하면, $\beta^*=E[X_iX_i']^{-1}E[X_iY_i]=\beta$이 성립한다.[6] ▩

선형 CEF 정리는 우리에게 무엇이 CEF를 선형으로 만드는가라는 질문을 불러일으킨다. 고전적인 사례로는 결합 정규분포로서 벡터 $(Y_i, X_i')'$가 다변량 정규분포를 따르는 경우이다. 이 경우는 회귀분석의 아버지 Galton(1886)이 생각했던 예로서, 그는 사람들의 키나 지능과 같이 정규분포를 따르는 속성들의 세대 간 연관관계에 관심을 가졌다. 정규분포는 연속분포이지만 설명변수나 종속변수들은 주로 이산변수이기 때문에 실증 연구에서 정규분포는 매우 제한적일 수밖에 없다.

CEF가 선형이 되는 또 다른 사례는 회귀모형이 포화(saturated)되는 경우에 발생한다. 3.1.4절에서 살펴보겠지만, 포화된 회귀모형에서는 설명변수들이

6 (**역주**) $E[Y_i|X_i]=X_i'\beta^*$를 위 식에 대입하면, $E[X_i(Y_i-X_i'\beta^*)]=E[X_iY_i-X_iX_i'\beta^*]=0$이 성립하고, $\beta^*=E[X_iX_i']^{-1}E[X_iY_i]=\beta$이 성립한다.

취할 수 있는 값들의 모든 가능한 조합에 대해 각각 하나의 모수가 부여된다. 예를 들면, 두 개의 더미변수를 설명변수로 갖는 포화된 회귀모형에서는 각 설명변수들과 — 이 변수들의 계수는 주효과(main effects)를 보여준다 — 각 설명변수들 간의 곱(교차항)이 독립변수로서 포함된다. 이런 모형은 본질적으로 선형이다. 이에 대해서는 3.1.4절에서 논의할 예정이다.

우리가 왜 회귀모형에 초점을 맞추는지에 관해 아래에서 제시하는 두 번째 및 세 번째의 이유들은 선형 CEF 정리가 적용되지 않는 경우에도 성립한다.

● 정리 **3.1.5 최적 선형 예측치 정리(회귀모형의 정당성 II)**

MMSE라는 의미에서 함수 $X_i'\beta$는 X_i가 주어져 있을 때 Y_i에 대한 최적 선형 예측치(the best linear predictor)이다.

●● 증명

$\beta = E[X_i X_i']^{-1} E[X_i Y_i]$는 모집단 최소제곱 문제인 (식 3.1.2)의 해이다. ▒

다시 말해, 주어진 X_i의 '모든' 함수들 중에서 CEF $E[Y_i|X_i]$가 Y_i에 대한 최적(즉, MMSE) 예측치인 것처럼, 모집단 회귀함수는 '선형' 함수들 중에서 우리가 구할 수 있는 최적 함수이다.

● 정리 **3.1.6 회귀모형의 CEF 정리(회귀모형의 정당성 III)**

함수 $X_i'\beta$는 $E[Y_i|X_i]$에 대한 MMSE 선형 근사치(linear approximation)를 제공한다. 즉,

$$\beta = \underset{b}{\arg\min}\, E\{(E[Y_i|X_i] - X_i'b)^2\}. \qquad \text{(식 3.1.4)}$$

●● 증명

β가 (식 3.1.2)의 해라는 점을 고려하여 이를 증명할 수 있다. 다음과 같이 식을 풀어보자.

$$\begin{aligned}(Y_i - X_i'b)^2 &= \{(Y_i - E[Y_i|X_i]) + (E[Y_i|X_i] - X_i'b)\}^2 \\ &= (Y_i - E[Y_i|X_i])^2 + (E[Y_i|X_i] - X_i'b)^2 \\ &\quad + 2(Y_i - E[Y_i|X_i])(E[Y_i|X_i] - X_i'b)^2\end{aligned}$$

첫 번째 항은 b를 포함하고 있지 않고, 마지막 항은 CEF의 분해 특성 (ii)에 의해 기대값이 0이다. 따라서 CEF 근사치를 구하는 (식 3.1.4)는 (식 3.1.2)의 모집단 최소제곱 문제와 동일하게 된다. ▦

위의 두 가지 정리를 통해 우리는 회귀모형을 바라보는 두 개의 방법을 추가로 배울 수 있다. CEF가 종속변수의 최적 무제약 예측치인 것처럼, 회귀모형은 종속변수에 대한 최적 선형 예측치를 제공하다. 다른 한편, 우리가 Y_i를 예측하는 문제가 아니라, $E[Y_i|X_i]$를 추정하는 문제를 생각할 경우 회귀모형의 CEF 정리에 의하면 CEF가 설사 선형이 아니라고 하더라도 회귀모형은 CEF에 대한 최적 선형 근사치를 제공한다.

회귀모형의 CEF 정리는 회귀모형의 장점을 설명하고자 할 때 우리가 가장 선호하는 방식이다. 회귀분석이 CEF에 대한 근사치를 제공한다는 표현은 실증연구에 대한 우리의 관점과 그 맥을 같이하기 때문이다. 실증분석이란 통계적 관계를 불필요하도록 엄밀하게 밝히고자 하는 작업이라기보다는 그 관계의 핵심적인 특성들을 표현하고자 노력하는 것이라고 우리는 생각한다. 선형 CEF 정리는 특별한 경우들에서만 성립한다. 최적 선형 예측치 정리는 매우 일반적인 경우에도 성립한다. 하지만 이 정리는 실증연구를 지나치게 분석적인 관점에서 접근하도록 유도하는 것으로 보인다. 우리가 관심을 가지는 것은 '개인의' Y_i를 예측하는 것이 아니다. 우리가 고민하는 문제는 Y_i의 '분포'이다.

[그림 3.1.2]는 [그림 3.1.1]에 그려진 학력별 CEF를 이용해 회귀모형이 CEF에 근사한다는 성질을 보여준다. 여기서 회귀직선은 마치 우리가 Y_i에 대한 모형이 아니라 $E[Y_i|X_i]$에 대한 모형을 추정하는 것처럼 다소 울퉁불퉁하고 비선형인 CEF를 하나의 선으로 연결하고 있다. 사실 정확히 말해, 이것이 회귀모형이 하는 일이다. 회귀모형의 CEF 정리를 재해석하면, 회귀계수들은 개인의 Y_i가 아니라 $E[Y_i|X_i]$를 종속변수로 사용하는 경우에도 구할 수 있다. 이를 살펴보기 위해, X_i가 $g_x(u)$라는 확률질량함수(probability mass function)를 가지는 이산확률변수라고 가정하자. 이 경우 다음 식이 성립한다.

그림 **3.1.2 학력별 주당 평균 임금 CEF를 하나의 직선으로 연결한 회귀모형**

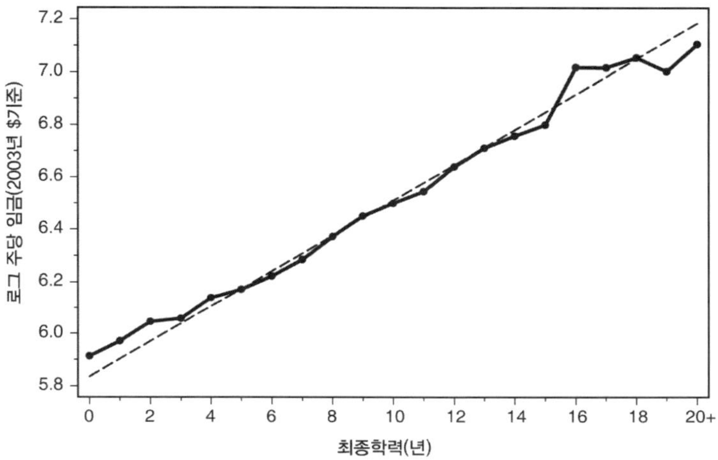

주: 실선은 CEF이고 점선은 회귀 직선이다.

$$E\{(E[Y_i|X_i]-X_i'b)^2\}=\sum_u (E[Y_i|X_i=u]-u'b)^2 g_x(u)$$

이 식에 의하면, β는 $E[Y_i|X_i=u]$를 u에 회귀시키는 가중 최소제곱(Weighted Least Squares: WLS) 회귀모형으로부터 도출된다. 이때 u는 X_i가 취할 수 있는 값들에 대해 정의된다. 가중치는 X_i의 분포, 즉 $g_x(u)$로 주어진다. 이를 확인하는 보다 더 간단한 방법은 아래 β의 식에 기대값을 반복 적용하는 것이다.

$$\beta=E[X_iX_i']^{-1}E[X_iY_i]=E[X_iX_i']^{-1}E[X_iE(Y_i|X_i)] \qquad \text{(식 3.1.5)}$$

CEF나 회귀식을 그룹화된 자료(grouped data)에 적용하는 분석은 미시자료(microdata) 분석이 불가능할 때 실용적으로 사용될 수 있다. 예를 들어, Angrist (1998)는 자원 군입대가 입대자의 이후 임금소득에 어떤 영향을 미치는가를 연구하기 위해 그룹화된 자료를 이용한 바 있다. 이 연구에서 사용된 추정전략 중 하나는 민간인 임금소득을 개인의 특성들과 군대에서 군인 선발을 위해 사용하는 변수들 및 군복무 여부 더미변수에 회귀시키는 방법이다. 임금

그림 **3.1.3 미시자료와 그룹화된 자료를 이용한 교육 수익률 추정치**

A - **개인수준 자료(Individual-level data)**

```
. regress earnings school, robust

      Source |       SS       df       MS              Number of obs =  409435
-------------+------------------------------           F(  1,409433) =49118.25
       Model | 22631.4793      1  22631.4793           Prob > F      =  0.0000
    Residual |  188648.31 409433  .460755019           R-squared     =  0.1071
-------------+------------------------------           Adj R-squared =  0.1071
       Total | 211279.789 409434   .51602893           Root MSE      =  .67879

-------------+----------------------------------------------------------------
             |              Robust                      Old Fashioned
    earnings |      Coef.  Std. Err.       t              Std. Err.         t
-------------+----------------------------------------------------------------
      school |   .0674387   .0003447   195.63              .0003043    221.63
      const. |   5.835761   .0045507  1282.39              .0040043   1457.38
------------------------------------------------------------------------------
```

B - **학력수준별 평균(Means by years of schooling)**

```
. regress average_earnings school [aweight=count], robust
(sum of wgt is   4.0944e+05)

      Source |       SS       df       MS              Number of obs =      21
-------------+------------------------------           F(  1,     19) =  540.31
       Model |  1.16077332     1  1.16077332           Prob > F      =  0.0000
    Residual |  .040818796    19  .002148358           R-squared     =  0.9660
-------------+------------------------------           Adj R-squared =  0.9642
       Total |  1.20159212    20  .060079606           Root MSE      =  .04635

-------------+----------------------------------------------------------------
     average |              Robust                      Old Fashioned
   _earnings |      Coef.  Std. Err.       t              Std. Err.         t
-------------+----------------------------------------------------------------
      school |   .0674387   .0040352    16.71              .0029013     23.24
      const. |   5.835761   .0399452   146.09              .0381792    152.85
------------------------------------------------------------------------------
```

주: Stata를 이용한 회귀분석 결과이다. 자료는 1980년 센서스-IPUMS의 5% 표본으로서, 표본에는 40~49세의 백인 남성들이 포함되어 있다. 강건한 표준 오차는 이분산성을 고려하고 있다. Panel A는 개인 수준 미시자료이며, Panel B는 교육 수준(년수)별 평균 임금을 사용하였다.

소득 자료는 미국 사회보장 시스템(U.S. Social Security system)에서 가져왔지만, 문제는 개인의 사회보장 소득이 일반에게는 공개되지 않는다는 점이다. 이러한 문제를 극복하고자 Angrist는 개인의 임금소득을 사용하는 대신 인종, 성별, 시험점수, 교육 수준, 군복무 여부를 이용해 조건부 평균 임금을 구하여 분석을 진행하였다.

회귀모형을 이용해 그룹화된 자료를 어떻게 분석하는지를 보여주기 위해, 우리는 21개의 조건부 평균값(학력별 임금의 표본 CEF)을 이용해 임금 방정식의 학력 계수값을 추정하였다. [그림 3.1.3]은 이를 Stata에서 분석한 결과물이다. 그림에 나타난 바와 같이, 그룹화된 자료에 대한 (각 학력에 해당하는 표본수로 가중된) 회귀분석 결과(Panel B)는 약 41만 개의 관측치를 가진 원본 미시자료에 대한 회귀분석 결과(Panel A)와 동일한 계수값을 산출하고 있다. 다만, 여기서 그룹화된 자료를 이용한 회귀분석에서 구한 표준 오차는 반복 미시자료 표본에서 구한 기울기 추정치의 점근적 표본 분산과 다르다는 점을 염두에 두어야 한다. 따라서 $Y_i - X_i'\beta$의 분산 추정치가 필요하다. 이 분산은 미시자료, 특별히 $W_i \equiv [Y_i\ X_i']'$의 2차 적률(second moments)을 이용해야 구할 수 있다. 다음 절에서는 이 이슈를 다루고자 한다.

3.1.3 점근적 OLS 추론

실제 분석에서 우리는 CEF 혹은 모집단 회귀벡터의 형태를 일반적으로 알지 못한다. 그렇기 때문에 표본을 이용해 이 수치에 대한 통계학적 추론을 하는 것이다. 통계학적 추론은 계량경제학 분야에서 전통적으로 다루는 내용이다. 비록 다른 많은 계량경제학 교과서들에서 이 내용을 다루고 있다고 하더라도, 이 책에서 추론 단계를 완전히 건너뛰고 싶지는 않다. 점근이론(asymptotic theory)의 기초를 살펴보고 나서, 우리는 통계적 추론과정이란 회귀 추정치를 어떻게 해석해야 하는가 하는 문제와는 다르다는 중요한 사실을 강조할 것이다. 회귀계수가 의미하는 바가 무엇이든 간에, 이 계수는 쉽게 표현되고 통계적 추론에 유용하게 사용되는 표본분포를 가지고 있다.[7]

우리는 아래 β의 표본 대응식이 반복 표본에서 따르는 분포에 관심을 가진다.

$$\beta = E[X_i X_i']^{-1} E[X_i Y_i]$$

[7] 이 절에서 설명하는 점근적 OLS 추론의 내용은 Chamberlain(1984)에 잘 정리되어 있다. 이 논문집의 마지막 장에서는 점근적 이론의 중요한 주의사항과 문제점을 다루고 있다.

벡터 $W_i \equiv [\,Y_i\ X_i'\,]'$는 크기 N인 표본에서 독립적이고 동일한 분포를 따른다고 가정하자. 모집단 1차 적률(first population moment)인 $E[\,W_i\,]$의 자연스러운 추정량은 평균 합 $\frac{1}{N}\sum_{i=1}^{N} W_i$이다. 대수의 법칙(law of large numbers)에 의해, 표본 적률 벡터는 표본크기가 커짐에 따라 그에 대응하는 모집단 적률에 수렴한다. W_i의 요소들에 대한 고차(higher-order) 적률들도 이와 같이 생각해 볼 수 있다. 예를 들어, 2차 적률 행렬 $E[\,W_i W_i'\,]$의 표본 대응식은 $\frac{1}{N}\sum_{i=1}^{N} W_i W_i'$이다. 이 원칙을 따르면, β의 적률 추정량(method of moments estimator)은 각각의 기대값을 평균 합으로 대체함으로써 구할 수 있다. 이 원리를 통해 다음과 같은 최소제곱(ordinary least squares: OLS) 추정량을 구할 수 있다.

$$\hat{\beta} = \left[\sum_i X_i X_i'\right]^{-1} \sum_i X_i Y_i$$

비록 우리가 적률 추정법을 통해 $\hat{\beta}$을 유도하였지만, $\hat{\beta}$은 β의 OLS 추정량이라고 불린다. 왜냐하면 $\hat{\beta}$이 3.1.2절 도입부에서 설명한 최소제곱 문제의 표본 대응식에 대한 해이기 때문이다.[8]

$\hat{\beta}$의 점근 표본분포는 오로지 추정식(the estimand)의 정의(예를 들어, 우리가 추정하고자 하는 대상인 β의 특성)와 자료가 무작위 표본이라는 가정에만 의존한다. 이 분포를 유도하기 전에 일반적인 점근분포 이론을 정리하면 좀 더 도움이 될 것이다. 기본적인 이론은 대부분 말로 설명할 수 있다. 이를 말로 설명하기 위해 일단 여러분이 통계학 이론의 핵심 용어와 개념들을 — 적률(moments), 수학적 기대값(mathematical expectation), 확률극한(probability limit), 점근분포(asymptotic distribution) — 잘 알고 있다고 가정한다. 이러한 용어들의 정의와 아래에 제시될 이론적 명제들에 대한 수학적인 논의에 대해서는

[8] 계량경제학자들은 표기가 간단하기 때문에 행렬을 주로 사용한다. 많이 사용하지는 않겠지만, 가끔 우리도 행렬을 사용할 것이다. X는 각 행이 X_i'로 이루어진 행렬이고, y는 $Y_i(i=1, \cdots, N)$라는 요소를 갖는 벡터라고 가정하자. 표본 적률 행렬 $\frac{1}{N}\sum X_i X_i'$은 $X'X/N$이고, 표본 적률 벡터 $\frac{1}{N}\sum X_i Y_i$는 $X'y/N$이다. 따라서 많이 사용되고 있는 행렬식인 $\hat{\beta} = (X'X)^{-1}X'y$라고 쓸 수 있다.

Knight(2000)를 참고하라.

대수의 법칙(Law of Large Numbers)

표본 적률은 그에 대응하는 모집단 적률에 확률적으로 수렴한다. 다시 말해, 충분히 큰 표본을 구성하는 방법을 통해, 표본 평균이 모집단 평균에 가까울 확률을 원하는 만큼 높게 만들 수 있다.

중심극한 정리(Central Limit Theorem)

표본 적률은 (보다 정확하게, 표본 적률에서 그에 대응하는 모집단 적률을 뺀 후 표본크기의 제곱근을 곱하면[9]) 점근적으로 정규분포를 따른다. 점근 공분산 행렬은 해당 확률변수의 분산을 이용해 구할 수 있다. 다시 말해, 충분히 큰 표본에서는 적절히 정규화된 표본 적률이 근사적으로 정규분포를 따른다.

슬러츠키 정리(Slutsky's Theorem)

1. 두 확률변수의 합을 생각해 보자. 그 중 하나는 임의의 어떤 분포에 수렴하고(다시 말해, 점근분포를 가지고), 다른 하나는 상수에 확률적으로 수렴한다고 가정하자. 두 변수의 합의 점근분포는 상수에 수렴하는 확률변수를 그 상수로 대체하더라도 변하지 않는다. 수식으로 표현하면, a_N을 점근분포를 갖는 통계량, b_N를 확률극한 b를 갖는 통계량이라고 가정하자. 이 경우 a_N+b_N과 a_N+b는 동일한 점근분포를 갖는다.
2. 두 확률변수의 곱을 생각해 보자. 그 중 하나는 임의의 분포에 수렴하고, 다른 하나는 상수에 확률적으로 수렴한다고 가정하자. 이 곱의 점근분포는 상수에 수렴하는 확률변수를 그 상수로 대체하더라도 변하지 않는다. 수식으로 표현하면, a_N을 점근분포를 갖는 통계량, b_N을 확률극한 b를 갖는 통계량이라고 가정하자. 이 경우 $a_N b_N$과 $a_N b$는 동일한 점근분포를

9 **(역주)** $\sqrt{n}\left(\left(\frac{1}{N}\Sigma_{i=1}^{N} W_i\right) - \mu\right)$

갖는다.

연속사상 정리(Continuous Mapping Theorem)

확률극한은 연속함수에 그대로 적용된다. 예를 들어, 표본 적률의 임의의 연속함수가 갖는 확률극한은 그 함수에 모집단 적률을 대입해 평가한 값과 같다. 수식으로 표현하면, $h(b_N)$의 확률극한은 $h(b)$이다. 여기에서 $plim\ b_N = b$이며, $h(\cdot)$는 b에서 연속이다.

델타법(Delta Method)

정규분포에 근사하는 벡터형 확률변수를 생각해 보자. 이 확률변수의 연속적이면서 미분가능한 스칼라 함수 역시 점근적으로 정규분포를 따른다. 이 정규분포의 공분산 행렬은 2차 형식으로 표현된다.[10] 안쪽에는 확률변수의 공분산 행렬이, 그리고 바깥쪽에는 연속함수의 도함수를 확률변수의 확률극한에서 평가한 값이 위치한다. 수식으로 표현하면, $h(b_N)$의 점근분포는 공분산 행렬이 $\nabla h(b)'\Omega\nabla h(b)$인 정규분포이다. 여기서 $plim\ b_N = b$이고, $h(\cdot)$는 그 도함수가 $\nabla h(b)$이고, b에서 연속이면서 미분가능하다. b_N의 점근 공분산 행렬은 Ω이다.[11]

우리는 위의 정리들을 이용해 두 가지 방법으로 $\hat{\beta}$에 대한 점근분포를 유도할 수 있다. 먼저, 개념적으로는 분명하지만 다소 덜 세련된 접근방법으로서 델타법을 이용할 수 있다. $\hat{\beta}$는 표본 적률들의 함수이므로 점근적으로 정규분포를 따른다. 이제 남은 것은 이 함수의 도함수로부터 점근분포의 공분산

10 2차 형식은 행렬-가중 제곱 합이다. v가 $N\times 1$ 벡터이고, M은 $N\times N$ 행렬이라고 가정하자. v에 대한 2차 형식은 $v'Mv$이다. 만약 M이 대각원소 m_i를 갖는 $N\times N$ 대각행렬이라면, $v'Mv = \sum_i m_i v_i^2$이 성립한다.

11 슬러츠키 정리와 연속사상 정리를 이용해 델타법 공식을 유도하는 방법에 대해서는 Knight (2000, pp. 120-121)를 참조하라. 여기서 우리가 "$h(b_N)$의 점근분포"를 말하고 있지만, 이것이 실제로 의미하는 것은 $\sqrt{N}\,[h(b_N)-h(b)]$의 점근분포이다.

행렬을 구하는 것이다. (연속사상 정리로부터 $\hat{\beta}$은 일치추정량임을 알 수 있다.[12]) 보다 더 쉬우면서 교육적으로도 적절한 유도방법은 슬러츠키 정리와 중심극한 정리를 이용하는 방법이다. 먼저 다음과 같이 Y_i를 표현할 수 있다.

$$Y_i = X_i'\beta + [Y_i - X_i'\beta] \equiv X_i'\beta + e_i \qquad \text{(식 3.1.6)}$$

여기에서 잔차 e_i는 앞서 말한 바와 같이 종속변수와 모집단 회귀함수 간의 차이로 정의된다. 다시 말해, $E[X_ie_i]=0$은 $\beta = E[X_iX_i']^{-1}E[X_iY_i]$와 $e_i = Y_i - X_i'\beta$로부터 기계적으로 유도되는 결과이지, 어떤 본질적인 경제적 관계를 설명하는 가정은 아니다.[13]

$\hat{\beta}$의 공식에 (식 3.1.6)의 Y_i를 대입하면, $\hat{\beta}$는 다음과 같다.

$$\hat{\beta} = \beta + \left[\sum X_iX_i'\right]^{-1}\sum X_ie_i$$

$\hat{\beta}$의 점근분포는 바로 $\sqrt{N}(\hat{\beta}-\beta) = \left[\frac{1}{N}\Sigma X_iX_i'\right]^{-1}\frac{1}{\sqrt{N}}\Sigma X_ie_i$의 점근분포이다. 슬러츠키 정리에 의해, 이것은 $E[X_iX_i']^{-1}\frac{1}{\sqrt{N}}\Sigma X_ie_i$와 동일한 점근분포를 따른다. $E[X_ie_i]=0$이기 때문에 $\frac{1}{\sqrt{N}}\Sigma X_ie_i$는 표준 정규화된 N-제곱근 표본 적률이다. 중심극한 정리에 의해, 이것은 평균이 0이고 공분산 행렬이 $E[X_iX_i'e_i^2]$인 정규분포에 근사한다. 4차 적률을 갖는 이 행렬이 바로 X_ie_i의 공분산 행렬이다. 따라서 $\hat{\beta}$의 확률극한은 β이고, $\hat{\beta}$은 점근적으로 공분산 행렬이 아래와 같은 정규분포를 따른다.

$$E[X_iX_i']^{-1}E[X_iX_i'e_i^2]E[X_iX_i']^{-1} \qquad \text{(식 3.1.7)}$$

t-통계량을 계산하는 데 사용되는 이론적 표준 오차는 (식 3.1.7)의 대각 요

12 어떤 추정량이 목표 모수에 확률적으로 수렴할 때 그 추정량을 일치추정량이라고 칼한다.

13 이와 같이 정의된 잔차는 X_i에 대해 반드시 평균 독립적이지는 않다. 평균 독립성이 성립하기 위해서는 CEF가 선형이어야 한다.

소의 제곱근 값이다. 실제 분석에서 이들 표준 오차를 구할 때에는 기대값을 평균 합으로 대체하고 추정 잔차($\hat{e}_i = Y_i - X_i'\hat{\beta}$)를 이용해 4차 적률 행렬 ($\sum\left[X_iX_i\hat{e}_i^2\right]/N$)을 계산한다.

이와 같은 방식으로 계산된 점근 표준 오차를 이분산-일치(heteroskedasticity-consistent) 표준 오차, White(1980a) 표준 오차, 또는 (Eicker(1967)의 유도방법을 기리는 의미에서) Eicker-White 표준 오차라고도 부른다. 또한 이 점근 표준 오차를 "강건한(robust)" 표준 오차라고도 부른다(예를 들어, Stata).

이 표준 오차를 강건하다고 말하는 이유는 충분히 큰 표본에서 이 표준 오차를 이용하면 자료와 모형에 관한 최소한의 가정만으로도 정확한 가설 검정과 신뢰구간 설정이 가능하기 때문이다. 구체적으로 말하면, 우리가 극한분포를 유도할 때 사용하는 가정은 오직 중심극한 정리와 같은 기본적인 통계적 결과들이 성립하는 데 필요한 가정들뿐이다. 하지만 강건한 표준 오차는 상용 통계 패키지에서 초기 설정된 값(default)으로서 제시하는 그런 표준 오차가 아니다. 통계 패키지에서 초기 설정 값으로서 제시하는 표준 오차는 등분산성($E\left[e_i^2|X_i\right] = \sigma^2$)을 가정하고 유도한 표준 오차이다. 등분산성 가정이 성립하는 경우 우리는 반복 기대값 법칙에 의해 다음과 같은 기대값을 얻게 된다.

$$E\left[X_iX_i'e_i^2\right] = E\left(X_iX_i'E\left[e_i^2|X_i\right]\right) = \sigma^2E\left[X_iX_i'\right]$$

따라서 $\hat{\beta}$의 점근 공분산은 다음과 같이 단순화된다.

$$\begin{aligned} &E\left[X_iX_i'\right]^{-1}E\left[X_iX_i'e_i^2\right]E\left[X_iX_i'\right]^{-1} \\ &= E\left[X_iX_i'\right]^{-1}\sigma^2E\left[X_iX_i'\right]E\left[X_iX_i'\right]^{-1} \\ &= \sigma^2E\left[X_iX_i'\right]^{-1} \qquad \text{(식 3.1.8)} \end{aligned}$$

(식 3.1.8)의 대각 요소들의 제곱근 값이 바로 SAS나 Stata에서 (분석자가 다른 것을 요구하지 않는 경우) 제공하는 표준 오차이다.

회귀모형을 CEF의 근사치를 구하는 하나의 방법으로 인식하는 우리의 관점

에서 이분산성은 자연스러운 현상이다. 만약 CEF가 비선형인데 연구자가 CEF의 근사치를 구하기 위해 선형모형을 사용하는 경우, 회귀선과 CEF 간의 차이는 X_i에 따라 변동할 것이다. 따라서 양자 간의 차이가 크게 나타나는 X_i의 값에서는 잔차가 평균적으로 클 것이다. 심지어 X_i가 주어져 있을 때 Y_i의 조건부 분산이 상수라고 가정하더라도, CEF가 비선형이라면 $E\left[(Y_i - X_i'\beta)^2 | X_i\right]$은 X_i에 따라 변동할 것이다. 이러한 사실을 확인하기 위해 다음을 살펴보자.

$$\begin{aligned} &E\left[(Y_i - X_i'\beta)^2 | X_i\right] \\ &\quad = E\left\{\left[(Y_i - E[Y_i|X_i]) + (E[Y_i|X_i] - X_i'\beta)\right]^2 | X_i\right\} \\ &\quad = V[Y_i|X_i] + (E[Y_i|X_i] - X_i'\beta)^2 \end{aligned} \qquad \text{(식 3.1.9)}$$

따라서, White(1980b)가 지적하는 바와 같이, 비록 $V[Y_i|X]$가 상수일지라도 잔차의 분산은 회귀선과 CEF 간의 차이를 제곱한 값만큼 증가한다.[14]

선형 CEF가 등분산성을 가능하게 만들기도 하지만, 선형 CEF가 등분산성의 충분조건은 아니라는 점 또한 기억할 필요가 있다. 이를 보여주는 좋은 예는 선형 확률모형(linear probability model: LPM)이다. 선형 확률모형은 노동시장 참가 여부와 같이 종속변수가 더미변수로서 0 또는 1의 값만을 갖는 회귀모형을 말한다. 이때 회귀모형이 포화되어 있어서 주어진 설명변수에 대한 CEF가 선형이라고 가정하자. CEF가 선형이기 때문에 잔차의 분산 역시 조건부 분산 $V[Y_i|X_i]$이다. 종속변수는 베르누이 시행(Bernoulli trial)으로서 그것의 조건부 분산은 $P[Y_i = 1|X_i](1 - P[Y_i = 1|X_i])$이다. 그러므로 설명변수가 상수 하나인 경우를 제외하고는, 필연적으로 LPM의 잔차는 이분산성을 갖는다. 이러한 원칙에도 불구하고, 실증분석에서 이분산성은 그리 중요한 문제가 아닐 수 있다. [그림 3.1.3]에 제시된 바와 같이, 미시자료에 대한 학력의 회

14 (식 3.1.9)의 중간에 있는 제곱 항을 전개할 때 나타나는 교차곱 항은 0이다. 왜냐하면 $Y_i - E[Y_i|X_i]$는 X_i와 평균 독립적이기 때문이다.

귀분석 결과에서 강건한 표준 오차는 0.0003447이고 구식 표준 오차는 0.0003043이다. 강건한 표준 오차가 구식 표준 오차에 비해 그리 작은 것은 아니다. 그룹화된 자료를 회귀분석하는 경우 표준 오차는 좀 더 변동한다. 왜냐하면 그룹의 크기가 다르면 필연적으로 이분산성이 생기기 때문이다. 강건한 표준 오차 0.004와 통상적인 (구식) 표준 오차 0.0029를 비교해 보자. 우리의 경험에 비추어 볼 때, 이러한 차이는 흔히 나타난다. 만약 표준 오차가 30퍼센트 이상 증가하거나 현저하게 감소할 경우 이분산성은 매우 큰 문제이므로, 연구자는 프로그램 작성 오류나 여타의 다른 문제들을 반드시 확인해야만 한다. 예를 들어, 강건한 표준 오차가 통상적인 표준 오차보다 작다는 것은 전자를 계산하는 과정에서 유한표본 편의가 존재함을 보여주는 신호이다.

마지막으로, 독자들이 다른 교과서들에서 보았을 추론에 관한 설명방식에 대해 간략히 평가해 보자. 전통적인 계량경제학 추론은 우리가 이 절에서 논의한 가정들보다 더 강한 가정들로부터 출발한다. 고전적인 정규 회귀모형이라고 불리는 전통적인 방식에서는 고정된(비확률적) 설명변수, 선형 CEF, 오차의 정규분포, 그리고 등분산성을 가정한다(Goldberger(1991) 참고). 이러한 강한 가정들로부터 다음과 같은 두 가지를 도출한다. (1) OLS 추정량의 불편성(unbiasedness) (2) 대표본에서뿐만 아니라 소표본에서도 타당성을 갖는 OLS 추정량의 표본 분산 공식이다. $E[\hat{\beta}]=\beta$ 로 표현되는 OLS 추정량의 불편성은 표본크기와는 관계없이 성립하는 특성이고, 대표본에서 $\hat{\beta}$이 β에 가까워진다는 일치성(consistency)보다는 더 강한 특성이다. 어떤 경우에, 그리고 어떤 이유로 추정량의 불편성이 성립하는지를 우리는 쉽게 알 수 있다. 일반적으로 다음의 관계가 성립한다.

$$E[\hat{\beta}]=\beta+E\left\{\left[\sum X_i X_i'\right]^{-1}\sum X_i e_i\right\}$$

설명변수가 비확률적(반복 표본에서 고정된 것)일 경우 기대값은 설명변수를 그대로 통과하고, $E[e_i]=0$ 이 성립하기 때문에 불편성 $E[\hat{\beta}]=\beta$ 이 쉽게 증

명된다. 한편 설명변수가 확률변수인 경우에도 $E[e_i|X_i]=0$ 이라면 기대값을 반복해 불편성을 구할 수 있다. 이 점은 CEF가 선형일 경우에는 맞는 말이지만, 좀 더 일반적인 "형태를 모르는 회귀모형(agnostic regression)"의 경우에는 사실이 아니다.

고전적 가정들로부터 구한 분산 공식은 등분산성 하에서 구한 대표본 공식과 동일하다. 다만, 전자의 공식은 — 강한 고전적 가정들이 충족되기만 한다면 — 표본크기와는 상관없이 적용할 수 있다. 우리는 지금까지 점근적 접근방식을 이용해 추론에 관해 논의해 왔다. 왜냐하면 현대의 실증 연구들이 보통 강건한 분산 공식을 뒷받침하는 대표본 이론을 주로 사용하고 있기 때문이다. 그에 따라 약한 가정들을 가지고도 유효한 추론이 가능하였다. 회귀모형을 문자 그대로 해석하지 않는 우리의 접근법에서 이것은 특별히 중요한 사항이다. 그러나 대표본 접근방법에 위험이 전혀 없는 것은 아니다. 이 점에 대해서는 추론에 관해 논의하는 제8장에서, 그리고 도구변수를 다루는 제4장에서 다시 살펴볼 것이다.

3.1.4 포화된 모형, 주효과 및 기타 논의

우리는 회귀모형에 대해 논의하면서 가끔 '포화된(saturated)' 또는 '주효과(main effects)'와 같은 단어들을 사용한다. 이 용어들은 이산적인 처치변수의 효과를 분석하기 위해 회귀모형을 사용하는 실험주의적 전통으로부터 유래하였다. 그러나 오늘날 이 용어들은 응용 계량경제학을 포함한 다양한 분야에서 더 폭넓게 사용되고 있다. 이러한 용어들에 익숙하지 않은 독자를 위해 이 절에서 이것들을 간략하게 설명하고자 한다.

포화된 회귀모형은 설명변수가 이산변수인 회귀모형이다. 이 모형에서는 설명변수가 취할 수 있는 모든 가능한 값들에 대해 각각 모수를 부여한다. 예를 들어, 설명변수로서 근로자의 대학 졸업 여부를 표시하는 변수 하나만이 있는 모형에서, 대학 졸업 여부라는 한 개의 더미변수와 상수만을 포함하고 있는 모형은 포화된 모형이다. 또한 설명변수가 여러 개의 값들을 취하더라도 우리는 포화된 모형을 만들 수 있다. 예를 들어, $s_i = 0, 1, 2, ..., \tau$ 라고 가정해 보자. s_i에 대해 포화된 회귀모형은 다음과 같다.

$$Y_i = \alpha + \beta_1 d_{1i} + \beta_2 d_{2i} + \cdots + \beta_\tau d_{\tau i} + \epsilon_i$$

여기서 $d_{ji} = 1[s_i = j]$ 은 학력수준 j를 나타내는 더미변수이고, β_j는 j번째 학력수준의 효과이다.[15] β_j는 다음과 같음을 기억하자.

$$\beta_j = E[Y_i | s_i = j] - E[Y_i | s_i = 0]$$

반면, $\alpha = E[Y_i | s_i = 0]$ 이다. 실제 연구에서 연구자는 기준 집단으로 s_i의 어떠한 값이라도 선택할 수 있다. $E[Y_i | s_i = j]$의 모든 가능한 j에 대해 하나의 모수가 부여되어 있는 경우 회귀모형이 포화되었다고 말한다. 포화된 회귀모형은 CEF를 완벽하게 추정한다. 왜냐하면 CEF는 모형을 포화시키는 데 사용한 더미 설명변수들의 선형함수이기 때문이다. 이것은 선형 CEF 정리의 중요한 하나의 특수 사례이다.

만약 두 개의 설명변수가 — 대학 졸업 여부를 나타내는 더미변수 하나와 성별을 나타내는 더미변수 하나 — 있다면, 이 모형은 두 개의 더미변수, 더미변수들 간의 곱, 그리고 상수를 포함하는 경우에 포화된다. 더미변수들에 대한 계수들을 주효과(main effects)라고 하고, 더미변수들의 곱을 '교차항(혹은 상호작용항, interaction term)'이라고 한다. 이 모형만이 포화된 모형을 만드는 유일한 방법은 아니다. 모든 설명변수들이 취할 수 있는 각각의 값들에 각각 지시(더미) 변수를 부여하는 방법으로도 포화된 모형을 만들 수 있다. 예를 들어, 대졸 남성, 고졸 이하 남성, 대졸 여성, 고졸 이하 여성에 대한 더미변수들을 포함하고 있지만 절편은 없는 모형도 또 다른 포화 모형이 될 수 있다. 수식을 이용해 이를 좀 더 구체적으로 살펴보자. x_{1i}는 대학 졸업을, x_{2i}는 여성을 표시한다고 가정하자. x_{1i}와 x_{2i}가 주어져 있을 때 CEF는 다음과 같

15 우리는 수식 $1[s_i = j]$ 를 이용해 지표함수를 표현한다. 이 지표함수는 $s_i = j$일 때는 1, 그렇지 않을 때는 0의 값을 갖는 더미변수를 만든다.

이 네 개의 값을 갖는다.

$$E[Y_i|x_{1i}=0, x_{2i}=0],$$
$$E[Y_i|x_{1i}=1, x_{2i}=0],$$
$$E[Y_i|x_{1i}=0, x_{2i}=1],$$
$$E[Y_i|x_{1i}=1, x_{2i}=1].$$

우리는 이 식을 다음과 같이 표현할 수 있다.

$$E[Y_i|x_{1i}=0, x_{2i}=0]=\alpha$$
$$E[Y_i|x_{1i}=1, x_{2i}=0]=\alpha+\beta_1$$
$$E[Y_i|x_{1i}=0, x_{2i}=1]=\alpha+\gamma$$
$$E[Y_i|x_{1i}=1, x_{2i}=1]=\alpha+\beta_1+\gamma+\delta_1$$

4개의 그리스 문자들이 있고, CEF가 4개의 값을 취하기 때문에 이와 같은 모수 설정 방식은 CEF에 아무런 제약을 부과하지 않는다. CEF를 그리스 문자들과 함께 표현하면 다음과 같다.

$$E[Y_i|x_{1i}, x_{2i}]=\alpha+\beta_1 x_{1i}+\gamma x_{2i}+\delta_1(x_{1i}x_{2i})$$

위 식은 2개의 주효과와 1개의 교차항을 갖는 모수 설정 방식이다.[16] 따라서 포화된 회귀방정식은 다음과 같다.

$$Y_i=\alpha+\beta_1 x_{1i}+\gamma x_{2i}+\delta_1(x_{1i}x_{2i})+\epsilon_i$$

우리는 여러 개의 값을 취하는 학력 변수와 성별을 결합하여 포화된 모형을 만들 수 있다. 이 포화된 모형에는 학력에 대한 주효과가 τ개, 성별에 대한 주효과 1개, 그리고 성별-학력의 교차항이 τ개 있다. 이를 수식으로 표현하면 다음과 같다.

$$Y_i=\alpha+\sum_{j=1}^{\tau}\beta_j d_{ji}+\gamma x_{2i}+\sum_{j=1}^{\tau}\delta_j(d_{ji}x_{2i})+\epsilon_i \qquad \text{(식 3.1.10)}$$

16 모형에서 세 번째 더미변수로 x_{3i}를 추가할 경우, 포화 모형에는 주효과 3개, 2차 교차항 2개 $\{x_{1i}x_{2i},\ x_{1i}x_{3i},\ x_{2i}x_{3i}\}$, 그리고 3차 교차항 1개($x_{1i}x_{2i}x_{3i}$)가 있다.

교차항의 계수 δ_j는 학력효과의 각 계수 값이 성별로 어떻게 다른지를 보여준다. 이 경우 CEF는 $2(\tau+1)$ 개의 값을 취하고, 회귀모형은 동일한 갯수의 모수를 갖는다.

제약을 점차적으로 늘려가는 모형화 전략에는 위계질서가 존재하고, 맨 위에는 포화된 모형이 자리 잡고 있다. 먼저 포화된 모형을 가지고 분석을 시작하는 것이 자연스럽다. 왜냐하면 이 포화모형은 CEF의 근사치를 제공하기 때문이다. 다른 한편, 이 포화모형은 많은 교차항들을 가지게 되는데, 대부분의 교차항들은 관심의 대상이 아니거나 부정확하게 추정된다. 따라서 연구자는 교차항들 중 일부 또는 전부를 없앨 것인지를 합리적으로 결정해야 한다. 교차항이 없는 (식 3.1.10)은 학력과 성별만을 합하는 모형을 사용해 CEF의 근사치를 구한다. 만약 대학의 수익률이 남성과 여성 간에 서로 비슷하다면 이 모형은 좋은 근사치를 제공한다. 3.3.1절에서 논의한 바와 같이, 합하는 모형에서 학력 계수들은 남녀 모두에 대한 (가중)평균 수익률을 보여준다. 그러나 교차항만 포함되어 있고 주효과들이 포함되어 있지 않은 추정모형은 부자연스럽다. 학력의 경우, 이와 같이 교차항만을 갖는 모형은 다음과 같다.

$$Y_i = \alpha + \gamma x_{2i} + \sum_{j=1}^{\tau} \delta_j (d_{ji} x_{2i}) + \epsilon_i \qquad \text{(식 3.1.11)}$$

이 모형에서는 학력이 오직 여성들의 임금만을 변화시킨다고 설정되어 있다는 점에서 사실과는 전혀 다르다. 그리하여 (식 3.1.11)을 추정한 결과를 해석하기는 매우 어렵다.

마지막으로, 포화된 모형은 Y_i의 분포와는 전혀 상관없이 CEF의 근사치를 제시한다는 점을 인식하는 것이 중요하다. 예를 들어, 이 장의 마지막에서 설명할 선형 확률모형과 여타의 제한 종속변수 모형들(예를 들어, Y_i가 음(−)이 아닌 경우)에서도 이것은 사실이다.

3.2 회귀모형과 인과관계

3.1.2절에서 우리는 회귀모형이 CEF에 대한 최적(MMSE) 선형 근사치라는 점을 설명한 바 있다. 그러나 이에 대한 이해만으로는 '어떤 경우에 회귀분석 결과를 인과적으로 해석할 수 있는가'라는 심도 깊은 질문에 대한 답을 할 수 없다. 어떤 경우에 회귀계수를 실험으로부터 도출되는 인과효과의 근사치라고 생각할 수 있을까?

3.2.1 조건부 독립성 가정

회귀분석의 결과가 인과적으로 해석되는 경우는 그것이 근사하는 CEF가 인과적으로 해석될 때이다. 물론 이것은 위에서 제기한 질문에 대한 답은 아니다. 우리가 살펴보았듯이 회귀모형의 정당성은 CEF에 있기 때문에 질문의 대상을 한 단계 상승시켰을 뿐이다. 비록 사람들마다 인과성을 다른 의미로 사용하지만 많은 분야의 연구자들은 잠재적 성과들의 관점에서 인과관계를 생각하는 것이 유용함을 알게 되었다. 우리는 제2장에서 입원 여부에 따른 가상적 비교에서 주어진 개인들에게 어떤 일이 일어나는지를 설명하기 위해 잠재적 성과라는 개념을 이용하였고, 잠재성과들의 차이를 입원이 유발하는 인과효과로서 해석하였다. CEF가 주어진 기준 집단에 대한 잠재성과들의 평균 차이를 표현할 때, 이 CEF는 인과적으로 해석된다.

인과적 CEF라는 다소 모호한 개념을 쉽게 이해하는 방법은 특정한 질문을 다루어 보는 것이다. 따라서 학력의 사례를 다시 살펴보기로 하자. 학력과 임금소득 간의 인과관계는 어떤 사람이 상이한 여러 교육 수준을 갖게 될 때 그 사람의 임금은 어느 정도가 될지를 표현하는 함수 관계라고 정의할 수 있다. 구체적으로 말해, 학력에 관한 결정은 의사결정자가 (어떤 선택이 다른 것에 비해 보다 가능성이 높더라도) 이쪽으로 갈 수도 저쪽으로 갈 수도 있는 일련의 사건들을 통해서 이루어진다고 생각할 수 있다. 예를 들어, 청소년 학창 시절이 따분하기만 하고 행복하지 않았던 Angrist는 다음과 같은 자신의 선택 옵션을 두고 우울하게 고민했었다. 고등학교를 중도에 그만두고 일자리를 얻을까? 학교에 남지만 쉬운 수업만 들어서 졸업장이나 빨리 딸까? 아니면 대학을 갈 수 있는 아카데믹한 수업을 열심히 수강할까? 비록 이런 선택들이 향후 어떤 결과를 가져올지는 보통 미리 알 수 없지만, '어떤 개인이 생각하는 여러 대안적인 길들이 그것에 상응하는 각각의 결과로 이어진다'는 아이디어에는 큰 문제가 없어 보인다. 철학자들은 잠재적 결과라는 개인적인 개념이 과학적으로 유용할 만큼 충분한 정확성을 지니고 있는지에 관해 논쟁을 해왔다. 그러나 의사결정자인 개인들이 자신의 삶과 선택에 대해 이런 방식으로 생각하는 데에는 별 어려움이 없다. (로버트 프로스트(Robert Frost)의 유명한 시 "가지 않은 길(The Road Not Taken)"에서처럼 말이다. 이 시에서 여행가이자 화자는 자신이 선택했던 순간을 되짚어본다. 비록 그 또한 실제 일어나지 않은 일의 결과는 알 수 없다고 인정하면서도, 다른 사람들이 잘 가보지 않은 길을 가기로 한 그의 결정이 "모든 차이를 만들었다"고 그는 믿는다.) 실증연구에서 학력과 임금 간의 인과관계는 완벽하게 통제된 환경에서 연구자가 개인의 학력을 변동시키거나 혹은 무작위로 개인의 학력을 변화시키는 경우(즉, 학력수준이 다른 사람들을 서로 비교가능하게 만드는 경우) 학력에 따라 사람들이 평균적으로 어떤 정도의 임금을 받게 될 것인지를 보여준다. 우리가 제2장에서 논의했듯이, 실험은 관심대상 원인변수(causal variable)를 잠재적 결과들과는 독립적이게 만들어 비교대상 집단들을 엄밀히 비교 가능하도록 만든다. 여기서 우리는 이러한 개념을 일반화시켜 두 개 이상의 값을 취하는 원인변수들에 그리고 타당한 인과추론을 위해 다양한 통제변수들을 고정시켜야 하는 좀 더 복잡한 상황에 이 개념을 적용하고자 한다. 여기서 우리는 '조건부 독립성 가정(conditional independence assumption: CIA)'에 대해 살펴볼 필요가 있는데, 이 가정은 회귀 추정치가 인과적으로 해석될 수 있도록 (때때로 암묵적인) 정당성을 제공하는 핵심 가정이다. 이 가정은 '관측 가능한 변수들에 기반한 선택(selection on observables)'이라고도 불린다. 왜냐하면 고정될 필요가 있는 통제변수들을 우리가 사전에 알고 있거나 관측할 수 있다고 가정하기 때문이다(Goldberger, 1972; Barnow, Cain, Goldberger, 1981). 여기서 중요한 문제는 이러한 통제변수들이 어떤 것들인가 또는 어떤 것들이어야 하는가 하는 문제이다. 우리는 이에 대해 잠시 후 좀 더 많은 것을 논의할 것이다. 우선 여기에서는 계량경제학적 측면만을 다루기로 한다. 통제변수들을 X_i라고 하자. 학력 문제에서는 X_i를 개인의 능력과 가족배경에 대한 척도들을 포함하는 하나의 벡터라고 생각하는 것이 자연스럽다.

익숙하지 않는 독자들을 위해 학력을 가령 Angrist가 대학에 갈지 말지를 결정하는 것과 같은 2진 의사결정이라고 생각해 보자. 이 의사결정을 더미변수 c_i라고 표시하자. 대학 진학과 미래의 결과(예를 들어, 임금) 사이의 인과관계는 우리가 2장에서 실험을 설명하기 위해 사용했던 잠재적 결과라는 개념을 이용해 표현할 수 있다. 이 문제를 검토하기 위해 두 개의 잠재적 임금소득 변수를 생각해 보자.

$$\text{잠재적 결과} = \begin{cases} Y_{1i} & if \quad c_i = 1 \\ Y_{0i} & if \quad c_i = 0 \end{cases}$$

여기에서 Y_{1i}는 개인 i가 대학에 진학했을 경우의 임금이고, Y_{0i}는 대학에 진학하지 않았을 경우의 임금이다. 우리는 개인 i가 대학에 진학할 때의 인과효과, 즉 Y_{1i}와 Y_{0i}의 차이를 알고자 한다. 이 차이는 우리가 시간을 거슬러 과거로 돌아가서 개인 i가 과거에 가지 않았던 길을 그가 가도록 만들어 측정하는 것이다. 관측된 결과(observed outcome) Y_i를 잠재적 결과들(potential outcomes)에 의해 표현하면 다음과 같다.

$$Y_i = Y_{0i} + (Y_{1i} - Y_{0i})c_i$$

우리는 Y_{1i} 또는 Y_{0i} 중에서 오직 하나만을 알 수 있을 뿐 결코 두 개를 동시에 알 수는 없다. 그리하여 우리는 (개인 i에 대해서가 아니라) $Y_{1i} - Y_{0i}$의 평균값을 측정하거나, 특정 집단(예를 들어, 대학에 진학한 사람들)에 대해 이 평균값을 측정하고자 한다. $E[Y_{1i} - Y_{0i} | c_i = 1]$이 바로 후자의 평균값이다. 일반적으로, 대학에 간 사람들과 가지 않은 사람들을 비교하는 것은 대학 진

학의 인과효과를 측정하는 좋은 방법이 아니다. 2장에서 설명한 바와 같이, 임금 차이의 관측치는 다음과 같이 분해된다.

$$\underbrace{E[Y_i|c_i=1]-[Y_i|c_i=0]}_{\text{임금 차이 관측치}} = \underbrace{E[Y_{1i}-Y_{0i}|c_i=1]}_{\text{처치받은 사람들에 대한 평균 처치효과}} + \underbrace{E[Y_{0i}|c_i=1]-E[Y_{0i}|c_i=0]}_{\text{선택 편의}} \quad \text{(식 3.2.1)}$$

대학 진학 여부와 무관하게 대학 진학자들의 임금은 그렇지 않은 사람들에 비해 더 높을 수 있다. 만일 그렇다면 선택편의는 양(+)의 값이고, 관측된 임금을 단순 비교한 차이 $E[Y_i|c_i=1]-E[Y_i|c_i=0]$는 대학 진학에 대한 편익을 과장하게 된다.

CIA는 관측된 특성들 X_i가 주어져 있을 때(즉, X_i가 동일한 사람들 사이에서) 선택편의가 사라진다고 가정한다. 이를 수식으로 표현하면 다음과 같다.

$$\{Y_{0i}, Y_{1i}\} \perp\!\!\!\perp c_i \,|\, X_i \quad \text{(식 3.2.2)}$$

이 식에서 "$\perp\!\!\!\perp$" 표시는 독립적 관계를 의미하며, 수직선 오른쪽에 있는 확률변수들은 조건을 부과하는 변수들이다. CIA가 성립하는 경우, 학력수준별로 평균 임금(X_i가 주어져 있을 때의 조건부 평균)을 비교하면 인과적 해석이 가능하다. 다시 말해 다음과 같은 수식으로 표현할 수 있다.

$$E[Y_i|X_i,c_i=1]-E[Y_i|X_i,c_i=0]=E[Y_{1i}-Y_{0i}|X_i]$$

이제 조건부 독립성 가정을 확장해 교육년수 s_i와 같이 2개 이상의 값을 취하는 변수들이 야기하는 인과관계에 적용해 보자. 학력과 임금 간의 인과관계는 개인마다 다를 수 있다. 따라서 우리는 다음과 같이 개인별로 고유한 함수를 사용한다.

$$Y_{si} \equiv f_i(s)$$

Y_{si}는 개인 i가 교육년수 s를 마친 후 받게 되는 잠재적 임금이다. 만약 s가

12 또는 16 두 값만을 취한다면 대졸/고졸 이하의 사례로 돌아가게 된다.

$$Y_{0i} = f_i(12);\ Y_{1i} = f_i(16)$$

보다 일반적으로, 함수 $f_i(s)$는 개인 i가 임의의 학력수준 s일 때 임금이 얼마인지를 표현한다. 다시 말해, $f_i(s)$는 '이 경우에는 어떻게 될까(what if)' 라는 인과적인 질문에 대한 답을 제시한다. 인적자본과 임금 간의 관계를 다룬 이론 모형의 관점에서 함수 $f_i(s)$의 형태는 개인의 행동, 노동시장적 요인들 또는 이 두 요인들 모두에 의해 결정될 수 있다.

이와 같이 보다 일반적인 상황에서 CIA는 다음과 같다.

$$Y_{si} \perp\!\!\!\perp s_i | X_i,\ for\ all\ s \qquad \text{(CIA)}$$

많은 무작위 실험에서는 CIA가 충족된다. 왜냐하면 X_i가 주어진 조건 하에서 s_i가 무작위로 배정되기 때문이다. (예를 들어, 테네시 주의 STAR 실험에서 소규모 학급들은 학교 내에서 무작위로 배정되었다.) 관측자료를 이용한 연구에서 CIA가 의미하는 바는 X_i가 주어진 조건 하에서(즉, X_i가 동일한 사람들 사이에서) s_i는 "무작위로 배정된 것이나 다름없다"는 것이다.

X_i가 주어져 있을 때 교육년수가 1년 증가할 때의 '평균 인과효과'는 $E[f_i(s)-f_i(s-1)|X_i]$이고, 교육년수가 4년 증가할 때의 평균 인과효과는 $E[f_i(s)-E[f_i(s-4)]|X_i]$이다. 그런데 자료에서 나타나는 것은 단지 $s=s_i$일 때의 $f_i(s)$인 $Y_i=f_i(s_i)$뿐이다. 그러나 CIA가 성립할 경우에는 동일한 X_i를 가진 사람들에 대해 학력수준별로 평균 임금을 비교하는 것이 인과적 해석을 가능하게 한다. 다시 말해, 임의의 s값에 대해 다음의 관계가 성립한다.

$$\begin{aligned} &E[Y_i|X_i, s_i = s] - E[Y_i|X_i, s_i = s-1] \\ &= E[f_i(s) - f_i(s-1)|X_i] \end{aligned}$$

예를 들어, 고등학교 졸업의 평균 인과효과를 알아보기 위해 교육년수 12년인 사람들과 11년인 사람들을 비교할 수 있다.

$$\begin{aligned} &E[Y_i|X_i, s_i = 12] - E[Y_i|X_i, s_i = 11] \\ &= E[f_i(12)|X_i, s_i = 12] - E[f_i(11)|X_i, s_i = 11] \end{aligned}$$

CIA에 의해 다음의 관계가 성립하기 때문에 이러한 비교를 통해 인과효과를 구할 수 있다.

$$\begin{aligned} &E[f_i(12)|X_i, s_i = 12] - E[f_i(11)|X_i, s_i = 11] \\ &= E[f_i(12) - f_i(11)|X_i, s_i = 12] \end{aligned}$$

여기에서 선택편의는 고졸자와 중퇴자 사이의 (중퇴시의) 잠재적 임금의 차이 때문에 발생한다. 그러나 CIA가 성립하는 경우 X_i가 주어진 조건 하에서 (즉, X_i가 동일한 사람들 사이에서) 고등학교 졸업은 잠재적 임금과 독립적이다. 그리하여 선택편의가 사라진다. 또한 이 경우 고등학교 졸업자($s_i = 12$)에 대한 고등학교 졸업의 인과효과는 조건부 변수가 X_i인 임의의 사람들에 대한 고등학교 졸업의 평균 효과와 같게 된다는 점에 주목하자.

$$E[f_i(12) - f_i(11)|X_i, s_i = 12] = E[f_i(12) - f_i(11)|X_i]$$

이것도 중요하지만 보다 더 중요한 것은 선택편의가 사라진다는 점이다. 지금까지 우리는 조건부 변수들(X_i)이 취하는 각각의 값에 대해 서로 다른 인과효과들을 구성하였다. 이 경우 인과효과의 수는 X_i의 값만큼이나 많게 되고 이것은 가히 재물의 폭주(embarrassment of riches)라 할 만하다.[17] 실증경제학자들은 이렇게 많은 추정치들을 하나의 요약 척도(예를 들어, 무조건부 평균 혹은 전체 평균 인과효과)로 단순화시키는 것이 유용하다고 생각한다. 반복 기대값 법칙에 의해, 고등학교 졸업의 무조건부 평균 인과효과는 다음과

17 (**역주**) 15세기 유럽에서 유례없이 물질적 재화가 쏟아지듯 불어나는 일이 생겼는데, 사이먼 샤마(Simon Schama)라는 역사가는 이 현상을 '재물의 폭주(embarrassment of riches)'라고 불렀다.

같다.

$$E\{E[Y_i|X_i, s_i=12]-E[Y_i|X_i, s_i=11]\} \quad (식\ 3.2.3)$$
$$=E\{E[f_i(12)-f_i(11)|X_i]\}$$
$$=E[f_i(12)-f_i(11)] \quad (식\ 3.2.4)$$

위와 같은 방식으로, 고교 졸업자($s_i=12$)에 대한 고교 졸업의 평균 인과효과에 대해 알아보자.

$$E\{E[Y_i|X_i, s_i=12]-E[Y_i|X_i, s_i=11]|s_i=12\} \quad (식\ 3.2.5)$$
$$=E\{E[f_i(12)-f_i(11)|X_i]|s_i=12\}$$
$$=E[f_i(12)-f_i(11)|s_i=12] \quad (식\ 3.2.6)$$

위의 값은 고교 졸업자들이 고등학교를 졸업함으로써 얻는 이득이 어느 정도인지를 보여준다. 위와 비슷하게, 대학 졸업 효과의 경우에도 대졸자들에 대한 평균 인과효과 $E[f_i(16)-f_i(12)|s_i=16]$와 무조건부 평균 효과 $E[f_i(16)-f_i(12)]$는 서로 구별되는 상이한 개념이다.

무조건부 평균 효과 (식 3.2.3)은 X에 고유한 인과효과들을 X_i의 주변 분포(marginal distribution)를 이용해 가중한 평균을 구함으로써 계산한다. 비슷하게, 고교나 대학 졸업자에 대한 평균 효과는 X에 고유한 인과효과들을 이들 집단 내 X_i의 주변 분포를 이용해 가중한 평균을 구함으로써 계산한다. 두 경우 모두 실증분석에 사용되는 것은 매칭 추정량(matching estimator)이다. 즉, 동일한 X_i의 값을 가진 개인들의 집단을 학력별로 비교하여 학력별로 평균 임금의 차이를 계산한 후 그 차이들의 평균값을 구하는 것이다.

매칭법을 실제로 적용하기 위해서는 연구자들이 고민해야 하는 많은 세부사항들이 있다. 우리는 3.3.1절에서 매칭법에 대한 기술적 세부사항들을 설명할 것이다. 여기에서는 매칭의 경우 적용방법이 아직 자동화되어 있지 않은 단점이 있음을 지적하고자 한다. 좀 더 정확히 말해, 매칭법은 매칭하기와 평균값 구하기라는 두 단계로 구성된다. 산출된 추정치의 표준 오차를 추정하는 것 또한 그리 간단치 않다. 세 번째는 이 절에서 계속 다루어지고 있는 2원 비교법(고졸자 혹은 대졸자들과 중퇴자들 간의 비교)이 당면한 문제에 대한 완벽한 해결책은 아니라는 것이다. s_i는 많은 값들을 취하기 때문에 평균 인과효과는 모든 가능한 각 s_i의 증가분들에 대해 여러 개가 존재한다. 이것들을 일정한 방식으로 정리할 필요가 있다.[18] 이러한 점들을 한 번에 다루는 방법으로서 우리는 회귀분석을 염두에 둔다.

회귀분석은 자동으로 CIA를 인과효과로 편리하게 전환시키는 실증분석 도구이다. CIA로부터 회귀분석으로 연결되는 두 가지 경로가 있다. 하나의 경로에서는 $f_i(s)$가 s에 대해 선형이고 더해지는 오차항 이외에는 $f_i(s)$가 모든 사람들에게 동일하다고 가정한다. 이 경우 선형 회귀분석은 $f_i(s)$의 특성을 추정하는 자연스러운 분석도구이다. 다소 복잡하지만 좀 더 일반적인 두 번째 경로에서는 $f_i(s)$가 사람들마다 (거의 확실히) 다르고, 더욱이 s에 대해 선형이 아니라고 가정한다. $f_i(s)$가 사람들 사이에서 확률적으로 변동하고 한 개인에 대해 $f_i(s)$가 비선형임을 허용하더라도 회귀분석은 개인별로 고유한 차이, 즉 $f_i(s)-f_i(s-1)$의 가중 평균을 추정하는 방법으로 간주될 수 있다. 사실, 회귀분석을 (식 3.2.3) 또는 (식 3.2.5)와 같이 평균 인과효과를 잡아내는 매칭법의 특별한 형태로서 해석할 수도 있다.

이 지점에서 우리는 회귀분석과 매칭의 유사성에 관해 자세히 논의하기보다는 회귀분석을 인과적으로 해석하기 위해 필요한 조건들을 논의하는 데 초점을 두고자 한다. 따라서 우리는 첫 번째 경로, 즉 선형이면서 (상이한 개인들 간에) 동일한 효과를 가정하는 인과효과 모형을 중심으로 시작하기로 한다. $f_i(s)$가 다음과 같다고 가정하자.

[18] 예를 들어, s_i의 분포를 이용해 평균 효과를 s에 대해 구할 수 있다. 다시 말해, 우리는 매칭을 이용해 각각의 s에 대해 $E[f_i(s)-f_i(s-1)]$을 추정한 후, 다음과 같은 평균 차이를 계산한다.

$$\sum E[f_i(s)-f_i(s-1)]P(s)$$

여기서 $P(s)$는 s_i의 확률질량함수이다. 위의 값은 평균 도함수 $E[f_i'(s)]$에 대한 이산 근사값이다.

$$f_i(s) = \alpha + \rho s + \eta_i \qquad \text{(식 3.2.7)}$$

이 방정식은 선형일 뿐만 아니라 관심대상 함수 관계가 모든 사람에게 동일하다고 가정한다. 다시 말해, s에 하첨자 i가 붙어 있지 않다. 왜냐하면 (식 3.2.7)은 특정 실현값 s_i가 아니라 s의 임의의 값에서 개인 i의 임금이 어느 정도 될지를 보여주기 때문이다. 위의 식 $f_i(s)$에서 개인별로 서로 다르면서 확률적인 유일한 부분은 평균이 0인 오차항 η_i이다. 이 오차항은 잠재적 임금에 영향을 미치지만 관측이 불가능한 많은 요인들을 포괄한다.

(식 3.2.7)에 있는 s를 관측된 값 s_i로 바꾸면 다음과 같다.

$$Y_i = \alpha + \rho s_i + \eta_i \qquad \text{(식 3.2.8)}$$

(식 3.2.8)은 2변량 회귀모형처럼 보인다. 다른 점은 (식 3.2.7)을 통해 (식 3.2.8)의 계수들이 인과관계와 명시적으로 연관된다는 점이다. 중요한 것은 (식 3.2.7)이 인과모형이기 때문에, s_i는 잠재적 성과 $f_i(s)$, 즉 현재 경우에는 (식 3.2.8)의 오차항 η_i와 상관관계를 가질 수도 있다는 점이다.

이제 관측된 설명변수들의 벡터 X_i가 주어져 있을 때 CIA가 성립한다고 가정하자. (식 3.2.8)에 포함된 잠재적 성과에 대한 함수형태 가정을 추가하면, 다음의 식과 같이 잠재적 임금의 확률적 부분 η_i를 관측 가능한 특성들 X_i와 오차항 v_i의 선형함수로 분해할 수 있다.

$$\eta_i = X_i{}'\gamma + v_i$$

여기서 γ은 $E[\eta_i | X_i] = X_i{}'\gamma$를 만족시키는 모집단 회귀계수들의 벡터이다. γ는 η_i를 X_i에 회귀시키는 모형에 의해 정의되기 때문에, 구조상 잔차 v_i와 X_i 간에는 상관관계가 존재하지 않는다. 더욱이 CIA에 의해 다음의 식이 성립한다.

$$\begin{aligned} E[f_i(s) | X_i, s_i] = E[f_i(s) | X_i] &= \alpha + \rho s + E[\eta_i | X] \\ &= \alpha + \rho s + X_i{}'\gamma \end{aligned}$$

따라서 아래의 선형 인과모형 (식 3.2.9)의 잔차는 설명변수 s_i 및 X_i와는 상관관계를 갖지 않는다. 회귀계수 ρ가 관심의 대상이 되는 인과효과이다.

$$Y_i = \alpha + \rho s_i + X_i' \gamma + v_i \qquad \text{(식 3.2.9)}$$

η_i와 s_i(마찬가지로 $f_i(s)$와 s_i) 간에 상관관계가 존재하는 유일한 이유는 다름 아니라 관측 가능한 특성들 X_i에 있다는 것이 여기에서 핵심적인 가정임을 다시 한 번 강조할 필요가 있다. 이 가정이 바로 Barnow, Cain, and Goldberger(1981) 이후로 지난 25년간 논의해 온 회귀모형의 가정, 즉 관측 가능한 변수들에 기반한 선택(selection-on-observables)의 가정이다. 이 가정은 대부분의 경제학 실증연구들에서 사용하는 기초적인 가정이다.

3.2.2 누락변수 편의 공식

지금부터는 회귀모형에 관심 변수인 s_i뿐만 아니라 통제변수 X_i를 추가해 보자. 누락변수 편의(omitted variables bias: OVB) 식은 서로 상이한 통제변수들을 갖는 모형에서 구한 회귀 추정치들 사이의 관계를 표현한다. 이 중요한 식이 종종 흥미를 끄는 이유는 긴 회귀모형(a longer regression) — (식 3.2.9)와 같이 통제변수들을 갖는 — 에서는 인과적 해석이 가능하지만, 짧은 회귀모형(a shorter regression)에서는 인과적 해석이 불가능하다는 생각 때문이다. 그리고 이러한 이유 때문에 짧은 회귀모형 변수의 계수들은 편의를 갖는다고 일컬어진다. 사실, 긴 회귀모형이 인과적이든 그렇지 않든 상관없이 OVB 식은 짧은 모형과 긴 모형 사이에 계수 벡터들이 어떻게 기계적으로 연결되는지를 보여줄 뿐이다. 그럼에도 불구하고, 우리는 관례에 따라 긴 회귀모형과 짧은 회귀모형에 동시에 포함된 계수값들이 서로 차이가 나는 정도는 OVB 공식에 의해 정해진다고 설명하고자 한다.

좀 더 구체적으로 설명하기 위해, 학력 회귀모형의 통제변수들을 가족배경, 지능, 그리고 동기수준으로 줄일 수 있다고 가정하자. 이제 이들 특수 요인들을 벡터 A_i로 표시하고, 이를 간단히 "능력(ability)"이라고 부르자. 능력을 통제한 상태에서 임금을 학력 s_i에 회귀시키는 회귀모형은 아래 식과 같다.

$$Y_i = \alpha + \rho s_i + A_i'\gamma + e_i \quad \text{(식 3.2.10)}$$

여기서 α, ρ 및 γ는 모집단 회귀계수들이고, e_i는 정의에 의해 어떤 회귀변수들과도 상관관계를 갖지 않는 회귀 잔차이다. 만약 A_i가 주어진 상태에서 CIA가 성립하면, ρ는 선형 인과모형 (식 3.2.7)에 있는 계수와 같게 된다. 반면 잔차 e_i는 A_i를 통제한 이후에도 남아 있는 잠재적 임금의 확률적 부분이다.

실제 분석에서 능력은 측정하기 어려운 척도이다. 예를 들어, 응용 미시경제학에서 광범위하게 사용되는 대규모 자료인 미국의 Current Population Survey (CPS) — 미국 정부에서 실업률 통계를 계산하는 데 사용하는 원자료 — 에는 성인 응답자의 가족배경, 지능 및 동기수준에 관한 어떠한 정보도 포함되어 있지 않다. 회귀모형 (식 3.2.10)에서 능력이 누락되면 어떤 결과가 나타날까? 이 경우에 등장하는 "짧은 회귀모형"의 계수는 (식 3.2.10)의 "긴 회귀모형"의 계수와 다음과 같은 관계를 갖는다.

누락변수 편의 공식

$$\frac{Cov(Y_i, s_i)}{V(s_i)} = \rho + \gamma'\delta_{As} \quad \text{(식 3.2.11)}$$

여기서 δ_{As}는 A_i의 요소들을 s_i에 회귀시키는 회귀모형의 계수들의 벡터이다. 쉽게 표현하면, OVB 공식은 다음의 관계를 표현한다.

짧은 회귀모형 = 긴 회귀모형 + 누락변수의 효과 × 누락변수를 관심 변수에 회귀시키는 회귀모형

이 식은 긴 회귀모형을 짧은 회귀모형 식 $\frac{Cov(Y_i, s_i)}{V(s_i)}$에 대입함으로써 쉽게 유도할 수 있다. OVB 공식이 3.1.2절에 있는 회귀분석 공식 (식 3.1.3)과 밀접한 관련을 갖는다는 점은 그리 놀랍지 않다. OVB와 회귀모형 공식을 통해

표 3.2.1 NLSY에서 추정된 남성들에 대한 교육 수익률

	(1)	(2)	(3)	(4)	(5)
통제변수	없음	연령 더미	(2)+추가 통제변수*	(3)+AFQT 점수	(4)+직종 더미
	.132 (0.007)	.131 (0.007)	.114 (0.007)	.087 (0.009)	.066 (0.010)

주: 자료의 출처는 National Longitudinal Survey of Youth(1979 cohort, 2002 survey)이다. 표에 제시된 숫자는 로그 임금을 교육년수와 (표에 기재된) 통제변수들에 회귀시키는 모형에서 교육년수의 계수 값이다. 괄호에는 표준 오차가 표시되어 있다. 표본은 남성으로 한정하였고, NLSY 표본 가중치에 의해 가중되었다. 표본의 크기는 2,434명이다.

* 추가되는 통제변수는 부친과 모친의 교육년수, 인종 및 센서스 지역에 대한 더미변수들이다.

우리는 누락된 변수와 관심대상 변수가 서로 상관관계를 갖지 않는 경우, 짧은 모형과 긴 모형의 회귀계수들은 언제나 서로 같다는 사실을 알 수 있다.[19] 우리는 OVB 공식을 이용해 능력을 누락시킬 때 학력 계수에 어떤 결과가 나타나는지를 알 수 있다. 능력 변수들은 임금에 양(+)의 효과를 미치고 또한 이 변수들은 학력과 양(+)의 상관관계를 가질 것이다. 따라서 짧은 모형의 회귀계수는 우리가 원하는 것과 비교해 "너무 큰" 값을 갖게 될 것이다. 다른 한편, 경제이론의 관점에서 학력과 능력 간의 상관관계의 방향은 그리 분명하지 않다. 일부 누락변수들은 학력과 음(−)의 상관관계를 가질 수도 있는데, 이 경우 짧은 모형의 회귀계수는 너무 작은 값을 갖게 된다.[20]

<표 3.2.1>은 NLSY 자료를 이용해 이러한 점을 보여주고 있다. 표의 처음 세 개의 숫자들을 보면, 가족배경 변수들(부모의 학력)과 기본적인 인구통계학적 특성(연령, 인종, 센서스 상 거주지역)을 통제변수에 포함시키면 학력의

19 OVB를 다변량 회귀모형으로 일반화시키면 다음과 같다. β_1^s을 (짧은) 회귀모형의 $k_1 \times 1$ 변수 벡터 X_{1i}에 대한 계수 벡터라고 정의하자. 그리고 β_1^l을 긴 회귀모형에서 X_{1i} 변수들에 대한 계수 벡터라고 정의하자. 긴 회귀모형에는 X_{1i} 이외에도 추가로 $k_2 \times 1$ 변수 벡터 X_{2i}가 포함되어 있고, X_{2i}에 대한 계수 벡터는 β_2^l이다. 이 경우 $\beta_1^s = \beta_1^l + E[X_{1i}X_{1i}']^{-1}E[X_{1i}X_{2i}']\beta_2^l$의 관계가 성립한다.

20 고학력자들인 우리는 능력과 학력 간에 양(+)의 상관관계가 있다고 생각하기를 원한다. 그러나 이것은 확정된 사실이 아니다. Mick Jagger는 런던 정경대학의 경제학과를 중퇴하였고, Bill Gates는 하버드 대학을 중퇴하였다. 아마도 그 이유는 이런 고능력자들에게는 학교를 다니는 기회비용이 높기 때문일 것이다. (물론, 그들이 억세게 운 좋은 두 명의 대학 중퇴자들일 가능성도 있기는 하다.)

계수가 0.132로부터 0.114로 감소한다. 여기에 추가로 군대 적성검사(Armed Forces Qualification Test: AFQT) 점수를 개인의 능력에 대한 대리변수로서 통제하면 학력 계수는 0.087로 줄어든다. (AFQT는 군에서 군인들을 선발하는 데 사용한다.) OVB 공식에 의하면, 추가되는 변수들이 임금 및 학력 모두와 양(+)의 상관관계를 갖기 때문에 학력 계수가 작아지는 결과가 나타난다.[21]

비록 단순하지만 OVB 공식은 회귀분석에 대해 우리가 알아야 할 가장 중요한 것들 중 하나이다. OVB 공식이 중요한 이유는 연구자가 누락변수 편의가 없다고 주장하는 것은 그가 설정한 회귀모형이 그가 원하는 바로 그 모형이라고 주장하는 것과 같기 때문이다. 연구자가 원하는 회귀모형이란 대개 인과적 해석이 가능한 모형을 말한다. 다시 말해, 연구자는 CIA에 의존해긴 회귀모형의 추정치를 인과적으로 해석하고자 한다.

이러한 점에서, 어떤 경우에 CIA가 실증 연구에서 타당한 근거를 갖게 되는지에 관해 생각해보는 것이 필요하다. 가장 바람직한 상황은 일종의 실험(아마도 자연 실험)에서와 같이 주어진 X_i에서 s_i가 무작위 배정되는 경우이다. 실업자에 대한 의무 재훈련 프로그램을 분석한 Black *et al.*(2003)의 연구가 하나의 예이다. 이 연구에서 저자들은 재훈련 프로그램이 훈련 이후 참가자들의 임금을 증가시키는지에 관해 관심을 가졌다. 그들은 훈련 프로그램 참가 자격이 개인의 특성과 과거의 실업 및 직업 이력을 바탕으로 결정된다는 사실을 이용하였다. 이 특성들을 기준으로 노동자들을 여러 집단으로 나누었다. 이들 중 일부 노동자들은 훈련 프로그램에 참가할 자격조건을 충족하지 않지만, 다른 일부 노동자들에게는 제공받은 일자리에 취업하지 않을 경우 훈련을 받아야 하는 의무가 부과되었다. 훈련 참가 의무가 부여된 대상자들이 훈련 수용 인원보다 더 많을 경우, 훈련참여 기회는 추첨을 통해 배분되었다. 따라서 노동자들을 각 집단으로 배정하는 데 사용된 특성변수들이 동일한 경우, 훈련 기회는 무작위로 배정되었다. 개인 특성변수, 과거 실업 변

21 많은 실증 연구들이 학력 방정식에서 능력 변수들이 누락될 때 나타나는 결과를 탐구한다. 이에 대한 초기의 핵심적인 연구로는 Griliches and Mason(1972), Taubman(1976), Griliches (1977), and Chamberlain(1978)이 있다.

수 및 직업 이력 변수와 같이 노동자들을 분류하기 위해 이용한 변수들과 함께 훈련 더미변수를 통제하는 회귀분석을 통해 연구자들은 직업훈련의 인과효과에 관한 신뢰할 만한 추정치를 구할 수 있다.[22]

학력의 예를 생각해 보면, 사람들이 대학에 갈지 혹은 고등학교만 졸업할지를 추첨을 통해 결정하는 일은 없다.[23] 그럼에도 불구하고 여전히 우리는 유사한 능력과 유사한 가족배경들을 가진 사람들을 대상으로 학교 진학을 유도하는 실험을 상상해 볼 수 있다. 예를 들어, 영국에서 특정 지역 고등학생들에게 돈을 주어 학교에 다니도록 유도하는 학업장려금(Education Maintenance Allowance: EMA)은 그와 같은 정책 실험의 하나이다(Dearden *et al.* 2003).

CIA가 만족될 수 있는 두 번째 상황은 우리가 s_i를 결정하는 과정에 대한 세세한 제도적 지식을 가지고 있는 경우이다. 하나의 사례는 자원 군복무가 군인들의 제대 후 임금에 미치는 효과를 분석한 Angrist(1998)의 연구이다. 이 연구는 미 육군에 자원입대한 남자들이 장기적으로 경제적 이득을 얻는지에 대해 질문한다. 자원 군복무는 무작위로 배정되는 것이 아니기 때문에 우리는 결코 그 효과를 정확하게 알 수 없다. 따라서 Angrist는 매칭법과 회귀분석을 사용해 1979년에서 1982년 사이에 자원 군복무를 신청했던 사람들 중 결국 군복무를 한 사람들과 군복무를 하지 않은 사람들 사이에 존재하는 관측된 특성의 차이를 통제한다. 이와 같은 통제 전략을 사용하는 이유는 미 육군에서는 연령, 학력, 시험점수와 같은 관측 가능한 변수들을 주로 활용해 군복무 지원자들을 선발하기 때문이다.

Angrist(1998) 연구에서는 CIA를 이용해, 이들 모든 관측된 특성들을 통제할 경우 군복무자들과 비복무자들을 서로 비교할 수 있다고 주장한다. Angrist (1998) 연구에서는 X_i를 통제한 상태에서 일정한 자격을 갖춘 일부 지원자들이 마지막 순간에 입대하지 못하게 되었던 사실로부터 군복무 여부의 차이

[22] 이 프로그램은 임금을 증가시키는 것으로 보인다. 주된 이유는 훈련에 참가한 노동자들은 비참가자들보다 더 빨리 직장을 구했기 때문이다.

[23] 사립학교 등록금 보조금을 배분할 때 추첨이 사용된 적이 있다. Angrist et al.(2002)을 참조하라.

가 전적으로 발생하기 때문에, 그의 CIA 가정은 음미해 볼만하다. 물론, 자격을 갖춘 일부 지원자들을 징집 과정의 중간에 그만두도록 만드는 어떤 특성이 잠재적 임금과 일정한 관련성을 가질 수 있다. 그런 경우 CIA는 이 사례에서도 확실히 보장되지는 않는다.

3.2.3 부적절한 통제변수

우리는 앞에서 설명변수들을 통제하면 회귀 추정치를 인과적으로 해석할 수 있는 가능성이 높아진다는 점을 설명하였다. 그러나 설명변수가 많아진다고 항상 좋아지는 것만은 아니다. 어떤 변수들은 부적절한 통제변수들(bad controls)이므로 회귀모형에 포함되어서는 안 된다. 이것은 이 변수들을 도형에 넣었을 경우 짧은 회귀모형의 계수들이 변할 것으로 예상되는 경우에도 그러하다. 부적절한 통제변수들이란 가상적인 실험에서 그 자체가 성과변수들인 변수들을 말한다. 즉, 부적절한 통제변수들은 종속변수인 편이 낫다. 반면, 적절한 통제변수들(good controls)은 우리의 관심대상 설명변수가 결정되기 이전 시점에 이미 결정되었다고 생각되는 변수들이다.

본질적으로 부적절한 통제변수 문제는 일종의 선택편의로서, 제2장과 3.2.1절에서 다룬 선택편의보다는 다소 미묘한 이슈이다. 이를 설명하기 위해, 우리는 대학 학위가 임금에 미치는 효과를 추정하는 데 관심이 있고 사람들은 사무직과 생산직의 두 직종 중 하나에서 일한다고 가정하자. 대학 학위는 고임금을 받는 사무직으로 진입할 수 있는 기회를 분명히 제공한다. 그렇다면 임금을 학력에 회귀시키는 회귀분석에서 직종을 하나의 누락변수라고 보아야 할까? 어쨌든 직종은 교육이나 임금과 상관관계가 매우 높다. 동일한 하나의 직종(예를 들어, 사무직)에 종사하는 사람들만을 대상으로 대학 학위가 임금에 미치는 효과를 살펴보는 것이 아마도 최선일 듯하다. 그러나 이러한 주장에는 문제가 있다. 왜냐하면 대학이 직종 선택에 영향을 미친다는 점을 우리가 인정하는 한, 동일 직종 내에서 학위 소유 여부별로 임금을 비교하는 것은 더 이상 동일 대상을 비교하는 것(즉 "사과 대 사과")이 아니기 때문이다. 이는 대학 학위 취득이 무작위로 결정된다고 하더라도 그러하다.
대학 학위/직종의 예에 나타난 부적절한 통제변수의 문제를 수식으로 설명하면 다음과 같다.[24] W_i를 사무직 종사자를 나타내는 더미변수, 그리고 Y_i를 임금이라고 정의하자. 이들 변수의 실현 값은 대학 졸업 여부 c_i와 잠재적 결과들에 의해 결정된다. 이를 수식으로 표현하면 다음과 같다.

$$Y_i = c_i Y_{1i} + (1 - c_i) Y_{0i}$$
$$W_i = c_i W_{1i} + (1 - c_i) W_{0i}$$

여기서 대학 졸업자는 $c_i = 1$ 이고, 미졸업자는 $c_i = 0$ 이다. $\{Y_{1i}, Y_{0i}\}$는 잠재적 임금을 나타내고, $\{W_{1i}, W_{0i}\}$은 잠재적인 사무직 여부를 나타낸다. 우리는 여기서 c_i가 무작위로 배정되었고, 따라서 c_i는 모든 잠재적 결과들과 독립적이라고 가정한다. c_i의 독립성 가정에 의해 다음의 관계들이 성립하기 때문에, 우리는 c_i가 Y_i나 W_i에 미치는 인과효과를 추정하는 데 아무런 어려움을 느끼지 않는다.

$$E[Y_i | c_i = 1] - E[Y_i | c_i = 0] = E[Y_{1i} - Y_{0i}],$$
$$E[W_i | c_i = 1] - E[W_i | c_i = 0] = E[W_{1i} - W_{0i}]$$

실제 분석에서 우리는 Y_i와 W_i를 c_i에 회귀시킴으로써 위의 평균 처치효과들을 추정할 수 있다.
부적절한 통제변수란 W_i가 주어진 조건 하에서 임금을 비교하는 방법이 인과적 해석으로 이어지지 않는 상황을 의미한다. 사무직에 종사하는 사람들만을 대상으로 한다는 조건을 부과한 후, 대학 졸업자들과 미졸업자들 사이의 평균 임금의 차이를 생각해보자. 우리는 W_i가 포함된 회귀모형을 이용하거나 또는 $W_i = 1$ 인 표본을 대상으로 Y_i를 c_i에 회귀시키는 방법을 통해 이

24 동일한 문제가 양(+)의 조건을 부과하는 비교(conditional-on-positive comparisons)에서도 나타난다. 이는 3.4.2절에서 보다 자세히 다루어진다.

값을 계산할 수 있다. 후자의 경우에 추정식은 아래와 같이 $W_i = 1$의 조건 하에서 c_i가 변동(1 또는 0)함에 따라 발생하는 평균의 차이이다.

$$E[Y_i | W_i = 1, c_i = 1] - E[Y_i | W_i = 1, c_i = 0]$$
$$= E[Y_{1i} | W_{1i} = 1, c_i = 1] - E[Y_{0i} | W_{0i} = 1, c_i = 0] \quad \text{(식 3.2.12)}$$

$\{Y_{1i}, W_{1i}, Y_{0i}, W_{0i}\}$와 c_i 간의 결합 독립성(joint independence)에 의해 우리는 다음의 식을 유도할 수 있다.

$$E[Y_{1i} | W_{1i} = 1,\ c_i = 1] - E[Y_{0i} | W_{0i} = 1,\ c_i = 0]$$
$$= E[Y_{1i} | W_{1i} = 1] - E[Y_{0i} | W_{0i} = 1]$$

이 식은 부적절한 통제변수의 문제가 결국 '사과와 오렌지'를 비교하는 것임을 보여준다. 왜냐하면 다음의 관계가 성립하기 때문이다.

$$E[Y_{1i} | W_{1i} = 1] - E[Y_{0i} | W_{0i} = 1]$$
$$= \underbrace{E[Y_{1i} - Y_{0i} | W_{1i} = 1]}_{\text{인과효과}} + \underbrace{\{E[Y_{0i} | W_{1i} = 1] - E[Y_{0i} | W_{0i} = 1]\}}_{\text{선택편의}}$$

다시 말해, 사무직 종사자라는 조건을 부과한 상태에서 대졸자들과 비대졸자들 간에 존재하는 임금 차이는 (1) 대학 졸업이 $W_{1i} = 1$인 사람들(대학 학위가 있는 경우에 사무직에 종사하는 사람들)에 미치는 인과효과와 (2) 대학이 사무직 종사자들의 구성을 변화시킨다는 사실로부터 발생하는 선택편의를 합한 것과 같다.

이런 맥락에서 선택편의는 직종 선택, 대학 진학 및 잠재적 임금들 간의 관계에 따라 양(+)일 수도 또는 음(−)일 수도 있다. 핵심은 비록 $Y_{1i} = Y_{0i}$이어서 대학 졸업이 임금에 미치는 인과효과가 없다고 하더라도, (식 3.2.12)와 같은 조건부 비교를 통해서는 이 인과효과를 알 수 없다는 것이다. (Y_i를 W_i와 c_i에 회귀시키는 회귀분석도 정확히 동일한 문제점을 갖고 있다.) 또한 조건부 비교를 통해 "직종에 의해 설명되지 않는" 대학 졸업의 효과 중 일부를 잡아낼 수 있다는 말 역시 잘못된 것이다. 사실, 조건부 비교를 통해 유용한 어떤 것을 얻기 위해서는 대학, 직종, 그리고 임금 간 연결고리에 대한 보다 더 정교한 모형이 필요하다.[25]

실증적인 사례를 통해 우리는 <표 3.2.1>에 제시된 NLSY 모형의 학력 계수가 두 자리 수 직종 더미변수가 추가될 때 0.087에서 0.066으로 감소하는 것을 확인하였다. 그러나 이와 같이 계수 값이 감소하는 현상이 정확히 무엇을 의미하는지 말하기는 어렵다. 직종 더미변수들이 추가될 때 학력의 계수가 변화한다는 것은 단순히 선택편의로 인한 가상적인 현상일 수도 있다. 그러므로 교육의 영향을 받지 않는 변수들만을 통제하는 것이 바람직하다.

부적절한 통제변수의 두 번째 형태는 '대리 통제변수(proxy control)'와 관련된다. 즉, 모형에 포함시키면 누락된 요인들을 부분적으로 통제할 수도 있는 대리 통제변수가 관심대상 변수로부터 영향을 받는 경우이다. 대리 통제변수 문제의 단순한 형태는 다음과 같다. 우리가 (식 3.2.10)과 비슷한 다음과 같은 긴 회귀모형에 관심이 있다고 가정하자.

$$Y_i = \alpha + \rho s_i + \gamma a_i + e_i \qquad \text{(식 3.2.13)}$$

설명의 편의를 위해 여기에서는 통제변수 벡터 A_i 대신에 능력의 스칼라 척도 a_i를 사용한다. 이때의 a_i는 타고난 능력의 척도로서 8학년에 측정한 IQ 검사의 점수라고 생각해 보자. 8학년 시절은 아직 최종 학력과 밀접하게 관련된 선택들을 하기 이전의 시점이다. (물론 우리는 모든 사람이 8학년은 마친다고 가정한다.) 위의 식에서 오차항은 정의에 의해 $E[s_i e_i] = E[a_i e_i] = 0$을 만족한다. a_i는 s_i가 결정되기 이전에 측정되기 때문에 좋은 통제변수이다. (식 3.2.13)은 우리가 관심을 갖는 회귀모형이지만, 불행하게도 a_i에 관한 자

25 이 예에서는 아마도 선택편의가 음(−)인 듯하다. 즉, $E[Y_{0i}|W_{1i}=1] < E[Y_{0i}|W_{0i}=1]$. 거의 모든 대학 졸업자가 사무직의 일자리에 취업할 수 있어서, $E[Y_{0i}|W_{1i}=1]$은 $E[Y_{0i}]$와 그리 큰 차이가 나지 않는다고 생각하는 것이 타당한 듯하다. 그러나 대학 학위도 없이(즉, $W_{0i}=1$) 사무직 일자리에 취업하는 어떤 사람은 아마도 특별한 인물일 것이다. 즉, 그의 임금은 평균 Y_{0i}보다 높을 것이다.

료는 이용가능하지 않다. 그러나 우리는 학교를 최종적으로 마친 후에 수집되는 두 번째 능력 척도(예를 들어, 일자리 신청자들을 선별하기 위해 사용하는 시험점수)를 가지고 있다. 이 변수를 '후기 능력(late ability)' a_{li}라고 부르자. 일반적으로 학력은 후기 능력을 향상시킨다. 이를 구체적으로 살펴보기 위해 다음과 같이 가정하자.

$$a_{li} = \pi_0 + \pi_1 s_i + \pi_2 a_i \quad \text{(식 3.2.14)}$$

이 식이 의미하는 바는 학력과 타고난 능력이 모두 후기(혹은 측정된) 능력을 향상시킨다는 것이다. 측정된 능력에 일정 정도의 무작위성이 존재하는 것은 거의 확실하다. 그러나 우리는 논의를 단순화하기 위해 (식 3.2.14)에 나타난 바와 같이 그러한 무작위성은 배제한다.

연구자는 Y_i를 단일 설명변수 s_i에 회귀시키는 모형에서 OVB가 발생할 것을 염려해 Y_i를 s_i 및 후기 능력 a_{li}에 회귀시키는 모형을 제안한다. 왜냐하면 원하는 통제변수인 a_i는 이용할 수 없기 때문이다. (식 3.2.14)를 이용해 (식 3.2.13)의 a_i를 대체한 후 Y_i를 s_i와 a_{li}에 회귀시키는 모형은 다음과 같다.

$$Y_i = \left(\alpha - \gamma\frac{\pi_0}{\pi_2}\right) + \left(\rho - \gamma\frac{\pi_1}{\pi_2}\right)s_i + \frac{\gamma}{\pi_2}a_{li} + e_i \quad \text{(식 3.2.15)}$$

위에서 설명한 바에 따르면, γ, π_1, π_2는 모두 양(+)이고, π_1이 0이 아닌 한 $\rho - \gamma\frac{\pi_1}{\pi_2}$는 매우 작은 값이다. 다시 말해, 사용되는 대리 통제변수가 관심대상 변수의 영향을 받아 증가하는 경우, 관심 변수의 계수는 실제 효과보다도 작은 값을 갖는다. 여기서 π_1에 대해 좀 더 생각해보는 것이 중요하다. a_{li}를 s_i에 회귀시킬 때의 계수가 0이라면, 우리는 (식 3.2.14)에서 $\pi_1 = 0$이라고 가정하는 것에 대해 보다 편안하게 느낄 수 있다.

대리 통제변수에 관한 설명에는 부적절한 통제변수를 다룬 첫 번째 설명에는 존재하지 않는 흥미로운 모호함이 있다. 성과변수들을 통제한다는 것은 오해의 소지가 있다. 회귀분석으로부터 인과적 해석을 도출하고자 하는 연구자는 학력을 다룬 회귀모형에서 직종을 통제하고 싶어 하지 않는다. 그러나 대리 통제변수 상황에서 연구자가 무엇인가를 통제하려는 의도는 훌륭한 것이다. 그리고 대리 통제변수가 관심대상 회귀계수에 영향을 주지 않는 상황에서, 대리 통제변수는 아무런 통제변수도 사용하지 않는 경우에 비해 보다 진전된 방식이다. 대리 통제변수의 필요성을 말하는 (식 3.2.13)을 상기해 보자. OVB 공식에 따르면, 다른 통제변수 없이 Y_i를 s_i에 회귀시키는 모형은 $\rho+\gamma\delta_{as}$ 라는 계수를 산출한다. 여기서 δ_{as}는 a_i를 s_i에 회귀시키는 회귀모형의 기울기 계수이다. (식 3.2.15)의 학력계수는 아무런 통제변수도 없는 모형에서 추정한 계수보다 ρ에 더 가까울 수 있다. 더욱이 δ_{as}가 양(+)이라고 가정하면, 관심대상 인과효과는 이 두 개의 값(즉, ρ와 $\rho+\gamma\delta_{as}$) 중간에 위치한다고 확실히 말할 수 있다.

부적절한 통제변수와 대리 통제변수의 이야기를 다룬 의도는 우리가 통제변수를 사고할 때에는 시간적 선후관계가 중요하다는 점을 보이기 위함이다. 관심대상 변수의 값이 결정되기 이전 시점에 측정된 변수들은 일반적으로 좋은 통제변수들이다. 특히 이러한 변수들은 관심대상 변수 이전에 그 값이 결정되기 때문에 인과적 연결고리 상에서 성과변수가 될 수 없다. 그러나 종종 시간적 선후관계가 확실하지 않거나 전혀 알 수 없는 경우들이 존재한다. 이런 경우에 인과관계에 관해 명확히 사고하기 위해서는 무엇이 먼저 일어났는지에 관한 명시적인 가정이나 통제변수들 중 어느 것도 관심대상 변수로부터 영향을 받지 않는다는 주장이 필요하다.[26]

[26] Griliches and Mason(1972)는 학력 방정식에서 타고난 능력과 후기 능력을 통제변수로 사용하는 문제를 다룬 최초의 연구이다. 이 연구와 매우 밀접하게 관련된 연구로서 Chamberlain(1977, 1978)도 참조할 수 있다. Rosenbaum(1984)은 회귀모형과는 다른 모형의 맥락에서 대리 통제변수의 아이디어를 매우 상이한 수식을 사용해 논의한다.

3.3 이분산성과 비선형성

앞 절에서 살펴보았듯이, CIA가 성립할 때 선형 인과모형은 인과적 해석이 가능한 선형 CEF를 도출한다. CEF가 선형이라고 가정하면, CEF가 바로 모집단 회귀함수이다. 그러나 실제 분석에서는 CEF가 선형이라는 가정이 회귀모형을 인과적으로 해석하기 위해 필수적인 가정은 아니다. 하나의 예를 들면, 3.1.2절에서 논의한 바와 같이 Y_i를 X_i와 s_i에 회귀시키는 회귀모형을 우리는 (CEF의 형태와는 상관없이) CEF에 대한 최적의 선형 근사치를 제공하는 것으로 생각할 수 있다. 따라서 CEF가 인과적이면 회귀모형이 CEF에 근사한다는 사실에 의해 회귀계수들이 인과적으로 해석될 수 있는 여지가 존재한다. 그러나 이 주장은 다소 모호하기 때문에 회귀모형과 CEF 사이에 존재하는 관계의 본질적 내용에 대해 좀 더 탐구할 필요가 있다. 이 탐구과정에서 우리는 회귀모형이 계산상 훨씬 편리한 매칭 추정량이라는 점을 이해하게 된다.

3.3.1 회귀모형과 매칭

지난 20여 년 동안 실증분석 방법의 하나로서 매칭에 대한 관심이 증대되어 왔다. 설명변수들을 통제하기 위한 전략으로서 매칭은 앞 절에서 논의한 회귀모형과 마찬가지로 CIA에 기반을 둔 추정방법이다. 예를 들어, Angrist (1998)는 매칭법을 사용해 군 자원입대가 군복무 이후 임금에 미치는 효과를 추정하였다. 군대에서 군인을 선발하기 위해 이용하는 개인 특성들(연령, 학력, 시험점수)이 주어진 조건 하에서 군복무 여부가 잠재 임금과 독립이라고 가정하는 경우, 이 매칭 추정치들에는 인과적 해석을 부여할 수 있다. 매칭 추정량은 단순하다는 매력이 있다. 기본적으로 매칭은 각각의 설명변수 값에서 처치-통제 간 비교를 가능하게 하고 이렇게 구한 처치효과들을 가중평균하여 단일한 전체 평균 처치효과를 산출한다.

매칭 전략의 매력적인 특징은 매칭 추정치를 인과적으로 해석하기 위해서는 조건부 독립성 가정(CIA)이 필요하다는 점을 명시적으로 밝히고 있다는 것이다. 이와 동시에, 우리가 방금 살펴본 바와 같이 회귀계수를 인과적으로 해석하기 위해서도 마찬가지로 정확히 동일한 가정 CIA가 필요하다. 즉, 매칭과 회귀분석은 모두 통제변수를 사용하는 추정법이다. 두 추정법 모두에서 인과적 추론을 가능하게 하는 핵심 가정은 동일하기 때문에, 매칭이 어떤 점에서 그리고 어느 정도 회귀모형과 구별되는지에 대해 질문해 볼 필요가 있다. 우리의 견해로는 회귀모형은 특수한 종류의 가중 매칭 추정량이다. 따라서 회귀 추정량과 매칭 추정량 간의 차이가 크게 나타나 실증분석에서 중요한 이슈가 되는 경우는 거의 없다.

이 아이디어를 구체적으로 살펴보기 위해서는 매칭과 회귀모형의 추정식(estimands), 즉 각 방법이 추정하고자 하는 모수에 대한 수리적 구조를 좀 더 자세히 검토할 필요가 있다. 물론 회귀모형의 경우 추정식은 모집단 회귀계수 벡터이다. 매칭 추정식은 일반적으로 처치집단과 통제집단 사이의 성과 차이를 설명변수들에 의해 정의된 셀(cell)들을 이용해 가중 평균한 값이다. (군복무 예제에서와 같이) 설명변수가 이산적인 경우나 (군복무 여부 D_i와 같이) 처치변수가 이산적인 경우를 생각하면 매칭에 대해 이해하기 쉽다. 처치 상태가 오직 두 개의 값만을 취하기 때문에 Y_{1i}와 Y_{0i}를 사용해 잠재적 결과들을 표시할 수 있다. 여기에서 주요 관심대상이 되는 모수는 처치를 받은 사람들에 대한 평균 처치효과(average effect of treatment on the treated) $E[Y_{1i}-Y_{0i}|D_i=1]$이다. 이 효과는 군복무자들의 평균 임금 $E[Y_{1i}|D_i=1]$(관측 가능한 수치)과 그들이 군복무를 하지 않았더라면 받게 될 가상적인(counterfactual) 평균 임금 $E[Y_{0i}|D_i=1]$ 간의 차이를 말한다. 군복무 여부를 기준으로 임금을 단순 비교하는 방법은 D_i가 Y_{0i}와 독립적이지 않는 한, 처치를 받은 사람들에 대한 처치효과를 보여주는 불편추정량을 도출하지 못한다. 이를 수식으로 표현하면 다음과 같다.

$$
\begin{aligned}
&E[Y_i|D_i=1]-E[Y_i|D_i=0] \\
&\quad =E[Y_{1i}-Y_{0i}|D_i=1]+\{E[Y_{0i}|D_i=1]-E[Y_{0i}|D_i=0]\}
\end{aligned}
$$

다시 말해, 군복무 여부별로 구한 관측된 임금 차이는 처치를 받은 사람들에 대한 평균 처치효과와 선택편의의 합과 같다. 이는 제2장에서 살펴본 선택편의에 대한 설명과 동일하다.

현재의 예에서 CIA는 다음과 같이 표현할 수 있다.

$$\{Y_{0i}, Y_{1i}\} \perp\!\!\!\perp D_i \mid X_i$$

CIA가 성립한다고 가정할 때, X_i를 통제하면 선택편의는 사라진다. 따라서 처치를 받은 사람들에 대한 처치효과는 다음 식과 같이 X_i에 대해 기대값을 반복해 취함으로써 구할 수 있다.

$$\begin{aligned}\delta_{TOT} &\equiv E[Y_{1i} - Y_{0i} | D_i = 1] \\ &= E\{E[Y_{1i} - Y_{0i} | X_i, D_i = 1] | D_i = 1\} \\ &= E\{E[Y_{1i} | X_i, D_i = 1] - E[Y_{0i} | X_i, D_i = 1] | D_i = 1\}\end{aligned}$$

물론, 여기서 $E[Y_{0i} | X_i, D_i = 1]$은 가상적 대응치(counterfactual)이다. 그러나 CIA에 의해 다음의 등식이 성립한다.

$$E[Y_{0i} | X_i, D_i = 0] = E[Y_{0i} | X_i, D_i = 1]$$

따라서 δ_{TOT}는 다음과 같다.

$$\begin{aligned}\delta_{TOT} &= E\{E[Y_{1i} | X_i, D_i = 1] - E[Y_{0i} | X_i, D_i = 0] | D_i = 1\} \\ &= E[\delta_X | D_i = 1] \qquad \text{(식 3.3.1)}\end{aligned}$$

이때 δ_X는 다음과 같다.

$$\delta_X \equiv E[Y_i | X_i, D_i = 1] - E[Y_i | X_i, D_i = 0]$$

즉, δ_X는 주어진 X_i의 개별 값에서 군복무 여부에 따른 평균 임금의 차이를 계산한 값이다. 특정한 값이 주어진 경우($X_i = x$)에는 δ_x라고 쓴다.

Angrist(1998)에서 매칭 추정량은 X_i가 이산변수라는 사실을 이용해 (식 3.3.1)

의 우변에 대한 표본 대응식을 계산한다. X_i가 이산변수인 경우 매칭 추정식은 다음과 같다.

$$E[Y_{1i} - Y_{0i} | D_i = 1] = \sum_x \delta_x P(X_i = x | D_i = 1) \quad \text{(식 3.3.2)}$$

여기서 $P(X_i = x | D_i = 1)$ 는 $D_i = 1$ 인 조건 하에서 X_i의 확률질량함수를 표시한다.[27] 이 예제에서 X_i는 출생년도, 시험점수군, 군 지원 연도 및 지원시점에서의 교육 수준 변수들을 이용해 만든 모든 가능한 조합들이다. 이 예에서 시험점수는 지원자들의 지적 능력을 분류하기 위해 군에서 사용하는 AFQT 점수이다. (우리는 이 점수를 3.2.2절에서 학력 회귀모형을 설명할 때 통제변수로서 사용한 적이 있다.) Angrist(1998)는 각 조합의 설명변수들에 대해 군복무자-미복무자의 평균 임금의 차이를 이용해 δ_X를 계산한 후, 군복무자들 내의 설명변수의 분포를 이용해 δ_X의 가중 평균값을 구하는 방법으로 매칭 추정량을 계산한다.

무조건부 평균 처치효과(unconditional average treatment effect)는 다음과 같이 쉽게 계산할 수 있음에도 주목하라.

$$\begin{aligned}\delta_{ATE} &= E\{E[Y_{1i} | X_i, D_i = 1] - E[Y_{0i} | X_i, D_i = 0]\} \\ &= \sum_x \delta_x P(X_i = x) = E[Y_{1i} - Y_{0i}]\end{aligned} \quad \text{(식 3.3.3)}$$

위의 무조건부 처치효과는 처치를 받은 사람들 내에서 X_i의 분포가 아니라 (모든 사람들을 대상으로 할 때의) X_i의 주변 분포를 이용해 구한 δ_X의 기대값이다. δ_{TOT}는 군복무의 결과로서 보통의 어떤 '군인'이 얼마만큼의 이익 혹은 손해를 얻었는지를 보여준다. 반면, δ_{ATE}는 보통의 어떤 '입대 지원자'가 얼마만큼의 이익 혹은 손해를 얻었는지를 보여준다. (이는 Angrist(1998)의 모집단이 입대 지원자들이기 때문이다.)

27 이 매칭 추정량은 Rubin(1977)에서 논의되었고, Card and Sullivan(1988)은 직업훈련 보조금이 고용에 미치는 효과를 추정하기 위해 이 추정량을 사용하였다.

표 **3.3.1 자원 군복무가 임금에 미치는 효과를 보여주는 미통제, 매칭 및 회귀 추정치**

인종	1988~1991년 평균 임금	군복무 여부에 따른 평균 차이	매칭 추정치	회귀 추정치	회귀와 매칭의 차이
백인	14,537	1,233.4	−197.2	−88.8	108.4
		(60.3)	(70.5)	(62.5)	(28.5)
유색인종	11,664	2,449.1	839.7	1,074.4	234.7
		(47.4)	(62.7)	(50.7)	(32.5)

주: Angrist(1998, tables II and V)를 다소 수정하였다. 괄호 안의 숫자는 표준 오차이다. 이 표에는 1979~1982년 사이에 군복무를 지원했던 남성들을 대상으로 자원 군복무가 1988~1991년도의 사회보장 과세 대상 임금에 미치는 효과를 보여주는 추정치들이 제시되어 있다. 매칭과 회귀 추정치는 지원자들의 출생년도, 지원 시 교육 수준, AFQT 점수를 통제한 상태에서 계산한 추정치이다. 표본에서 백인은 128,968명이고, 유색인종은 175,262명이다.

미국 군대에서는 군인들을 상당히 까다롭게 선발하는 경향이 있다. 냉전 종식으로 인해 군 축소 전략을 추진한 이후 이러한 경향은 더욱 두드러졌다. 현재 미군은 시험점수의 분포상 중간 이상의 성적을 받는 고졸 이상의 지원자들만 뽑는다. 따라서 지원자 선발과정 때문에 군복무자와 미복무자 간에 임금을 단순 비교하는 방법은 양(+)의 선택편의를 유발한다. <표 3.3.1>로부터 이를 확인할 수 있다. <표 3.3.1>에는 1979~1982년 사이에 군복무를 지원했던 남성들을 대상으로 자원 군복무가 1988~1991년도의 사회보장 과세 대상 임금에 미치는 효과를 추정하기 위해 구한 평균 차이 추정치, 매칭 추정치 그리고 회귀 추정치들이 제시되어 있다. 매칭 추정치들은 (식 3.3.2)의 표본 대응식을 이용해 계산하였다. 비록 백인 군복무자들의 임금이 백인 미복무자들보다 \$1,233 정도 높지만, 이렇게 추정된 군복무의 효과는 매칭을 이용해 여타 설명변수들의 차이를 고려하는 순간 음(−)으로 바뀐다. 마찬가지로, 유색인종 군복무자들의 임금은 유색인종 미복무자들보다 \$2,449 정도 높지만, 여타 설명변수들을 통제할 때 이 차이는 \$840로 줄어든다.

또한 <표 3.3.1>에는 매칭 추정치들을 계산하는 데 사용된 것과 동일한 설명변수들을 통제변수로 사용해 군복무의 효과를 추정한 회귀모형의 추정치가 제시되어 있다. 이 회귀 추정치는 아래 (식 3.3.4)의 δ_R에 대한 추정치이다.

$$Y_i = \sum_x d_{ix}\alpha_x + \delta_R D_i + e_i \quad \text{(식 3.3.4)}$$

여기서 $d_{ix}[X_i = x]$는 $X_i = x$임을 표시하는 더미변수이다. α_x는 $X_i = x$일 때의 회귀효과이고, δ_R는 위 회귀모형의 핵심 모수이다. 이 회귀모형은 설명변수들이 취하는 모든 가능한 값들에 대해 각각 다른 모수를 허용하고 있음에 주목하라. 이 모형은 X_i의 모든 값들에 대해 모수를 갖고 있기 때문에 X_i에 대해 포화되었다고 말할 수 있다. 다만, 이 모형은 완벽하게 포화된 모형은 아니다. 왜냐하면 이 모형에는 D_i의 효과에 더해지는 변수들만 있고 교차항($D_i \cdot X_i$)은 빠져 있기 때문이다.

매칭 추정치와 회귀 추정치가 정확히 동일한 설명변수들을 통제한 상태에서 계산되었음에도 불구하고, <표 3.3.1>의 회귀 추정치는 매칭 추정치와 비교할 때 유색인종의 경우에는 약간 크고, 백인의 경우에는 (절대값의 관점에서) 더 작다. 사실, 매칭 추정치와 회귀 추정치 사이의 차이는 통계적으로 유의하다. 하지만 두 추정전략은 대략적으로 유사한 크기의 군복무 효과를 보여주고 있다. 회귀 추정치와 매칭 추정치가 비슷한 이유는 회귀 추정치를 일종의 매칭 추정치라고 간주할 수 있기 때문이다. 회귀 추정식이 매칭 추정식과 다른 점은 단지 각 설명변수 값에 고유한 평균 효과 δ_X들을 단일한 평균 효과로 통합하는 과정에서 사용하는 가중치의 차이에 불과하기 때문이다. 구체적으로, 처치된 사람들에 대한 처치효과를 추정할 때, 매칭은 처치된 사람들 사이의 설명변수의 분포를 가중치로 사용해 각 설명변수 값에 고유한 평균 효과들의 가중 평균을 구한다. 반면에, 회귀모형은 가중치로서 분산을 사용해 평균 효과들의 가중 평균을 구한다.

이를 확인하기 위해, 회귀모형 구조식을 사용해 Y_i를 X_i와 D_i에 회귀시키는 모형에서 D_i의 계수를 다음과 같이 표현해 보자.

$$\delta_R = \frac{Cov(Y_i, \widetilde{D}_i)}{V(\widetilde{D}_i)} \quad \text{(식 3.3.5)}$$

$$= \frac{E[(D_i - E[D_i | X_i])Y_i]}{E[(D_i - E[D_i | X_i])^2]}$$

$$= \frac{E\{(D_i - E[D_i | X_i])E[Y_i | D_i, X_i]\}}{E[(D_i - E[D_i | X_i])^2]} \quad \text{(식 3.3.6)}$$

위 식의 두 번째 등식은 X_i에 대해 포화된 모형을 설정하면 $E[D_i | X_i]$는 선형이라는 사실을 이용한다. 따라서 D_i를 X_i에 회귀시킬 때 도출되는 잔차 $\widetilde{D}_i$는 D_i와 $E[D_i|X_i]$ 간의 차이이다. 세 번째 등식이 성립하는 이유는 Y_i를 D_i와 X_i에 회귀시키는 모형은 Y_i를 $E[Y_i | D_i, X_i]$에 회귀시키는 모형과 같기 때문이다. (우리는 이것을 회귀모형에 대한 CEF 정리 (3.1.6)를 통해 알고 있다.) 식을 보다 단순화시키기 위해, CEF인 $E[Y_i|D_i, X_i]$를 확장시켜 다음의 식을 구한 후, (식 3.3.6)의 분자인 $E[Y_i|D_i, X_i]$ 에 대입해 보자.

$$E[Y_i | D_i, X_i] = E[Y_i | D_i = 0, X_i] + \delta_X D_i$$

그러면 다음의 식을 구할 수 있다.

$$E\{(D_i - E[D_i|X_i])E[Y_i|D_i, X_i]\}$$
$$= E\{(D_i - E[D_i|X_i])E[Y_i|D_i = 0, X_i]\}$$
$$+ E\{(D_i - E[D_i|X_i])D_i \delta_X\}$$

등식 우변의 첫 번째 항은 0이다. 왜냐하면 $E[Y_i | D_i = 0, X_i]$은 오직 X_i만의 함수이고, $(D_i - E[D_i|X_i])$와는 상관관계가 0이기 때문이다. 마찬가지 방법으로, 두 번째 항도 다음과 같이 단순화된다.

$$E\{(D_i - E[D_i|X_i])D_i \delta_X\} = E\{(D_i - E[D_i|X_i])^2 \delta_X\}$$

이제, 우리는 δ_R를 구할 수 있다.

$$\delta_R = \frac{E\left[(D_i - E[D_i|X_i])^2 \delta_X\right]}{E\left[(D_i - E[D_i|X_i])^2\right]}$$

$$= \frac{E\{E\left[(D_i - E[D_i|X_i])^2 | X_i\right]\delta_X\}}{E\{E\left[(D_i - E[D_i|X_i])^2 | X_i\right]\}} = \frac{E\left[\sigma_D^2(X_i)\,\delta_X\right]}{E\left[\sigma_D^2(X_i)\right]} \qquad \text{(식 3.3.7)}$$

여기서, $\sigma_D^2(X_i)$는 X_i가 주어져 있을 때 D_i의 조건부 분산이다.

$$\sigma_D^2(X_i) \equiv E\left[(D_i - E[D_i|X_i])^2 | X_i\right]$$

이로부터 회귀모형 (식 3.3.4)은 처치-분산을 이용해 δ_X을 가중한 가중 평균을 산출한다는 사실을 확인할 수 있다.

관심대상인 회귀변수 D_i가 더미변수이기 때문에 마지막 한 단계를 더 취할 수 있다. 이 경우 $\sigma_D^2(X_i) = P(D_i = 1|X_i)(1 - P(D_i = 1|X_i))$이 성립하므로 δ_R은 다음과 같다.

$$\delta_R = \frac{\sum_x \delta_x \left[P(D_i = 1|X_i = x)(1 - P(D_i = 1|X_i = x))\right] P(X_i = x)}{\sum_x \left[P(D_i = 1|X_i = x)(1 - P(D_i = 1|X_i = x))\right] P(X_i = x)}$$

위 식에 의하면, 회귀모형 추정식은 개별 설명변수에 고유한 처치효과 δ_x에 $\left[P(D_i = 1|X_i = x)(1 - P(D_i = 1|X_i = x))\right] P(X_i = x)$의 가중치를 부여하는 가중 평균이다. 이와 대조적으로, 처치된 사람들에 대한 처치효과를 추정하는 매칭의 추정식은 다음과 같이 표현된다.

$$E[Y_{1i} - Y_{0i} | D_i = 1] = \sum_x \delta_x P(X_i = x | D_i = 1)$$

$$= \frac{\sum_x \delta_x P(D_i = 1|X_i = x) P(X_i = x)}{\sum_x P(D_i = 1|X_i = x) P(X_i = x)}$$

위 식은 다음의 사실을 이용한 것이다.

$$P(X_i = x | D_i = 1) = \frac{P(D_i = 1 | X_i = x) P(X_i = x)}{P(D_i = 1)}$$

따라서 $E[Y_{1i} - Y_{0i} | D_i = 1]$을 계산하는 데 사용된 가중치들은 설명변수들의 각 값에서 구한 처치의 확률에 비례한다. 그러므로 처치가 설명변수들과 독립적이지 않는 한, 회귀모형과 매칭의 가중치 부여방식은 서로 다르다.

위의 유도과정에서 확인되는 중요한 사항은 처치된 사람들에 대한 처치효과의 추정식은 처치 확률이 높은 사람들을 포함하고 있는 설명변수의 셀들에 가장 큰 가중치를 부여한다는 것이다. 이와 대조적으로, 회귀모형은 처치 여부의 조건부 분산이 가장 큰 설명변수의 셀들에 가장 큰 가중치를 부여한다. 일반적으로 처치의 분산은 $P(D_i = 1 | X_i = x) = \frac{1}{2}$일 때 가장 크다. 다시 말해, 처치 관측치와 통제 관측치의 수가 동일한 셀에서 처치의 분산이 가장 크다. 만약, δ_x가 셀들 사이에 동일하다면 가중치 적용 방식의 차이는 전혀 중요하지 않다. (가중치 적용 방식은 여전히 추정량의 통계적 효율성에 영향을 주기는 한다.) 그러나 우리의 군복무 사례에서는 군복무 확률이 가장 높은 남성들이 군복무로부터 가장 적은 이익을 본 것처럼 보인다. 이는 아마도 군복무 확률이 가장 높은 남성들의 자격 조건이 가장 좋고 그에 따라 제대 후 민간에서 받을 잠재 임금 수준도 가장 높을 것이기 때문이다. 이와 같은 사실로부터 우리는 동일한 벡터의 통제변수들을 사용하더라도 군복무 효과에 대한 매칭 추정치는 회귀모형 추정치보다 더 작을 것이라고 예상할 수 있다.[28]

또한 중요한 것은 회귀 추정식이나 통제변수-매칭의 추정식 모두 처치 관측치와 통제 관측치를 동시에 포함하고 있지 않은 셀들에는 아무런 가중치도 부여하지 않는다는 사실이다. X_i의 어떤 값 x^*를 상정하고, $X_i = x^*$인 사람들이 모두 처치를 받았거나 또는 모두 처치를 받지 않은 경우를 생각해 보자.

28 회귀모형에서 $P(D_i = 1 | X_i = x) = 1/2$인 셀에 가장 큰 가중치를 부여한다는 점은 놀라운 일이 아니다. 왜냐하면 회귀모형은 등분산 동일효과 선형모형(a homoskedastic constant effects linear model)의 경우 효율적이기 때문이다. 가장 효율적인 추정치를 얻기 위해서는 동일 처치효과가 가장 정확하게 추정되는 셀들에 가장 큰 가중치를 부여해야 할 것이다. 잔차가 등분산성을 가질 때, 가장 정확한 처치효과는 처치 확률이 1/2인 셀로부터 나온다.

이 경우 δ_{x^*}는 정의되지 않고, 동시에 회귀식의 가중치 $[P(D_i=1|X_i=x^*)(1-P(D_i=1|X_i=x^*))]$는 0이 된다. 매칭을 다루는 계량경제학 문헌의 용어를 사용하면, 포화된 설명변수들을 가지는 회귀 추정식과 매칭 추정식은 '공통지지(common support)'라는 제약을 부과한다. 즉, 두 추정식은 처치 관측치와 통제 관측치가 모두 존재하는 설명변수의 값들만을 대상으로 한다.[29]

추정식으로부터 추정량을 구하는 단계는 약간 더 복잡하다. 회귀 추정량과 매칭 추정량을 실제 구할 때에는 모형의 가정들을 이용해 셀들 사이에서 어느 정도의 외삽(extrapolation)을 암묵적으로 허용한다. 예를 들어, 매칭 추정량은 종종 적은 관측치를 갖는 설명변수 셀들을 하나로 합친다. 만약 이렇게 합쳐진 셀들 모두가 처치 관측치와 미처치 관측치를 동시에 가지고 있지 않다면, 이는 공통지지를 위반하고 있는 것이다. X_i에 대해 포화되지 않은 회귀모형 역시 공통지지를 위반할 수 있다. 왜냐하면 처치 관측치와 통제 관측치 모두를 포함하지 않은 설명변수 셀들은 결국 외삽을 통해 추정치 계산에 들어가기 때문이다. 다만, 여기서 우리가 보고자 하는 것은 매칭과 회귀분석 사이의 대칭성이다. 원칙적으로는 두 전략 모두 동일한 부류의 방법이고, 실제 분석에서도 동일한 종류의 타협을 필요로 한다.[30]

29 확률변수의 '지지(support)'란 발생할 확률이 양(+)인 실현 값들의 집합이다. 매칭에 있어 공통지지에 대한 논의는 Heckman, Ichimura, Smith, and Todd(1998)와 Smith and Todd(2001)을 참조할 수 있다.

30 X-변수들이 거의 연속분포에 가까운 분포를 갖는 경우 매칭할 때 발생하는 문제는 종종 수치들을 합쳐서 그룹을 보다 크게 정의하거나, 혹은 (반드시 동일하지는 않더라도) 유사한 값을 갖는 관측치들을 하나로 묶는 방법을 통해 해결할 수 있다. 이 방법에 대한 논의는 Cochran (1965), Rubin(1973), 또는 Rosenbaum(1995, chapter 3)을 참조할 수 있다. 분포가 연속적인 설명변수들의 경우에는 매칭이 불완전하기 때문에 매칭 추정량에는 편의가 존재한다. 최근 Abadie and Imbens(2008)는 회귀모형을 기반으로 한 편의 수정 방법을 통해 불완전한 매칭으로 인해 생기는 (점근적) 편의를 제거할 수 있음을 보였다.

회귀분석과 매칭에 관한 추가 사항: 서열 처치와 연속 처치★

앞에서 개략적으로 살펴본 바와 같이, 처치가 2진 변수인 회귀모형을 일종의 매칭으로서 해석하는 방법이 처치가 서열화되어(ordered) 있거나 연속적인 모형에도 적용될 수 있을까? 이 질문에 길게 답하려면 상당히 기술적인 설명이 필요하기 때문에 독자들이 알고자 하는 범위를 넘어서게 된다. 이 질문에 짧게 답하면 어느 정도는 그렇다고 말할 수 있다.

우리가 이미 논의한 바와 같이, 모집단 OLS 기울기 벡터는 항상 CEF에 대한 MMSE 선형 근사치를 제공한다. 물론 이는 2진 변수뿐만 아니라 서열변수 및 연속 회귀변수들에 대해서도 마찬가지이다. 회귀계수들이 "평균 도함수"로서 해석된다는 사실은 이와 관련이 있는 성질이다. 다변량 회귀모형에서 이 해석은 불행하게도 OLS 기울기 벡터가 CEF의 도함수의 행렬-가중 평균값이라는 사실 때문에 매우 복잡하게 된다. 행렬-가중 평균값들은 특별한 경우를 제외하고는 해석하기 어렵다. (Chamberlain and Leamer(1976)을 참조하라.) 평균 도함수 성질이 상대적으로 분명하게 나타나는 중요한 특수 사례들 중 하나는 처치가 서열화되어 있거나 연속적이면서 여타 설명변수들이 포화되어 있는 회귀모형이다. 장황한 유도 과정을 피하기 위해 우리는 간단히 공식들만을 설명하기로 한다. 유도 과정은 이 장의 부록에 설명되어 있다. 좀 더 세부적인 사항은 Angrist and Krueger(1999)의 부록을 참고하기 바란다.

설명의 편의를 위해 처치 강도(treatment intensity) s_i는 연속분포를 따르는 확률변수이고 반드시 비음수일 필요는 없다고 가정하자. 관심대상 CEF는 $h(t) \equiv E[Y_i|s_i = t]$이고 도함수는 $h'(t)$이라고 가정하자. 이 경우 다음의 식이 도출된다.

$$\frac{E[Y_i(s_i - E[s_i])]}{E[s_i(s_i - E[s_i])]} = \frac{\int h'(t)\mu_t dt}{\int \mu_t dt} \quad \text{(식 3.3.8)}$$

여기서 μ_t는 다음과 같다.

$$\mu_t \equiv \{E[s_i|s_i \geq t] - E[s_i|s_i < t]\}\{P(s_i \geq t)[1-P(s_i \geq t)]\} \quad (식\ 3.3.9)$$

(식 3.3.8)의 적분은 s_i의 가능한 값들에 대해 적용된다. Yitzhaki(1996)가 유도한 이 공식에 의하면, s_i의 각 가능한 값(t)에 부여하는 가중치는 그 값보다 큰 s_i들의 조건부 평균($E[s_i|s_i \geq t]$)에서 그 값보다 작은 s_i들의 조건부 평균($E[s_i|s_i < t]$)을 뺀 값에 비례한다. 그리고 s_i의 중간값에 가까운 관측치들에는 보다 큰 가중치가 부여된다. 그 이유는 중간값에서 $P(s_i \geq t)[1-P(s_i \geq t)]$이 최대가 되기 때문이다.

설명변수들 X_i가 있는 경우 (식 3.3.8)의 가중치들은 X에 따라 달라진다. 위의 공식을 변형해 설명변수를 고려하면서 평균하는 공식이 (X_i의 영향을 제거하면서) Y_i를 s_i에 회귀시키는 다변량 회귀계수에도 적용된다. 구체적으로 다음과 같다.

$$\frac{E[Y_i(s_i - E[s_i|X_i])]}{E[s_i(s_i - E[s_i|X_i])]} = \frac{E\left[\int h_X'(t)\mu_{tX}dt\right]}{E\left[\int \mu_{tX}dt\right]} \quad (식\ 3.3.10)$$

여기서 $h_X'(t) \equiv \frac{\partial E[Y_i|X_i, s_i = t]}{\partial t}$이고,

$$\mu_{tX} \equiv \{E[s_i|X_i, s_i \geq t] - E[s_i|X_i, s_i < t]\}$$
$$\times \{P(s_i \geq t|X_i)[1-P(s_i \geq t|X_i)]\}$$

(식 3.3.10)은 평균을 구하는 두 가지 유형의 방법을 반영한다. 하나는 적분으로서, 고정된 설명변수 값에서 비선형 CEF의 '길이를 따라' 평균값을 구한다. 다른 하나는 기대값으로서 서로 다른 설명변수의 셀들에 '걸쳐' 평균값을 구한다. 여기서 중요한 점은 $P(s_i \geq t|X_i)$가 0이나 1이 되는 X_i값에서 모집단 회귀계수는 s_i가 CEF에 미치는 효과에 관한 어떠한 정보도 포함하고 있지 않다는 것이다. 이것은 s_i가 모두 동일한 상태인 X_i의 값들에 대해서도 적용된다. 그리고 s_i가 더미변수인 경우에는 좀 더 일반형 공식인 (식 3.3.10)으로부터 (식 3.3.7)을 유도할 수 있다는 점도 기억하자.

Angrist and Krueger(1999)는 출생 주(state of birth)와 출생 연도(year of birth)가

설명변수에 포함된 학력 회귀모형을 대상으로 평균 가중 함수를 도출한 바 있다. 비록 (식 3.3.8)과 (식 3.3.10)이 신기하거나 적어도 쉬워 보이지는 않는다 하더라도, 이 예에서 가중치의 평균 $E[\mu_{tX}]$는 t의 상당히 매끄러운 대칭 함수이고 그 중심은 s_i의 최빈값(mode)에 위치한다.

회귀변수들의 분포를 설정하는 모형이 주어져 있을 때, (식 3.3.8)이나 (식 3.3.10)이 주는 시사점을 좀 더 심도 깊게 살펴볼 수 있다. 예를 들어, s_i가 정규분포를 따른다고 가정하자. σ_s가 s_i의 표준 편차일 때 $z_i = \dfrac{s_i - E(s_i)}{\sigma_s}$라고 정의하면 z_i는 표준 정규분포를 따른다. 이때 다음의 관계가 성립한다.

$$\begin{aligned} E[s_i | s_i \geq t] &= E(s_i) + \sigma_s E\left[z_i | z_i \geq \frac{t - E(s_i)}{\sigma_s}\right] \\ &= E(s_i) + \sigma_s E[z_i | s_i \geq t^*] \end{aligned}$$

절단된 정규분포(truncated normal)의 식으로부터(예를 들어, Johnson and Kotz (1970)를 참조) 우리는 다음의 관계를 알 수 있다.

$$E[z_i | z_i > t^*] = \frac{\phi(t^*)}{[1 - \Phi(t^*)]}, \quad \text{그리고} \quad E[z_i | z_i < t^*] = \frac{-\phi(t^*)}{\Phi(t^*)}$$

여기서 $\phi(\cdot)$ 과 $\Phi(\cdot)$ 는 각각 표준 정규분포의 확률밀도함수와 확률분포 함수이다. 이 식을 (식 3.3.9)의 μ_t에 대입하면 다음의 식이 유도된다.

$$\mu_t = \sigma_s \left\{ \frac{\phi(t^*)}{[1 - \Phi(t^*)]} - \frac{-\phi(t^*)}{\Phi(t^*)} \right\} [1 - \Phi(t^*)] \Phi(t^*) = \sigma_s \phi(t^*)$$

따라서 우리는 다음의 관계를 증명하였다.

$$\frac{Cov(Y_i, s_i)}{V(s_i)} = E[h'(s_i)]$$

다시 말해, s_i가 정규분포를 따르는 경우 Y_i를 s_i에 회귀시키는 회귀모형은 무조건부 평균 도함수 $E[h'(s_i)]$를 도출한다. 물론 이 결과는 매우 특별한 사례이다.[31] 그럼에도 불구하고 정규분포 가정이 그리 큰 문제가 되지 않는다는 생각은 여전히 합리적인 것처럼 보인다. 그리고 우리의 실증분석 경험에 비추어 볼 때, 모수적 비선형모형들(예를 들어, probit 또는 Tobit)로부터 도출된 평균 도함수(다른 말로는 "한계효과")는 대개 대응하는 회귀모형의 계수들과 크게 다르지 않다. 이것은 회귀변수들의 분포와 무관하게 그러하다. 우리는 3.4.2절에서 이에 대해 좀 더 자세히 살펴볼 것이다.

3.3.2 성향점수를 이용해 설명변수를 통제하는 방법

회귀모형 이론에서 가장 중요한 결과는 OVB 공식이다. 이 공식에 의하면, 모형에서 누락된 변수가 포함되어 있는 변수와 상관관계를 갖지 않을 경우 포함된 변수의 계수는 누락변수에 의해 영향을 받지 않는다. Rosenbaum and Rubin(1983)이 증명한 성향점수 정리(propensity score theorem)는 이 아이디어를 확장해, 관심대상 원인변수가 처치 더미변수인 경우 회귀모형 대신에 매칭을 사용하는 추정 전략을 제안하였다.[32]

성향점수 정리에 따르면, 다변량 설명변수 벡터 X_i가 주어진 조건 하에서 잠재적 결과들이 처치 상태와 독립적이라면, 설명변수들의 스칼라 함수인 성향점수 $p(X_i)$가 주어진 조건 하에서도 잠재적 결과들은 처치 상태와 독립적이다. 여기서 성향점수는 $p(X_i) \equiv E[D_i|X_i] = P[D_i = 1|X_i]$ 라고 정의된다. 정식으로 성향점수 정리를 표현하면 다음과 같다.

● 정리 **3.3.1 성향점수 정리**

CIA, 즉 $\{Y_{0i}, Y_{1i}\} \perp\!\!\!\perp D_i \mid X_i$이 성립한다고 가정하자.
그렇다면 $\{Y_{0i}, Y_{1i}\} \perp\!\!\!\perp D_i \mid p(X_i)$도 성립한다.

31 이러한 관점을 공유하는 또 다른 특별한 결과는 Yitzhaki(1996)와 Ruud(1986)의 연구에 제시되어 있는데, 그들은 제한 종속변수 모형(limited-dependent variable models)을 분포에 대한 가정 없이 추정하는 방법을 고려하고 있다.

32 아직 연구가 많이 진전되지는 않았지만 성향점수법은 처치가 여러 값을 갖는 경우에도 적용될 수 있다. 이 방향으로의 연구로는 Imbens(2000)를 참조할 수 있다.

●● 증명

$j=0,1$ 에 대해 $P[D_i=1|Y_{ji},p(X_i)]$ 가 Y_{ji} 의 값에 따라 달라지지 않음을 보이면 위의 정리를 증명하는 것이다.

$$\begin{aligned}P[D_i=1|Y_{ji},p(X_i)] &= E[D_i|Y_{ji},p(X_i)]\\ &= E\{E[D_i|Y_{ji},p(X_i),X_i]|Y_{ji},p(X_i)\}\\ &= E\{E[D_i|Y_{ji},X_i]|Y_{ji},p(X_i)\}\\ &= E\{E[D_i|X_i]|Y_{ji},p(X_i)\}\end{aligned}$$

CIA에 의하여 마지막의 등식이 성립한다.
한편, $E\{E[D_i|X_i]|Y_{ji},p(X_i)\}=E\{p(X_i)|Y_{ji},p(X_i)\}=p(X_i)$ 이다. 이 값은 Y_{ji} 의 영향을 받지 않는다. ▒

회귀모형에 관한 OVB 공식에서와 같이, 성향점수 정리에 의하면 연구자는 처치 확률에 영향을 미치는 설명변수들만을 통제하는 것으로 충분하다. 다만, 몇 가지 사항을 좀 더 설명할 필요가 있다. 연구자가 진짜로 통제해야 하는 유일한 설명변수는 처치 확률 그 자체이다. 실제 분석에서 성향점수 정리는 보통 두 단계로 추정에 사용된다. 먼저 logit이나 probit 같은 모수적 모형을 이용해 $p(X_i)$를 추정한다. 그리고 나서, 1단계에서 추정된 성향점수를 기준으로 매칭하거나, 혹은 아래에서 설명할 가중 방법(이 방법에 대해서는 Imbens(2004)를 참조)을 이용해 처치효과의 추정치들을 계산한다.
성향점수 매칭법은 설명변수들을 이용한 매칭과 동일하게 적용된다. 성향점수 매칭에서는 매칭할 때 성향점수를 사용하고, 설명변수 매칭에서는 매칭할 때 설명변수 값을 사용한다. 성향점수 정리와 CIA에 의해 다음의 관계가 성립한다.

$$\begin{aligned}&E[Y_{1i}-Y_{0i}|D_i=1]\\ &\quad=E\{E[Y_i|p(X_i),D_i=1]-E[Y_i|p(X_i),D_i=0]|D_i=1\}\end{aligned}$$

그러므로 처치를 받은 사람들에 대한 처치효과 추정치는 다음과 같은 두 가

지 방법으로 계산할 수 있다. 하나는 $p(X_i)$의 추정치를 기준으로 그룹들을 구성한 후, 기대값들을 조건부 표본 평균으로 대체하는 방법이다. 다른 하나는 처치집단에 있는 각 관측치를 유사한 성향점수 값을 갖는 통제집단 내의 관측치에 매칭하는 방법이다. (Dehejia and Wahba(1999)에서는 이 두 방법이 모두 사용되었다.) 또 다른 방법으로는, 모형에 기반하여 또는 비모수적으로 $E[Y_i|p(X_i), D_i]$를 추정해 이를 위의 조건부 평균 함수들 대신 사용하고 바깥쪽의 기대값은 평균 합으로 대체하는 방법이다. (이 방법은 Heckman, Ichimura, and Todd(1998)에서 사용되었다.)

까다로운 매칭 단계를 생략하고, CIA에 의해 $E\left[\frac{Y_iD_i}{p(X_i)}\right] = E[Y_{1i}]$과 $E\left[\frac{Y_i(1-D_i)}{(1-p(X_i))}\right] = E[Y_{0i}]$이 성립한다는 사실[33]을 활용하면, 보다 더 간단하게 성향점수 추정법을 적용할 수 있다. $p(X_i)$가 추정된 상태에서 우리는 아래 (식 3.3.11)의 표본 대응식을 이용해 평균 처치효과의 추정치를 계산할 수 있다.

$$\begin{aligned} E[Y_{1i} - Y_{0i}] &= E\left[\frac{Y_iD_i}{p(X_i)} - \frac{Y_i(1-D_i)}{1-p(X_i)}\right] \\ &= E\left[\frac{(D_i - p(X_i))Y_i}{p(X_i)(1-p(X_i))}\right] \end{aligned} \quad \text{(식 3.3.11)}$$

(식 3.3.11)의 마지막 수식은 Newey(1990)와 Robins, Mark, and Newey(1992)가 제안한 형태의 추정식이다. 비슷한 방법으로 우리는 (식 3.3.12)의 표본 대응식을 이용해 처치를 받은 사람들에 대한 처치효과를 계산할 수 있다.

$$E[Y_{1i} - Y_{0i}|D_i = 1] = E\left[\frac{(D_i - p(X_i))Y_i}{(1-p(X_i))p(D_i = 1)}\right] \quad \text{(식 3.3.12)}$$

33 이를 확인하기 위해 X_i에 대해 반복 기대값을 취해보자. $E\left[\frac{Y_iD_i}{p(X_i)}\right] = E\left\{E\left[\frac{Y_iD_i}{p(X_i)}|X_i\right]\right\}$; $E\left[\frac{Y_iD_i}{p(X_i)}|X_i\right] = \frac{E[Y_i|D_i = 1, X_i]p(X_i)}{p(X_i)} = E[Y_{1i}|D_i = 1, X_i] = E[Y_{1i}|X_i]$ 이 성립한다.

선택 확률의 역수에 해당하는 가중치를 부여함으로써 비무작위 표본추출(nonrandom sampling)을 교정하는 아이디어는 Horvitz and Thompson(1952)에까지 거슬러 올라간다. 물론, 이 방법을 통해 일치추정량을 얻기 위해서는 우선 $p(X_i)$에 대한 일치추정량이 필요하다.

Horvitz-Thompson 방식의 성향점수 추정법은 까다로운 매칭 과정을 거치지 않고 거의 자동으로 추정치를 계산할 수 있기 때문에 매력이 있다. 또한 Horvitz-Thompson의 방식은 성향점수 매칭과 회귀모형 사이의 긴밀한 관계를 강조한다. 이를 우리는 3.3.1절에서 설명변수에 기반한 매칭을 다루면서 논의한 바 있다.

설명변수들이 포화된 형식을 가진 모형에서 Y_i를 D_i에 회귀시킬 때의 회귀추정식 δ_R을 다시 생각해 보자. 이 추정식은 다음과 같다.

$$\delta_R = \frac{E[(D_i - p(X_i))\,Y_i]}{E[p(X_i)(1-p(X_i))]} \qquad \text{(식 3.3.13)}$$

두 개의 Horvitz-Thompson 추정식 (식 3.3.11), (식 3.3.12)와 위의 회귀모형 추정식은 모두 Hirano, Imbens, and Ridder(2003)가 고려하는 다음과 같은 가중 평균 추정식들의 집단에 속한다.

$$E\left\{g(X_i)\left[\frac{Y_i D_i}{p(X_i)} - \frac{Y_i(1-D_i)}{(1-p(X_i))}\right]\right\} \qquad \text{(식 3.3.14)}$$

여기서 $g(X_i)$는 식의 형태가 알려져 있는 가중 함수이다. (추정식을 이용해 추정량을 구할 때에는 $p(X_i)$를 일치추정량으로, 기대값을 평균 합으로 치환한다.) 평균 처치효과의 경우, $g(X_i)=1$로 설정한다. 처치자들에 대한 처치효과의 경우 $g(X_i)=\frac{p(X_i)}{p(D_i=1)}$로 설정한다. 그리고 회귀모형의 경우 $g(X_i)$를 다음과 같이 설정한다.

$$g(X_i) = \left[\frac{p(X_i)(1-p(X_i))}{E[p(X_i)(1-p(X_i))]}\right]$$

위와 같은 유사성을 통해 우리는 회귀모형과 매칭기법 — 성향점수 매칭을 포함하여 — 이 전혀 다른 별개의 방법이 아니라는 점을 재차 확인할 수 있다. 적어도 우리가 성향점수에 대한 모형을 설정하기 전까지는 그러하다.

여기서 중요한 질문은 어떻게 $p(X_i)$의 최적 모형을 설정하고 그것을 추정할 것인가 또는 (특히 설명변수들이 연속변수인 경우) $E[Y_i|p(X_i), D_i]$를 추정할 때 어느 정도의 평활(smoothing) 및 층화(stratification)를 사용할 것인가 하는 문제이다. 회귀모형의 관점에서 이에 대응하는 질문은 통제변수들을 어떻게 모형화할 것인가(예를 들어, 다항식을 사용할 것인가, 또는 설명변수들이 이산변수인 경우 주효과 및 교차항을 사용할 것인가 등) 하는 문제이다. 이에 대한 답은 본질적으로 경우에 따라 다르다. 많은 실증 연구에서 연속적인 설명변수들을 이용해 몇 개의 다항식을 설정하는 logit 모형이 실제 분석에서 좋은 성과를 보인다고 말하고 있다. 하지만 이것은 증명된 이론적 정리가 아니므로 필연적으로 사례에 적합한 모형탐색 과정을 거쳐야 한다.[34] (예를 들어, Dehejia and Wahba(1999)를 보라.)

지금도 계속 발전하고 있는 이론 문헌들은 성향점수를 효율적으로 사용하는 방법에 관해 매우 흥미로운 정리들을 제시하고 있다. 첫째, 설명변수들을 직접 사용하지 않고 대신 성향점수를 사용하는 매칭에서는 일반적으로 점근적 효율성 측면에서 추가적인 비용이 든다. 결과에 영향을 미치는 어떤 설명변수를 기준으로 매칭을 하는 경우, 그 변수가 성향점수에 영향을 미치든 그렇지 않든 상관없이 보다 더 작은 점근적 표준 오차를 구할 수 있다. 우리는 이것을 Hahn(1998)의 논문을 통해 알 수 있는데, 이 논문에서 그는 성향점수를 아는 경우와 모르는 경우 각각에 대해 CIA 하에서 처치효과 추정치들이 가질 수 있는 최대 정확도를 연구하였다. 예를 들어, Angrist(1998)의 연구에서는 군복무 확률이 출생 연도의 영향을 받지 않음에도 불구하고 출생 연도를 기준으로 매칭하는 경우 추정치의 효율성이 증가하였다. 이는 임금이 출

34 Andrea Ichino와 Sascha Becker는 다양한 매칭 추정량을 실행시키는 Stata 프로그램들을 공개하였다. Becker and Ichino(2002)를 참조하라.

생 연도의 영향을 받기 때문이다. 이 점을 회귀모형의 관점에서 해석하면, OVB가 없는 경우조차도 누락변수들이 결과변수에 대해 어느 정도의 예측력을 가지고 있다면 짧은 회귀모형에서 구한 추정치보다는 긴 회귀모형에서 구한 추정치가 더 높은 정확도를 가진다고 말할 수 있다(3.1.3절 참조).

Hahn(1998)의 연구결과는 우리가 왜 성향점수를 이용하는 추정량을 굳이 사용해야 하는지에 관해 근본적인 질문을 제기한다. 하나의 철학적인 주장에 따르면, 성향점수는 연구자들의 관심을 결과변수에 영향을 미치는 복잡하고도 알 수 없는 과정이 아니라 처치 배정 모형에 집중시킨다. 처치 배정 모형에 관해 연구자들은 꽤 좋은 정보를 가지고 있기 때문이다. 이러한 관점이 특별히 유효한 경우는 처치는 인간의 제도나 정부 규제 장치를 통해 배정되는 반면 결과는 정확히 알 수 없는 과정(예를 들어, 시장)을 통해 결정되는 때이다. 예를 들어, 화폐정책의 인과효과에 대한 시계열적 분석을 통해 Angrist and Kuersteiner(2004)는 우리가 GDP를 결정하는 과정보다도 연방준비위원회(Federal Reserve)가 어떻게 이자율을 결정하는지에 대해 더 잘 알고 있다고 주장한다. 이와 동일한 관점에서, 결과를 결정하는 모형을 확증하는 것보다 처치를 배정하는 모형을 확증하는 것이 훨씬 쉬울 수 있다(이와 비슷한 주장에 대해서는 Rosenbaum and Rubin(1985)를 참조).

성향점수를 사용하는 방법에 관한 통계학적으로 보다 정밀한 내용은 Angrist and Hahn(2004)에서 다루어지고 있다. 이 논문이 증명한 바에 따르면, 성향점수에 기반한 추정량들을 사용했을 때 점근적 효율성은 거의 증가하지 않는다 하더라도, 유한표본에서는 정확도가 향상되는 일이 종종 발생한다. 현실의 모든 자료는 유한표본이기 때문에 이 결과는 실증적으로 적절한 지적이다. 직관적으로 말하면, 성향점수에서 누락된 설명변수가 (순수하게 통계학적 관점에서) 결과변수를 전혀 설명하지 못한다면, 이 변수를 무시하는 편이 이 변수의 효과를 굳이 추정하기 위해 통계적인 부담을 지우는 것보다 낫다. NLSY와 같이 결과변수에 영향을 미칠 수도 있는 수백 개의 변수들을 가지고 있는 자료를 사용하는 연구들을 생각하면 이 점을 쉽게 확인할 수 있다. 실제 분석에서 우리는 모든 가능한 변수들 중 일부 작은 부분집합에 대해서만 관심을 집중한다. 이 부분집합을 선택할 때 우리는 보통 어떤 변수가 처치 여부에 영향을 미칠지에 관해 면밀히 검토한다.

마지막으로, Hirano, Imbens, and Ridder(2003)는 Hahn(1998)의 정리들이 제기하는 "성향점수의 역설"에 대한 대안적인 점근적 해법을 제시한다. 그들이 증명한 바에 따르면, 성향점수를 아는 상태에서 구한 처치효과 추정치들은 효율적이지 않다고 하더라도, 설명변수들이 연속인 모형의 경우 Horvitz-Thompson류의 가중 추정량은 성향점수의 '비모수' 추정치를 가중치로서 사용할 때 효율적이다. Hirano, Imbens, and Ridder(2003)의 결론을 유도하는 핵심적인 두 가지는 (i) 성향점수 자체가 아니라 그 추정치가 사용된다는 점 그리고 (ii) 그 추정치는 비모수 추정치라는 사실이다.

Hirano, Imbens, and Ridder(2003)의 연구결과는 성향점수의 역설을 해결할 수 있을까? 현 시점에서 우리는 Angrist and Hahn(2004)이 제시하는 유한표본 해법을 선호한다. Angrist and Hahn(2004)의 결과가 강조하는 바에 따르면, 성향점수에 기반한 추론에 개념적으로 그리고 통계적으로 힘을 실어주는 것은 바로 성향점수에 제약을 가하고자 하는 연구자들의 의도이다. 예를 들어, 이산적 설명변수가 여러 개 있는 사례를 다룬 Angrist(1998)의 연구에서 성향점수에 대한 제약이 없는 비모수 추정치는 바로 설명변수의 각 셀에서 구한 처치의 확률이다. 이 비모수 추정치를 $p(X_i)$에 대입하면 (식 3.3.11)과 (식 3.3.12)의 표본 대응식은 설명변수를 직접 이용한 매칭 추정량과 수학적으로 정확히 동일하다는 점을 쉽게 증명할 수 있다. 그러므로 많은 설명변수들을 기준으로 매칭하는 매칭 추정량이 점근적으로 가장 효율적인 추정량이기 때문에, 성향점수에 기반한 추정량도 효율적이라는 사실은 그리 놀라운 것이 아니다. 성향점수법의 핵심적인 요소는 기존의 지식을 이용해 차원을 줄이는 것이다. 이에 따라 추정치의 유한표본 특성이 향상되는 통계적인 장점이 발생한다. 만약 당신이 평활화하거나 제약을 가하거나 아니면 매칭의 차원을 줄여 실제의 실증분석에 활용할 준비가 되어 있지 않다면, 당신은 설명변수를 기준으로 매칭하는 매칭법이나 포화된 설명변수를 갖는 회귀분석법을 사용하는 편이 낫다.

3.3.3 성향점수법과 회귀모형

성향점수법은 관심의 초점을 $E[Y_i|X_i, D_i]$ 추정으로부터 성향점수 $p(X_i) \equiv E[D_i|X_i]$ 추정으로 전환시킨다. 이것은 성향점수가 직관적으로 분명하고 모형화하기 용이한 경우에 매력적인 장점이 된다. 예를 들어, Ashenfelter (1978)는 정부보조 훈련프로그램 참여자들이 종종 프로그램 참여 전에 뚜렷한 임금 하락을 겪는다는 사실을 보인 바 있다. 이러한 현상은 많은 후속연구들에서도 발견된다. 만약 이러한 임금 하락이 훈련받는 사람들을 다른 사람들과 구별되게 만드는 유일한 것이라면, 우리는 사람들의 과거 임금의 동태적 변화를 통제함으로써 훈련이 임금에 미치는 인과효과를 추정할 수 있다. 그러나 임금의 과거 이력은 연속적이면서도 다차원적이기 때문에 실제 분석에서 임금의 동태적 변화를 기준으로 매칭하기란 매우 어렵다. 이러한 이유 때문에 Dehejia and Wahba(1999)는 훈련 프로그램의 인과효과를 추정하기 위해서는 임금의 이력 그 자체보다는 성향점수를 통제하는 편이 더 낫다고 주장한다.

Dehejia and Wahba가 제시한 성향점수 추정치는 무작위 실험으로부터의 추정치(기준이 되는 추정치)와 매우 놀라울 정도로 비슷하다. 그럼에도 불구하고 우리는 대부분의 실증연구에서 그 시작점은 회귀모형이어야 한다고 믿는다. 이것은 증명된 정리는 아니다. 물론 의심할 여지없이 성향점수 매칭이 평균인과효과에 대한 좀 더 신뢰할 만한 추정치를 제공하는 경우들이 있다. 으리가 성향점수라는 시류에 편승하지 않는 첫 번째 이유는 실용적인 측면 때문이다. 성향점수 매칭을 실행하기 이전에 성향점수를 어떻게 모형화할지 그리고 추론을 어떻게 실행할지 등과 같은 많은 세부사항들을 결정해야 한다. 그러나 이러한 세부사항들이 아직은 표준화되어 있지 않은 상태이다. 심지어 동일한 자료와 설명변수들을 이용하는 경우조차도 연구자들마다 매우 다른 결론을 제시하기도 한다. 더욱이 우리가 Horvitz-Thompson 추정식에서 본 바와 같이, 회귀모형의 가중치와 성향점수의 가중치 사이에 명확한 이론적 관계가 설정되어 있지 않다. 만약 회귀모형에서 설명변수를 설정하는 방식이 상당히 유연하다면(예를 들어, 포화된 모형에 가깝다면) 회귀모형은 상이한 가중치를 부여하는 성향점수법의 하나라고 볼 수 있다. 따라서 이 두 방법의 차이는 단지 실행하는 방법의 차이에 불과하다. 실제 분석에서 연구자가 사용하는 모형이 포화된 모형이 아니더라도 적절한 설명변수들을 포함하고 있다면 이 차이는 심각한 문제가 아니다.

여기에서는 Dehejia and Wahba(1999)가 분석한 표본과 동일한 National Supported Work(NSW) 표본을 사용해 회귀모형과 성향점수 매칭 간의 차이를 살펴보자.[35] NSW는 1970년 중반 노동시장 참여도가 낮은 사람들에게 일자리 기회를 제공했던 프로그램이다. 그 당시로는 다소 특이하게도, NSW의 성과 평가에서는 무작위 실험이 사용되었다. Lalonde(1986)은 NSW의 무작위 실험 결과를 PSID와 CPS에서 추출한 비실험적 통제집단을 이용하는 계량경제학적 분석결과와 비교하는 혁신적인 분석을 하였다. 타당해 보이는 비실험적 방법들이 매우 넓은 범위의 추정치들을 도출하고, 그 중 많은 결과들은 실험에서 생성된 추정치들과는 매우 동떨어진 값을 가짐을 확인하고 나서, 그는 이들 비실험적 방법들에 대해 매우 비관적인 입장을 취한다. 게다가 Lalonde는 무작위 실험의 결과를 모르는 상태에서는 어떤 객관적인 연구자라도 최적의 계량경제 모형과 관측된 통제집단을 선택하기는 어려울 것이라고 주장한다.

Lalonde(1986)의 연구결과에 대한 주목할 만한 반론을 제기한 Dehejia and Wahba(1999)는 NSW 처치집단을 성향점수를 이용해 선택한 관측된 통제집단에 매칭시키는 경우 NSW 실험의 결과와 매우 유사한 추정치를 얻게 된다는 점을 발견하였다. 그들은 다양한 비교집단들을 사용하는 방법을 통해 이를 보여주었다. Dehejia and Wahba(1999)의 방법을 따라 우리도 두 개의 CPS 비교집단을 한번 구성해 보았다. 첫 번째 비교집단은 특별한 선택조건을 적용하지 않은 표본(CPS-1)이고, 두 번째 비교집단은 최근에 실직한 사람들로

35 성향점수와 회귀모형의 차이에 관한 보다 자세한 논의는 Smith and Todd(2005)와 Dehejia (2005) 사이의 논쟁을 참조하라.

표 3.3.2 NSW와 관측된 통제 표본에서 설명변수들의 평균값

	NSW		전체 비교표본		P-점수 기준으로 선별된 비교표본	
	처치집단 (1)	통제집단 (2)	CPS-1 (3)	CPS-3 (4)	CPS-1 (5)	CPS-3 (6)
연령	25.82	25.05	33.23	28.03	25.63	25.97
교육년수	10.35	10.09	12.03	10.24	10.49	10.42
흑인	.84	.83	.07	.20	.96	.52
히스패닉	.06	.11	.07	.14	.03	.20
중퇴자	.71	.83	.30	.60	.60	.63
기혼	.19	.15	.71	.51	.26	.29
1974년 임금	2,096	2,107	14,017	5,619	2,821	2,969
1975년 임금	1,532	1,267	13,651	2,466	1,950	1,859
관측치수	185	260	15,992	429	352	157

주: Dehejia and Wahba(1999)의 <표 1>을 다소 수정하였다. (1)열~(4)열의 표본은 Dehejia and Wahba(1999)에서 설명된 바와 같다. 마지막 (5)열과 (6)열의 표본은 성향점수가 0.1과 0.9 사이의 값을 갖는 비교집단 관측치들로 제한하였다. 성향점수 추정에서는 표에 제시된 모든 설명변수들을 사용하였다.

구성된 보다 협소한 비교집단(CPS-3)이다.

<표 3.3.2>의 (1)~(4)열은 Dehejia and Wahba(1999)의 <표 1>을 재인용한 것이다. <표 3.3.2>에는 NSW 처치집단, 무작위로 선정된 NSW 통제집단, 그리고 우리가 구축한 두 개의 관측된 통제집단에 대한 기술 통계량이 제시되어 있다. NSW 처치집단과 무작위 선정된 NSW 통제집단은 CPS-1 표본이 대표하는 모집단보다 더 젊고, 학력은 더 낮고, 유색인종의 비율은 높고, 임금은 훨씬 낮다. CPS-3 표본은 NSW 처치집단에 보다 가깝게 매칭되지만 여전히 어느 정도의 차이를 보이고 있다. 특히 인종과 프로그램 이전의 임금에서 그러하다.

<표 3.3.3>에는 NSW의 처치효과 추정치가 제시되어 있다. 종속변수는 처치가 적용된 지 1년 혹은 2년 후인 1978년도의 연봉 수준이다. 표의 각 행에는 서로 다른 통제변수 집합을 사용할 때의 추정결과가 제시되어 있다. 즉, 통제변수를 사용하지 않는 경우, <표 3.3.2>의 모든 인구특성 변수들을 통제하

표 **3.3.3 NSW의 훈련 효과에 대한 회귀 추정치들**

	전체 비교표본			P-점수 기준으로 선별된 비교표본	
통제변수 집합	NSW (1)	CPS-1 (2)	CPS-3 (3)	CPS-1 (4)	CPS-3 (5)
통제 없음	1,794 (633)	−8,498 (712)	−635 (657)		
인구학적 특성	1,670 (639)	−3,437 (710)	771 (837)	−3,361 (811) [139/497]	890 (884) [154/154]
1975년 임금	1,750 (632)	−78 (537)	−91 (641)	관측치 없음 [0/0]	166 (644) [183/427]
인구학적 특성, 1975년 임금	1,636 (638)	623 (558)	1,010 (822)	1,201 (722) [149/357]	1,050 (861) [157/162]
인구학적 특성, 1974·1975년 임금	1,676 (639)	794 (548)	1,369 (809)	1,362 (708) [151/352]	649 (853) [147/157]

주: 이 표에는 Dehejia-Wahba(1999)의 자료를 대상으로 서로 다른 통제변수의 조합을 이용해 계산한 훈련효과의 회귀분석 추정치들이 제시되어 있다. 인구특성 통제변수로는 연령, 교육년수, 흑인/히스패닉, 고교 중퇴자 및 기혼 여부 더미가 사용되었다. 괄호는 표준 오차를, 중괄호[ ]는 관측치수[처치/통제]를 표시한다. CPS-1 자료에서 통제변수로서 1975년 임금만을 사용한 경우, [0.1, 0.9] 구간의 성향점수 값을 갖는 관측치는 존재하지 않는다.

는 경우, 전기(1975년)의 임금을 통제하는 경우, 인구특성 변수들과 전기의 임금을 둘 다 통제하는 경우, 마지막으로 인구특성 변수들과 1974년 및 1975년 임금을 통제하는 경우의 추정결과들이 제시되어 있다. 모든 추정치는 1978년도 임금을 처치 더미변수들과 통제변수들에 회귀시키는 회귀분석으로부터 도출되었다. (설명변수를 전혀 통제하지 않고 계산한 처치-통제 임금 차이는 첫 번째 행에 제시되어 있다.)

(1)열에 제시된 바와 같이, 실험 통제집단을 이용한 추정치는 대략 $1,600~1,800이다. 당연히 이 추정치들은 회귀모형의 변수 설정이 달라짐에 따라 거의 변동하지 않는다. 이와는 대조적으로, (2)열에서 NSW 참여자들과 CPS-1 표본 간의 임금 수준의 차이는 약 −$8,500이다. 이 값을 통해 우리는 선택편의로 인하여 이러한 비교가 매우 그릇된 추정치를 생성함을 확인할

수 있다.

(2)열에서 인구학적 특성 통제변수와 전기의 임금을 추가하는 경우 그 차이는 상당히 줄어드는데, 마지막 행에 제시된 처치효과 추정치는 양(+)의 값인 \$800 정도이다. 보다 협소하게 선정된 CPS-3 비교집단을 사용하는 (3)열의 결과는 훨씬 더 좋아 보인다. 이 통제집단의 특성은 NSW 참여자들의 특성과 매우 유사하다. 이러한 사실을 반영해, 임금 수준의 단순 차이는 단지 −\$635이다. 마지막 행에 제시된 바와 같이 모든 변수들을 통제했을 때의 추정치는 약 \$1,400로서 이 값은 실험에서 구한 처치효과와 큰 차이가 없는 수치이다.

CPS-1에서 시작해 CPS-3까지 이르는 과정에서 나타나는 문제는 CPS-3 비교집단을 좀 더 작고 보다 신중하게 선택하여 구성하기 위해 사용한 규칙들이 자의적이라는 것이다. CPS-3을 선택하는 기준은 임금 및 노동시장 참여도가 낮은 사람들에게 유리하게 만들어진 NSW 프로그램의 규칙에 근거를 둔다. 그러나 실제 분석에서는 이러한 규칙을 적용하는 많은 방법들이 있다. 따라서 우리는 비교집단을 선별하기 위해 좀 더 체계적인 접근법을 필요로 한다. Crump, Hotz, Imbens, and Mitnik(2009)의 최근 논문에서는 회귀모형을 이용해 추정하기 전에, 성향점수를 사용해 체계적으로 표본을 선택해야 한다고 제안하고 있다. 이러한 제안은 성향점수를 추정치의 기초라고 해석하는 우리의 이전 논의와는 대비된다.

우리는 아래에서 Crump *et al.*(2009)가 제안한 방법을 적용해 보았다. 즉, NSW-처치집단과 관측된 비교집단을 동시에 포함한 표본을 이용해 성향점수를 먼저 추정한 후, 성향점수가 $0.1 < p(X_i) < 0.9$인 관측치들만을 뽑는다. 다시 말해, 처치 확률의 예측치가 10퍼센트에서 90퍼센트 사이에 있는 관측치들만으로 추정 표본을 제한한다. 이 방법은 처치 관측치와 통제 관측치가 동시에 존재하는 설명변수의 셀들로 구성된 표본에 대해 회귀모형을 추정함을 의미한다. 따라서 선별된 표본을 이용한 추정에서는 "공통지지(common support)"를 만족하지 않는 셀들(즉, 설명변수의 분포에서 처치집단과 통제집단 중 하나만 존재하는 셀들)에 대해 외삽법(extrapolation)을 사용하지 않아도 된

다. <표 3.3.2>의 마지막 두 열에는 성향점수(표에 제시된 모든 설명변수들을 사용해 추정)를 기준으로 선별된 표본들에 대한 기술 통계량이 제시되어 있다. 전혀 선별되지 않은 표본들에서 구한 평균값과 비교할 때, 선별된 CPS-1와 CPS-3 표본에서 설명변수들의 평균은 (1)열에 제시된 NSW의 평균에 보다 근접해 있다.

우리는 설명변수들의 다양한 조합을 이용해 공통지지 관측치를 선별하는 방법을 적용해 보았다. 여기서 각 조합을 적용할 때에는 동일한 설명변수들이 선별 과정과 처치효과 추정과정에서 사용되었다. <표 3.3.3>의 마지막 두 열에는 이렇게 구한 추정치들이 제시되어 있다. 인구학적 특성 혹은 전기의 임금 하나만을 통제할 때의 결과는 (2)열과 (3)열의 결과와 거의 차이가 없다. 하지만 인구학적 특성변수들과 전기의 임금을 동시에 통제할 경우, 선별된 CPS-1 추정치들은 선별되지 않는 표본의 결과에 비해 실험 추정치에 훨씬 더 근접해 있다. 또한 두 개의 전기 임금을 사용해 선별한 CPS-1 추정치들도 실험 추정치와 유사하다. 다른 한편, 공통지지를 적용하는 선별방법은 하나의 전기 임금을 사용하는 경우에는 CPS-3 결과치를 소폭 개선시키지만, 두 개의 전기 임금을 사용하는 경우에는 오히려 결과를 악화시키는 듯하다.

이러한 분석결과들을 통해 회귀모형에 대해 우리가 가지고 있는 신념은 (이미 강했지만) 더욱 확고해진다. 단순 비교에서 나타난 매우 큰 평균 차이에도 불구하고, 적절한 설명변수들을 통제할 경우 회귀모형은 CPS-1에 존재하는 선택편의를 상당히 잘 제거한다. 프로그램 참가자격 기준에 대해 우리가 아는 지식을 이용해 표본을 구성하는 경우, CPS-3을 이용한 회귀추정치는 훨씬 더 좋아진다. 이 값은 Dehejia and Wahba(1999)에서 두 개의 전기 임금을 이용해 성향점수 매칭을 적용한 결과와 매우 유사하다. 공통지지를 적용해 체계적으로 비교집단을 선별하는 방법은 CPS-1(대규모 표본으로서 적절한 선별과정을 거치지 않은 최초 표본)를 대상으로 회귀모형을 적용하는 방법을 적절히 보완한다. 선별된 CPS-1을 이용해 구한 추정치들은 선별되지 않은 CPS-3에서 구한 값들이나 다름없다. 다만, 여기에서 우리는 성향점수를 기준으로 선별된 표본을 사용하는 추정치의 표준 오차를 성향점수 추정치의 표본 분산을 반영해 수정하지 않았음을 밝힌다. 사전 정보를 이용해 표본을 선별하는 방법(예를 들어, CPS-1로부터 CPS-3까지의 단계)이 가진 장점은 이러한 조정이 불필요하다는 점이다.

3.4 회귀모형에 대한 세부사항

3.4.1 가중 회귀모형

표본 가중치의 역할만큼 응용 연구자들에게 혼동을 주는 것도 없을 것이다. 박사학위를 마친 지 20년이 지난 우리도 Stata 매뉴얼에 있는 가중치에 관한 내용을 보면서 당혹스러움을 느낀다. 가중치는 수많은 방식으로 사용될 수 있는데, 가중치를 사용하는 방법은 연구자가 얻게 될 결과에 영향을 미친다. 그러나 유감스럽게도 가중치를 사용해야 하는가 사용하지 않아도 좋은가에 관한 논의는 종종 가중치를 어떻게 프로그램해야 하는가에 관한 사항만큼이나 명확하지 않다. 가중치의 장단점에 대한 세부적인 논의는 이 책의 범위를 넘어선다. 이에 대해서는 Pfefferman(1993)과 Deaton(1997)을 참조하기 바란다. 여기에서는 가중치에 대한 몇 가지 사용지침과 가중치에 관한 우리의 견해를 뒷받침하는 논리적 근거들을 간단하게 제시하고자 한다.

회귀모형에서 가중치를 사용할지 여부를 결정하는 가장 단순한 경험규칙에 의하면, 가중치를 사용함으로써 연구자가 추정하고 있는 회귀모형이 추정하고자 하는 모집단 목표에 근접하게 될 가능성이 높아질 경우에는 가중치를 사용하는 것이 좋다. 예를 들어, 추정의 목표(혹은 추정식)가 모집단 회귀함수이고, 추정에 이용하는 표본은 관측치 i의 표집확률의 역수인 표본 가중치(sampling weights) w_i를 갖는 비무작위 표본인 경우, 가중치 w_i를 부여하는 가중 최소제곱법(weighted least squares: WLS)을 이용하는 것이 타당하다. (이를 실행하기 위해 Stata에서는 pweights를, SAS에서는 weight 명령어를 사용한다.) 비록 연구에 사용하는 표본이 단순 무작위 표본은 아니더라도, 표집 확률의 역수에 해당하는 가중치를 부여하면 모집단 회귀함수에 대한 일치추정량을 구할 수 있다.

그룹화된 자료(grouped data)를 분석할 때에도 가중치 적용방법은 비슷하다. 연구자가 모회귀 벡터 $\beta = E[X_iX_i']^{-1}[X_iY_i]$를 파악하기 위해 무작위 표본을 이용해 Y_i를 X_i에 회귀시키는 회귀분석을 한다고 가정하자. 그런데 이 연구자는 무작위 표본이 아니라 X_i의 수준별로 그룹화된 자료를 가지고 있다. 즉, 무작위 표본 자료로부터 각 x별로 추정된 $E[Y_i|X_i=x]$의 추정치를 가지고 있다. 이 평균값을 $\bar{y}_x$라고 표시하고, n_x를 알고 있기 때문에 원래의 무작위 표본(N)에서 x값의 상대적 빈도 n_x/N 역시 알고 있다고 가정하자. 앞서 3.1.2절에서 설명한 바와 같이, 가중치 n_x를 사용해 $\bar{y}_x$를 x에 회귀시키는 회귀분석은 원래의 무작위 표본 미시자료를 이용하는 회귀분석과 동일하다. 따라서 연구자의 목표가 미시자료를 이용한 회귀분석이라면, 그룹화된 자료를 분석할 때 그룹 크기 가중치를 부여하는 것은 합리적인 방법이다. 하지만 (1인당 소득과 같은) 기존에 이미 발표된 평균값들을 이용하는 데 익숙해 본래의 미시자료를 무시하는 거시경제학자들은 이에 동의하지 않을지도 모른다. 또는 그들은 이러한 원칙에는 동의하지만 집계 변수를 분석하면서 가중치를 사용하지 않고 분석하는 그들의 학문적 전통을 거스르고 싶어하지 않을 수도 있다.

다른 한편, 많은 교과서들에서 가중치에 관해 논의하는 것처럼, 가중치를 고려하는 유일한 근거가 이분산성 때문이라면 우리는 거시경제학자들보다도 훨씬 더 가중치 부여에 대해 호의적으로 생각하지 않을 것이다. 이분산성이 있을 때 가중치를 부여해야 한다는 주장은 대체로 다음과 같다. 연구자가 선형 CEF $E[Y_i|X_i]=X_i'\beta$에 관심이 있다고 가정하자. $e_i = Y_i - X_i'\beta$으로 정의되는 오차항은 이분산성을 가질 수 있다. 즉, 조건부 분산 함수 $E[e_i^2|X_i]$이 상수가 아닐 수 있다. 이 경우 모집단 회귀함수는 여전히 $E[X_iX_i']^{-1}[X_iY_i]$이지만 표본 대응식은 효율적이지 못하다. 선형 CEF에 대한 보다 정

확한 추정치는 WLS이다. WLS는 $E[e_i^2|X_i]^{-1}$ 의 추정치만큼의 가중치를 부여해 제곱 오차의 합을 최소화시키는 추정량이다.

앞서 3.1.3절에서 설명했듯이, 이분산성이 나타날 수밖에 없는 상황은 Y_i가 더미 변수인 선형확률모형(LPM)이다. 모형이 포화되는 경우에서와 같이, CEF가 선형이라고 가정하면 $P[Y_i=1|X_i]=X_i'\beta$이다. 따라서 $E[e_i^2|X_i]=X_i'\beta(1-X_i'\beta)$로서, 이것은 당연히 X_i의 함수이다. 이것은 모형에 기반을 둔 이분산성의 사례로서 조건부 분산함수의 추정치 $E[e_i^2|X_i]$는 회귀함수 $P[Y_i=1|X_i]=X_i'\beta$의 추정치로부터 쉽게 구할 수 있다. LPM에 대한 효율적인 WLS 추정량은 — 일반화된 최소제곱법(generalized least squares: GLS)의 특수 사례 — $[X_i'\beta(1-X_i'\beta)]^{-1}$의 가중치를 부여한다. CEF가 선형이라고 가정했기 때문에, 이 가중치들은 OLS에 의해 먼저 추정될 수 있다.

(우리가 비록 이분산-일치 표준 오차를 사용한다 하더라도) 우리가 위의 사례에서 가중치 사용을 선호하지 않는 데에는 두 가지 이유가 있다. 첫째, 실제 분석에서 $E[e_i^2|X_i]$의 추정치는 그리 좋은 추정치가 아닐 수 있다. 만약 조건부 분산 모형이 잘못된 근사치이거나 또는 그 모형 추정치의 오차가 큰 경우에 WLS 추정치는 가중치를 고려하지 않는 추정치들과 비교하여 더 열악한 유한-표본 특성을 보일 수 있다. 그리하여 점근이론에 기반해 도출한 추론결과가 잘못된 결론에 이를 위험이 있고, 우리가 기대했던 것처럼 효율성이 향상되지 않을 수 있다.[36] 둘째, 만약 CEF가 선형이 아니라면 WLS 추정량이나 가중치를 고려하지 않은 추정량이나 공통적으로 CEF를 제대로 추정하지 못한다. 그럼에도 불구하고 가중치를 고려하지 않은 추정량은 모집단 CEF에 대한 MMSE 선형 근사치라는 점에서 여전히 해석하기 쉬운 추정치이다.

WLS 추정량 역시 일종의 근사치를 제공하지만 이 근사치의 본질적 내용은 가중치에 따라 달라진다. 이러한 성질은 WLS의 추정량을 다른 연구자들이

36 Altonji and Segal(1996)은 일반화된 적률법의 맥락에서 이 점을 논의하고 있다.

제시한 추정치들과 비교하기 어렵게 만들고, 결과가 가중치에 따라 달라지기 때문에 적절한 모형설정 방법을 찾아야 하는 부차적인 이슈를 만들어낸다. 마지막으로, '고장 나지 않았으면 고치지 말라(if it ain't broke, don't fix it)'는 오래전부터 전해오는 경고문이 떠오른다. 이분산성이 모집단 회귀벡터에 대한 해석에 영향을 미치지 않는다면, 이분산성을 왜 그리 걱정해야 하는가? 가중치를 적용함으로써 효율성이 다소 개선될 수는 있지만, 부정확하거나 혹은 매우 형편없이 추정된 가중치는 득보다는 실이 더 클 수 있다.

3.4.2 제한 종속변수와 한계효과

많은 실증연구들에서는 제한된 수의 값들만을 취하는 종속변수가 등장한다. 예를 들어, Angrist and Evans(1998)는 출산이 기혼여성들의 노동공급에 미치는 효과를 분석한다. 이 논문은 도구변수를 다루는 제4장에서도 다루어진다. 이 연구는 출산이 부모의 취업 및 임금에 미치는 인과효과에 관심을 갖는다. 출산은 잠재적 임금들과 상관관계를 가질 수 있기 때문에, Angrist and Evans은 OLS 추정치뿐만 아니라 자녀의 성별구성과 쌍둥이 출생을 활용하는 도구변수 추정치들을 제시한다. 이 연구의 거의 모든 결과변수들은 2진 변수(예를 들어, 고용상태)이거나 비음수(non-negative) 변수들(예를 들어, 노동시간, 노동한 주의 수(weeks worked), 임금)이다. 종속변수가 제한되어 있다는 사실은 실증분석 방법에 영향을 미칠까? 많은 계량경제학 교과서들에서는 종속변수가 연속적이면 OLS를 적용해도 좋으나, 관심대상인 결과변수가 제한 종속변수(limited dependent variable: LDV)인 경우에는 선형 회귀모형은 부적절하고 probit이나 Tobit과 같은 비선형모형이 적절하다고 주장한다. 이와는 대조적으로, 우리는 회귀모형의 정당성이 CEF로부터 유래한다는 입장을 취하기 때문에, 종속변수가 제한적이라는 점을 그리 중요한 문제라고 생각하지 않는다.

언제나 그렇듯이, 유용한 기준점은 무작위 실험이고, 이때 회귀모형을 사용하면 처치-통제집단 간 결과변수의 단순 차분값이 도출된다. 예를 들어,

RAND 연구소가 실시한 Health Insurance Experiment(HIE, Manning *et al.* 1987) 사례에서 다양한 성과변수들을 무작위 배정된 처치집단 변수에 회귀시키는 회귀분석을 생각해 보자. 아마도 미국 사회과학 연구에서 가장 큰 비용을 투입한 것으로 생각되는 이 실험에서, RAND 연구소는 의료보험 가입비를 전혀 받지 않는 소규모 의료보험 회사를 별도로 설립하였다. 이 연구에서는 거의 6,000명에 달하는 참여자들을 각기 다른 특징을 갖는 의료보험 상품들에 무작위로 배정하였다.

어느 보험 상품에서나 가장 중요한 특성 중 하나는 발생한 총 의료비 중 보험에 가입한 개인이 지불해야 하는 비중이다. HIE에서는 개인들을 여러 개의 상이한 상품들에 무작위로 배정하였다. 어떤 상품에서는 보험 가입자가 비용을 전혀 지불하지 않고, 다른 상품들에서는 가입자 본인 부담금(copayments), 비용 지원 상한액(expenditure caps), 보험 공제액(deductibles)을 다양하게 조합하여 보험 가입자가 자신의 의료비 중 특정 비중을 직접 지불하도록 만들었다. 이 실험의 주목적은 의료시설을 이용하는 결정이 비용에 민감한지, 그리고 그렇다면 의료시설 이용이 건강상태에 영향을 미치는지를 파악하는 것이었다. HIE의 결과에 의하면, 무료 혹은 낮은 비용이 드는 보험 상품을 제공받은 사람들은 의료시설을 더 많이 이용하지만 그 결과 건강상태는 그리 더 좋아지지 않는다. 이러한 연구성과는 의료보험 상품과 의료 서비스를 비용에 민감하도록 만드는 데 초석을 제공하였다.

HIE에서 사용된 대부분의 결과변수들은 제한 종속변수(LDV)이다. 실험 대상자가 비용이 드는 의료시설을 이용하였는지 혹은 어떤 연도에 입원한 적이 있는지의 여부를 표시하는 더미변수와, 의사 대면 진료 횟수, (비용 지불 주체가 환자인지 보험사인지에 따라 구분된) 연간 총 의료비용 등과 같은 비음수 변수들이 이에 포함되어 있다. 의료비 지출액 변수의 경우 표본의 약 20 퍼센트 정도가 0의 값을 가지고 있다. <표 3.4.1>에는 HIE의 두 개의 처치집단에 대한 분석결과가 제시되어 있다. 이 표는 Manning *et al.*(1987)의 <표 2>에 제시된 추정치들을 기초로 재구성하였다. <표 3.4.1>에는 무료 서비스 집단과 개별 보험공제 집단을 대상으로 결과의 평균값들이 제시되어 있다.

표 3.4.1 HIE의 두 개의 처치집단별 평균 결과

상품	대면진료 방문횟수	외래진료비 (1984년 $)	입원 (%)	양(+)의 진료비 확률 (%)	입원치료 확률 (%)	총 의료비 (1984년 $)
무료 서비스	4.55	340	12.8	86.8	10.3	749
	(.17)	(10.9)	(.7)	(.8)	(.5)	(39)
보험공제	3.02	235	11.5	72.3	9.6	608
—	(.17)	(11.9)	(.8)	(1.5)	(.6)	(46)
보험공제	−1.53	−105	−1.3	−14.5	−0.7	−141
무료 서비스	(.24)	(16.1)	(1.0)	(1.7)	(.7)	(60)

주: Manning et al.(1987)의 <표 2>를 수정하였다. 모든 표준 오차(괄호 안)는 시점 간 그리고 동일 가구 내 상관관계를 고려하여 수정하였다. 금액은 1984년 6월 불변가격 기준이다. 방문횟수는 의료 서비스 제공자와의 대면 접촉 횟수를 의미한다. 이들 방문횟수에는 방사선과, 마취학과, 병리학과 서비스만을 받기 위한 방문은 포함되지 않는다. 방문횟수와 의료비에서 치과치료와 외래 심리치료는 제외한다.

후자의 개별 보험공제 집단에서는 외래 진료에 대해 연간 개인당 $150, 가족당 $450의 보험공제액이 적용되어, 이 금액을 초과하는 비용에 대해 보험이 적용되었다. (입원치료에 대해서는 가입자가 비용을 지불하지 않는다.) 이 두 집단 전체의 표본 수는 3,000명을 조금 넘는 수준이었다.

LDV를 보다 간단히 설명하기 위해, 무료 서비스 상품과 보험 공제액을 가진 상품 간의 비교만이 우리의 주된 관심 사항이고, 처치는 간단한 무작위 배정에 의해 결정되었다고 가정하자.[37] $D_i=1$은 보험공제 처치집단에 배정되었음을 의미한다. 무작위 배정에 의해, $D_i=1$과 $D_i=0$인 사람들 사이 평균값의 차이는 무조건부 평균 처치효과를 보여준다. 앞서 제2장에서 실험에 대해 설명한 바와 같이, 이 차이를 수식으로 표현하면 다음과 같다.

$$E[Y_i|D_i=1]-E[Y_i|D_i=0] \quad \text{(식 3.4.1)}$$
$$=E[Y_{1i}|D_i=1]-E[Y_{0i}|D_i=1]$$
$$=E[Y_{1i}-Y_{0i}]$$

[37] HIE는 여기에서 설명한 것보다 훨씬 더 복잡하였다. 선불 유사-HMO 서비스 등을 포함해 14개의 상이한 처치들이 존재하였다. 실험 설계에서는 단순 무작위 배정을 사용하지 않고, 집단들 간 변수들의 균형을 맞추기 위해 좀 더 복잡한 층화 배정법을 사용하였다.

위에서 등호가 성립하는 이유는 D_i가 잠재적 결과들과 독립적이기 때문이다. 또한 앞에서와 같이, $E[Y_i|D_i=1]-E[Y_i|D_i=0]$는 Y_i를 D_i에 회귀시키는 회귀모형의 기울기 계수이다.

(식 3.4.1)이 제안하는 바에 의하면, Y_i가 2진 변수이든 비음수이든 혹은 연속분포를 따르는 변수이든 상관없이 실험을 통해 인과효과를 추정하는 데 있어 특별한 어려움은 존재하지 않는다. 비록 위 식의 우변에 대한 해석이 종속변수의 종류에 따라 달라지기는 하지만 말이다. 연구자는 평균 인과효과를 구하기 위해 특별히 어떤 조치를 취해야 할 필요가 없다. 예를 들어, HIE의 성과변수들 중 하나는 양(+)의 의료비 지출이 발생했는지의 여부를 나타내는 더미변수이다. 여기서 성과는 베르누이 시행이기 때문에 다음과 같은 관계가 성립한다.

$$
\begin{aligned}
E[Y_{1i}-Y_{0i}] &= E[Y_{1i}]-E[Y_{0i}] \\
&= P[Y_{1i}=1]-P[Y_{0i}=1] \qquad \text{(식 3.4.2)}
\end{aligned}
$$

이 식은 우리가 연구결과를 설명하고자 사용하는 표현 방식에는 영향을 줄지는 모르나 기본적인 계산에는 영향을 주지 않는다. 예를 들어, HIE에서 (식 3.4.1)의 좌변에서와 같이 실험집단과 통제집단 간에 성과를 비교한 결과에 따르면, 무료 서비스 집단에 배정된 사람들 중에서 87퍼센트가 한 해 동안 의료 서비스를 받은 반면, 보험공제 집단에 배정된 사람들 중에서는 72퍼센트만이 의료 서비스를 받았다. 따라서 그리 크지는 않지만 $150 보험 공제액은 의료 서비스 이용에 현저한 효과를 유발하였다. 두 비율 간의 차이 −0.15는 $E[Y_{1i}-Y_{0i}]$의 추정치이고, 여기서 Y_i는 양(+)의 의료비 지출액을 나타내는 더미변수이다. 이때의 성과변수는 더미변수이기 때문에 평균 인과효과는 이용률(usage rates) 혹은 이용 확률(probabilities)에 미치는 인과효과이다.

의료 서비스 이용이라는 성과변수가 확률이라는 점을 고려해 연구자가 CEF를 추정하기 위해 OLS 대신 probit을 적용한다고 가정해 보자. 손해 볼 것이 없으니 그냥 해보자! probit 모형은 통상적으로 참여 여부가 아래의 식과 같이 잠재변수(latent variable) Y_i^*에 의해 결정된다고 가정한다.

$$Y_i^* = \beta_0^* + \beta_1^* D_i - v_i \qquad \text{(식 3.4.3)}$$

여기서 v_i는 $N(0, \sigma_v^2)$의 분포를 따른다. 이 잠재변수가 실제 의료비 지출액은 아니라는 점에 주목하자. 왜냐하면 지출액은 비음수 변수이므로 정규분포를 따르지 않기 때문이다. 정규분포를 따르는 확률변수는 실선(real line) 상에서 연속적으로 분포하고, 따라서 음수도 될 수 있다. 다음과 같은 잠재지수 모형(latent index model)이 주어져 있을 때,

$$Y_i = 1[Y_i^* > 0]$$

Y_i에 대한 CEF는 다음 식과 같이 쓸 수 있다.

$$E[Y_i|D_i] = \Phi\left[\frac{\beta_0^* + \beta_1^* D_i}{\sigma_v}\right]$$

여기서 $\Phi[\bullet]$는 정규분포의 CDF이다. 따라서 $E[Y_i|D_i]$는 다음 식과 같다.

$$E[Y_i|D_i] = \Phi\left[\frac{\beta_0^*}{\sigma_v}\right] + \left\{\Phi\left[\frac{\beta_0^* + \beta_1^*}{\sigma_v}\right] - \Phi\left[\frac{\beta_0^*}{\sigma_v}\right]\right\} D_i$$

이 식은 설명변수 D_i의 선형함수이므로, Y_i를 D_i에 회귀시키는 선형 회귀모형의 기울기 계수는 다름 아닌 probit 예측치들의 차이 $\Phi\left[\frac{\beta_0^* + \beta_1^*}{\sigma_v}\right] - \Phi\left[\frac{\beta_0^*}{\sigma_v}\right]$이다. 그러나 probit 모형의 계수 $\frac{\beta_0^*}{\sigma_v}$과 $\frac{\beta_1^*}{\sigma_v}$는 D_i가 참여 여부에 미치는 효과의 크기(비록 효과의 방향은 맞을지라도)를 보여주지는 않는다. 효과의 크기는 이 계수들을 정규분포 CDF에 대입해야만 구할 수 있다. 이와는 대조적으로, 회귀모형은 probit 모형의 분포 가정이 성립하든 그렇지 않든 상관없이 우리가 추정하고자 하는 값을 보여준다.

HIE에서 가장 중요한 성과변수들 중 또 다른 하나는 총 의료비 지출액, 즉

의료 서비스 비용이다. 보험공제가 있는 상품에 배정된 실험 참가자들은 비용의 측면에서 측정했을 때 의료 서비스를 적게 사용하는가? HIE에서 보험공제 집단과 무료 서비스 집단 간 의료비 지출액의 평균 차이는 −141달러로서, 이는 무료 서비스 집단 지출액의 약 19퍼센트 수준이다. 비록 매우 정확한 추정치는 아니지만, 이 계산을 통해 우리는 환자들에게 의료비의 일정 부분을 부담시킴으로써 의료비 지출을 상당히 줄일 수 있음을 알 수 있다. 지출액 성과변수는 비음수 확률변수이면서 가끔 0의 값을 갖기 때문에, 그것의 기대값은 다음과 같이 쓸 수 있다.

$$E[Y_i|D_i]=E[Y_i|Y_i>0,\ D_i]\cdot P[Y_i>0|D_i]$$

처치집단들 간 의료비 지출 성과변수의 차이는 다음 식과 같다.

$$\begin{aligned}
&E[Y_i|D_i=1]-E[Y_i|D_i=0] \qquad \text{(식 3.4.4)}\\
&=E[Y_i|Y_i>0,\ D_i=1]P[Y_i>0|D_i=1]\\
&\quad -E[Y_i|Y_i>0,\ D_i=0]P[Y_i>0|D_i=0]\\
&=\underbrace{\{P[Y_i>0|D_i=1]-P[Y_i>0|D_i=0]\}}_{\text{참여 효과}}E[Y_i|Y_i>0,\ D_i=1]\\
&\quad +\underbrace{\{E[Y_i|Y_i>0,\ D_i=1]-E[Y_i|Y_i>0,\ D_i=0]\}}_{\text{COP 효과}}\\
&\quad \times P[Y_i>0|D_i=0]
\end{aligned}$$

즉, 평균 지출액의 차이 전체를 두 부분으로 나눌 수 있다. 첫째, 지출액이 양(+)일 확률의 차이(참여 효과라고 부른다)와 둘째, 참여한다는 조건 하에서 평균들의 차이(즉, 양수 조건부 효과, a conditional-on-positive effect: COP)로 나뉜다. 그러나 다시 말하지만, 인과효과 추정이라는 관점에서 이 COP은 어떠한 특별한 의미도 갖고 있지 않다. (식 3.4.1)은 여전히 성립한다. 즉, Y_i를 D_i에 회귀시키는 회귀모형은 지출액에 미치는 영향을 보여주는 무조건부 평균 처치효과를 도출한다.

좋은 COP, 나쁜 COP : 양수 조건부 효과

의료비 지출액과 같은 비음수 확률변수에 미치는 인과효과는 두 부분으로 나누어지기 때문에, 일부 실증 연구자들은 각 부분을 분리해서 따로 살펴보아야 한다고 생각한다. 실제로 많은 연구자들은 2-부분 모형(two-part model)을 사용한다. 2-부분 모형의 첫 번째 부분에서는 참여 여부에 미치는 효과를 평가하고, 두 번째 부분에서는 양수 조건부 효과, 즉 COP 효과를 검토한다. (예를 들어, 이들 모형을 HIE에 적용한 Duan *et al.*(1983, 1984)을 참조하라.) (식 3.4.4)의 첫 번째 부분에서 특별한 이슈가 제기되지는 않는다. 왜냐하면 위에서 설명한 바와 같이, 더미변수 Y_i에 대한 평균 처치효과는 단지 확률의 차이를 의미하기 때문이다. 2-부분 모형에서 발생하는 문제점은 (설사 무작위 실험을 이용하더라도) COP 효과를 인과적으로 해석할 수 없다는 데 있다. 이 문제점은 3.2.3절에서 적절치 못한 통제변수들을 다루면서 설명한 것과 동일한 선택편의의 문제로 이해할 수 있다.

COP 효과를 보다 자세히 살펴보기 위해 다음과 같이 써보자.

$$
\begin{aligned}
&E[Y_i \mid Y_i > 0, D_i = 1] - E[Y_i \mid Y_i > 0, D_i = 0] \qquad \text{(식 3.4.5)}\\
&= E[Y_{1i} \mid Y_{1i} > 0] - E[Y_{0i} \mid Y_{0i} > 0]\\
&= \underbrace{E[Y_{1i} - Y_{0i} \mid Y_{1i} > 0]}_{\text{인과효과}} + \underbrace{\{E[Y_{0i} \mid Y_{1i} > 0] - E[Y_{0i} \mid Y_{0i} > 0]\}}_{\text{선택편의}}
\end{aligned}
$$

이 식의 두 번째 줄은 D_i가 무작위 배정되었다는 사실을 이용한 것이다. 위의 분해식에 따르면, COP 효과는 두 개의 항으로 구성된다. (1) 보험공제 집단에서 의료 서비스를 사용하는 사람들에 대한 인과효과 $E[Y_{1i} - Y_{0i} \mid Y_{1i} > 0]$와 (2) 비용의 일부를 부담해야만 할 때 의료 서비스를 이용하는 사람들과 비용을 전혀 부담하지 않을 때 의료 서비스를 이용하는 사람들 사이에 존재하는 Y_{0i}의 차이 $E[Y_{0i} \mid Y_{1i} > 0] - E[Y_{0i} \mid Y_{0i} > 0]$이다. 두 번째 항은 일종의 선택편의로서, 2장에서 설명했던 선택편의에 비해 보다 미묘한 의미를 갖는다. 여기에서 선택편의가 나타나는 이유는 실험으로 인해 지출액이 양(+)인 집

단의 구성이 변화하기 때문이다. $Y_{0i}>0$ 인 모집단에는 보험 공제액을 본인이 지불해야만 한다면 의료 서비스를 이용하지 않을 사람들, 즉 낮은 비용의 서비스만을 이용하는 사람들이 아마도 포함되어 있을 것이다. 다시 말해, 이 집단은 $Y_{1i}>0$ 인 집단에 비해서 규모도 크고 평균적으로 의료비용도 낮은 집단이다. 따라서 선택편의 항은 양(+)의 값을 갖고, 이에 따라 COP 효과는 (아마도 음(−)일 것으로 예상되는) 인과효과 $E[Y_{1i}-Y_{0i}|Y_{1i}>0]$ 보다 0에 더 가깝게 된다. 이는 3.2.3절에서 다루었던 적절치 못한 통제변수의 문제의 또 다른 형태이다. 인과효과를 살펴보는 상황에서, $Y_i>0$ 는 성과변수이기 때문에 $Y_i>0$ 을 조건절로 사용하는 것은 적절하지 않다. 이것이 가능한 경우는 Y_i가 양(+)의 값을 가질 확률에 처치가 아무런 영향을 미치지 못하는 경우뿐이다.

COP 효과를 인과적으로 해석하지 못하는 문제를 해결하는 하나의 방법은 Tobit과 같은 중도절단 회귀모형(censored regression model)을 이용하는 것이다. 이 모형은 비참여자들에 대해 잠재적인 의료비 지출액 변수를 설정한다 (예를 들어, Hay and Olsen, 1984). 의료비 지출액 문제를 전통적인 Tobit 모형으로 표현하면, 관측된 Y_i가 다음과 같은 방식에 의해 생성된다.

$$Y_i=1[Y_i^*>0]\,Y_i^*$$

여기서 Y_i^*는 정규분포를 따르는 잠재적 지출액 변수로서 음(−)의 값을 취할 수도 있다. Y_i^*는 LDV가 아니기 때문에 Tobit을 옹호하는 연구자들은 (식 3.4.3)과 같은 전통적인 선형모형을 이용해 편안하게 Y_i^*를 D_i와 연관시킨다. 이 경우 β_1^*은 D_i가 잠재적 지출액 Y_i^*에 미치는 인과효과이다. Y_i가 양(+)이든 그렇지 않든 이 식은 모든 관측치들에 대해 정의된다. 연구자가 Y_i^*에 미치는 효과를 연구하는 데 만족한다면 COP과 같은 형태의 선택편의 문제는 존재하지 않는다.

그러나 우리가 분석하고자 하는 것은 Y_i^*에 대한 효과가 아니다. 첫 번째 문제는 '잠재 의료비 지출액'이 난해한 개념이라는 것이다. 일부 사람들에게 의료비 지출액은 진짜로 0이다. 이 값은 어떤 통계적 가상물이거나 중도절단(censoring)으로 인해서 발생하지 않는다. 따라서 잠재적으로 음(−)의 값을 갖는 Y_i^*라는 개념은 쉽게 이해되지 않는다. Y_i^*에 대한 자료는 현재 존재하지 않으며 미래에도 존재하지 않을 것이다. 두 번째 문제는 잠재모형의 모수 β_1^*과 관측된 성과 Y_i에 미치는 인과효과 사이의 관계가 잠재변수의 분포에 대한 가정에 따라 달라진다는 점이다. 이들 둘 간의 관계를 확인하기 위해, D_i가 주어져 있을 때 Y_i의 기대값을 구해보면 그것은 다음과 같다. (예를 들어, McDonald and Moffitt(1980)을 참조하라.)

$$E[Y_i|D_i] = \Phi\left[\frac{\beta_0^* + \beta_1^* D_i}{\sigma_v}\right][\beta_0^* + \beta_1^* D_i] + \sigma_v \phi\left[\frac{\beta_0^* + \beta_1^* D_i}{\sigma_v}\right] \qquad \text{(식 3.4.6)}$$

위 식을 유도할 때에는 v_i가 정규분포를 따르고 등분산성을 가지며, Y_i가 $1[Y_i^* > 0]Y_i^*$로 표현된다는 가정을 사용한다.

Tobit CEF을 통해 우리는 관측된 의료비 지출액에 미치는 평균 처치효과의 수식을 도출할 수 있다. 구체적으로 다음과 같이 다소 이해하기 어려운 수식이 도출된다.

$$\begin{aligned} &E[Y_i|D_i=1] - E[Y_i|D_i=0] \\ &= \left\{\Phi\left[\frac{\beta_0^* + \beta_1^*}{\sigma_v}\right][\beta_0^* + \beta_1^*] + \sigma\phi\left[\frac{\beta_0^* + \beta_1^*}{\sigma_v}\right]\right\} - \left\{\Phi\left[\frac{\beta_0}{\sigma_v}\right][\beta_0^*] + \sigma_v\phi\left[\frac{\beta_0^*}{\sigma_v}\right]\right\} \qquad \text{(식 3.4.7)} \end{aligned}$$

그러나 위 식의 유일한 설명변수는 더미변수 D_i이기 때문에, $E[Y_i|D_i=1] - E[Y_i|D_i=0]$을 추정하기 위해 우변의 식은 전혀 필요하지 않다. 의료비 지출액을 설명하는 잠재적 구조를 설명하기 위해 Tobit 모형을 채택하든 그렇지 않든 상관없이, Y_i를 D_i에 회귀시키는 OLS 회귀모형의 기울기 계수는 (식 3.4.7)의 좌변에 있는 CEF 차이를 보여준다.[38]

[38] Tobit을 일반화한 것이 표본선택 모형(sample selection model)이다. 표본선택 모형에서 참여 여부를 결정하는 잠재변수는 잠재 지출액 변수와는 다르다. 예를 들어, Maddala(1983)를 참

성과변수의 분포가 특정한 점(예를 들어, 0)에 집중되어 그 점에서 확률이 급격히 높아지거나, 분포가 한쪽으로 심하게 경사져있을 때, 또는 두 현상이 동시에 일어나는 경우에는 평균에 대한 효과를 분석하는 것이 요점을 놓칠 수도 있다는 생각에서 연구자들은 종종 COP 효과를 이야기한다. 평균에 대한 효과를 분석하면 확실히 일부 요점은 파악하지 못한다. 예를 들어, 특별한 값을 가질 확률의 변화라든지 중위값에서 멀리 떨어진 분위수의 변화와 같은 사항들은 살펴보지 못한다. 그런데 이와 같은 문제들이 있다면 분포에 미치는 효과를 직접 살펴보는 방법은 어떤가? 연간 의료비 지출액이 0을 초과할 확률이나, 100달러를 초과할 확률, 200달러를 초과할 확률 등을 이용하면 성과의 분포에 미치는 효과를 살펴볼 수도 있다. 다시 말해, 관심의 대상이 되는 회귀모형의 우변에 $1[Y_i > c]$를 놓고 이 식의 c에 서로 다른 값들을 부여하는 방법이다. 계량경제학적으로 이렇게 만들어진 성과변수들은 모두 (식 3.4.2)의 범주에 속한다. 선형 확률모형(LPM)을 통해 분포효과를 직접 살펴보자는 아이디어는 출산이 노동시간에 미치는 효과를 분석하면서 Angrist(2001)가 예시한 바 있다. 또 다른 대안으로서, 만약 분위값들(quantiles)에 초점을 맞춰야 한다면 분위 회귀모형(quantile regression)을 이용할 수도 있다. 이 아이디어는 제7장에서 자세히 다루어진다.

Tobit류의 잠재변수 모형들은 이치에 맞는 모형일까? 연구자가 분석하는 자료가 진실로 중도절단 되어 있다면 그렇다고 대답할 수 있다. 여기서 진실로 중도절단 되어 있다는 것은 잠재변수에 실증적으로 대응하는 관심대상 성과변수가 존재한다는 의미이다. 노동경제학에 있는 대표적인 하나의 예는 CPS 임금 자료이다. 이 자료에서는 응답자의 비밀보장을 위해 매우 높은 임금에 대해 최대 코딩값(topcode)을 부여해 임금을 중도절단한다. 통상적으로, 우리는 CPS 자료에서와 같이 최대 코딩값이 부여된 임금 자료가 아니라 응답자들이 과세 소득으로서 신고한 임금자료를 이용해 학력이 임금에 미치는 인

조하라. Tobit에서와 마찬가지로 표본선택 모형에서도 잠재변수에 미치는 효과를 해석하는 방법에 관해 개념적인 문제가 똑같이 발생한다.

과효과를 추정하는 데 관심을 가진다. Chamberlain(1994)이 보인 바에 의하면, 일부 연도들에서는 CPS의 최대 코딩값을 이용하면 학교 교육의 수익률 추정치가 현저하게 감소한다. 그에 따라 Chamberlain(1994)은 Tobit 스타일로 변형한 분위 회귀분석법을 이용해 중도절단을 적절히 조정해 줄 것을 제안한다. 분위 회귀모형을 이용해 중도절단된 자료를 모형화하는 방법은 제7장에서 다루어질 예정이다.[39]

설명변수들이 비선형성(Nonlinearity)을 야기한다

CPS의 최대 코딩값과 같이 중도절단이 실제 존재하는 경우는 드물다. 따라서 실제 응용 연구에서 Tobit류의 모형을 유용하게 이용하는 할 수 있는 범위는 제한적이다. 그러나 여기에서 우리는 반대의 측면을 생각해 보아야 한다. 실험에 관한 논의가 깔끔한 이유 중 하나는 $E[Y_i|D_i]$가 필연적으로 D_i의 선형함수이므로 회귀모형과 CEF가 동일하기 때문이다. 사실 이 CEF는 분포 지시변수 $1[Y_i > c]$을 비롯해 Y_i의 어떤 함수에 대해서도 선형이다. 물론, 실제 분석에서는 관심대상 설명변수가 항상 더미변수만은 아니고, 보통은 CEF에 다른 설명변수들이 추가된다. 이 경우 LDV의 $E[Y_i|X_i, D_i]$은 거의 확실하게 비선형이 된다. 직관적으로 볼 때, 평균값 예측치가 종속변수의 경계값들에 근접함에 따라 LDV에 대한 CEF의 도함수 값은 좀 더 작아진다. (예를 들어, 양쪽 끝에서 정규분포의 CDF가 평평해지는 것을 생각해 보라.) 위와 같은 이유 때문에, 여타 설명변수를 가진 LDV 모형에서는 회귀모형을 CEF에 완벽하게 근사시킬 필요는 없다. 그러나 CIA가 성립하면 CEF를 인과적으로 해석할 수 있다는 점은 여전히 유효하다. CEF가 인과적으로 해석

39 우리가 애용하는 회귀모형 예제(즉, 로그 임금을 학력에 회귀시키는 회귀모형)에서도 COP의 문제가 있을 수 있다. 왜냐하면 임금에 로그를 취하면 당연히 0의 임금을 갖는 사람들이 표본에서 제외되기 때문이다. 만약 교육이 취업 확률에 영향을 미친다면 이것은 COP-형태의 선택 편의를 야기한다. 그러므로 실제 분석에서 우리는 노동시장 참가율이 높고 학력 그룹별로 그 비율이 비슷한 경향을 보이는 성인 남성들(예를 들어, [그림 3.1.1]에서와 같이 40~49세의 백인 남성들)의 표본을 주로 다룬다.

된다면 회귀모형 역시 인과적으로 해석된다고 말할 수 있다. 왜냐하면 회귀모형은 여전히 CEF에 대한 MMSE 근사치를 제공하기 때문이다. 더욱이 모형의 설명변수들이 포화된 경우라면, 회귀모형은 또한 (식 3.3.1) 및 (식 3.3.3)과 유사하게 가중된 평균 처치효과를 추정한다. 마찬가지로, 만약 관심대상 설명변수가 여러 값을 갖거나 연속변수인 경우, 「3.3.1절」의 마지막 부분에서 설명한 공식에서와 같이 우리는 가중 평균 도함수를 구할 수 있다.

하지만 포화된 설명변수들을 갖는 회귀모형을 매력적인 모형설정 방식으로 만들기에 충분한 정도의 자료를 우리가 갖지 못할 수도 있다. 이 경우 회귀모형은 CEF의 몇 가지 특성들을 보유하지 못하게 된다. 한 가지 예를 들면, 회귀모형은 LDV의 경계를 벗어난 예측치를 산출하기도 한다. 이와 같은 사실로 인해 많은 연구자들은 부담감을 느끼고, 선형 확률모형(LPM)에 대해 매우 비판적인 입장을 취한다. probit이나 Tobit과 같은 비선형모형의 좋은 성질 중 하나는 비선형모형에서는 CEF가 LDV의 경계를 벗어나지 않는다는 점이다. 특히 probit의 예측치들은 언제나 0과 1 사이에 존재하고, Tobit의 예측치들은 언제나 양(+)의 값을 갖는다. (다만, (식 3.4.6)에서는 이 점이 명확하지는 않다.) 그러므로 연구자들은 단순히 곡선에 근사한다는 측면에서 비선형모형을 선호할 수도 있다.

이 점을 인정한다고 하더라도, 강조해야 하는 중요한 사항은 비선형모형을 통해 산출한 결과물이 유용한 정보가 되기 위해서는 반드시 '한계효과(marginal effects)'로 변환되어야 한다는 점이다. 한계효과란 비선형모형으로부터 유도한 CEF의 (평균적) 변화분이다. 한계효과를 말하지 않고 관측된 종속변수에 미치는 영향을 말하기는 어렵다. 관심대상인 설명변수가 더미변수 D_i라고 가정하는 경우, 한계효과는 아래의 식과 같이 차분을 이용하거나,

$$E\{E[Y_i|X_i, D_i=1]-E[Y_i|X_i, D_i=0]\}$$

혹은 $E\left\{\frac{\partial E[Y_i|X_i, D_i]}{\partial D_i}\right\}$과 같이 미분을 이용해 구할 수 있다. 설명변수가 여러 개의 값을 취하거나 연속변수일 때 대부분의 연구자들은 도함수(derivatives)를 사용한다.

OLS 회귀모형 추정치는 probit이나 Tobit과 같은 비선형모형을 통해 산출된 한계효과와 어느 정도 비슷할까? 먼저 한계효과들을 유도하고 나서, 실증적 사례 하나를 살펴보자. 여타 설명변수들이 있는 모형의 probit CEF는 다음과 같다.

$$E[Y_i|X_i, D_i] = \Phi\left[\frac{X_i'\beta_0^* + \beta_1^* D_i}{\sigma_v}\right]$$

따라서 평균 유한 차분(average finite difference)은 다음과 같다.

$$E\left\{\Phi\left[\frac{X_i'\beta_0^* + \beta_1^*}{\sigma_v}\right] - \Phi\left[\frac{X_i'\beta_0^*}{\sigma_v}\right]\right\} \qquad \text{(식 3.4.8)}$$

실제 분석에서 위 식은 다음과 같이 평균 도함수를 이용해 근사할 수 있다.

$$E\left\{\phi\left[\frac{X_i'\beta_0^* + \beta_1^* D_i}{\sigma_v}\right]\right\}\cdot\left(\frac{\beta_1^*}{\sigma_v}\right)$$

(Stata는 두 방법 모두를 이용해 한계효과를 계산한다. 다만, 설명변수가 더미변수일 경우에는 (식 3.4.8)이 초기 설정된 값이다.)

비슷한 방식으로, (식 3.4.6)을 설명변수를 가진 모형으로 일반화하면, 비음수 LDV에 대한 조건부 기대값을 다음과 같이 구할 수 있다.

$$E[Y_i|X_i, D_i] = \Phi\left[\frac{X_i'\beta_0^* + \beta_1^* D_i}{\sigma_v}\right]\left[X_i'\beta_0^* + \beta_1^* D_i\right] + \sigma_v\phi\left[\frac{X_i'\beta_0^* + \beta_1^* D_i}{\sigma_v}\right]$$

Tobit 모형의 한계효과는 거의 항상 평균 도함수의 형태로 표현되는데, 그것의 수식은 다음과 같이 매우 간단하다(예를 들어, Wooldridge(2006)를 참조).

$$E\left\{\Phi\left[\frac{X_i'\beta_0^* + \beta_1^* D_i}{\sigma_v}\right]\right\}\cdot\beta_1^* \qquad \text{(식 3.4.9)}$$

(식 3.4.9)로부터 즉각적으로 도출되는 함의는 Tobit 계수 β_1^*은 D_i가 Y_i에 미

치는 효과보다 항상 크다는 것이다. 이런 현상이 발생하는 이유를 직관적으로 설명하면, 잠재변수 Y_i^*에 대한 선형모형에서 잠재성과 Y_i^*는 D_i가 0에서 1로(혹은 1에서 0으로) 바뀔 때마다 변하지만, 실제 관측값 Y_i는 전혀 변하지 않을 수도 있기 때문이다. 많은 사람들에게 실제 관측 값 Y_i는 D_i가 0일 때와 1일 때 공히 0이다.

<표 3.4.2>는 여성의 취업 여부 및 노동시간(둘 모두 LDV)을 자녀 수 변수에 회귀시킨 회귀모형을 이용해 OLS 추정치와 비선형 한계효과를 비교하고 있다. 이 추정치들은 Angrist and Evans(1998)가 사용한 1980년 센서스 표본들 중 하나를 이용해 계산하였다. 2명 이상의 자녀를 가진 21~35세의 기혼여성들이 이 표본에 포함되어 있다. 출산 관련 변수는 여성이 3명 이상의 자녀를 낳았는지를 나타내는 더미변수 혹은 자녀의 총 숫자로 구성된다. 여타 설명변수로는 모친의 연령 및 첫째 아이 출산 시 연령의 1차항, 인종 더미(흑인과 히스패닉), 그리고 모친의 교육 수준(고졸, 대학 중퇴 및 대학 졸업을 표시하는 더미변수들)이 포함된다. 여기서 설명변수들은 포화된 형식이 아니다. 이 사례에서 도출되는 CEF는 확실히 비선형이지만, 모형에서는 변수들을 합하는 형식을 사용하고 교차항은 사용하지 않는다.

자녀수가 3명 이상인지를 표시하는 더미변수의 효과를 나타내는 probit 한계효과와 OLS 추정치는 거의 차이가 없다. 이는 <표 3.4.2>의 (2)열, (3)열, (4)열을 통해 확인할 수 있다. 이 열들의 첫 번째 행을 이용해, 1980년 표본에 대해 상이한 방법을 적용해 구한 추정치들을 비교할 수 있다. 세 번째 자녀의 효과를 보여주는 OLS 추정치는 −0.162이고, 대응하는 probit 한계효과는 −0.163과 −0.162이다. 첫 번째 추정치는 (식 3.4.8)을 이용해 계산하였고, 두 번째 추정치는 처치된 사람들에 대한 한계효과로서 아래 식을 이용해 계산하였다.

$$E\left\{\Phi\left[\frac{X_i'\beta_0^*+\beta_1^*}{\sigma_v}\right]-\Phi\left[\frac{X_i'\beta_0^*}{\sigma_v}\right]\mid D_i=1\right\}$$

표 **3.4.2** **출산이 LDV에 미치는 효과를 보여주는 서로 다른 추정치들 비교하기**

		우변의 설명변수								
		세 자녀 이상					총 자녀수			
			probit		Tobit			probit MFX	Tobit MFX	
	평균	OLS	평균효과, 전체표본	처치자에 대한 평균효과	평균효과, 전체표본	처치자에 대한 평균효과	OLS	평균효과, 전체표본	평균효과, 전체표본	처치자에 대한 평균효과
종속변수	(1)	(2)	(3)	(4)	(5)	(6)	(7)	(8)	(9)	(10)
A. 전체 표본										
취업	.528 (.499)	−.162 (.002)	−.163 (.002)	−.162 (.002)	−	−	−.113 (.001)	−.114 (.001)	−	−
노동시간	16.7 (18.3)	−5.92 (.074)	−	−	−6.56 (.081)	−5.87 (.073)	−4.07 (.047)	−	−4.66 (.054)	−4.23 (.049)
B. 30세 이상 유색 인종, 대학 재학 이상의 학력 소지자, 첫 자녀를 20세 이전에 출산한 여성										
취업	.832 (.374)	−.061 (.028)	−.064 (.028)	−.070 (.031)	−	−	−.054 (.016)	−.048 (.013)	−	−
노동시간	30.8 (16.0)	−4.69 (1.18)	−	−	−4.97 (1.33)	−4.90 (1.31)	−2.83 (.645)	−	−3.20 (.670)	−3.15 (.659)

주 : 표에는 출산이 모친의 노동공급에 미치는 효과를 보여주는 OLS 추정치, 평균 처치효과, 한계효과(MFX)가 제시되어 있다. 패널 A의 표본 수는 254,654명으로 Angrist and Evans(1998)가 사용한 1980년 센서스 기혼 여성 표본과 동일하다. 여타 설명변수로는 연령, 초산 연령, 첫째 자녀와 둘째 자녀가 아들인지를 표시하는 더미들이 사용되었다. 패널 B의 표본은 최소 30세 이상으로서 대학 중퇴 이상의 학력을 보유하고 있고 초산 연령이 20세 미만인 746명의 유색 인종 여성이다. 괄호는 표준 오차이다. (4)열, (6)열, (10)열에서 처치자에 대한 평균효과를 추정하기 위해 사용된 표본에는 세 자녀 이상을 가진 여성들만이 포함되어 있다.

자녀수와 노동시간 간의 관계를 보여주는 Tobit 한계효과는 그에 대응하는 OLS 추정치와 구분하지 못할 정도는 아니지만 매우 비슷하다. 이는 (5)열과 (6)열을 통해 알 수 있다. 예를 들어, Tobit 추정치 -6.56 및 -5.87과, (2)열의 OLS 추정치 -5.92를 비교해 보라. 비록 Tobit 추정치 하나가 (절대값 기준으로) 10퍼센트 정도 더 크지만, 이 정도의 차이가 실질적인 중요성을 가질 것 같지는 않다. 표의 다른 열들에서는 더미변수 대신에 자녀수 변수를 대상으로 구한 한계효과와 OLS 추정치를 비교하고 있다. 이들 계산에서는 모두 도함수를 이용해 한계효과(MFX로 표시)를 계산한다. 여기서도 역시 probit과 Tobit 분석 모두에서 OLS와 비선형 한계효과 추정치는 서로 비슷하다.

예측 확률이 0.5에 가까울 때에는 probit 모형이 OLS와 비슷한 크기의 한계효과를 도출할 것으로 예상된다고 말하기도 한다. 그 이유는 모형의 비선형 CEF가 중간 부분에서는 선형에 가깝기 때문이다. 그러나 예측 확률이 0 또는 1에 근접하는 경우에 그 둘 사이의 차이는 매우 클 것으로 예상된다. 이를 확인하기 위해 우리는 하나의 부분 표본을 사용해 OLS와 한계효과를 비교해 보았다. 이 부분 표본에는 상대적으로 높은 고용률을 보이는 최소 30세 이상의 여성들로서 학력이 대학 중퇴 이상이고 초산 연령이 20세 미만인 유색인종 여성들이 포함되어 있다. 이 표본에서 평균 고용률은 83퍼센트이지만, OLS 추정치와 한계효과의 크기는 역시 비슷하다.

위의 논의로부터 우리가 알 수 있는 점은 비선형모형이 선형모형보다 LDV의 CEF를 보다 잘 예측할지는 모르지만, 한계효과에 관한 한, 이것은 전혀 중요하지 않다는 것이다. 선형모형에 관한 이와 같은 낙관적인 결론은 증명된 정리는 아니다. 하지만 위의 실증 사례에서 볼 수 있듯이, 이러한 결론은 꽤 강건한 진실을 담고 있는 것으로 보인다.

그렇다면 우리는 왜 비선형모형과 한계효과를 굳이 사용해야 할까? 하나의 답은 Stata와 같은 통계 패키지를 이용해 한계효과를 자동적으로 쉽게 계산할 수 있기 때문이다. 그러나 여기서도 한계효과를 계산하는 과정에서 상당히 많은 결정들(예를 들어, 가중치 사용법, 도함수 대 유한 차분 등)을 해야 한다. 이에 반해 OLS는 표준화되어 있다. 또한 도구변수나 패널 자료를 가지고 연구하는 경우 비선형모형을 사용하면 상당히 복잡한 문제들을 해결해야 한다. 마지막으로, 추론을 위해서는 한계효과에 대한 표준 오차가 필요하기 때문에, 추론 단계에서 또한 복잡한 문제들이 추가된다. 오컴의 면도날(Occam's razor) 원리가 충고하는 바와 같이, "불필요하게 전제의 수를 늘여서는 안 된다(Entities should not be multiplied unnecessarily)." 이러한 맥락에서 우리는 우리의 은사이신 Angus Deaton(1997)께서 Tobit류의 모형이 산출하는 비선형 회귀함수에 대해 생각하면서 하신 말씀을 인용하고자 한다.

> F[오차의 분포]에 대해 알지 못한다면 이 회귀함수는 β[Tobit 계수들]조차도 식별하지 못한다(Powell(1989)을 참고하라). 그러나 보다 근본적으로 우리는 그와 같이 어색하고 어렵고 강건하지 않은 물건을 다루어야 하는 이유에 대해 질문해 보아야만 한다.

3.4.3 왜 회귀모형을 회귀모형이라고 부르며, 평균으로의 회귀는 무엇을 의미하는가?

회귀(regression)라는 용어는 사람의 키를 연구한 Francis Galton(1886)에게서 유래하였다. Galton은 대체로 정규분포를 따르는 부모와 자녀의 키에 관한 자료를 연구하였다. 그는 부모들의 키가 주어져 있을 때 자녀 키의 CEF는 선형이고, 이 CEF의 모수는 2변량 회귀모형의 기울기와 절편이라는 점을 발견하였다. 키는 정상성(stationary)을 띠기 때문에(즉, 키의 분포는 시간에 따라 크게 변하지 않는다), 2변량 회귀모형의 기울기는 상관계수로서 0과 1 사이의 값을 갖는다.

Galton이 설정한 모형의 유일한 설명변수 X_i는 부모의 평균 키이고, 종속변수 Y_i는 성인 자녀의 키이다. 회귀모형의 기울기 계수는 다른 때와 같이 $\beta_1 = \frac{Cov(Y_i, x_i)}{V(x_i)}$이고 절편은 $\alpha = E[Y_i] - \beta_1 E[X_i]$이다. 그러나 키는 세대가 서로 달라도 크게 변하지 않기 때문에, Y_i와 X_i의 평균과 분산은 동일하다. 그러므로 다음의 관계가 성립한다.

$$\beta_1 = \frac{Cov(Y_i, x_i)}{V(x_i)} = \frac{Cov(Y_i, x_i)}{\sqrt{V(x_i)}\sqrt{V(Y_i)}} = \rho_{xy},$$

$$\alpha = E[Y_i] - \beta_1 E[X_i] = \mu(1-\beta_1) = \mu(1-\rho_{xy})$$

여기서 ρ_{xy}는 키의 세대 간 상관계수이고, $\mu = E[Y_i] = E[X_i]$는 키의 모평균값이다. 이 식으로부터 우리는 다음과 같은 선형 CEF를 구할 수 있다.

$$E[Y_i|x_i] = \mu(1-\rho_{xy}) + \rho_{xy}x_i$$

따라서 부모의 키가 주어져 있을 때 자녀의 키는 부모의 키와 모집단 평균키의 가중 평균이다. 그러므로 키가 큰 부모의 자녀는 평균적으로 부모만큼 크지는 않을 것이다. 비슷한 논리에 의해, 키가 작은 부모의 자녀는 평균적으로 부모만큼 작지는 않을 것이다. 구체적으로 설명하면, 키가 192㎝(6.3feet)인 Pischke는 자녀의 키가 (자신만큼 크지는 않겠지만) 클 것으로 기대할 수 있다. 그러나 다행스럽게도 키가 171㎝(5.6feet)인 Angrist는 자녀의 키가 자신보다는 더 클 것이라고 기대할 수 있다. Galton은 이러한 특성을 "유전적으로 물려받은 키가 보통의 수준으로 회귀하는 현상"이라고 불렀다. 오늘날 우리는 이것을 '평균으로의 회귀(regression to the mean)'라고 부른다.

Charles Darwin의 사촌이었던 Galton은 또한 인류를 유전학적으로 개량하는 목표를 가진 우생학회(Eugenics Society)를 설립했던 사람으로서 기억되고 있다. 사실 회귀모형에 대한 그의 관심은 이 연구를 하는 과정에서 주로 형성되었다. 이 점으로부터 우리는 과학적 아이디어의 가치는 그 저자의 정치적 견해에 의해 판단되어서는 안 된다는 결론을 얻는다.

Galton은 이 장에서 우리의 주된 관심 사항인 다변량 회귀모형에 대해서는 그리 큰 관심을 갖지 않은 듯하다. Galton의 연구에서 회귀모형은 정상성을 갖는 확률변수의 분포가 갖는 기계적인 특성이다. 즉, 이 특성은 자녀의 키를 부모의 키에 회귀시키는 모형에서는 성립하지만 그것은 확실히 인과관계를 내포하지는 않는다. Galton 자신도 동일하게 이야기했을 것이다. 왜냐하면 그는 후천적으로 획득된 형질이 유전될 수 있다는 라마르크의 아이디어

(이 아이디어는 후에 Stalin의 Russia에서 적극 활용되었다)에 반대하는 입장을 가졌기 때문이다.

회귀모형이 인과관계를 구하는 적절한 통계적 방법으로서 사용될 수 있다는 아이디어는 빈곤율의 결정요인들을 연구한 George Udny Yule(1899)로부터 유래되었다. Karl Pearson(Galton의 제자였다)의 제자이자 통계학자인 Yule은 최소제곱 정규 방정식의 해를 구하는 방법을 통해 Galton의 회귀계수를 다변량 변수들로 확장할 수 있다는 사실을 알아냈다. (최소제곱 정규방정식은 Legendre와 Gauss에 의해 이미 오래 전에 유도된 바 있다.) Yule(1899)의 논문은 다변량 회귀추정치를 포함하고 있는 최초의 출판물인 듯하다. 그의 모형은 한 지역 내 빈곤율의 변화를 영국의 빈곤법(English Poor Laws)을 실행하는 지역 행정상의 변화와 연결시킨다. 이때 그 모형에서는 지역의 인구증가율과 연령 분포가 통제된다. 그는 빈민구제(빈민들을 공공 빈민구제 시설로 이주하도록 조건을 부과하지 않고 그들에게 소득 지원을 제공하는 제도) 그 자체가 빈곤율을 높이는 역할을 하는지 그렇지 않은지에 특별히 관심이 있었다. 이 질문은 오늘날에도 우리가 여전히 관심을 가질 수 있는 매우 잘 정의된 인과관계에 관한 질문이다.[40]

마지막으로, 회귀모형의 역사는 Steven Stigler(1986)의 책에서 멋지고 자세하게 설명되어 있음을 알리고자 한다. Stigler는 시카고 대학의 매우 유명한 통계학자이며 경제학자이다. 그의 아버지 George Stigler는 더 유명한 경제학자면서 노벨상 수상자이다.

40 빈곤법에 관한 Yule의 첫 번째 응용 논문은 1895년 *Economic Journal*에 출판되었다. (Pischke는 자랑스럽게도 현재 *Economic Journal*의 공동 편집자 직을 수행하고 있다.) 이 논문의 연속선상에 있는 다변량 회귀모형에 관한 이론은 Yule(1897)에 나와 있다.

3.5 부록: 평균 도함수 가중 함수 유도방법

다음과 같이 Y_i를 s_i에 회귀시키는 회귀모형을 가지고 생각해 보자.

$$\frac{Cov(Y_i, s_i)}{V(s_i)} = \frac{E[h(s_i)(s_i - E[s_i])]}{E[s_i(s_i - E[s_i])]}$$

$\kappa_{-\infty} = \lim_{t \to -\infty} h(t)$ 라고 정의하고 이 값이 존재한다고 가정하자. 미적분의 기본 정리에 의해 다음의 관계가 성립한다.

$$h(s_i) = \kappa_{-\infty} + \int_{-\infty}^{s_i} h'(t)dt$$

$h(s_i)$를 처음 식에 대입하면 분자는 다음과 같다.

$$E[h(s_i)(s_i - E[s_i])] = \int_{-\infty}^{+\infty} \int_{-\infty}^{u} h'(t)(u - E[s_i])\mathrm{g}(u)dtdu$$

여기서 $\mathrm{g}(u)$는 u에서 계산된 s_i의 확률밀도이다. 적분의 순서를 바꾸면 다음 식을 구할 수 있다.

$$E[h(s_i)(s_i - E[s_i])] = \int_{-\infty}^{+\infty} h'(t) \int_{t}^{+\infty} (u - E[s_i])\mathrm{g}(u)dudt$$

안쪽의 적분은 $\mu_t \equiv \{E[s_i|s_i \geq t] - E[s_i|s_i < t]\}\{P(s_i \geq t)[1 - P(s_i \geq t)]\}$로서 이는 (식 3.3.9)의 가중 함수이고 명백하게 비음수이다. $s_i = Y_i$라고 놓으면 처음 식의 분모도 마찬가지로 이 가중치들의 적분임을 보일 수 있다. 따라서 2변량 회귀계수 $\frac{Cov(Y_i, s_i)}{V(s_i)}$의 가중 평균 도함수 식이 도출된다.

여타 설명변수들을 가진 회귀모형에 적용되는 유사한 공식은 Angrist and Krueger(1999)의 부록에 유도되어 있다.

Q.O.B.
0.071136
0.089122

4장

도구변수(IV) 사용법 : 때때로 당신에게 필요한 것을 얻는다

일어나는 일은 일어나기 마련이다.
일어나면서 다른 일을 일어나게 하는 일은
또 다른 어떤 일을 일어나게 한다.
일어나면서 다시 반복되어 일어나는 일은,
어떤 일이 일어나든지 간에 또다시 반복되어 일어난다.
하지만 반드시 시간의 순서대로 일어나지는 않는다.

더글러스 애덤스, 「대체로 해롭지 않음」

계량경제학은 오랜 자매 학문인 통계학과 비교할 때 두 가지 측면에서 차이가 있다. 첫째, 계량경제학은 인과관계를 명시적으로 강조한다. 응용 계량경제학의 가장 중요한 목적은 언제나 인과관계에 대한 추론이다. 통계학자인 Paul Holland(1986)는 "실험적 처치 변동 없이는 인과관계란 존재할 수 없다"고 경고한 바 있다. 이 말은 비실험 자료를 이용해서는 인과적 추론이 불가능하다는 것으로 들릴 수도 있다. 연구자들은 주의 깊게 생각하지 않고 "상관관계가 인과관계는 아니다"라는 말을 상투적으로 사용한다. 자료 분석을 직업으로 하는 대부분의 연구자들과 마찬가지로, 계량경제학자들도 상관관계가 때로는 인과관계에 대한 꽤 좋은 증거를 제공할 수 있다고 믿는다. 연구자나 실험자가 관심대상 변수를 실험적으로 변동하지 않는 경우에도 말이다.[1]

둘째, 대부분의 통계학자들과 — 사실은 대부분의 다른 사회과학자들과 — 구별되는 계량경제학자들의 또 다른 차이점은 계량경제학자들은 오래 전부터 선형 연립방정식 체계의 모수를 추정하는 문제를 연구하는 과정에서 터득한 통계분석 무기들을 보유하고 있다는 점이다. 이 무기들 중에서 가장 강력한 것이 이 장의 주제인 도구변수법(method of instrumental variables: IV)이다. 앞으로 설명하겠지만, 도구변수법은 선형 연립방정식 체계의 모수에 대한 일치추정량을 제공하는 것 이상의 역할을 한다.

1920년대 농산물 시장을 연구한 부자(夫子) 연구팀인 Phillip Wright와 Sewall Wright는 인과관계 추론이라는 까다로운 문제에 관심을 가졌다. 즉, 그들은 수요곡선과 공급곡선이 만나 결정되는 가격과 수량에 대한 관측자료(observational data)를 이용해 이 두 곡선의 기울기를 어떻게 추정할 것인가 하는 문제에 관심을 가졌다. 다시 말해, 균형 가격과 균형 수량은 — 우리가 관측하게 되는 것들 — 이 두 확률 방정식(stochastic equations)의 해이다. 따라서 가격과 수량의 관측치들을 표시한 산점도는 두 곡선 중 과연 어느 곡선을 보여주고 있는 것일까? Phillip Wright는 오래 전부터 모집단 회귀계수를 통해서는 연립방정식의 어느 한 방정식의 기울기를 알아낼 수 없다는 사실을 이해하고 있었다. Wright(1928)가 처음으로 제시한 IV법은 어느 하나의 방정식에만 나타나는 변수를 이용해 이 방정식을 이동시켜 다른 방정식을 식별하는 식으로 통계적 연립방정식 문제의 해를 구하였다. 이때 방정식을 이동시키는 변수가 후에 '도구변수(instrumental variables)'로 알려졌다(Reiersol, 1941).

이러한 연구와는 다른 흐름 속에서 IV법은 회귀모형에서 측정오차로 인한 편의(bias) 문제를 해결하기 위해 발전하여 왔다.[2] 선형모형을 다룬 통계이론에서 가장 중요한 연구결과들 중 하나는 관심대상 독립변수에 무작위적인 측정오차가 있을 경우, 그 회귀계수는 0의 방향으로 편향된다는 것이다. (왜

[1] 최근 몇 년간 통계학자들 사이에서도 관측 자료에 대한 통계 모형을 명시적으로 인과관계 모형의 관점에서 다루고자 하는 경향이 증가하고 있다. 예를 들어, Freedman(2005)이 정리한 내용을 참고하라.

[2] 여기서 중요한 역사적 참고 문헌은 Wald(1940)과 Durbin(1954)이다. 이 연구들은 이 장에서 나중에 다루어진다.

그런지 확인하기 위해 독립변수가 오직 무작위 오차만을 보유하고 있다고 생각해 보자. 이 경우 독립변수는 종속변수와 아무런 상관관계도 갖지 않는다. 따라서 Y_i를 이 변수에 회귀시키는 경우 그 계수는 0이 될 것이다.) 도구변수법을 사용하면 이런 종류의 편의를 제거할 수 있다.

연립방정식 모형(simultaneous equations models: SEM)은 계량경제학 역사에서 매우 중요한 존재이다. 비록 오늘날 가장 영향력 있는 응용 논문들이 정통 SEM 모형의 틀을 거의 사용하고 있지는 않지만, IV법을 설명하기 위해 사용하는 전문용어들은 여전히 정통 SEM 모형으로부터 나온 것들이다. 최근에는 IV 추정법을 SEM 모형의 모수를 추정하는 목적보다는 측정오차 문제를 해결하려는 목적으로 사용하고 있다. 또한 오늘날 IV 추정법의 중요한 목적 중 하나는 당연히 누락변수 편의(OVB) 문제를 해결하는 데 있다. 무작위 실험이 회귀분석 시 많은 통제변수들을 불필요하게 만드는 것과 마찬가지로, IV 추정법은 통제변수들을 사용해야 하는지 또는 어떤 통제변수를 사용해야 하는지에 관한 문제를 해결해 준다.[3]

4.1 도구변수(IV)와 인과관계

우리는 IV 추정법을 다음과 같은 순서로 설명하고자 한다. 첫 번째로 동일효과(constant effects)를 가정하는 '제약을 가진 모형(restricted model)'을 설명한다. 이어서 '제약이 없는 이질적 잠재성과(unrestricted heterogeneous potential outcomes)'의 틀을 이용해 모형을 설정하고 인과효과가 이질적인 경우를 다룬다. 이질적 효과를 도입할 경우, 우리는 실제 분석에서 자주 사용하는 핵심적인 통계방법들의 내용을 수정하지 않고도 IV 추정식을 풍부하게 해석할 수 있다. 다만, 동일효과를 가정하더라도 IV의 메커니즘을 별 문제없이

[3] IV의 역사와 사용법에 관한 간단한 설명은 Angrist and Krueger(2001)를, IV의 탄생에 관한 자세한 설명은 Stock and Trebbi(2003)를, 그리고 연립방정식 모형을 포함해 계량경제학의 많은 개념들의 역사를 폭넓게 다룬 연구로는 Morgan(1990)을 참조하라.

설명할 수 있다.

학력과 임금 간의 인과관계에 대한 모형을 이용해 동일효과 모형을 설명하기 위해, 앞에서와 같이 잠재성과를 다음과 같이 가정하자.

$$Y_{si} \equiv f_i(s)$$

그리고

$$f_i(s) = \alpha + \rho s + \eta_i \qquad \text{(식 4.1.1)}$$

우리는 3.2절에서 회귀모형과 인과관계를 논의하면서 이 식들을 사용하였다. 또한 앞서 설명한 바와 같이, "능력"이라고 불리는 통제변수 벡터 A_i가 있다고 상상해 보자. 이로부터 우리는 다음과 같은 관측 가능한 변수들에 기반한 선택(selection-on-observables) 상황을 생각해 볼 수 있다.

$$\eta_i = A_i{}'\gamma + v_i$$

여기서 γ는 모집단 회귀계수 벡터이고, v_i와 A_i는 정의에 의해 서로 상관관계를 갖지 않는다. 이제 변수 A_i가 η_i와 s_i 간의 상관관계를 유발하는 유일한 원인으로서 다음의 관계가 성립한다고 가정하자.

$$E[s_i v_i] = 0$$

다시 말해, 만약 우리가 A_i를 관측할 수 있다면 우리는 임금을 학력에 회귀시키는 회귀모형에 A_i를 기꺼이 포함시킬 것이다. 그리하여 다음과 같은 긴 회귀모형을 만들 수 있다.

$$Y_i = \alpha + \rho s_i + A_i{}'\gamma + v_i \qquad \text{(식 4.1.2)}$$

(식 4.1.2)는 선형 인과모형인 (식 3.2.9)의 한 형태이다. 이 식에서 오차항 v_i는 A_i를 통제한 후 남게 되는 잠재성과의 무작위적인 부분이다. 가정에 의해 이 오차항은 학력과는 상관관계를 갖지 않는다. 만약 이 가정이 옳다면 Y_i를 s_i와 A_i에 회귀시키는 모집단 회귀모형으로부터 (식 4.1.2)의 계수들이

도출된다.

그러나 우리가 먼저 다루고자 하는 것은 A_i를 관찰할 수 없는 경우에 긴 회귀계수 ρ를 어떻게 추정할 것인가 하는 문제이다. 도구변수법에서는 관심 대상 원인변수 s_i와는 상관관계를 갖지만, 종속변수에 영향을 미치는 다른 어떠한 결정요인들과도 상관관계를 갖지 않는 변수(도구변수 Z_i)를 이용해 이 문제를 해결한다. 여기서 "종속변수의 다른 어떠한 결정요인들과도 상관관계를 갖지 않는다"는 말은 $Cov(\eta_i, Z_i)=0$을 의미한다. 다른 방식으로 표현하면, Z_i는 A_i 및 v_i 둘 모두와 상관관계를 갖지 않음을 의미한다. Z_i가 관심대상 인과모형으로부터 배제되었다고 말할 수 있기 때문에, 위에서 설명한 내용을 '배제 제약(exclusion restriction)'이라고 부른다.

배제 제약이 성립할 때, (식 4.1.2)로부터 ρ에 대해 다음의 관계가 성립한다.

$$\rho = \frac{Cov(Y_i, Z_i)}{Cov(s_i, Z_i)} = \frac{Cov(Y_i, Z_i)/V(Z_i)}{Cov(s_i, Z_i)/V(Z_i)} \qquad \text{(식 4.1.3)}$$

공분산의 관점에서 보다는 회귀계수의 관점에서 생각하는 것이 보통 더 쉽기 때문에, (식 4.1.3)의 두 번째 등호는 쓸모가 많다. 관심대상 계수 ρ는 Y_i를 Z_i에 회귀시키는 모집단 회귀모형과 — 축약형(reduced form)이라고 부른다 —, s_i를 Z_i에 회귀시키는 모집단 회귀모형의 — 1단계(first stage)라고 부른다 — 비율이다. 이때 IV 추정량은 (식 4.1.3)의 표본 대응식이다. IV 추정식은 1단계가 0이 아니라는 가정에 근거를 두고 있다. 그리고 이 가정은 자료를 이용해 확인할 수 있다. 일반적으로 1단계가 통계적으로 미미한 정도로 유의하게 0과 다르다면, 이때 구한 IV 추정치는 유용한 정보를 제공하지 못할 가능성이 높다. 이에 대해서는 뒤에서 다시 살펴볼 것이다.

(식 4.1.3)의 공분산 비율이 인과효과 ρ와 같도록 만드는 데 필요한 가정들을 다시 정리해 보자. 첫째, 도구변수는 반드시 s_i에 확실한 영향을 주어야만 한다. 이것이 1단계이다. 둘째, Y_i와 Z_i 간의 관계가 성립하는 유일한 이유는 오직 1단계 때문이다. 현재 우리는 이 두 번째 가정을 배제 제약이라고 부르고 있다. 효과가 이질적인 모형들에서 좀 더 살펴보겠지만, 이 가정은 사실

두 부분으로 구성되어 있다. 첫 번째 부분은 도구변수가 무작위 배정이나 다름없다(3장의 CIA처럼, 설명변수들이 주어져 있을 때 도수변수는 잠재적 결과들과 독립이다)는 가정이다. 두 번째 부분은 도구변수가 오직 1단계에서 설정된 경로를 통해서만 결과에 영향을 미친다는 가정이다.

이러한 조건들을 만족하는 도구변수를 과연 어디에서 찾을 수 있을까? 좋은 도구변수는 관심대상 변수가 결정되는 절차에 대한 제도적 지식과 아이디어로부터 찾을 수 있다. 예를 들어, 교육을 다룬 경제모형에 따르면 학교 진학과 관련된 의사결정은 선택 가능한 대안들의 비용과 편익을 고려해 이루어진다. 따라서 학력에 대한 도구변수로서 가능한 하나의 원천은 능력이나 잠재적 수익과는 독립적으로 변하는 학자금 대출 정책이나 기타 보조금 때문에 교육비용의 차이가 발생하는 경우이다. 학력의 변동을 일으키는 두 번째 원천은 제도적 제약들이다. 학력과 관련되는 일련의 제도적 제약에는 의무교육법(compulsory schooling laws)이 있다. Angrist and Krueger(1991)는 의무교육법에 의해 유발된 변동을 도구변수로서 사용하였다. 이 논문은 "자연 실험"을 사용해 OVB를 제거하고자 하는 연구들의 전형을 보여준다.

Angrist and Krueger(1991)가 도구변수로서 출생 분기(quarter-of-birth)를 활용하는 전략은 대부분의 (미국) 주들에서 아이들은 만 6세가 되는 달력상의 연도에 학교에 입학하도록 규정되어 있다는 관찰로부터 출발한다.[4] 그리하여 취학연령은 출생일의 함수가 된다. 구체적으로 말하면, 어떤 연도의 하반기에 태어난 아이들은 자신과 같은 학년의 아이들 중에서 나이가 어린 축에 든다. 12월 31일 생일을 임계치(cutoff)로 사용하는 주들의 경우에 4분기에 태어난 아이들은 만 6세가 되기 전에 학교에 들어가는 데 반해, 1분기에 태어난 아이들은 약 6.5세 무렵에 초등학교에 입학한다. 게다가 의무교육법에 의해 학생들은 보통 16번째 생일 때까지는 학교에 출석해야만 하기 때문에, 합법적인 자퇴 연령(legal dropout age)에 도달하는 시점에서 1분기와 4분기에 태어난

4 (**역주**) 예를 들어, 2000년 1월 1일부터 12월 31일 사이에 태어난 아이들은 2006년 9월에 초등학교에 입학한다.

그림 **4.1.1 출생 분기 도구변수를 이용해 학력의 경제적 수익률의 IV 추정치를 구할 때 사용하는 1단계식과 축약형의 그래프**

A. 출생 분기별 평균 교육년수(1단계)

B. 출생 분기별 주당 평균 임금(축약형)

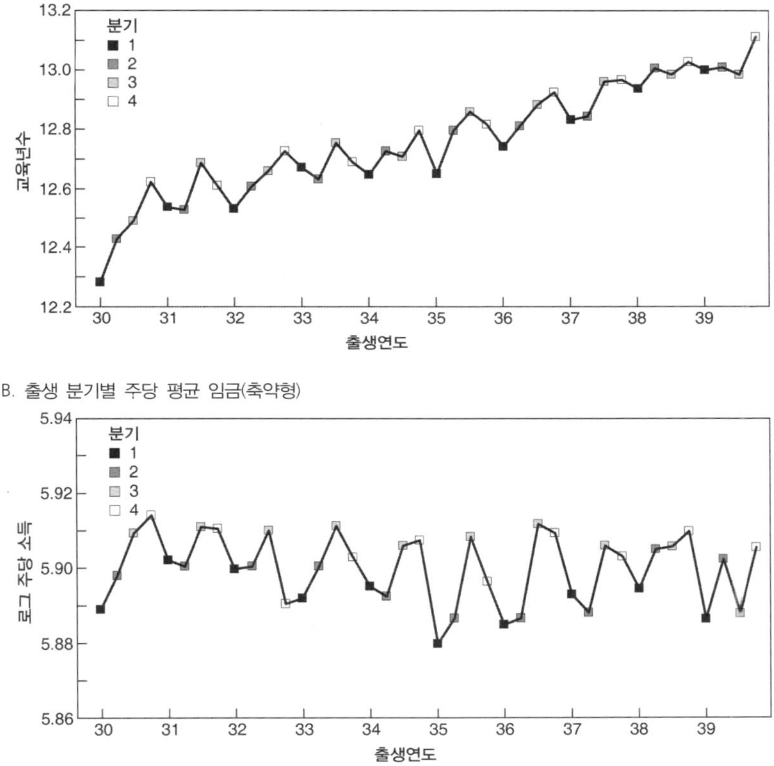

주: Angrist and Krueger(1991)에서 발췌하였다.

학생들은 서로 다른 학년에 있거나, 또는 같은 학년이라도 서로 다른 과정에 있게 된다. 입학연령 정책과 의무교육법이 결합됨으로써, 아이들이 생일에 따라 서로 다른 기간 동안 학교에 다닐 수밖에 없는 자연 실험이 생성된 것이다.

Angrist and Krueger는 미국의 인구센서스 자료를 이용해 교육 수준과 출생 분기 간의 관계를 살펴보았다. [그림 4.1.1]은 Angrist and Krueger(1991)에서 발췌한 것으로서, 패널 A에는 1980년 인구센서스에서 1930년대에 출생한 남성들의 출생 분기별 교육 수준 패턴이 제시되어 있다. 이 그림은 해당 연도의 전반기에 태어난 남성들의 평균 교육 수준이 더 낮은 경향이 있음을 분명히 보여주고 있다. [그림 4.1.1]의 패널 A는 IV 추정법의 1단계를 그래프로 표현하고 있다. 일반적인 IV 모형에서 1단계는 관심대상 원인변수를 설명변수들과 도구변수에 회귀시키는 회귀모형이다. 패널 A는 이 회귀모형을 요약하고 있다. 연도 및 출생 분기별 평균 학력은 학력을 출생 연도 더미들(설명변수들)과 출생 분기 더미들(도구변수들)의 모든 조합에 회귀시키는 회귀모형으로부터 구한 예측치를 의미한다.

[그림 4.1.1]의 패널 B에는 패널 A와 동일한 표본을 이용해 구한 출생 분기별 평균 임금이 제시되어 있다. 패널 B는 도구변수들과 종속변수와의 축약형(reduced-form) 관계를 표현하고 있다. 축약형은 종속변수를 모형의 모든 설명변수들과 도구변수들에 회귀시키는 회귀모형이다. 패널 B에 의하면, 연령이 높은 코호트(cohorts)일수록 임금이 높아지는 경향이 있는데, 그 이유는 임금이 노동시장 경력에 따라 증가하기 때문이다. 또한 이 그림에 의하면 Angrist and Krueger(1991)에서 사용한 설명변수인 출생 연도를 통제한 후에도, 전반 분기에 태어난 남성들이 같은 해의 후반 분기에 태어난 남성들보다 거의 항상 평균적으로 임금이 낮다. 중요한 것은 이 축약형 관계가 출생 분기별 학력의 패턴과 매우 유사하다는 점이다. 이는 이들 두 패턴이 서로 밀접하게 연관되어 있음을 암시한다. 개인의 생일은 아마도 개인의 선천적인 능력, 동기수준 혹은 가족관계와는 관련이 없을 것이기 때문에, 임금이 출생 분기별로 높고 낮아지는 현상의 유일한 원인은 교육 수준이 출생 분기별로 높고 낮아지는 현상 때문이라는 주장은 신뢰할 만하다. 이 주장은 출생 분기를 IV로 사용하는 논리를 유도하는 핵심적인 가정이다.[5]

[5] 다른 설명도 가능한데, 가장 그럴듯한 것은 출생 계절과 관련되는 일종의 가족배경 효과를 이용해 설명하는 방법이다. (Bound, Jaeger, and Baker, 1995 등을 참조할 것). 가족배경의 효과가 누락될 가능성에 대한 반례로서, 우리는 출생 분기별 평균 학력 패턴은 의무교육법이 가장 큰 영향을 미친 학력수준에서 가장 현저하게 나타난다는 사실을 지적할 수 있다.

[그림 4.1.1]의 내용을 수리적으로 표현하는 식은 아래의 1단계식과 축약형 회귀방정식이다.

$$s_i = X_i'\pi_{10} + \pi_{11}Z_i + \xi_{1i} \qquad \text{(식 4.1.4a)}$$

$$Y_i = X_i'\pi_{20} + \pi_{21}Z_i + \xi_{2i} \qquad \text{(식 4.1.4b)}$$

(식 4.1.4a)의 모수 π_{11}은 설명변수 X_i를 통제한 상태에서 Z_i가 s_i에 미치는 1단계 효과를 잡아낸다. (식 4.1.4b)의 모수 π_{21}은 위와 동일한 설명변수들을 통제한 상태에서 Z_i가 Y_i에 미치는 축약형 효과를 잡아낸다. Angrist and Krueger(1991) 연구에서 도구변수 Z_i는 출생 분기(또는 그것의 더미변수들)이고, 설명변수는 출생 연도와 출생 주(state of birth) 더미변수들이다. SEM의 용어로 표현하면, 이 두 식의 종속변수들은 (방정식 체계 내에서 결정되는) '내생변수(endogenous variables)'라고 부르고, 우변에 있는 변수들은 (방정식 체계 밖에서 결정되는) '외생변수(exogenous variables)'라고 부른다. 도구변수 Z_i는 외생변수들의 부분집합이다. 도구변수가 아닌 외생변수를 '외생 공변량(exogenous covariates)'이라고 부른다. 우리는 현재 전통적인 수요-공급 방정식 체계를 추정하지는 않지만, 이들 SEM 변수명들은 여전히 실제 실증연구에서 폭넓게 사용되고 있다.

공변량을 통제한 상태에서 구한 IV 추정량은 비율 $\frac{\pi_{21}}{\pi_{11}}$의 표본 대응식이다. 이를 살펴보기 위해, 축약형과 1단계 식에서 계수의 분모가 서로 동일하다는 점에 주목하라. 따라서 그 비율은 다음과 같다.

$$\rho = \frac{\pi_{21}}{\pi_{11}} = \frac{Cov(Y_i, \tilde{Z}_i)}{Cov(s_i, \tilde{Z}_i)} \qquad \text{(식 4.1.5)}$$

여기서 $\tilde{Z}_i$는 Z_i를 외생 공변량 X_i에 회귀시키는 회귀모형으로부터 구한 잔차이다. 따라서 (식 4.1.5)의 우변은 IV 추정식 (식 4.1.3)에서 Z_i를 $\tilde{Z}_i$로 바꾼 식이다. 표본 대응식 (식 4.1.5)를 계량경제학자들은 아래와 같이 공변량을 가진 인과모형에서 ρ의 간접 최소제곱(indirect least squares: ILS) 추정량이라고 부른다.

$$Y_i = \alpha' X_i + \rho s_i + \eta_i \qquad \text{(식 4.1.6)}$$

여기서 η_i는 복합(compound) 오차항 $A_i'\gamma + \upsilon_i$이다. (식 4.1.6)를 이용하면 $Cov(Y_i, \widetilde{Z}_i) = \rho Cov(s_i, \widetilde{Z}_i)$라는 것을 쉽게 확인할 수 있다. 왜냐하면 $\widetilde{Z}_i$는 정의에 의해 X_i와 상관관계를 갖지 않고, 가정에 의해 η_i와도 상관관계를 갖지 않기 때문이다.

4.1.1 2단계 최소제곱 추정법

1단계 방정식 (식 4.1.4a)를 관심대상 인과관계 (식 4.1.6)에 대입하면 축약형 방정식 (식 4.1.4b)를 유도할 수 있다. (식 4.1.6)을 연립방정식의 용어로는 "구조방정식(structural equation)"이라고 부른다. 우리는 다음의 식을 도출할 수 있다.

$$\begin{aligned} Y_i &= \alpha' X_i + \rho[X_i'\pi_{10} + \pi_{11}Z_i + \xi_{1i}] + \eta_i \qquad \text{(식 4.1.7)} \\ &= X_i'[\alpha + \rho\pi_{10}] + \rho\pi_{11}Z_i + [\rho\xi_{1i} + \eta_i] \\ &= X_i'\pi_{20} + \pi_{21}Z_i + \xi_{2i} \end{aligned}$$

여기서 (식 4.1.4b)의 계수들은 $\pi_{20} \equiv \alpha + \rho\pi_{10}$, $\pi_{21} \equiv \rho\pi_{11}$, $\xi_{2i} \equiv \rho\xi_{1i} + \eta_i$와 같이 표현된다. (식 4.1.7)은 $\rho = \frac{\pi_{21}}{\pi_{11}}$이 성립하는 이유를 다시 보여준다. 또한 (식 4.1.7)을 약간 재정리하면 다음의 식을 도출할 수 있음에 주목하라.

$$Y_i = \alpha' X_i + \rho[X_i'\pi_{10} + \pi_{11}Z_i] + \xi_{2i} \qquad \text{(식 4.1.8)}$$

여기서 $[X_i'\pi_{10} + \pi_{11}Z_i]$는 s_i를 X_i와 Z_i에 회귀시키는 1단계 회귀모형으로부터 구한 모집단 예측치이다. Z_i과 X_i는 축약형의 오차 ξ_{2i}와 상관관계를 갖지 않기 때문에, Y_i를 X_i와 $[X_i'\pi_{10} + \pi_{11}Z_i]$에 회귀시키는 모집단 회귀모형에서 $[X_i'\pi_{10} + \pi_{11}Z_i]$의 계수는 ρ와 같다.

물론 우리는 실제 분석에서 거의 언제나 표본자료를 대상으로 연구를 수행한다. 무작위 표본이 주어져 있을 때, 다음 식을 통해 1단계 예측치의 일치

추정량이 계산된다.

$$\hat{s}_i = X_i'\hat{\pi}_{10} + \hat{\pi}_{11}Z_i$$

여기서 $\hat{\pi}_{10}$와 $\hat{\pi}_{11}$은 (식 4.1.4a)에서 구한 OLS 추정치들이다. Y_i를 X_i와 $\hat{s}_i$에 회귀시키는 회귀모형에서 $\hat{s}_i$의 계수를 ρ의 2단계 최소제곱(two-stage least squares: 2SLS) 추정량이라고 부른다. 다시 말해, 2SLS 추정치는 "2단계 방정식(second-stage equation)"을 OLS 추정함으로써 구할 수 있다.

$$Y_i = \alpha' X_i + \rho\hat{s}_i + \left[\eta_i + \rho(s_i - \hat{s}_i)\right] \quad \text{(식 4.1.9)}$$

이 식을 2SLS라고 부르는 이유는 추정을 두 단계에 걸쳐 진행하기 때문이다. 첫 번째 단계에서는 (식 4.1.4a)를 이용해 $\hat{s}_i$를 추정하고, 두 번째 단계에서는 (식 4.1.9)를 추정한다. 공변량들과 1단계 예측치는 η_i 및 $(s_i - \hat{s}_i)$ 둘 모두와 상관관계를 갖지 않기 때문에, 여기서 도출된 추정량은 ρ에 대한 일치추정량이다.

2SLS라는 이름에도 불구하고, 우리는 보통 2SLS 추정치를 두 단계로 나누어 구하지는 않는다. 나중에 설명하겠지만, 그 이유는 두 단계로 나누어 구하면 표준 오차가 제대로 추정되지 않기 때문이다. 보통 우리는 (SAS나 Stata 등의) 통계 전문패키지를 이용해 2SLS 추정치를 계산한다. 이렇게 해야 정확한 표준 오차를 구할 수 있고 여타의 다른 실수들을 피할 수 있다(4.6.1절을 참조). 그럼에도 불구하고 2SLS 추정량이 일련의 OLS 회귀분석에 의해 계산된다는 사실은 우리가 2SLS가 작동되는 방법을 쉽게 기억하는 데 도움이 된다. 직관적으로 말해, 공변량들을 통제한 상태에서 2SLS는 준실험적 변동(quasi-experimental variation)를 통해 발생하는(즉, 도구변수 Z_i에 의해 발생하는) s_i의 변동을 이용하는 추정방법이다.

2SLS는 여러 측면에서 훌륭한 추정방법이다. 한편으로, 2SLS는 IV 추정량이다. 즉, (식 4.1.9)에서 ρ의 2SLS 추정치는 $Cov(Y_i, \hat{s}_i^*)/Cov(s_i, \hat{s}_i^*)$의 표본 대응식이다. 여기서 $\hat{s}_i^*$는 $\hat{s}_i$를 X_i에 회귀시키는 회귀모형에서 구한 잔차이다.

이 식은 다변량 회귀모형 분해공식과 $Cov(s_i, \hat{s}_i^*) = V(\hat{s}_i^*)$라는 사실로부터 유도된다. 그리고 내생변수가 1개이고, 도구변수도 1개인 모형에서 2SLS 추정량은 그에 대응하는 ILS 추정량과 같다는 것은 쉽게 보일 수 있다.[6]

도구변수가 두 개 이상인 경우에 2SLS와 도구변수법의 연결고리를 이해하기 위해서는 약간의 작업이 더 필요하다. 각 도구변수가 동일한 인과효과를 잡아낸다고 가정할 때(이 가정은 강한 가정으로서 나중에 완화된다), 우리는 이들 여러 개의 IV 추정치를 좀 더 정확한 하나의 추정치로 통합하고자 한다. 도구변수가 여러 개인 모형에서 2SLS는 여러 개의 도구변수들을 결합해 하나의 단일 도구변수로 만드는 방법을 통해 이것을 해낸다. 예를 들어, 세 개의 도구변수 Z_{1i}, Z_{2i}, Z_{3i}가 있다고 가정하자. Angrist and Krueger(1991)의 연구에서 이들 세 도구변수는 출생 분기가 1분기, 2분기 혹은 3분기임을 나타내는 더미변수들이다. 이때 1단계 식은 다음과 같다.

$$s_i = X_i'\pi_{10} + \pi_{11}Z_{1i} + \pi_{12}Z_{2i} + \pi_{13}Z_{3i} + \xi_{1i} \qquad \text{(식 4.1.10a)}$$

그리고 2SLS의 2단계는 (식 4.1.4a) 대신 (식 4.1.10a)를 이용해 1단계 예측치를 구한다는 점을 제외하고는 (식 4.1.9)와 동일하다. 이 2SLS 추정량을 IV의 관점에서 해석하는 방법은 이전과 동일하다. 즉, 도구변수는 1단계 예측치를 외생 공변량에 회귀시키는 회귀모형에서 구한 잔차이다. 이 경우 배제 제약이 성립한다면, (식 4.1.10a)에 있는 출생 분기 더미변수들은 (식 4.1.6)에 있는 η_i와 상관관계를 갖지 않아야 한다.

6 $\hat{s}_i^* = \tilde{Z}_i\hat{\pi}_{11}$임에 주목하라. 여기서 $\tilde{Z}_i$는 Z_i를 X_i에 회귀시키는 모형으로부터 구한 잔차이므로 2SLS 추정량은 $\left[\frac{Cov(Y_i, \tilde{Z}_i)}{V(\tilde{Z}_i)}\right](\hat{\pi}_{11})^{-1}$의 표본 대응식이다. 그러나 분자 $\frac{Cov(Y_i, \tilde{Z}_i)}{V(\tilde{Z}_i)}$의 표본 대응식은 축약형 (식 4.1.4b)에서 π_{21}의 OLS 추정치인 반면, $\hat{\pi}_{11}$은 (식4.1.4a)의 1단계 효과 π_{11}의 OLS 추정치이다. 따라서 도구변수가 하나인 2SLS는 ILS, 즉 도구변수의 축약형 효과 나누기 대응하는 1단계 효과의 비율이다. 단, 여기서 1단계 식과 축약형 식은 모두 공변량을 포함한다.

표 4.1.1 학력의 경제적 수익률에 대한 2SLS 추정치

	OLS		2SLS					
	(1)	(2)	(3)	(4)	(5)	(6)	(7)	(8)
교육년수	.071 (.0004)	.067 (.0004)	.102 (.024)	.13 (.020)	.104 (.026)	.108 (.020)	.087 (.016)	.057 (.029)
외생 공변량								
연령(분기)								✓
연령(분기) 제곱								✓
출생 연도 더미 9개		✓			✓	✓	✓	✓
출생 주 더미 50개		✓			✓	✓	✓	✓
도구변수								
QOB=1의 더미			✓	✓	✓	✓	✓	✓
QOB=2의 더미				✓		✓	✓	✓
QOB=3의 더미				✓		✓	✓	✓
출생 연도 더미와 QOB 더미 간의 교차항(총 30개 도구변수)							✓	✓

주: 표에는 Angrist and Krueger(1991)의 1980년 인구센서스 표본을 사용해 구한 학력 수익률의 OLS 추정치와 2SLS 추정치가 제시되어 있다. 이 표본은 1930~39년에 태어난 미국인들로 구성되어 있고, 중요 변수로서 양(+)의 임금(positive earnings)과 미할당값들(nonallocated values)이 포함되어 있다. 표본크기는 329,509명이다. 괄호 안에는 강건한(robust) 표준 오차가 제시되어 있다. QOB는 출생 분기를 의미한다.

<표 4.1.1>에는 출생 분기 더미변수들을 도구변수로 사용해 학력의 경제적 수익률을 2SLS로 추정한 결과가 제시되어 있다. 이 표에는 Angrist and Krueger(1991)의 연구에서 추정한 것과 유사한 모형에 대한 OLS 및 2SLS 추정치들이 제시되어 있다. 표의 각 열에는 (식 4.1.6)에 여러 조합의 도구변수와 통제변수를 적용해 구한 ρ의 OLS 및 2SLS 추정치가 제시되어 있다. (1)열의 OLS 추정치는 아무런 변수도 통제하지 않은 상태에서 구한 로그 임금의 회귀분석 추정결과이고, (2)열의 OLS 추정치는 통제변수로서 출생 연도와 출생 주(state of birth) 더미변수들을 추가한 모형의 추정결과이다. 두 결과 모두 학력의 수익률 추정치는 약 0.07 정도이다.

(3)열과 (4)열에 제시된 IV 추정치들은 외생 공변량이 없는 모형의 추정결과이다. (3)열에서 추정치를 구하기 위해 사용한 도구변수는 1분기 출생을 표시하는 하나의 더미변수이고, (4)열에서 추정치를 구하기 위해 사용한 도구변수는 1분기, 2분기 그리고 3분기 출생을 표시하는 3개의 더미변수이다. 이 추정치들은 0.10부터 0.13까지의 값을 갖는다. 출생 연도와 출생 주 더미변수를 외생 공변량으로서 설정하는 모형의 결과((5)열과 (6)열에 제시됨)는 당연히 위의 결과와 유사하다. 왜냐하면 출생 분기는 이들 통제변수들 중 어느 것과도 밀접한 관련을 갖고 있지 않기 때문이다. 전반적으로 볼 때, 2SLS 추정치는 그에 대응하는 OLS 추정치 보다 대체로 조금 더 크다. 이는 학력과 임금 간에 관측된 연관관계가 능력이나 가족배경 등의 누락변수들(omitted variables)로 인하여 발생한 것이 아님을 시사한다.

<표 4.1.1>의 (7)열에는 도구변수 목록에 교차항들을 추가한 경우의 분석결과가 제시되어 있다. 특히 이 모형에는 3개의 출생 분기 더미변수와 9개의 출생 연도 더미변수(표본은 1930~39년에 태어난 코호트들로 구성됨) 간의 교차항들을 추가하여 총 30개의 배제된 도구변수들이 존재한다. 이때의 1단계 식은 다음과 같다.

$$s_i = X_i'\pi_{10} + \pi_{11}Z_{1i} + \pi_{12}Z_{2i} + \pi_{13}Z_{3i} + \sum_j (B_{ij}Z_{1i})k_{1j} + \sum_j (B_{ij}Z_{2i})k_{2j} + \sum_j (B_{ij}Z_{3i})k_{3j} + \xi_{1i} \quad \text{(식 4.1.10b)}$$

여기서 B_{ij}는 개인 i의 출생 연도가 j(j는 1931~39년까지의 값)이면 1을 갖는 더미변수이다. k_{1j}, k_{2j}, k_{3j}는 출생 분기와 출생 연도 교차항들의 계수이다. 이들 교차항을 추가한 이유는 출생 분기별 학력의 패턴이 코호트별로 달라서 교차항들을 포함시킬 경우 1단계 식의 R^2가 증가해 추정치의 정확성이 향상되기 때문이다. 위의 예에서 보는 바와 같이, 교차항들을 도구변수 목록에 추가하는 경우 추정치의 정확성은 다소 높아진다. 예를 들어, (6)열에서 (7)열로 이동하면서 표준 오차는 0.020에서 0.016으로 작아진다.[7] ([그림 4.1.1]에 제시된 1단계 효과와 축약형 효과는 이들 교차항을 모두 포함하는 모형으로부터 구한 결과이다.)

<표 4.1.1>의 마지막에 제시한 2SLS 모형에서는 외생 공변량뿐만 아니라 분기로 산정된 연령의 1차항과 2차항이 통제변수로서 추가되어 있다. 다시 말해, 1930년 1분기에 태어난 사람은 1980년 인구센서스 기준일(4월 1일)에 50세라고 기록되는 반면, 동년 4분기에 태어난 사람은 49.25세라고 기록된다. 이렇게 자세히 코딩된 연령 변수를 이용해 우리는 연령의 작은 차이가 출생 분기를 이용하는 식별 전략을 교란시키는 누락변수가 될 수도 있는 가능성을 부분적으로나마 통제할 수 있다. 연령의 효과가 적당히 매끄럽다면, 분기 단위 연령의 제곱항을 통제한 모형은 연령의 효과를 잡아낼 수 있을 것이다.

<표 4.1.1>의 (7)열과 (8)열에는 식별과 추정 간의 상호작용이 나타나 있다. (전통적인 SEM 이론에서는 우리가 축약형으로부터 모수를 예측할 수 있는 경우에 이 모수가 '식별되었다(identified)'고 말한다.) 2SLS를 적용하기 위해서는, 외생 공변량을 모형에서 통제했을 때 1단계 예측치에 어느 정도의 변동이 존재해야 한다. 만약 1단계 예측치가 2단계 공변량들의 선형결합에 불과하다면, 2SLS 추정치는 존재하지 않는다. (식 4.1.9)에서 이 문제는 완전 다중공선성(perfect multicollinearity)의 형태(즉, X_i와 $\hat{s}_i$ 간의 선형 종속)로 나타난다. 연령의 제곱 항을 통제할 경우에 2SLS 추정치가 존재하기는 한다. 하지만 도구변수

[7] 도구변수를 많이 추가할수록 편의가 증가할 가능성이 있다는 점에서 정확도의 상승에는 비용이 수반된다. 이에 대해서는 4.6.4절에서 다루어진다.

와 밀접한 관련을 갖는 변수(예를 들어, 연령)를 공변량에 포함시킬 경우, 1단계 예측치에 "남아 있는" 변동은 감소한다. 이 변동은 2SLS 표준 오차에 영향을 미치는 핵심적인 요인이기 때문에, (8)열의 추정치는 (7)열의 추정치에 비해 정확도가 확연하게 낮다. 하지만 (8)열의 추정치는 그에 대응하는 OLS 추정치와 유사한 값을 갖는다.

IV 및 2SLS 용어들 재정리

앞서 살펴본 바와 같이, '내생변수(endogenous variables)'는 종속변수이자, 도구변수의 적용 대상이 되는 독립변수를 말한다. 연립방정식 모형에서 내생변수는 확률 선형 방정식 체계의 해를 구하는 방법을 통해 그 값이 결정된다. '독립변수를 내생변수로서 취급하는 것'은 이 독립변수에 대해 도구변수를 사용하는 것이다. 즉, 2SLS 추정의 2단계에서 이 독립변수를 그것의 예측치로 대체하는 것이다. Angrist and Krueger(1991) 연구에서 내생 독립변수는 학력이다. '외생변수'로서 간주되는 변수는 도구변수가 적용되지 않는 '외생 공변량'과 도구변수 자신이다. 연립방정식 모형에서 외생변수의 값은 모형의 바깥에서 정해진다. Angrist and Krueger(1991) 연구에서 외생 공변량은 출생분기와 출생 주 더미변수이다. 우리는 외생 공변량을 통제변수로 이용한다. 2SLS에 능통한 전문가들은 이들 용어를 서로 명확히 구분해 사용한다. IV를 사용하는 어느 실증 연구에서든지 연구의 대상이 되는 확률변수는 종속변수, 내생적 독립변수, 도구변수 및 외생적 공변량 중 하나이다. 때로는 이들 용어를 종속변수, 내생변수, 도구변수 그리고 공변량이라고 줄여 쓰기도 한다. (이러한 관행 때문에 전통적인 SEM에서는 종속변수 역시 내생변수라는 사실이 모호해지기도 한다.)

4.1.2 Wald 추정량

가장 단순한 IV 추정량은 내생 독립변수가 하나이고 다른 공변량은 없는 모형을 추정할 때 단 하나의 더미 도구변수를 사용하는 경우이다. 공변량이 없는 인과적 회귀모형은 다음과 같다.

$$Y_i = \alpha + \rho s_i + \eta_i \qquad \text{(식 4.1.11)}$$

여기서 η_i와 s_i는 서로 상관관계를 가질 수 있다. 보다 단순하게 Z_i는 더미변수이고 그 값이 1일 확률은 p라고 가정하면, 우리는 다음의 관계를 쉽게 증명할 수 있다.

$$Cov(Y_i, Z_i) = \{E[Y_i | Z_i = 1] - E[Y_i | Z_i = 0]\} p(1-p)$$

또한 $Cov(s_i, Z_i)$에 대해서도 유사한 관계가 성립한다. 따라서 ρ는 다음과 같다.

$$\rho = \frac{E[Y_i | Z_i = 1] - E[Y_i | Z_i = 0]}{E[s_i | Z_i = 1] - E[s_i | Z_i = 0]} \qquad \text{(식 4.1.12)}$$

(식 4.1.11) 및 $E[\eta_i | Z_i] = 0$이라는 사실을 이용해 위의 결과를 직접 구할 수도 있다. 그리하여 다음의 식을 도출할 수 있다.

$$E[Y_i | Z_i] = \alpha + \rho E[s_i | Z_i] \qquad \text{(식 4.1.13)}$$

위 식을 ρ에 대해 풀면 (식 4.1.12)가 도출된다.

(식 4.1.12)는 2변량 회귀모형에서 독립변수에 측정오차가 있는 경우에 사용하는 그 유명한 'Wald 추정량(Wald estimator)'의 모집단 대응식이다.[8] 우리의 예에서 Wald 추정식은 누락변수 편의(OVB)를 제거하기 위해 IV 전략을 실행하는 방법을 매우 쉽고 명확하게 보여준다. 인과효과 추정을 위해 IV 추정법을 사용하는 주된 근거는 도구변수가 관심대상인 원인변수에 일정한 영향을 미치고 그것이 종속변수와 도구변수 사이에 일정한 관계를 형성시키는 '유일

[8] 이 장 서두에서 언급한 바와 같이, 독립변수의 측정오차(measurement error)는 회귀계수를 0으로 편향시키는 경향이 있다. 이 편의를 제거하기 위해 Wald(1940)는 측정오차와는 독립적인 방식으로 자료를 분할하고 (식 4.1.12)에서와 같이 평균 차이의 비율을 이용함으로써 관심대상 계수를 추정할 수 있다고 제안한 바 있다. Durbin(1954)에 따르면, Wald와 같이 직선을 추정하는 방법은 IV 추정량이다. 여기서 도구변수는 분할된 각 자료를 표시하는 더미변수이다. Hausman(2001)은 측정오차를 다루는 계량경제학 전략들을 개괄적으로 정리하고 있다.

표 4.1.2 출생 분기 도구변수를 이용해 구한 학력의 수익률 Wald 추정치

	(1) 1분기에 태어난 경우	(2) 4분기에 태어난 경우	(3) 차이(표준오차) (1)−(2)
ln(주당 임금)	5.892	5.905	−0.0135 (0.0034)
교육년수	12.688	12.839	−0.151 (0.016)
교육 수익률의 Wald 추정치			0.089 (0.021)
교육 수익률의 OLS 추정치			0.070 (0.0005)

주: Angrist and Imbens(1995)에서 재인용하였다. 표본은 1980년 인구센서스 5% 자료의 1930~39년생 코호트로서 임금이 양(+)인 미국인 남자들로 구성하였다. 표본의 크기는 162,515명이다.

한' 이유가 되기 때문이다. 따라서 더미 도구변수의 경우, 축약형 모형에서 구한 평균의 차이를 그에 대응하는 1단계 식에서 구한 평균의 차이로 나누어 주는 것은 지극히 당연해 보인다.

학력의 경제적 수익률을 추정하기 위해 출생 분기를 이용한 Angrist and Krueger(1991) 연구는 Wald 추정량을 어떻게 사용하는지를 보여준다. <표 4.1.2>에는 1980년 인구센서스 자료를 이용해 Wald 추정량의 구성 요소들을 계산한 결과가 제시되어 있다. 특정 연도의 1분기와 4분기에 태어난 남성들 간의 임금 차이는 −0.0135이고, 이에 대응하는 학력의 차이는 −0.151이다. 이 두 차이의 비율이 학력 1년의 경제적 가치를 보여주는 Wald 추정치이다. 이 값을 계산하면 0.089이다. 당연히 이 추정치는 <표 4.1.1>의 2SLS 추정치와 크게 다르지 않다. Wald 추정치와 2SLS 추정치가 서로 유사할 것이라고 예상하는 이유는 이 두 값이 동일한 정보, 즉 출생 시기별 임금 차이 정보로부터 도출되었기 때문이다.

베트남전 시기의 군복무가 군복무자의 임금에 미치는 효과를 분석한 Angrist (1990)의 연구 역시 Wald 추정량을 사용하는 방법을 보여준다. 1960년대와 1970년대 초반 미국의 남성 청년들은 병역 징집의 대상이 되었다. 그 당시 미국에서는 징병제도에 공정성 논란이 있어서 1970년부터 징집추첨 제도를

표 4.1.3 군복무가 1950년생 백인 남성의 임금에 미치는 영향을 보여주는 Wald 추정치

	임금		군복무 여부		군복무 효과에 대한 Wald 추정치
임금 관측 연도	평균 (1)	자격 효과 (2)	평균 (3)	자격 효과 (4)	(5)
1981	16,461	−435.8 (210.5)	0.267	0.159 (0.040)	−2,741 (1,324)
1971	3,338	−325.9 (46.6)			−2,050 (293)
1969	2,299	−2.0 (34.5)			

주: Angrist(1990)의 <표 2>와 <표 3>에서 재인용하였다. 괄호는 표준 오차이다. 임금자료는 사회보장 행정자료를 이용해 수집하였다. 수치는 명목가격 달러로 표시되어 있다. 군복무 여부 자료는 Survey of Income and Program Participation로부터 수집하였다. 표본크기는 약 13,500명이다.

이용해 징집의 우선순위를 결정하였다. 그리하여 징집자격(draft eligibility)은 베트남전 시기 군복무 여부에 대한 훌륭한 도구변수가 될 수 있다. 베트남전 시기 징집자격은 생일을 기준으로 추첨에 의해 결정되었기 때문이다. 구체적으로 말하면, 1970년부터 1972년까지 매년 연령이 19세인 코호트를 대상으로 무작위 숫자(random sequence numbers: RSNs)가 각 생일 날짜에 무작위로 배정되었다. 어떤 임계치(cutoff)보다 작은 추첨번호를 가진 남성들에게는 징집의무가 부여된 반면, 임계치보다 큰 번호를 가진 남성들은 징집의무를 면제받았다. 그러나 실제로는 건강이나 여타의 이유들로 인해 많은 징집 대상 남성들이 병역의무를 면제받았다. 반면에 많은 남성들이 징집을 면제받았음에도 불구하고 군복무에 자원하였다. 따라서 군복무 여부는 징집자격의 무작위 배정에 의해 완벽하게 결정되지는 않았다. 그럼에도 불구하고 징집자격 변수는 베트남전 시기 군복무 여부와 밀접한 관련성을 갖는 더미 도구변수를 제공한다.

1970년 징병추첨에 의해 징집의 대상이 되었던 백인 남성들 사이에서 징집자격은 추첨시점 수년 후에 관측되는 낮은 임금과 분명한 연관성을 갖고 있다. 이는 무작위 배정된 징집자격 여부가 사회보장 과세대상 임금(Social Security-taxable earnings)에 미친 효과를 보여주는 <표 4.1.3>의 (2)열에 잘 나타나 있다. 비교를 위해 표의 (1)열에는 평균 연봉이 제시되어 있다. 1950년에 태어난 남성들의 경우, 징집자격 여부는 그들이 대체로 군복무를 막 시작했을 시점인 1971년의 임금에 유의하게 부정적인 영향을 미친다. 어쩌면 보다 더 놀라운 사실은 10년이 지난 1981년에도 부정적인 영향이 나타나고 있다는 점이다. 이와는 대조적으로, 징집자격 여부는 1969년(1950년에 태어난 남성들에 대해 추첨이 이루어진 시점이면서 그들 중 어느 누구도 아직 실제로 징집되기 이전의 시점)의 임금과는 아무런 연관관계를 갖고 있지 않다.

징집자격 여부가 무작위로 배정되었기 때문에 (2)열의 추정치들은 징집자격이 임금에 미치는 인과효과를 보여준다고 주장하는 것은 논란의 여지가 없어 보인다. 징집자격의 효과로부터 군복무의 효과로 나아가기 위해 필요한 정보는 Wald 추정량의 분모, 즉 징집자격이 군복무 확률에 미치는 효과 항이다. <표 4.1.3>의 (4)열에 이 정보가 제시되어 있다. 이에 따르면, 징집자격을 부여받은 남성들은 베트남전 당시 군에 복무했을 확률이 약 16퍼센티지 포인트 정도 높았다. (5)열에 제시된 바와 같이, 군복무가 1981년 임금에 미치는 효과를 보여주는 Wald 추정치는 평균값의 약 15퍼센트 정도에 이른다. 군복무의 효과는 해당 군인들이 아직 군대에서 복무하고 있던 1971년에는 그 효과가 (상대적 비율 측면에서) 더 크게 나타났다.

Wald 추정량 및 IV 추정량의 중요한 특징은 식별 가정들(identifying assumptions)을 쉽게 평가하고 해석할 수 있다는 점이다. D_i가 베트남전 시기 군복무 여부를, 그리고 Z_i가 징집자격 여부를 표시한다고 정의하자. Wald 추정량이 D_i의 인과효과를 잡아낸다는 우리의 해석을 정당화하는 근본적인 논거는 Z_i가 변할 때 $E[Y_i|Z_i]$가 변하는 유일한 원인은 $E[D_i|Z_i]$의 변동이라는 가정이다. 이를 간단히 확인하는 방법은 D_i의 영향을 받아서는 안 되는 개인적 특성들(가령, 인종, 성별, 또는 그밖에 D_i가 결정되기 이전에 이미 결정되어 있는 특성들)과 Z_i 사이에 어떤 연관성이 있는지를 살펴보는 방법이다. 또 다른 유용한 확인 방법으로는 D_i와 Z_i 간에 아무런 관계도 존재하지 않는 표본에서 도구변수와 성과 간에 어떤 연관성이 있는지를 살펴보는 방법이다. 만약 징집자격이 임금에 영향을 미치는 유일한 원인이 군복무 여부라면, 징

집자격과 군복무 여부가 전혀 관련을 가지지 않는 표본에서 징집자격이 임금에 미치는 효과는 0이 나와야만 한다.

이 아이디어는 징병추첨을 분석한 Angrist(1990) 연구에서 1969년의 임금을 살펴보는 방법을 통해 제시되었다. <표 4.1.3>의 마지막 행에는 이 추정치가 재현되어 있다. 1969년의 임금은 1970년 징병추첨이 있기 이전에 실현되었기 때문에, 징집자격이 1969년의 임금에 미치는 처치효과가 0인 것은 당연하다. 이런 아이디어를 실현하는 두 번째 방법은 1953년에 태어난 남성들의 코호트를 살펴보는 것이다. 비록 추첨이 시행되어 무작위 번호(RSNs)가 1972년 2월에 1953년생 남성 코호트에 배정되기는 했지만, 1953년에 태어난 남자들 중 어느 누구도 실제로 징집이 되지는 않았다. (징집은 공식적으로는 1973년 7월에 종료되었다.) 따라서 1953년도에 태어난 남성들의 경우, (1972년도 추첨의 임계치 95를 이용해 정의된) 징집자격과 군복무 여부 사이의 1단계 관계에서는 징집자격에 따라 군복무 확률에 매우 작은 차이만이 나타난다. 또한 1953년에 태어난 남성들의 경우, 징집자격 여부와 소득 간에는 유의한 관계가 전혀 존재하지 않는다. 이 결과는 징집자격이 영향을 미치는 유일한 원인은 군복무라는 주장을 뒷받침한다.

가족 내 자녀수(family size)가 기혼여성의 취업이나 노동시간에 미치는 영향을 추정한 일련의 IV 추정치들을 살펴보면서 Wald 추정량에 대한 논의를 마무리하고자 한다. 학력이나 군복무를 분석한 연구와 마찬가지로, 이 추정치들은 이 책의 다른 부분에서도 설명을 위해 사용되고 있다. 노동경제학자들은 자녀수와 노동공급 간의 관계에 대해 오랫동안 관심을 기울여왔다. 이 경우에서도 누락변수 편의의 문제가 확실히 존재한다. 노동시장 참여도가 약하거나 저임금을 받을 가능성이 있는 기혼여성들은 노동시장 참여도가 높고 고임금을 받을 가능성이 있는 기혼여성들에 비해 자녀를 가질 가능성이 더 높을 수 있다. 이로 인해 자녀수와 취업 여부 사이에 관측된 연관성을 정확히 해석하기는 어렵다. 왜냐하면 자녀수가 많은 가정의 기혼여성은 어쨌거나 일을 더 적게 할 것이기 때문이다. Angrist and Evans(1998)는 두 개의 도구변수를 사용해 이와 같은 누락변수 문제를 해결한다. 이 두 개의 도구변수

표 **4.1.4 자녀수가 노동공급에 미치는 영향을 보여주는 Wald 추정치**

			IV 추정치의 도구변수			
			쌍둥이		성별구성	
종속변수	평균 (1)	OLS (2)	1단계 (3)	Wald 추정치 (4)	1단계 (5)	Wald 추정치 (6)
취업	0.528	−0.167 (0.002)	0.625 (0.011)	−0.083 (0.017)	0.067 (0.002)	−0.135 (0.029)
일한 주의 수	19.0	−8.05 (0.09)		−3.83 (0.76)		−6.23 (1.29)
주당 노동시간	16.7	−6.02 (0.08)		−3.39 (0.64)		−5.54 (1.08)

주: 표에는 쌍둥이와 성별구성 도구변수를 사용해 셋째 출산이 노동공급에 미치는 영향을 추정한 OLS 추정치와 Wald 추정치가 제시되어 있다. 자료는 Angrist and Evans(1998)로부터 가져왔고, 1980년 인구센서스에서 두 명 이상의 자녀를 가진 21~35세의 기혼여성들로 구성되었다. OLS 모형에서 통제변수는 기혼여성의 연령, 첫 출산 시 연령, 첫째와 둘째 자녀의 성별 더미변수, 그리고 인종 더미변수들이다. 모든 종속변수에 대해 1단계 방정식은 전부 동일하다.

에 대해서도 Wald 방식의 추정전략이 적용 가능하다.

첫 번째 Wald 추정량은 쌍둥이 출생(multiple births)을 이용하는 방법으로, Rosenzweig and Wolpin(1980)가 자녀수의 효과를 추정하기 위해 최초로 사용한 식별 전략이다. Angrist and Evans(1998)에서 쌍둥이 도구변수는 두 명 이상의 자녀를 가진 기혼여성들 표본에서 두 번째 출산이 쌍둥이였는지를 표시하는 더미변수이다. <표 4.1.4>의 (3)열에 나타나 있듯이, 쌍둥이 도구변수의 1단계 추정치는 0.625이다. 이 수치에 의하면, 둘 혹은 그 이상의 자녀를 둔 기혼여성들 중 37.5퍼센트는 쌍둥이 출생과 무관하게 세 번째 자녀를 출산하였다. 두 번째 출산이 쌍둥이인 경우 세 번째 자녀의 출산비율은 100퍼센트로 증가한다. 쌍둥이 도구변수는 쌍둥이 발생이 실질적으로 무작위적이어서 그것은 잠재성과나 가족배경과는 어떤 연관성도 갖지 않는다는 아이디어에 기반을 두고 있다.

<표 4.1.4>에서 두 번째 Wald 추정량은 자녀들의 성별구성(sibling sex composition)이라는 도구변수를 사용한다. 이 도구변수는 두 자녀를 둔 미국 부모들은 첫 번째 두 자녀의 성별이 같은 경우 성별이 혼합된 경우에 비해 셋째 자녀를 출산할 가능성이 훨씬 높다는 사실에 근거를 두고 있다. 이는 <표

4.1.4>의 (5)열에 나타나 있는데, 이에 따르면 두 자녀의 성별이 동일한 부모가 셋째 자녀를 가질 가능성은 6.7퍼센티지 포인트 더 높다. (두 자녀의 성별이 다른 부모들 중 셋째를 가질 확률은 0.38이다.) 동일 성별(same-sex)이라는 도구변수는 자녀의 성별구성이 실질적으로 무작위적이고, 그것은 자녀수를 증가시키는 경로를 통해서만 여성의 노동공급에 영향을 미친다는 주장에 근거를 두고 있다.

쌍둥이 및 성별구성 도구변수가 공통적으로 시사하는 바에 따르면, 셋째 자녀의 출산은 여성의 취업 확률과 노동시간(일한 주의 수 및 노동시간)에 커다란 영향이 있다. 쌍둥이 도구변수를 이용한 정확도 높은 Wald 추정치들에 따르면, 취업 확률은 약 0.08만큼 감소하고, 일한 주(weeks worked)는 3.8만큼, 그리고 주당 근무시간은 3.4만큼 감소한다. <표 4.1.4>의 (4)열에 제시된 이와 같은 결과들은 (2)열의 OLS 추정치와 비교하여 절대값 측면에서 더 작다. 이는 OLS 추정치가 선택편의로 인해 과장된 값이었음을 시사한다. 흥미롭게도, (6)열에 제시된 바와 같이, 동일 성별 더미를 이용해 구한 Wald 추정치는 쌍둥이를 이용한 추정치들보다 더 크다. (예를 들어, 0.135만큼 취업 확률이 감소하는 것으로 나타난다.) <표 4.1.4>에서 쌍둥이와 성별구성 도구변수의 결과를 비교해 보면, 비록 두 도구변수가 모두 타당하다고 하더라도, 상이한 도구변수들로부터 구한 인과효과 추정치가 반드시 비슷할 필요는 없음을 알 수 있다. 이 점은 중요한데 이에 대해서는 4.4절에서 좀 더 자세히 설명할 것이다. 다만, 여기에서는 동일효과를 가정하는 모형으로 우리의 관심을 제한하고자 한다.

4.1.3 그룹화된 자료와 2SLS

Wald 추정량은 모든 IV 추정량들의 근원을 형성한다. 왜냐하면 일련의 Wald 추정량들을 결합해 좀 더 복잡한 2SLS 추정량을 구할 수 있기 때문이다. Wald 추정법과 2SLS 사이의 연결고리는 그룹화된 자료에서 찾을 수 있다. 더미 도구변수를 사용하는 2SLS는 그룹별 평균에 대해 GLS를 적용하는 것과 같기 때문이다. 반대로 GLS는 여러 쌍의 평균들을 이용해 구한 Wald 추정량들의 선형결합이라고 이해할 수 있다. 이러한 연결고리를 일반화시킬 가능성이 위의 도구변수들이 더미변수라는 가정 때문에 제한을 받는 것처럼 보일지는 모르겠다. 모든 도구변수들이 더미변수이거나 이산변수는 아니지만, 이것은 그다지 중요한 문제는 아니다. 한편으로, 많은 도구변수들은 출생 분기와 같이 일정한 범주를 정의한다고 생각할 수 있다. 게다가 (1부터 365까지의 범위를 갖는 징병 추첨번호와 같이) 보다 더 연속적인 것처럼 보이는 도구변수들을 보통 아무런 정보의 손실 없이 그룹화된 자료(예를 들어, 징집자격 여부에 대한 한 개의 더미변수나 25개 추첨번호들로 구성된 집단에 대한 더미변수)로 변환시킬 수도 있다.[9]

징병 추첨을 다룬 연구를 이용해 Wald-그룹화된 자료-2SLS 간의 연결관계를 보다 자세히 살펴보자. 앞서 살펴본 바와 같이, 징집자격은 베트남전 당시 군복무 여부에 대한 훌륭한 도구변수이다. 징집자격의 상한선은 1950년생 남성들의 경우 RSN 195, 1951년생 남성들의 경우 RSN 125, 1952년생 남성들의 경우 RSN 95이었다. 그러나 실제로는 징병 추첨번호(RSN을 줄여 R_i라고 부르자)와 군복무 여부(D_i) 사이에는 징집자격 여부 하나만으로는 설명되지 않는 보다 복잡한 관계가 존재한다. 징집자격 상한선보다 큰 번호에 해당하는 남성들은 징집되지 않았고, 이 상한선도 사전에 미리 알려져 있지 않았다. 따라서 일부 남성들은 보다 나은 조건에서 군복무를 하거나 군복무 시점을 스스로 결정하려는 희망에서 군복무에 자원하였다. 징병 추첨으로 인해 자원입대를 할 가능성은 추첨번호가 낮은 남성들의 경우에는 높았고, 추첨번호가 높은 남성들의 경우에는 낮았다. 그 결과, 징집자격 임계치의 바로 위나 바로 아래에 있는 값들에서조차도 $P[D_i = 1|R_i]$의 변동이 발생하였다. 가령, 종국적으로는 아래 두 집단의 사람들 중 누구도 실제로 징집이 되지는 않았지만, 1950년생 남성들 중에서 추첨번호가 200~225인 사람들은 226~

[9] 한 가지 예외는 고전적 측정오차 모형이다. 이 모형에서는 (도구변수의 적용 대상인) 내생변수와 도구변수가 모두 연속적이라고 가정한다. 여기서 우리는 OVB를 해결하기 위해 IV를 사용하는 상황을 염두에 둔다.

250인 사람들보다 군복무를 할 확률이 높았다.

1950년생 남성들을 대상으로 도구변수로서 징집자격을 사용한 Wald 추정량은 $R_i < 195$인 남성들의 임금과 $R_i > 195$인 남성들의 임금을 비교한다. 물론 앞서 설명한 바에 따르면, 이 두 집단을 비교하는 방법은 훨씬 더 많다. 예를 들어, $R_i \leq 25$인 남성들과 $R_i \in [26 \sim 50]$인 남성들을 비교하거나 $R_i \in [51 \sim 75]$인 남성들과 $R_i \in [76 \sim 100]$인 남성들을 비교하는 것과 같이, 추첨번호 구간을 25씩 끊어서 마지막 번호에 이를 때까지 비슷한 비교를 할 수도 있다. 또는 25씩이 아니라 5씩 또는 1씩 구간을 보다 잘게 세분화해 서로 비교할 수도 있다.

이와 같이 비교의 갯수를 늘릴 경우 우리는 일련의 많은 Wald 추정치들을 얻게 된다. 이들 일련의 Wald 추정치들은 구할 수 있는 추정치들을 모두 구한 것이다. 왜냐하면 각 구간을 전부 모으면 도구변수가 취할 수 있는 가능한 범위를 모두 포괄하게 되고, 개별 구간의 추정치는 (그것의 분자가 선형 독립이기 때문에) 서로 선형 독립이기 때문이다. 마지막으로 R_i가 잠재성과들과 독립이면서 군복무 여부와 상관관계를 갖는 경우(즉, Wald 추정식의 분모가 0이 아닌 경우), 각 구간의 Wald 추정량은 동일한 인과효과에 대한 일치 추정량이다. (여기서 우리는 동일효과를 가정하고 있다.)

동일한 인과효과를 보여주는 여러 개의 Wald 추정량을 구할 수 있는 가능성 때문에, 이들 모두를 어떻게 처리해야 할까라는 질문이 자연스럽게 제기된다. 우리는 여러 개의 개별 Wald 추정치 정보를 일정한 방법으로 효율적으로 통합함으로써 하나의 추정치를 도출하고자 한다. 나중에 볼 수 있듯이, 서로 선형 독립인 Wald 추정치들 모두를 가장 효율적으로 요약하여 선형으로 결합하는 방법은 이들 추정치를 구할 때 사용한 그룹별 평균들을 관통하는 하나의 직선을 추정하는 것이다.

그룹화된 자료를 이용한 추정량은 다음과 같은 아이디어에 기반을 두고 있다. (식 4.1.11)과 마찬가지로, 2변량 동일효과 모형을 가지고 설명하면 추정 모형은 다음과 같다.

$$Y_i = \alpha + \rho D_i + \eta_i \qquad \text{(식 4.1.14)}$$

여기서 $\rho = Y_{1i} - Y_{0i}$ 는 관심대상 인과효과이고, $Y_{0i} = \alpha + \eta_i$ 이다. R_i는 무작위로 배정되었고 추첨번호는 군복무 여부 이외의 경로를 통해서는 임금에 전혀 영향을 미치지 못한다고 가정했기 때문에, $E[\eta_i|R_i]=0$ 이 성립한다. $P[D_i=1|R_i]=E[D_i|R_i]$ 이 성립하므로 다음과 같은 식이 도출된다.

$$E[Y_i|R_i]=\alpha+\rho P[D_i=1|R_i] \quad \text{(식 4.1.15)}$$

다시 말해, 추첨번호별 군복무 확률과 추첨번호별 평균 임금의 쌍들을 연결하는 직선의 기울기가 바로 군복무 효과 ρ와 같다. Y_{0i}와 D_i가 서로 상관관계를 갖기 때문에 Y_i를 D_i에 회귀시키는 모형(즉, 군복무 여부별 평균 임금의 차이)을 이용해서는 거의 확실하게 ρ를 추정하지 못한다는 사실에도 불구하고 위의 관계는 성립한다.

(식 4.1.15)에 의하면, $E[Y_i|R_i]$와 $P[D_i=1|R_i]$의 표본 대응식을 이용해 하나의 직선을 추정함으로써 우리는 ρ를 추정할 수 있다. R_i가 $j=1,\ldots,J$의 값을 취한다고 가정하자. 원칙적으로 j는 1부터 365까지 나아갈 것이지만, Angrist (1990)의 연구에서 추첨번호(j)는 5씩 묶여 있는 69개의 구간과, 346~365을 한데 묶은 70번째 구간으로 구성되어 있다. 따라서 우리는 R_i를 1부터 70까지라고 생각할 수 있다. $\bar{y}_j$와 $\hat{p}_j$를 각각$E[Y_i|R_i=j]$와 $P[D_i=1|R_i=j]$의 추정치라고 정의하자. 이때 $\bar{\eta}_i$는 (식 4.1.14)의 오차의 평균을 나타낸다. 표본 적률들은 모집단 적률들로 수렴하기 때문에, 다음과 같이 그룹화된 식에서 ρ의 OLS 추정치는 일치추정량이다.

$$\bar{y}_j=\alpha+\rho\hat{p}_j+\bar{\eta}_j \quad \text{(식 4.1.16)}$$

그러나 실제 분석에서는 일반화된 최소제곱법(generalized least squares: GLS)이 더 나을 수 있다. 왜냐하면 그룹화된 식은 이분산성을 갖고 그 분산구조가 알려져 있기 때문이다. 동일효과를 가정하는 선형모형에서 그룹화된 자료를 이용할 때 효율적인 GLS 추정량은 $\bar{\eta}_i$의 분산을 가중치로서 사용하는 가중최소제곱 WLS 추정량이다. (예를 들어, Prais and Aitchison(1954)나 Wooldridge

(2006)을 참조하라.) 미시자료의 잔차가 등분산성을 갖고 분산이 σ_η^2이라고 가정할 때, $\bar{\eta}_i$의 분산은 $\frac{\sigma_\eta^2}{n_j}$이다. 이때 n_j는 그룹의 크기이다. 따라서 상이한 맥락을 이용해 3.4.1절에서 논의한 것처럼, 추정 시에는 그룹 크기만큼의 가중치를 부여해야 한다.

(식 4.1.16)의 ρ에 대한 GLS(또는 WLS) 추정량은 두 가지 이유에서 특별히 중요하다. 첫째, J개의 그룹화된 관측치들을 이용해 구한 GLS 기울기 추정치는 $J-1$ 개의 선형 독립인 Wald 추정량들을 모두 사용해 점근적으로 효율적인 선형결합을 구성하여 계산한 값과 같다(Angrist, 1991). 이것은 굳이 수학을 사용하지 않고도 알 수 있다. GLS 값과 Wald 추정치들을 선형결합한 값은 모두 그룹화된 종속변수를 선형결합해 구한 값이다. 게다가 GLS는 그룹화된 자료를 이용하는 경우 점근적으로 효율적인 선형 추정량이다. 따타서 우리는 Wald 추정량들을 선형결합한 추정량 중에서 GLS보다 더 나은(즉, 점근적으로 더 효율적인) 추정량은 존재하지 않는다고 결론내릴 수 있다. (다시 말하지만 여기에서 우리는 ρ가 일정하다고 가정한다.) 선형적으로 독립인 Wald 추정량들을 모두 사용해 GLS 추정량을 계산하는 공식은 Angrist(1988)에 제시되어 있다.

둘째, 각각의 Wald 추정량이 IV 추정량인 것처럼, (식 4.1.16)의 GLS 추정량 역시 2SLS이다. 이 경우 도구변수는 각각의 추첨번호 구간(cell)을 표시하는 모든 더미변수들이다. 그 이유를 살펴보기 위해, 더미 도구변수들의 집합을 $Z_i \equiv \{r_{ji} = 1[R_i = j];\ j = 1,...J-1\}$라고 정의하자. 여기서 $1[\cdot]$은 더미변수를 만들 때 사용하는 지시함수(indicator function)이다. 이제 D_i를 Z_i와 상수항에 회귀시키는 1단계 회귀식을 생각해 보자. 이 1단계 모형은 포화되어 있기 때문에 그 예측치는 표본 조건부 평균 $\hat{p}_j$이고, 이 $\hat{p}_j$이 각각의 j에서 n_j 번씩 반복된다. 그러므로 2단계 식의 기울기 추정치는 그룹화된 방정식 (식 4.1.16)을 그룹 크기 n_j의 가중치를 부여해 추정한 WLS 기울기 추정치이다.

그룹화된 자료와 2SLS 간의 연결고리는 개념적인 측면에서 그리고 실제 분석에서 모두 중요하다. 개념적 측면에서 일련의 더미 도구변수들을 이용해 구한 2SLS 추정량은 이 도구변수들을 한 번에 하나씩 사용해 Wald 추정치를 구하고, 이 모든 Wald 추청치들을 선형결합한 값이라고 이해할 수 있다. 또한 Wald 추정량은 이 장의 후반부에서 이질적인 잠재성과들이라는 보다 현실적인 맥락에서 IV 추정치를 해석할 때 사용할 수 있는 간단한 틀을 제공한다.

모든 도구변수들이 원래부터 이산변수는 아니기 때문에 즉각적으로 Wald나 그룹화된 자료를 이용하는 해석방법을 적용할 수 있는 것은 아니지만, 많은 도구변수들은 이산변수이다. 예를 들면, 앞에서 논의한 바와 같이, 징병 추첨번호, 출생 분기, 쌍둥이 출생 및 자녀들의 성별구성 등은 모두 이산 도구변수이다. (또한 Bennedsen *et al.*(2007)과 Ananat and Michaels(2008)의 최근 연구들도 참고하라. 이들 두 연구는 도구변수로서 첫째 자녀가 아들인지의 여부를 사용한다.) 아울러, 연속적인 속성을 갖는 도구변수일지라도 종종 적절하게 이산변수로 변환시킬 수 있다. 예를 들어, Angrist, Graddy and Imbens(2000)는 날씨에 기반을 둔 연속적인 도구변수를 세 개의 더미변수(즉, '폭풍우', '변덕스러움', '맑음')로 변환하여 물고기의 수요를 추정하는 데 사용한 바 있다. 이와 같이 더미변수를 사용하는 모형을 추정하더라도 기상 조건과 물고기의 가격 사이에 존재하는 핵심적인 관계를 잡아내는 데에는 아무런 문제가 없다.[10]

실제 분석의 측면에서는, 그룹화된 자료의 관점에서 2SLS를 해석하는 방법을 통해 우리는 IV 추정법을 간단하게 설명하고 평가할 수 있다. 예를 들어, 징병 추첨제의 경우 그룹화된 모형은 평균 임금이 추첨번호에 따라 변하는 유일한 이유가 추첨번호 그룹들 간에 발생하는 군복무 확률의 변동이라는 가정을 반영하고 있다. 만약 존재하는 인과관계가 동일효과이면서 선형이면, (식 4.1.16)은 그룹 평균들을 제대로 대표하는 추정모형이어야 한다. 이것은 우리가 직접 눈으로 검사를 해보거나, 또는 다음 절에서 논의하는 바와 같이, 정식의 통계적 추론 방법을 사용해 확인할 수 있다.

10 연속적인 도구변수를 더미변수로 변환하는 것은 1단계 관계식 $E[D_i|Z_i]$에 대해 간결한(parsimonious) 비모수적 모형을 설정하는 것이라고 이해할 수 있다. 동일효과를 가정하는 등분산 모형에서 $E[D_i|Z_i]$는 점근적으로 효율적인 도구변수이다(Newey, 1990).

그림 **4.1.2 평균 임금과 군복무 확률 간의 관계**

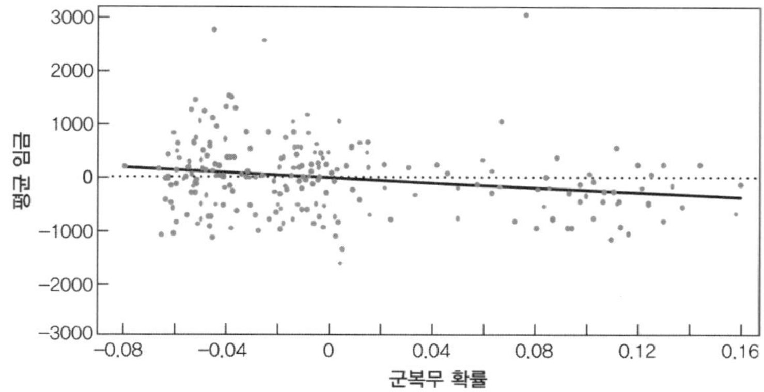

주: Angrist(1990)에서 재인용하였다. 이 그림은 눈에 보이는 도구변수를 그린 그림으로서, 코호트 및 5씩 구분된 RSN 추첨번호 그룹별 평균 임금을 각 셀의 군복무 확률과 대비시키고 있다. 표본은 1950~53년생 백인 남성들로 구성하였다. 표시된 점들은 시점 효과와 코호트 효과를 통제하는 회귀분석으로부터 구한 잔차들의 평균값(4년에 걸쳐 관측된 임금으로부터 계산됨)이다. 점들을 관통해 그려진 최소제곱 회귀선의 기울기는 −2,384이고 표준 오차는 778이다.

가끔 노동경제학자들은 그룹화된 자료를 이용해 이산 도구변수를 표시한 그림을 '눈에 보이는 도구변수(visual instrument variables: VIV)'라고 부른다.[11] 하나의 예가 Angrist(1990)에 제시되어 있는데 이를 [그림 4.1.2]에 재인용하였다. 이 그림은 1950~53년에 태어난 백인 남성들의 1981~84년 임금을 이용해 5씩 구분된 RSN 구간들의 평균 임금과 각 구간의 군복무 확률 간의 관계를 보여준다. 이 점들을 이은 직선의 기울기가 군복무가 야기하는 임금 손실에 대한 IV 추정치이다. 이 경우 추정치는 약 $2,400로서, 앞서 논의한 Wald 추정치와 크게 다르지 않다. 그러나 표준 오차는 약 $800로서 더 작다.

[11] 예를 들어, Borjas(2005)의 서문을 참조하라.

4.2 점근적 2SLS 추론

4.2.1 2SLS 계수 벡터의 점근분포

3.1.3절에서 OLS에 사용한 것과 비슷한 방법으로 2SLS 계수 벡터의 극한분포를 유도할 수 있다. 이 경우, $V_i \equiv \left[X_i' \ \hat{s}_i\right]'$는 2SLS의 2단계 방정식 (식 4.1.9)의 독립변수들 벡터를 표시한다고 정의하자. 2SLS 추정량은 다음과 같이 쓸 수 있다.

$$\hat{\Gamma}_{2SLS} \equiv \left[\sum_i V_i V_i'\right]^{-1} \sum_i V_i Y_i$$

여기서 $\Gamma \equiv [\alpha' \ \rho]'$는 계수 벡터이다. 다음의 관계가 성립함에 주목하자.

$$\begin{aligned}\hat{\Gamma}_{2SLS} &= \Gamma + \left[\sum_i V_i V_i'\right]^{-1} \sum_i V_i \left[\eta_i + \rho\left(s_i - \hat{s}_i\right)\right] \\ &= \Gamma + \left[\sum_i V_i V_i'\right]^{-1} \sum_i V_i \eta_i,\end{aligned} \qquad \text{(식 4.2.1)}$$

여기서 두 번째 등식은 1단계 잔차 $s_i - \hat{s}_i$가 표본에서 V_i와 직교한다(orthogonal)는 사실로부터 도출된다. 따라서 2SLS 계수 벡터의 점근분포는 $\left[\sum_i V_i V_i'\right]^{-1} \sum_i V_i \eta_i$의 점근분포이다. 이 수식은 대응되는 OLS 수식에 비해 약간 더 다루기 어렵다. 왜냐하면 이 경우에는 추정된 예측치 $\hat{s}_i$가 독립변수에 포함되어 있기 때문이다. 그러나 슬러츠키 방식의 정리를 이용하면, 추정된 예측치를 그에 해당하는 모집단 예측치로 대체(즉, $\hat{s}_i$를 $\left[X_i' \pi_{10} + \pi_{11} Z_i\right]$로 대체)함으로써 동일한 극한분포를 구할 수 있다. 따라서 $\hat{\Gamma}_{2SLS}$는 확률극한이 Γ이고 공분산 일치추정량이 $\left[\sum_i V_i V_i'\right]^{-1}\left[\sum_i V_i V_i' \eta_i^2\right]\left[\sum_i V_i V_i'\right]^{-1}$인 점근적 정규분포를 따른다. 이 식은 OLS 표준 오차에서 본 것과 같은 샌드위치 식이다(White, 1982). OLS와 마찬가지로, 공변량과 도구변수가 주어져 있을 때 η_i가 조건부 등분산성을 갖는 경우, 공분산 행렬의 일치추정량은 $\left[\sum_i V_i V_i'\right]^{-1} \sigma_\eta^2$로 단순화된다. 여기에는 새로운 것이 전혀 없지만 주의사항이 하나 있다. 1단계 (식 4.1.4a)

를 추정한 후 그 예측치를 (식 4.1.9)에 대입해 그 식을 OLS 추정하는 방식으로 2SLS 추정치를 손수 구하는 것이 자연스럽게 보인다. 그러나 이 방법은 계수 추정치를 구할 때에는 문제가 없지만, 표준 오차를 계산하면서 오류가 발생한다. 통상적인 회귀분석 소프트웨어는 연구자가 2SLS 추정치를 구하려는 의도가 있음을 알지 못한다. 그러므로 표준 오차를 계산할 때 소프트웨어는 연구자가 2단계에서 OLS 추정하는 식의 잔차 분산을 계산한다. 즉, 아래 식의 좌변의 α와 ρ를 이에 해당되는 2단계 추정치로 대체한다.

$$Y_i - \left[\alpha' X_i + \rho \hat{s}_i\right] = \left[\eta_i + \rho\left(s_i - \hat{s}_i\right)\right]$$

그러나 올바른 잔차 분산 추정량을 도출하기 위해서는 1단계 예측치 $\hat{s}_i$가 아니라 원래의 내생 독립변수 s_i를 사용해 잔차를 계산해야 한다. 즉, σ_η^2의 일치추정량을 구하기 위해 연구자가 원하는 잔차는 $Y_i - [\alpha' X_i + \rho s_i] = \eta_i$의 추정치이지 $\eta_i + \rho(s_i - \hat{s}_i)$이 아니다. 물론 연구자가 별도의 계산을 통해 정확한 잔차의 분산 추정량을 추정할 수도 있다. 이 경우 문제를 쉽게 해결할 수 있지만, 2SLS 추정이 가능한 소프트웨어를 이용하면 정확한 잔차 분산을 자동으로 구할 수도 있고 2SLS 적용 시 흔히 발생하는 여타의 실수들도 피할 수 있다.

4.2.2 과다식별과 2SLS의 최소화 추정식(minimand)★

동일효과 모형에서 도구변수의 수가 내생변수의 수보다 많을 때 모형이 과다식별되었다(overidentified)고 말한다. (모형의 내생변수와 도구변수의 숫자가 같은 경우 모형이 적도식별되었다(just-identified)고 말한다.) 관심대상 모수들을 식별하는 데 필요한 것보다 더 많은 도구변수들이 있기 때문에, 과다식별 모형은 일련의 제약들을 부과할 수 있고 모형 검정과정의 일부로서 이 제약들을 평가해 볼 수 있다. 이러한 방식을 이용해 우리는 VIV의 그림에 있는 직선이 적절한 조건부 평균을 제대로 예측하고 있는지 여부까지도 질문해 볼 수 있다. (이때 이들 평균이 추정될 때의 정확도는 주어진 것으로 받아들인다.) 이와 같은 유용한 아이디어를 자세히 쉽게 설명하려면 행렬을 이용해 표현해야 한다.

외생 공변량과 Q개의 도구변수를 붙인 벡터를 $Z_i \equiv [X_i' \, Z_{1i} \cdots Z_{Qi}]'$ 라고 정의하고, 외생 공변량과 한 개의 관심대상 내생변수를 붙인 벡터를 $W_i \equiv [X_i' \, s_i]'$ 라고 정의하자. 예를 들어, 출생 분기를 이용한 연구에서 공변량은 출생 연도와 출생 주(state of birth) 더미변수이고, 도구변수는 출생 분기 더미변수이며, 내생변수는 학력이다. 앞 절에서와 같이, 계수 벡터는 여전히 $\Gamma \equiv [\alpha' \, \rho]'$ 이다. 인과모형(2단계)의 잔차는 다음의 식을 이용해 Γ의 함수로서 정의할 수 있다.

$$\eta_i(\Gamma) \equiv Y_i - \Gamma' W_i = Y_i - [\alpha' X_i + \rho s_i]$$

이 잔차는 도구변수 벡터 Z_i와는 상관관계를 갖지 않는다고 가정한다. 즉, η_i가 다음의 식으로 표현된 직교 조건(orthogonality condition)을 만족한다고 가정한다.

$$E[Z_i \eta_i(\Gamma)] = 0 \qquad \text{(식 4.2.2)}$$

그러나 어느 표본에서도 이 식은 정확히 성립하지 않을 것이다. 왜냐하면 Γ에 있는 원소의 수보다 적률 조건(moment conditions)의 수가 더 많기 때문이다.[12] (식 4.2.2)의 표본 대응식은 i에 대해 취한 평균 합이다. 2SLS는 (식 4.2.3)을 가능한 한 0에 가깝도록 만드는 Γ의 값을 선택하는 일반화된 적률법(generalized method of moments: GMM)이라고 이해할 수 있다.

$$\frac{1}{N}\sum Z_i \eta_i(\Gamma) \equiv m_N(\Gamma) \qquad \text{(식 4.2.3)}$$

중심극한 정리에 따르면, 표본 적률벡터 $\sqrt{N} m_N(\Gamma)$의 점근 공분산 행렬은

12 하나의 내생변수와 두 개 이상의 도구변수가 있을 때 Γ는 $[K+1] \times 1$인 반면, Z_i는 $Q > 1$일 때 $[K+Q] \times 1$이다. 따라서 이때 도출되는 선형 방정식 체계의 정확한 해는 존재하지 않는다. 정확한 해가 존재하는 경우는 도구변수들(적률 방정식들)간에 선형종속 관계가 존재하여 이 중 몇 개가 쓸모없게 되는 경우뿐이다.

$E[Z_i Z_i' \eta_i(\Gamma)^2]$와 같다. 이 행렬을 Λ라 부르자. 언뜻 보기에는 다소 어려울 수도 있지만, 이 행렬은, 강건한 표준 오차를 구할 때 사용한 샌드위치 식인 (식 3.1.7)에서 본 바 있듯이, 단지 4차 적률의 행렬일 뿐이다. Hansen(1982)이 증명한 것처럼, (식 4.2.2)을 기반으로 하는 최적의 GMM 추정량은 표본 적률벡터 $m_N(\hat{g})$의 2차식(quadratic form)을 최소화하는 값이다. 이때 $\hat{g}$는 Γ에 대한 추정량의 하나이다. GMM 2차식의 가운데에 위치하는 최적 가중행렬은 Λ^{-1}이다. 물론 실제 분석에서는 Λ를 알 수 없기 때문에 그 추정치를 사용해야 한다. GMM 추정법을 실제 적용할 때에는 가중치 행렬로서 Λ의 일치추정량을 사용한다. 이미 알려져 있는 Λ을 사용하든 아니면 추정된 Λ를 사용하든, GMM 추정치의 점근분포는 동일하기 때문에 우리는 당분간 이 둘 간의 차이를 무시할 것이다. 따라서 최소화의 대상이 되는 2차식은 다음과 같다.

$$J_N(\hat{g}) \equiv N m_N(\hat{g})' \Lambda^{-1} m_N(\hat{g}) \qquad \text{(식 4.2.4)}$$

여기서 앞 쪽의 N은 표본 적률들의 $\sqrt{N}$-정규화로부터 도출된다. 바로 아래에서 볼 수 있듯이, 잔차가 조건부 등분산성을 따를 때 $J_N(\hat{g})$을 최소화시키는 값이 바로 2SLS 추정량이다. 등분산성이 성립하지 않는다면 (식 4.2.4)를 최소화시키는 GMM 추정량은 White(1982)의 2단계 IV(2SLS의 일반형)이므로, $J_N(\hat{g})$를 2SLS의 최소화 추정식(2SLS minimand)이라고 부를 수 있다.

여기에서는 2SLS를 GMM의 관점에서 해석할 때 필요한 몇 가지 세부사항들을 다루기로 한다.[13] 조건부 등분산성이란 다음을 의미한다.

$$\Lambda = E[Z_i Z_i' \eta_i(\Gamma)^2] = E[Z_i Z_i']\sigma_\eta^2$$

이 식을 Λ^{-1}에 대입하고 y, Z 및 W를 사용해 표본자료의 벡터와 행렬들을 표시하면, 최소화시킬 2차식은 다음과 같이 된다.

[13] 보다 자세한 내용은 Newey(1985), Newey and West(1987), Amemiya(1985), 그리고 GMM를 다룬 Hansen(1982)의 논문에 제시되어 있다.

$$J_N(\hat{g}) = \frac{1}{N\sigma_\eta^2}(y - W\hat{g})' ZE[Z_i Z_i']^{-1} Z' (y - W\hat{g}) \qquad \text{(식 4.2.5)}$$

마지막으로, $E[Z_i Z_i']$에 표본 교차곱 행렬(cross-product matrix) $\left[\frac{Z'Z}{N}\right]$를 대입하면 다음의 식이 도출된다.

$$\hat{J}_N(\hat{g}) = \frac{1}{\sigma_\eta^2}(y - W\hat{g})' P_Z (y - W\hat{g})$$

이때 $P_Z = Z(Z'Z)^{-1}Z$ 이다. 이로부터 우리는 다음과 같은 해를 구할 수 있다.

$$\hat{g} = \hat{\Gamma}_{2SLS} = [W' P_Z W]^{-1} W' P_Z y$$

사영연산자(projection operator) P_Z는 예측치를 만들어내고(즉, $P_Z W$는 W를 Z에 회귀시키는 회귀모형에서 예측치를 생성한다), P_Z는 멱등행렬(idempotent matrix)이기 때문에 위의 식은 2단계 방정식 (식 4.1.9)의 OLS 추정량을 행렬 형식으로 표현한 것이라고 이해할 수 있다. 보다 일반적으로 말하면, 등분산성이 성립하지 않더라도 우리는 $E[Z_i Z_i' \eta_i(\Gamma)^2]$의 일치추정량을 이용해 $\hat{J}_N(\hat{g})$를 만들고 이를 최소화하는 방식으로 실현가능하고 효율적인 2SLS류의 추정량(feasible efficient 2SLS-type estimator)을 구할 수 있다. 보통 우리는 경험적 4차 적률인 $\sum Z_i Z_i' \hat{\eta}_i^2$를 이용한다. 이때 $\hat{\eta}_i$는 이분산성을 고려하지 않고 계산한 보통의 2SLS 잔차이다. (분포이론과 그 밖의 다른 자세한 사항은 White(1982)를 참조하라.)

과다식별을 검정하는 통계량은 2SLS 최소화 추정식의 최소화된 값을 이용해 구한다. 직관적으로 설명하면, 이 통계량은 표본 적률벡터 $m_N(\hat{g})$가 충분히 0에 근접하여 $E[Z_i \eta_i] = 0$라는 가정이 타당하게 되는지를 보여준다. 구체적으로 말하면, 잔차와 도구변수가 진실로 상관관계를 갖지 않는다는 귀무가설 하에서, $J_N(\hat{g})$의 최소값은 카이제곱 분포 $\chi^2(Q-1)$을 따른다. 따라서 우리는 2SLS 최소화 추정식의 실측값을 카이제곱 분포표와 비교함으로써 가설 $H_o: E[Z_i \eta_i] = 0$를 정식으로 검정할 수 있다.

위에서 논의하였던 Wald 추정량들과 그룹화된 자료를 이용한 추정법의 경우와 마찬가지로, 우리가 특별히 관심을 갖는 것은 도구변수가 일련의 상호 배타적인 더미변수들일 때의 2SLS 최소화 추정식이다. 이 중요하고도 특별한 경우에 있어, 2SLS는 (식 4.1.16)과 같은 그룹화된 식에 대한 WLS 추정법이 되고, 2SLS 최소화 추정식은 최소화의 대상이 되는 가중 제곱 합이 된다. 이를 확인하기 위해 다음에 주목하라. 즉, J개의 값을 취하는 도구변수의 경우 상호 배타적인 도구변수들 모두를 독립변수로 사용하는 회귀모형을 이용하면 예측치들로 구성된 $N \times 1$ 벡터를 생성할 수 있다. 이때 각 예측치는 도구변수(이때 배제되지 않은 공변량들도 도구변수라고 간주함)의 각 값에서 구한 J개의 조건부 평균을 n_j번 반복한 값이다. 여기서 n_j는 그룹의 크기이고 $\Sigma n_j = N$이다. 이 경우 교차곱 행렬 $[Z'Z]$는 $J \times J$ 대각행렬로서 그 원소는 n_j이다. 이를 간단히 정리하면 다음과 같은 식이 도출된다.

$$\hat{J}_N(\hat{g}) = \frac{1}{\sigma_\eta^2}\sum_j n_j\left(\bar{y}_j - \hat{g}'\overline{W}_j\right)^2 \qquad \text{(식 4.2.6)}$$

여기서 $\overline{W}_j$는 행렬 W에서 그룹 j에 속한 열들의 표본 평균 값이다. 그러므로 $\hat{J}_N(\hat{g})$는 $\bar{y}_j$를 $\overline{W}_j$에 회귀시키는 회귀모형을 추정할 때 사용하는 GLS 최소화 추정식(GLS minimand)이다. (여기서 세부사항은 건너뛰지만) 약간의 작업을 더 진행하면, 등분산성이 성립하지 않을 때 효율적인 2단계 IV 추정법은 다음의 식을 최소화한다는 점을 보일 수 있다.

$$\hat{J}_N(\hat{g}) = \sum_j \left(\frac{n_j}{\sigma_j^2}\right)\left(\bar{y}_j - \hat{g}'\overline{W}_j\right)^2 \qquad \text{(식 4.2.7)}$$

여기서 σ_j^2는 그룹 j에 속한 η_i의 분산이다. (식 4.2.7)을 이용한 추정은 실현 가능하다. 왜냐하면 이분산성을 무시한 상태에서는 비효율적이지만 여전히 일치추정량인 2SLS 추정량을 이용해 먼저 σ_j^2를 추정할 수 있기 때문이다. 효율적인 2단계 IV 추정량들은 Angrist(1990, 1991)에 제시되어 있다.

GLS의 구조를 가진 2SLS 최소화 추정식으로 인해, 우리는 $\bar{y}_j$와 $\overline{W}_j$를 연결하는 직선에 대한 적합도(goodness of fit)라는 관점에서 도구변수가 더미변수인 경우의 과다식별 검정통계량을 해석할 수 있다. 다시 말해, 이 값은 [그림 4.1.2]에 제시된 VIV 그림에서 회귀선의 카이제곱 적합도 통계량이다. 카이제곱 자유도는 도구변수들(즉, 그룹들)의 숫자에서 추정 대상 모수들의 숫자를 뺀 값이다.[14]

2SLS 추정량과 마찬가지로, 검정통계량 (식 4.2.7)을 구하는 방법은 다양하다. 여기에서는 알아두면 유용한 두 가지 방법을 더 소개하고자 한다. 첫째, 도구변수가 그룹 더미변수들이든 아니든 상관없이 IV의 GMM 최소화 추정식에 기반을 둔 검정통계량은 연립방정식 모형들을 다룬 여러 계량경제학 문헌들에 나오는 과다식별 검정통계량과 동일하다. 예를 들어, 이 통계량은 *Handbook of Econometrics*라는 책에서 Hausman(1983)이 연립방정식에 대해 집필한 장에 나와 있다. 또한 Hausman은 이를 계산하는 간단한 방법을 제안하고 있다. 등분산 모형에서 2SLS 최소화 추정식의 최소값은 2SLS 잔차를 도구변수들(및 외생 공변량들)에 회귀시키는 회귀모형에서 구한 R^2에 표본크기를 곱한 값이다. 이를 표시하는 수식은 $N\left[\frac{\hat{\eta}' P_Z \hat{\eta}}{\hat{\eta}'\hat{\eta}}\right]$이다. 이때 $\hat{\eta} = Y - W\hat{\Gamma}_{2SLS}$는 2SLS 잔차들의 벡터이다.

둘째, 과다식별 아이디어에 의하면 "동일한 계량경제학적 목적을 달성하는 데에는 여러 가지 방법이 있다"는 점을 강조할 필요가 있다. 다시 말해, 동일한 인과관계에 대해 두 개 이상의 도구변수가 주어져 있을 때, 우리는 적도식별된 IV 추정량을 한 번에 하나씩 만들어내고 이 값들을 비교할 수도 있다. 이 비교를 통해 과다식별 여부를 직접적으로 검토할 수 있다. 만약 각각의 적도식별 추정량이 일치추정량이라면 이들 사이의 차이는 표본분산과 비교할 때 작아야 한다. 그리고 표본의 크기가 증가해 추정치들의 정확도가 상승함에 따라 이들 사이의 차이는 줄어들어야 한다. 사실, 모든 가능한 적도식별 추정량들이 서로 동일한지를 검정하는 방법은 이 귀무가설을 검정하는

14 예를 들어, 만약 도구변수가 3개의 값을 취하는데, 그 중 하나는 상수로 배정되고, 모형에는 오직 상수항과 내생변수 하나만이 포함되어 있다면, 검정통계량의 자유도는 1이다.

Wald 검정법이라고 말할 수 있다. 반면, 2SLS 최소화 추정식에 기반을 둔 검정통계량은 라그랑지 승수(Lagrange multiplier: LM) 검정법이라고 말할 수 있다. 왜냐하면 이 검정통계량은 IV 모형을 최우추정법(maximum likelihood)을 이용해 추정할 때 도출되는 스코어 벡터(score vector)와 관련이 있기 때문이다.[15]

IV 추정법을 그룹화된 자료의 관점에서 해석할 때, Wald 검정법은 선형 독립인 모든 가능한 Wald 추정치들이 서로 동일한지를 검증하는 방법이다. 예를 들어, 징병 추첨번호가 코호트별 자격 임계치를 기준으로 4개의 그룹들(RSN 1~95, 96~125, 126~195, 그리고 나머지)로 나뉘는 경우, 우리는 선형적으로 독립인 3개의 Wald 추정치를 구할 수 있다. 다른 방식으로 말하면, 위에서 구한 4개의 조건부 평균들에 대해 GLS 적용함으로써 효율적인 그룹화 자료 추정량을 구할 수도 있다. 그룹이 4개라는 것은 Wald 추정량을 3개 구할 수 있고, 이 셋이 동일하다는 제약들 중 하나는 쓸모가 없고 2개만 유효하다는 것을 의미한다. 따라서 Wald 통계량의 정확한 자유도는 2이다. 다른 한편, 그룹이 4개라는 것은 3개의 도구변수와 상수항을 이용해 모수가 2개(상수 및 군복무의 인과효과)인 모형을 추정하는 것을 의미한다. 따라서 2SLS 최소화 추정식은 자유도가 2(=4−2)인 과다식별 검정통계량을 만들어낸다. 또한, 적절한 2차식 형태를 갖는 가중치 행렬을 추정하는 데 동일한 방법을 사용하는 경우, 이들 두 검정통계량은 동일한 것을 검정하고 있을 뿐만 아니라 수리적으로도 정확히 같다. 2SLS가 Wald 추정량들을 효율적으로 선형결합한다는 점을 생각할 때 이것은 타당한 말이다.[16]

15 Wald 추정량과 Wald 검정법은 Abraham Wald라는 사람의 이름에서 따온 것이다. Wald 검정법의 참고문헌은 Wald(1943)이다. 48세에 비행기 사고로 비극적으로 사망한 Wald는 수리통계학뿐만 아니라 계량경제학의 대가였다.

16 동일한 귀무가설을 검증할 때 Wald 검정법과 LM 검정법이 선형모형에서 정확히 같다는 사실은 Newey and West(1987)에 의해 증명되었다. Angrist(1991)는 이 문단에서 설명한 주장에 대해 보다 형식을 갖추어 설명한다. Deaton(1985)이 최초로 제기한 바와 같이, 이 맥락에서 계량경제학적으로 흥미로운 질문은 몇 개의 그룹을 구성하는 것이 가장 최적인가 하는 질문이다. 그룹을 만드는 것과 IV 사이의 대응관계에 의하면, 그룹의 수가 많으면 도구변수의 수도 많아진다. 그리하여 점근적 효율성이 향상되기는 하지만 편의도 증가하는 문제가 발생한다(8

마지막으로, 실제 분석에서 과다식별 검정을 적용할 때에는 한 가지 주의사항이 있다. $J_N(\hat{g})$는 분산에 의해 정규화된(variance-normalized) 적합도 척도이기 때문에, 주요 추정치의 정확도가 낮을 경우에는 과다식별 검정통계량이 작은 값을 갖는 경향이 있다. IV 추정치들은 자주 정확도가 낮기 때문에, 하나의 추정치가 다른 추정치의 표본분산 범위 내에 있다는 사실을 크게 만족스러운 것으로 받아들이기는 어렵다. 이는 개별 추정치들이 충분한 정확도를 보유해 유용한 정보를 제공하는 경우에도 그러하다.
다른 한편, 주요 IV 추정치들이 상당히 정확히 추정된 경우에 과다식별 검정통계량이 귀무가설을 기각한다는 사실이 곧 모형식별의 실패를 의미하지는 않는다. 오히려 이는 (아래에서 좀 더 자세히 다룰) 처치효과의 이질성(treatment effect heterogeneity)에 대한 증거일 수도 있다. 그러나 개념적인 측면에서 볼 때, 2SLS 최소화 추정식의 세부구조를 이해하는 것은 매우 중요하다. 왜냐하면 그것은 그룹화된 자료와 IV 사이의 중요한 연결고리를 다시 한 번 강조하기 때문이다. 이 연결고리를 이해함으로써 우리는 도구변수를 이용한 추정과 검정에 대해 더 잘 이해할 수 있게 되고, 우리의 관심을 인과관계 추론의 토대를 형성하는 원래의 적률들에 집중할 수 있게 된다.

4.3 2-표본 IV와 분할-표본 IV*

2SLS를 GMM의 관점에서 해석함으로써 우리는 미시자료 없이 오직 표본 적률들만을 이용해도 IV 추정치를 구할 수 있다는 사실을 알 수 있다. 표본 적률 조건 (식 4.2.3)을 약간 재정리하면, 2차 적률들로 표현되는 회귀모형을 닮은 다음과 같은 식을 도출할 수 있다.

장을 보라). Devereux(2007)는 그룹의 수가 많은 경우 그룹화된 자료에 적용할 수 있는 간단한 편의-교정(bias-corrected) IV 추정량을 제안한다.

$$\frac{Z'Y}{N} = \frac{Z'W}{N}\Gamma + \frac{Z'\eta}{N} \qquad \text{(식 4.3.1)}$$

$E\left[\frac{Z'Y}{N}\right] = E\left[\frac{Z'W}{N}\right]\Gamma$가 성립하기 때문에 (식 4.3.1)에서 Γ의 GLS 추정치는 일치추정량이다.

2SLS 최소화 추정식은 (식 4.3.1)에 GLS를 적용한 것이라고 생각할 수 있다. 보다 정확히 말하면, GLS를 적용하기 전 (식 4.3.1)에 $\sqrt{N}$을 곱하여 표본의 크기가 커짐에 따라 잔차가 사라지지 않도록 만든다. 다시 말해, 2SLS는 (식 4.3.1)로부터 도출된 잔차의 2차식을 최소화한다. (이 2차식에는 (아마도 비대각) 가중치 행렬이 포함되어 있다.) 2SLS 문제를 이와 같은 방식으로 정리함으로써, 우리는 (식 4.3.1)을 추정하기 위해 굳이 개별 관측치들이 필요하지는 않다는 중요한 시사점을 도출한다. 표본 조건부 평균 함수로부터 도출할 수 있는 OLS 계수 벡터와 마찬가지로, IV 추정치 역시 표본 적률들로부터 도출할 수 있다. 이때 필요한 적률들은 $\frac{Z'Y}{N}$와 $\frac{Z'W}{N}$이다. 종속변수 $\frac{Z'Y}{N}$는 차원이 $[K+Q]\times 1$인 벡터이다. 독립변수 행렬 $\frac{Z'W}{N}$의 차원은 $[K+Q]\times[K+1]$이다. 2차 적률 IV식은 $Q=1$이 아니면 정확한 해를 구할 수 없기 때문에, 잔차들의 2차식을 최소화하는 방법을 통해 가능한 한 적합도를 높이고자 하는 것은 의미가 있다. 이 목적을 달성하는 데 가장 효율적인 가중치 행렬은 $\frac{Z'\eta}{\sqrt{N}}$의 점근 공분산 행렬이다. 이 경우 2SLS 최소화 추정식 $\hat{J}_N(\hat{g})$이 도출된다.

위와 관련이 있는 또 하나의 시사점은 (식 4.3.1)의 등호 좌변과 우변에 있는 적률 행렬들을 굳이 동일한 자료파일에서 구할 필요는 없다는 것이다. 하지만 서로 다른 자료파일들을 사용할 경우 이들은 동일한 모집단으로부터 표집된 것이어야 한다. 이러한 시사점으로부터 Angrist(1990)는 2-표본 도구변수 추정량(two-sample instrumental variables estimator: TSIV)을 도출하였고, Angrist and Krueger(1992)는 이를 정식으로 발전시켰다.[17] 간단히 설명하자

17 TSIV가 적용된 사례로는 Bjorklund and Jantti(1997), Jappelli, Pischke, and Souleles(1998),

면, Z_1와 Y_1을 크기가 N_1인 자료파일 1을 이용해 구축한 도구변수/공변량 행렬과 종속변수 벡터라고 각각 정의하자. 그리고 Z_2와 W_2는 크기가 N_2인 자료파일 2를 이용해 구축한 도구변수/공변량 행렬과 내생변수/공변량 행렬이라고 각각 정의하자. $plim\left(\frac{Z_2' W_2}{N_2}\right) = plim\left(\frac{Z_1' W_1}{N_1}\right)$이라고 가정할 때 다음과 같은 2-표본 적률방정식의 GLS 추정치는 Γ의 일치추정량이다.

$$\frac{Z_1' Y_1}{N_1} = \frac{Z_2' W_2}{N_2}\Gamma + \left\{\left[\frac{Z_1' W_1}{N_1} - \frac{Z_2' W_2}{N_2}\right]\Gamma + \frac{Z_1' \eta_1}{N_1}\right\}$$

위 식을 $\sqrt{N_1}$으로 정규화하고 $plim\left(\frac{N_2}{N_1}\right)$가 상수라고 가정하면 이 추정량의 점근분포를 구할 수 있다.

TSIV가 유용한 이유는 종속변수, 도구변수 및 관심대상 내생변수의 관측치들을 동일한 단일 표본에서 한꺼번에 찾기 어려운 상황에서도 IV 추정이 가능하기 때문이다. 성과변수와 도구변수에 관한 정보를 포함하고 있는 하나의 자료파일을 찾아 축약형 모형을 추정하고, 내생변수와 도구변수에 관한 정보를 포함하고 있는 다른 하나의 자료파일을 찾아 1단계 식을 추정하는 방법이 훨씬 더 수월하다. 예를 들어, Angrist(1990)에서 사회보장국(Social Security Administration: SSA) 행정자료는 종속변수(연봉)와 도구변수들(인종 및 출생 연도 공변량과 출생일을 코드화한 징병 추첨번호)에 관한 정보를 포함하고 있다. 그러나 SSA는 자료에 포함되어 있는 사람들의 군복무 여부는 추적 조사를 하지 않는다. 그리하여 이 정보는 병역자료로부터 수집하였고, 이 자료에는 추첨번호를 코드화할 때 사용하는 출생일 정보가 포함되어 있다. Angrist(1990)는 이 병역자료를 이용해 인종과 출생 연도를 통제했을 때 추첨번호와 군복무 여부 사이의 1단계 상관관계인 $\frac{Z_2' W_2}{N_2}$를 추정하고, SSA 자료

Currie and Yelowitz(2000), Dee and Evans(2003) 등이 있다. 최근의 연구에서 Inoue and Solon(2009)은 여러 개 TSIV 추정량들의 점근분포를 비교하고, TSIV의 최우추정법(LIML류) 버전을 소개한다. 그들은 또한 Angrist and Krueger(1995)에서 사용한 분포이론에 있는 오류를 교정한다. 이에 대해서는 이 장에서 나중에 다시 다루어진다.

를 이용해서는 $\frac{Z_1' Y_1}{N_1}$를 구하였다.

두 번의 단순화를 더 거치면 TSIV를 사용하기 아주 쉽게 만들 수 있다. 첫째, 앞서 살펴본 바와 같이 도구변수가 Angrist(1990)와 Angrist and Krueger (1992)에서처럼 일련의 상호 배타적인 도구변수들로 구성되는 경우, 두 번째 적률식 (식 4.3.1)은 조건부 평균들을 사용하는 모형으로 단순화된다. 구체적으로, 2-표본 문제에 대한 2SLS 최소화 추정식은 다음과 같이 된다.

$$\hat{J}_N(\hat{g}) = \sum_j \omega_j \left(\bar{y}_{1j} - \hat{g}' \overline{W}_{2j}\right)^2 \qquad \text{(식 4.3.2)}$$

여기서 $\bar{y}_{1j}$는 한 표본에 있는 도구변수/공변량 값이 j일 때 종속변수의 평균이고, $\overline{W}_{2j}$는 다른 표본에 있는 도구변수/공변량 값이 j일 때 내생변수들의 평균 및 공변량들의 평균이고, w_j는 적절한 가중치이다. 종속변수와 독립변수들이 동일한 표본을 이용해 구성되지 않는다는 점을 제외하면, 이 식은 VIV 방정식을 WLS 추정하는 것과 동일하다. Angrist(1990)와 Angrist and Krueger(1992)는 이 방법을 적용한 실제 사례를 제공하고 있다. TSIV를 점근적으로 효율적인 추정치로 만드는 최적의 가중치는 $\bar{y}_{1j} - \hat{g}' \overline{W}_{2j}$의 분산이다. 만약 TSIV에 이용된 두 개의 표본이 서로 독립적이라면 이 분산을 쉽게 계산할 수 있다.

둘째, Angrist and Krueger(1995)는 별도의 행렬 계산도 필요치 않고 보통의 회귀분석 소프트웨어로도 계산하기 쉬운 TSIV-류의 추정량을 소개하였다. 분할-표본 IV(split-sample IV: SSIV)라고 부르는 이 추정량은 다음과 같이 작동한다.[18] 자료파일 2에서 구한 1단계 추정치는 $(Z_2' Z_2)^{-1} Z_2' W_2$ 이다. 이 추정치들을 자료파일 1로 끌어와 "교차-표본 예측치(cross-sample fitted values)"

18 Angrist and Krueger는 이 추정량을 SSIV라고 명명하였는데, 그 이유는 그들은 하나의 자료파일이 의도적으로 두 개로 나누어져 있는 상황에 관심을 가졌기 때문이다. 4.6.4절에서 논의할 바와 같이, 이 방법을 통해 도출된 추정량은 통상적인 2SLS 보다 더 적은 편의를 가질 수 있다. Inoue and Solon(2009)은 Angrist and Krueger(1995)가 SSIV라고 부른 추정량을 2-표본 2SLS 또는 TS2SLS라고 명명한다.

$\widehat{W}_{12} \equiv Z_1(Z_2'Z_2)^{-1}Z_2'W_2$를 구한다. SSIV의 2단계는 Y_1을 $\widehat{W}_{12}$에 회귀시키는 모형이다. 이 추정량의 정확한 점근분포는 Inoue and Solon(2009)에 의해 유도되었는데, 이들은 Angrist and Krueger(1992)가 제시한 분포가 성립하기 위해서는 $Z_1'Z_1 = Z_2'Z_2$ 라는 가정이 필요함을 증명하였다. (이 가정은 도구변수와 공변량의 주변부 분포가 반복 표본에서 동일한 경우에 성립한다.) 그러나 내생변수의 계수가 0인 경우 SSIV와 2SLS의 극한분포는 동일하다는 점에 유의할 필요가 있다. 이런 특별한 경우의 표준 오차는 구하기 쉽고, 아마도 일반적인 경우에 대해 상당히 좋은 근사치를 제공한다.[19]

4.4 잠재성과가 이질적인 경우의 IV

IV에 대한 지금까지 논의에서는 인과효과가 동일한 경우를 상정하였다. 군복무 여부와 같은 더미변수의 경우에 이는 모든 i에 대해 $Y_{1i} - Y_{0i} = \rho$ 라는 것을 의미한다. 그리고 학력과 같이 처치가 여러 값을 취하는 경우 이는 모든 s와 모든 i에 대해 $Y_{si} - Y_{s-1,i} = \rho$라는 것을 의미한다. 두 경우 모두 매우 정형화된 세계관으로서, 처치가 여러 값을 취하는 경우에는 특별히 더 그러하다. 후자의 경우에는 동일효과의 가정뿐만 아니라 선형성도 가정하고

19 간편하게 사용하는 이 수식에서는 SSIV 2단계를 손수 직접하면서 도출하는 표준 오차를 사용한다. Inoue and Solon(2005)이 제시한 정확한 점근 공분산 행렬식은 다음과 같다.

$$\{B'[(\sigma_{11} + k\Gamma'\Sigma_{22}\Gamma)A]^{-1}B\}^{-1}$$

이 식에서 $B = plim\left(\frac{Z_2'W_2}{N_2}\right) = plim\left(\frac{Z_1'W_1}{N_1}\right)$, $A = plim\left(\frac{Z_1'Z_1}{N_1}\right) = plim\left(\frac{Z_2'Z_2}{N_2}\right)$, $plim\left(\frac{N_2}{N_1}\right) = k$이고, σ_{11}는 자료파일 1에서 구한 축약형 잔차의 분산, Σ_{22}는 자료파일 2에서 구한 1단계 잔차의 분산이다. 원칙적으로 이들 각 부분은 계산하기 쉽다. SSIV 추론을 하는 또 다른 접근방법으로는 Dee and Evans(2003)와 Bjorklund and Jantti(1997)가 있다. Dee and Evans(2003)는 델타법을 이용해 적도식별된 모형에 대한 표준 오차를 계산한다. Bjorklund and Jantti(1997)는 붓스트랩법을 이용한다

있다. 이질적 효과 모형(heterogeneous effects model)에 관해 한 번에 하나씩 집중적으로 살펴보기 위해, 우선 처치 더미와 같이 0과 1 값만을 취하는 원인변수를 생각해 보자. 여기에서 우리는 처치효과의 이질성, 즉 인과효과가 개인들 사이에서 분포를 갖는 상황을 생각해 보고자 한다.

처치효과의 이질성은 왜 중요할까? 그에 대한 답은 연구의 디자인을 규정하는 두 가지 유형의 타당성을 구분하는 데에서 찾을 수 있다. '내적 타당성(internal validity)'이란 주어진 디자인을 이용해 연구대상 모집단에 적용되는 인과효과를 성공적으로 찾을 수 있는가에 대한 질문이다. 무작위 임상실험이나 훌륭한 IV 연구는 강력한 내적 타당성을 확보하고 있다. '외적 타당성(external validity)'이란 한 연구의 결과들을 다른 맥락에 적용할 때 어느 정도 예측력을 가지는가 하는 문제이다. 예를 들어, 만약 무작위 임상실험의 연구대상 모집단이 처치로부터 혜택을 받을 가능성이 특별히 높은 집단이라면, 여기서 도출된 추정치는 외적 타당성이 전혀 없을 수 있다. 비슷한 방식으로, 베트남전 당시 징병의 효과를 추정할 때 징병 추첨번호를 사용해 구한 추정치들은 자발적인 군복무의 효과를 보여주는 좋은 척도가 아닐 수도 있다. 처치효과가 이질적인 상황을 다루는 계량경제 모형은 IV 추정치의 내적 타당성과 외적 타당성 모두를 평가하는 데 유용하다.[20]

4.4.1 국지적 평균 처치효과

IV 모형에서 인과관계 추론을 가능케 하는 것은 도구변수 Z_i이지만, 관심대상 변수는 여전히 D_i이다. 이와 같은 IV 설정의 특성을 고려하여, 우리는 일반화된 잠재성과라는 개념을 사용해 도구변수와 처치 여부를 모두 표시하고자 한다. 즉, 개인 i의 처치상태가 $D_i = d$이고 도구변수 값이 $Z_i = z$일 때의 잠재성과를 $Y_i(d,z)$라고 정의하자. $Y_i(d,z)$는 군복무 여부와 징집자격 여부

20 내적 타당성과 외적 타당성에 대한 구분은 사회과학에서 오랜 역사를 가지고 있다. 예를 들어, Campbell and Stanley(1963)가 쓴 연구 방법에 대한 고전적 논문과 그 후속편인 Shadish, Cook, and Campbell(2002)이 많은 지면을 할애하여 논의하고 있는 내용을 참고하라.

가 여러 가지 다른 조합으로 구성될 때 i의 임금이 얼마가 될지를 표시한다. i의 징집자격 여부의 실현 값이 주어져 있을 때 군복무 여부의 인과효과는 $Y_i(1,Z_i)-Y_i(0,Z_i)$이고, i의 군복무 여부가 주어져 있을 때 징집자격 여부의 인과효과는 $Y_i(D_i,1)-Y_i(D_i,0)$이다.

우리는 도구변수를 인과관계 연결고리의 시작점이라고 생각할 수 있다. 즉, 도구변수 Z_i가 관심대상 변수 D_i에 영향을 미치고, 이어서 D_i가 성과변수 Y_i에 영향을 미치기 때문이다. 이를 보다 정확히 설명하기 위해, 도구변수가 D_i에 인과적인 영향을 미친다는 개념을 수식으로 표현해 보자. $Z_i=1$일 때 i의 처치상태를 D_{1i}로, 그리고 $Z_i=0$일 때 i의 처치상태를 D_{0i}로 정의하자. 그리하여 관측된 처치상태는 다음과 같다.

$$D_i = D_{0i} + (D_{1i} - D_{0i})Z_i = \pi_0 + \pi_{1i} Z_i + \xi_i \qquad \text{(식 4.4.1)}$$

확률계수(random coefficients)를 이용한 표기법에 의하면 $\pi_0 \equiv E[D_{0i}]$이고 $\pi_{1i} \equiv (D_{1i}-D_{0i})$이므로, π_{1i}는 도구변수가 D_i에 미치는 이질적인 인과효과이다. 잠재성과의 경우와 마찬가지로, 임의의 개인에 대해 잠재적 처치상태 D_{1i}와 D_{0i} 중 오직 하나만이 실제로 관측된다. 징병추첨제 사례에서 D_{0i}는 높은(즉, 징집자격을 면제받는) 추첨번호를 뽑는 경우 i가 군복무를 할지 그렇지 않을지를 표시하고, D_{1i}는 낮은(즉, 징집자격이 부여된) 추첨번호 뽑을 경우 i가 군복무를 할지 그렇지 않을지를 표시한다. Z_i에 따라 이들 잠재적인 처치상태 중 하나를 우리는 관측하게 된다. Z_i가 D_i에 미치는 평균 인과효과는 $E[\pi_{1i}]$이다.

이질적 효과 모형의 첫 번째 가정은 도구변수가 무작위나 다름없이 배정된다는 가정이다. 즉, 도구변수는 잠재적 성과들 및 잠재적 처치상태 벡터와 독립적이다. 이 가정을 수식으로 표현하면 다음과 같다.

$$[\{Y_i(d,z);\forall d,z\}, D_{1i}, D_{0i}] \perp\!\!\!\perp Z_i \qquad \text{(식 4.4.2)}$$

이 '독립성 가정'에 의해 축약형, 즉 Y_i를 Z_i에 회귀시키는 모형을 인과적으로 해석할 수 있다. 구체적으로, 다음 식은 도구변수가 Y_i에 미치는 인과효과를 표현한다.

$$\begin{aligned} &E[Y_i | Z_i = 1] - E[Y_i | Z_i = 0] \\ &= E[Y_i(D_{1i}, 1) | Z_i = 1] - E[Y_i(D_{0i}, 0) | Z_i = 0] \\ &= E[Y_i(D_{1i}, 1) - Y_i(D_{0i}, 0)] \end{aligned}$$

또한 독립성은 다음의 관계를 의미한다.

$$\begin{aligned} E[D_i | Z_i = 1] - E[D_i | Z_i = 0] &= E[D_{1i} | Z_i = 1] - E[D_{0i} | Z_i = 0] \\ &= E[D_{1i} - D_{0i}] \end{aligned}$$

즉, 2SLS에 대해 앞서 논의한 바와 같이 1단계는 Z_i가 D_i에 미치는 인과효과를 잡아낸다.

이질적 효과 모형의 두 번째 핵심 가정은 $Y_i(d,z)$가 오직 d만의 함수라는 가정이다. 구체적으로 말해, 징집자격은 군복무 여부에 확실히 영향을 미치지만, 개인이 군복무를 한 경우와 그렇지 않은 경우의 두 잠재적 임금은 징집자격 여부의 영향을 받지 않는다는 가정이다. 도구변수는 단 하나의 인과관계 경로를 통해 종속변수에 영향을 미친다는 가정을 일반적으로 '배제 제약(exclusion restriction)'이라고 부른다. 배제 제약을 수식으로 표현하면 다음과 같다.

$$Y_i(d, 0) = Y_i(d, 1) \quad \text{for } d = 0, 1$$

효과가 동질적이라고 가정하는 선형모형에서 배제 제약이 성립하면, 관심대상 인과방정식으로부터 도구변수는 제외되고 4.2절의 (식 4.1.14)와 같은 식에서 $E[Z_i \eta_i] = 0$이 성립한다. 그러나 연립방정식 모형에 사용하는 전통적인 오차항 표기법에서는 독립성과 배제 제약을 명확히 구분하지 않는다는 점에 유의할 필요가 있다. 인과효과 추정을 위해 Z_i와 η_i 간에 상관관계가 없어야 한다는 가정이 필요하지만, 이 가정의 진정한 의미를 명확히 이해하기 위해서 우리는 독립성과 배제 제약을 서로 다른 명제로서 간주해야 한다.

만약 징병 추첨번호가 낮은 남성들의 임금이 높아진 군복무 확률 이외의 다른 경로를 통해 영향을 받았다면, 징병추첨제 도구변수의 배제 제약은 성립하지 않는다. 예를 들어, Angrist and Krueger(1992)는 징병 추첨번호와 학력 간의 연관관계를 살펴보았다. 그들의 아이디어에 따르면, 재학생 입영 연기 제도(educational draft deferments)를 이용해 추첨번호가 낮은 남성들은 그들이 원래 원했던 기간보다 더 오랫동안 대학에 머무를 수 있었다. 만일 그렇다면, 징병 추첨번호는 적어도 두 가지 이유에서 임금과 상관관계를 갖는다. 군복무 확률의 증가와 대학 재학 확률의 증가가 그 두 가지 이유이다. 추첨번호가 무작위로 배정되었다(따라서 독립성 가정이 만족된다)는 사실이 이러한 가능성들을 더 낮추지는 않는다. 배제 제약은 도구변수가 무작위로(또는 무작위나 다름없이) 배정되었다는 것과는 다른 개념이다. 오히려 배제 제약은 도구변수가 인과효과에 미치는 유일한 경로와 관련되는 개념이다.[21]

배제 제약을 사용함으로써 우리는 지금까지 줄곧 표기한 단일 지표(Y_{1i}, Y_{0i})를 이용하면서도 잠재성과들을 처치 상태의 관점에서만 정의할 수 있다. 구체적으로 말하면,

$$Y_{1i} \equiv Y_i(1,1) = Y_i(1,0);$$

$$Y_{0i} \equiv Y_i(0,1) = Y_i(0,0) \qquad \text{(식 4.4.3)}$$

따라서 관측된 결과 Y_i를 잠재성과 항들을 이용해 다음과 같이 표현할 수 있다.

$$Y_i = Y_i(0,Z_i) + [Y_i(1,Z_i) - Y_i(0,Z_i)]D_i \qquad \text{(식 4.4.4)}$$

$$= Y_{0i} + (Y_{1i} - Y_{0i})D_i$$

[21] 나중에 밝혀지는 바와 같이, Angrist and Krueger(1992)의 자료에서 학력과 추첨번호 사이에는 깊은 관련성이 없다. 아마도 그 이유는 재학생 입영 연기 제도가 추첨기간 동안에 단계적으로 중단되었기 때문일 것이다. 한편, 최근 논문에서 Angrist and Chen(2007)은 베트남 참전군인들이 (GI Bill로 알려진) 퇴역군인 수당(veterans benefits) 때문에 더 높은 학력을 갖게 되었다고 주장한다. GI Bill을 통해 일어난 교육 수준 상승은 배제 제약을 위배하지는 않는다. 왜냐하면 퇴역군인 수당은 군복무 이후에 나타나는 후속결과이기 때문이다.

이를 확률계수 표기법으로 표현하면 다음과 같다.

$$Y_i = \alpha_0 + \rho_i D_i + \eta_i$$

이 식은 (식 4.4.4)의 간결한 형태로서 $\alpha_0 \equiv E[Y_{0i}]$ 이고 $\rho_i \equiv Y_{1i} - Y_{0i}$ 이다. 이질적인 IV 모형에서 필요한 마지막 가정은 모든 i에 대해 $\pi_{1i} \geq 0$이거나 또는 $\pi_{1i} \leq 0$이 성립한다는 가정이다. Imbens and Angrist(1994)에 소개된 이 '단조성 가정(monotonicity assumption)'은 도구변수가 일부의 사람들에게는 아무런 영향도 미치지 않을 수 있지만, 도구변수의 영향을 받는 사람들에게는 도구변수가 동일한 방식으로 영향을 미친다는 것을 의미한다. 다시 말해, 모든 i에 대해 $D_{1i} \geq D_{0i}$이거나 $D_{1i} \leq D_{0i}$의 관계가 성립한다는 것이다. 그 다음으로, 우리는 단조성이 성립하는 경우를 $D_{1i} \geq D_{0i}$라고 가정한다. 징병 추첨제 사례에서 이 가정이 성립하는 경우, 징집자격은 일부 남성들의 군복무 확률에는 아무런 영향도 미치지 않을 수 있지만 징집자격이 부여된 남자들 중 어느 누구도 군복무 의무를 실제로 피할 수는 없다. 단조성이 성립하지 않으면 IV 추정량이 개인별 인과효과 $Y_{1i} - Y_{0i}$의 가중 평균에 대한 추정치라고 확신할 수 없다.

배제 제약, 도구변수와 잠재성과의 독립성, 1단계 관계의 존재, 그리고 단조성이 성립할 때, Wald 추정량은 도구변수에 의해 처치 여부가 변화될 수 있는 사람들에게 군복무가 미치는 효과라고 해석할 수 있다. 이 모수를 국지적 평균 처치효과(local average treatment effect: LATE; Imbens and Angrist(1994))라고 부른다. 이를 수식으로 설명하면 다음과 같다.

● 정리 **4.4.1 LATE 정리**

다음의 것들을 가정하자.

(A1, '독립성') $\{Y_i(D_{1i}, 1), Y_i(D_{0i}, 0), D_{1i}, D_{0i}\} \perp\!\!\!\perp Z_i$,

(A2, '배제성') $Y_i(d, 0) = Y_i(d, 1) \equiv Y_{di}$ for $d = 0, 1$,

(A3, '1단계') $E[D_{1i} - D_{0i}] \neq 0$;

(A4, '단조성') $D_{1i} - D_{0i} \geq 0$ $\forall i$, or $vice\ versa$;

이 경우 다음의 관계가 성립한다.

$$\frac{E[Y_i|Z_i=1]-E[Y_i|Z_i=0]}{E[D_i|Z_i=1]-E[D_i|Z_i=0]}=E[Y_{1i}-Y_{0i}|D_{1i}>D_{0i}]$$

$$=E[\rho_i|\pi_{1i}>0]$$

●● 증명

배제 제약을 사용해 $E[Y_i|Z_i=1]=E[Y_{0i}+(Y_{1i}-Y_{0i})D_i|Z_i=1]$와 같이 표현할 수 있다. 이 식은 독립성에 의해 $E[Y_{0i}+(Y_{1i}-Y_{0i})D_{1i}]$와 같다.[22]

마찬가지로, $E[Y_i|Z_i=0]=E[Y_{0i}+(Y_{1i}-Y_{0i})D_{0i}]$이 성립한다. 따라서 Wald 추정량의 분자는 $E[(Y_{1i}-Y_{0i})(D_{1i}-D_{0i})]$이다. 단조성에 의하면, $D_{1i}-D_{0i}$는 1 또는 0의 값을 갖기 때문에 다음의 관계가 성립한다.

$$E[(Y_{1i}-Y_{0i})(D_{1i}>D_{0i})]=E[Y_{1i}-Y_{0i}|D_{1i}>D_{0i}]P[D_{1i}>D_{0i}]$$

위와 유사한 방법을 사용해 다음의 관계를 보일 수 있다.

$$E[D_i|Z_i=1]-E[D_i|Z_i=0]=E[D_{1i}-D_{0i}]=P[D_{1i}>D_{0i}]$$

이 정리에 의하면, 도구변수가 무작위나 다름없이 배정되고, 하나의 경로만을 통해 결과변수에 영향을 미치며, 1단계의 관계를 가지며, 하나의 방향으로만 관심의 대상이 되는 인과 경로에 영향을 미치는 경우, 도구변수를 사용하면 영향을 받는 집단에 미치는 평균 인과효과를 추정할 수 있다. 따라서 징병추첨을 이용해 군복무 효과를 추정하는 IV 추정치는 징집자격이 부여되었기 때문에 군복무를 했지만 그렇지 않았더라면 군복무를 하지 않았을 그런 남성들에게 군복무가 미치는 영향을 잡아낸다. 군복무 자원자들이나 의학적인 이유 때문에 군복무를 면제받은 남성들은 이런 부류의 남성들 집단에서 제외된다. 하지만 징병 정책의 대상이 되었던 남성들은 이 집단에 포함된다.

22 A1의 독립성 가정은 (식 4.4.2)을 단순하게 표현한 식임에 유의하라. 이는 우리가 관측할 수 있는 $Y_i(d, Z)$의 값들, 구체적으로 $Y_i(d_{-i}, Z_i)$만을 표시하기 위함이다.

LATE는 얼마나 유용할까? 이 질문에 대한 답을 주는 정리(theorem)는 없지만, 이에 대해서는 언제나 논의할 만한 가치가 있다. 베트남전 시기 군복무의 효과에 관심을 가지는 이유 중 하나는 참전군인들(특별히 징병된 군인들)이 군복무에 대해 적절한 보상을 받았는지에 관해 의문이 있기 때문이다. 내적 타당성을 갖는 징병추첨의 추정치들은 이 질문에 대한 답을 제공한다. 또한 베트남전 시기 징병의 효과를 징병추첨을 이용해 추정한 추정치들은 향후 징병정책에 관해 논의할 때 관련성을 가질 수도 있다. 한편, 징병추첨 도구변수들이 베트남전 시기 징병제의 인과효과에 대해 내적 타당성을 가진 추정치를 도출하기는 하지만 IV의 분석틀에서는 외적 타당성(즉, 군복무 효과에 관한 이들 추정치가 다른 시점과 장소에서 어떤 예측력을 보일지에 관한 논의)이 직접적으로 고려되지는 않는다. 베트남전 시기 군복무가 '무슨 이유 때문에' 임금에 영향을 미치는가를 설명하는 방법이 IV 공식에는 존재하지 않는다. 이를 설명할 수 있는 어떤 이론이 필요하다.[23]

동일효과를 가정하는 전통적인 연립방정식 모형에서는 아무런 역할도 하지 않는 가정인 단조성 가정이 왜 LATE 정리에서는 필요할까? 단조성이 성립하지 않는다는 것은 도구변수가 어떤 사람들은 처치를 받도록 유도하고 다른 사람들은 처치를 받지 않도록 유도하는 역할을 함을 의미한다. 후자에 속하는 사람들을 Angrist, Imbens, and Rubin(1996)은 '반항자 집단(defiers)'이라고 부른다. 반항자 집단은 LATE와 축약형 간의 연결고리를 복잡하게 만든다. 그 이유를 살펴보기 위해, LATE 정리를 증명할 때 다음과 같은 축약형을 도출하는 단계로 되돌아가 보자.

$$E[Y_i|Z_i=1]-E[Y_i|Z_i=0]=E[(Y_{1i}-Y_{0i})(D_{1i}-D_{0i})]$$

단조성이 성립하지 않는 경우 이 식은 다음과 같다.

23 Angrist(1990)은 징병추첨 추정치들을 노동시장 경력 손실로 인한 불이익이라고 해석한다. 이런 해석은 징병추첨 추정치들이 다른 기간의 징병제 효과에 대해서도 외적 타당성을 가질 수 있다는 점을 시사한다. Angrist and Krueger(1994)는 2차 세계대전 징집병들에 대한 결과들을 이용해 이렇게 유추할 수 있다고 제안한다.

$$E[Y_{1i} - Y_{0i} | D_{1i} > D_{0i}] P[D_{1i} > D_{0i}]$$
$$- E[Y_{1i} - Y_{0i} | D_{1i} < D_{0i}] P[D_{1i} < D_{0i}]$$

그러므로 처치효과가 모든 사람들에게 양(+)인데도 불구하고, 순응자 집단(compliers)에 미치는 영향이 반항자 집단(defiers)에 미치는 영향과 상쇄되어 축약형이 0이 되는 상황이 발생할 수도 있다. 이런 상황은 동일효과 모형에서는 발생하지 않는다. 왜냐하면 반항행동이 1단계에 포함되어 있든 그렇지 않든 상관없이, 축약형은 언제나 동일효과 곱하기 1단계 추정치로서 표현되기 때문이다.[24]

LATE를 더 깊이 이해하기 위해서는, LATE를 현대 계량경제학의 중요 모형인 더미 내생변수(예를 들어, 처치 배정 여부)에 대한 잠재지수 모형(latent index model)과 연결시킬 필요가 있다. 잠재지수 모형에서는 개인이 부분적으로는 관측되고 부분적으로는 알 수 없는("잠재적인") 효용과 비용을 비교함으로써 최종 선택을 한다고 표현한다. (예를 들어, Heckman(1978)을 참조하라.) 일반적으로 이런 관측 불가능한 것들(unobservables)은 결과변수와 관련성을 갖는다고 여겨진다. 이 경우에 처치변수는 (연립방정식의 관점에서는 정말 내생적이라고 할 수 없을지라도) 내생적(endogenous)이라고 말한다. 예를 들어, 군복무 여부를 다음과 같이 모형화할 수 있다.

$$D_i = \begin{cases} 1 & if \quad \gamma_0 + \gamma_1 Z_i > \upsilon_i \\ 0 & otherwise \end{cases}$$

여기서 υ_i는 군복무의 관측되지 않는 비용과 편익을 나타내는 확률적 요인으로서 Z_i와는 독립이라고 가정한다. 이와 같은 잠재지수 모형에서 잠재 처

24 동일효과를 ρ라고 정의하는 경우 다음의 관계가 성립한다.

$$E[Y_{1i} - Y_{0i} | D_{1i}] P[D_{1i} > D_{0i}] - E[Y_{1i} - Y_{0i} | D_{1i} < D_{0i}] P[D_{1i} < D_{0i}]$$
$$= \rho\{P[D_{1i} > D_{0i}] - P[D_{1i} < D_{0i}]\}$$
$$= \rho\{E[D_{1i} - D_{0i}]\}$$

따라서 축약형 효과가 0이라는 것은 1단계가 0이거나 또는 $\rho = 0$임을 의미한다.

치 배정은 다음과 같이 표현된다.

$$D_{0i} = 1[\gamma_0 > v_i] \text{이고 } D_{1i} = 1[\gamma_0 + \gamma_1 > v_i]$$

이 모형에서 γ_1는 상수이기 때문에 단조성이 자동적으로 충족된다는 점에 유의하라. $\gamma_1 > 0$ 이라고 가정하면, LATE를 다음과 같이 표현할 수 있다.

$$E[Y_{1i} - Y_{0i} | D_{1i} > D_{0i}] = E[Y_{1i} - Y_{0i} | \gamma_0 + \gamma_1 > v_i > \gamma_0]$$

이 식은 $Y_{1i} - Y_{0i}$와 v_i의 결합분포뿐만 아니라 1단계 잠재 모형의 모수인 γ_0과 γ_1의 함수이다. 일반적으로 이 식은 무조건부 평균 처치효과 $E[Y_{1i} - Y_{0i}]$ 혹은 처치를 받은 사람들에 대한 효과(the effect on the treated) $E[Y_{1i} - Y_{0i} | D_i = 1]$와는 동일하지 않다. 다음 절에서 우리는 상이한 평균 인과효과 사이의 차이를 살펴보고자 한다.

4.4.2 순응자 부분 모집단

LATE 모형에서는 임의의 모집단을 구성원들이 도구변수에 반응하는 방식을 기준으로 세 종류의 부분집단(subgroups)으로 구분한다. 이 부분집단들을 정리하면 다음과 같다.

● 정의 **4.4.1 순응자 부분 모집단**

'순응자 집단(Compliers)'. $D_{1i} = 1$이고 $D_{0i} = 0$인 부분 모집단.

'항시 참여자 집단(Always-takers)'. $D_{1i} = D_{0i} = 1$인 부분 모집단.

'항시 불참자 집단(Never-takers)'. $D_{1i} = D_{0i} = 0$인 부분 모집단. ▦

LATE는 처치가 순응자 모집단에 미치는 효과이다. '순응자 집단(compliers)'이란 용어는 무작위 임상실험에서 나타나는 상황으로부터 유래하였다. 무작위 임상실험에서 일부 실험 참가자들은 무작위로 배정된 처치 지침(가령, 약 복용)에 순응하지만, 그렇게 하지 않는 사람들도 있다. 게다가 통제집단에 속한 일부 실험 참가자들은 그렇게 하지 말아야 함에도 불구하고 실험의 대상이 되는 처치를 스스로 받기도 한다. 약을 복용하도록 무작위로 처치 배정을 받았음에도 불구하고, 약을 복용하지 않는 사람들은 항시 불참자들(never-takers)이다. 반면에 통제집단에 배정되었음에도 불구하고 약을 복용하는 사람들은 항시 참여자들(always-takers)이다. 추가적인 가정(가령, 동일한 인과효과)을 덧붙이지 않는 한, LATE는 처치가 항시 불참자들과 항시 참여자들에게 미치는 효과에 대해서는 좋은 정보를 제공하지 못한다. 왜냐하면 정의에 의해 이들 두 집단의 처치 상태는 도구변수의 영향을 받지 않기 때문이다. 임상실험에서 나타나는 불완전 순응현상과 IV 사이의 유사점은 단순 비유 그 이상이다. 왜냐하면 IV는 불완전한 순응현상으로 인해 무작위 임상실험에서 일어나는 인과적 추론의 문제점을 해결해 주기 때문이다. 이 점은 중요하기 때문에 아래에서 별도의 절을 편성해 다룰 예정이다.

이와 같이 특별히 중요한 사항을 논의하기에 앞서, 몇 가지 일반적인 사항들을 짚고 넘어가기로 하자. 첫째, 순응자 집단에 대한 평균 인과효과는 처치를 받은 사람들에 대한 평균 처치효과(average treatment effect on the treated)와는 보통 동일하지 않다. $D_i = D_{0i} + (D_{1i} - D_{0i})Z_i$라는 단순한 사실로부터 우리는 처치를 받은 모집단이 서로 겹치지 않는 두 개의 그룹으로 나뉜다는 점을 알 수 있다. 단조성에 의해 $D_{0i} = 1$이면 $D_{1i} = 1$이 성립하기 때문에 $D_{0i} = 1$와 $D_{1i} - D_{0i} = 1$이 동시에 같이 성립할 수는 없다. 그러므로 처치를 받은 사람들에 대해서는 $D_{0i} = 1$이 성립하거나 '또는' $D_{1i} - D_{0i} = 1$ 및 $Z_i = 1$이 성립한다. 따라서 D_i는 두 개의 상호 배타적인 더미변수들, 즉 D_{i0}와 $(D_{1i} - D_{0i})Z_i$의 합으로서 표현된다. 다시 말해, 처치를 받은 사람들은 항시 참여자들과 도구변수 값의 영향을 받는 순응자들로 구성된다. 도구변수는 무작위나 다름없이 배정되었으므로, 도구변수의 영향을 받는 순응자들은 모든 순응자들을 대표한다. 이로부터 우리는 다음의 식을 도출할 수 있다.

$$\underbrace{E[Y_{1i}-Y_{0i}|D_i=1]}_{\text{처치집단에 대한 효과}}$$
$$=\underbrace{E[Y_{1i}-Y_{0i}|D_{0i}=1]}_{\text{항시 참여자들에 대한 효과}}P[D_{0i}=1|D_i=1]$$
$$+\underbrace{E[Y_{1i}-Y_{0i}|D_{1i}>D_{0i}]}_{\text{순응자들에 대한 효과}}P[D_{1i}>D_{0i},Z_i=1|D_i=1] \qquad \text{(식 4.4.5)}$$

$P[D_{0i}=1|D_i=1]$과 $P[D_{1i}>D_{0i},Z_i=1|D_i=1]$의 합은 1이기 때문에, 위 식에 의하면, 처치를 받은 사람들에 대한 처치효과(the effect of treatment on the treated)는 항시 참여자들에 대한 효과와 순응자들에 대한 효과의 가중 평균이다.

마찬가지로, LATE는 처치를 받지 않은 사람들에 대한 처치(treatment on the nontreated)의 평균 인과효과 $E[Y_{1i}-Y_{0i}|D_i=0]$와도 다르다. 징병 추첨제 사례에서, 처치를 받지 않은 사람들에 대한 평균 효과는 베트남전 기간에 군복무를 하지 않는 사람들 모집단에 대해 군복무가 미치는 평균 인과효과이다. 처치를 받지 않은 사람들에 대한 평균 효과는 항시 불참자들에 대한 효과와 순응자들에 대한 효과의 가중 평균이다. 구체적으로, 처치를 받지 않은 사람들에 대한 효과는 다음과 같다.

$$\underbrace{E[Y_{1i}-Y_{0i}|D_i=0]}_{\text{미처치 집단에 대한 효과}}$$
$$=\underbrace{E[Y_{1i}-Y_{0i}|D_{1i}=0]}_{\text{항시 불참자들에 대한 효과}}P[D_{1i}=0|D_i=0]$$
$$+\underbrace{E[Y_{1i}-Y_{0i}|D_{1i}>D_{0i}]}_{\text{순응자들에 대한 효과}}P[D_{1i}>D_{0i},Z_i=0|D_i=0] \qquad \text{(식 4.4.6)}$$

단조성에 의해 $D_{1i}=0$인 사람들은 반드시 항시 불참자들이어야 한다는 사실이 위 식에서 이용된다.

마지막으로, 다음의 식을 이용해 (식 4.4.5)와 (식 4.4.6)의 평균을 구할 수 있다.

$$E[Y_{1i}-Y_{0i}]=E[Y_{1i}-Y_{0i}|D_i=1]P[D_i=1] \\ +E[Y_{1i}-Y_{0i}|D_i=0]P[D_i=0]$$

위 식에 따르면, 무조건부 평균 처치효과는 순응자들에 대한 효과, 항시 참여자들에 대한 효과 및 항시 불참자들에 대한 효과의 가중 평균이다. 물론 단조성과 <정의 4.4.1>을 이용하면 위의 결론을 직접 도출할 수도 있다. IV는 항시 참여자들에 대한 효과와 항시 불참자들에 대한 효과에 대한 직접적인 정보를 제공하지 않기 때문에, 도구변수는 통상 처치를 받은 모든 사람들에 대한 평균 인과효과나 처치를 받지 않은 모든 사람들에 대한 평균 인과효과를 잡아내지 못한다. 그러나 이 원칙이 적용되지 않는 중요한 예외들이 있다. 즉, 도구변수가 항시 참여자와 항시 불참자를 전혀 허용하지 않는 경우이다. 이러한 상황이 일반적인 것은 아니지만 중요한 특수 사례이다. 하나의 예로는 자녀수의 도구변수로서 사용되는 쌍둥이 변수(twins instrument)이다. Rosenzweig and Wolpin(1980), Bronars and Grogger(1994), Angrist and Evans(1998) 및 Angrist, Lavy and Schlosser(2006)가 이 도구변수를 사용한 바 있다. 또 다른 예로는 영국에서 학력에 대한 도구변수로서 의무교육법(compulsory attendance laws)의 변화를 사용한 Oreopoulos(2006)의 최근 연구가 있다.

위에서 말한 특수한 사례가 쌍둥이 도구변수를 사용하는 경우에는 어떻게 적용되는지 살펴보기 위해, T_i를 두 번째 출산에서 쌍둥이를 낳았는지를 표시하는 더미변수라고 정의하자. Angrist and Evans(1998)는 이 도구변수를 사용해 둘 이상의 자녀를 낳은 여성들의 모집단 내에서 세 자녀를 갖는 것이 여성의 임금에 미치는 인과효과를 추정하였다. 세 번째 자녀가 특별히 흥미를 끄는 이유는 1960년대와 1970년대 미국 여성들의 출산율 감소가 주로 세 명의 자녀가 두 명의 자녀로 줄어드는 변화를 의미하기 때문이다. 두 번째 출산에서 쌍둥이 여부는 이러한 변화를 야기하는 준실험적 장치를 제공한다. Y_{0i}를 자녀 둘을 가진 여성의 잠재 임금이라고 정의하고, Y_{1i}를 자녀 셋을 가진 여성의 잠재 임금이라고 정의하자. 여기서 자녀 셋을 갖는 사건

을 D_i라고 표시하자. T_i가 무작위나 다름없이 배정되고, 쌍둥이 출생에 따라 최소 1명 이상의 자녀수가 증가하고, 그리고 쌍둥이 출산은 오직 자녀수 증가를 통해서만 결과변수에 영향을 미친다는 가정 하에서, 쌍둥이 도구변수 T_i를 이용해 구한 LATE는 $E[Y_{1i} - Y_{0i} | D_i = 0]$, 즉 처치를 받지 않은 여성(자녀가 둘뿐인 여성)에게 미치는 평균 인과효과가 된다. 왜냐하면 두 번째 출산에서 쌍둥이를 낳은 모든 여성은 결국 세 명의 자녀를 갖게 되기 때문이다. 즉, 쌍둥이 도구변수에 반응하는 항시 불참자는 존재하지 않기 때문이다.

Oreopoulos(2006) 역시 IV를 사용해 처치를 받지 않은 사람들에게 미치는 처치의 평균 인과효과를 추정한다. 그의 연구는 영국의 의무교육 연령이 14세에서 15세로 높아진 점을 이용해 학력의 경제적 수익률을 추정한다. 많은 10대들이 법 시행 이전에 미리 14세 때 학교를 그만두긴 했지만, 영국의 새로운 의무교육법은 거의 완벽에 가깝게 준수되었다. 이 경우에서 관심의 대상이 되는 인과효과는 고등학교를 추가로 한 해 더 다니는 것으로 인해 발생하는 임금 프리미엄이다. 이렇게 한 해 더 학교를 다니는 것을 처치라고 생각할 수 있다. Oreopoulos가 사용한 영국 표본에서 모든 사람들은 의무교육법이 보다 엄격하게 시행되었을 때, 추가로 일 년 학교를 더 다녔기 때문에 항시 불참자는 존재하지 않는다. 따라서 Oreopoulos의 IV 전략은 고등학교를 1년 더 다니는 것이 14세 때 학교를 떠났을 사람들에게 미치는 평균 인과효과를 잡아낸다. 이러한 해석은 영국의 10대들이 법을 정말 잘 지키는 사람들이라는 사실 때문에 가능하다. Oreopoulos의 IV 전략을, 예를 들어 이스라엘에 적용했다면 처치가 미처치자들에게 미치는 효과는 추정하지 못했을 것이다. 왜냐하면 이스라엘에서는 의무교육법에 관한 한 10대들에게 더 넓은 자유재량권이 주어졌기 때문이다. 따라서 의무교육법의 변동을 도구변수로서 이용하는 이스라엘의 계량경제학자들은 아쉽지만 LATE 정도에 만족해야 한다.

4.4.3 무작위 실험에서의 IV

LATE 모형의 용어는 도구변수와 무작위 실험 사이의 유사성으로부터 도출된다. 그러나 몇몇 도구변수들은 실제로 무작위 실험으로부터 만들어지기도 한다. 만약 도구변수가 무작위로 배정된 처치 제안(offer)이라면, LATE는 처치 제안을 받으면 처치를 받고 그렇지 않으면 처치를 받지 않는 사람들에게 처치가 미치는 인과효과이다. 특히 중요한 경우는 도구변수가 무작위 실험을 통해 생성된 상황에서 한쪽 방향으로만 미순응(noncompliance)이 발생하는 경우이다. 많은 무작위 실험에서는 무작위로 처치 제안을 받은 사람들이 처치에 실제 참여할지에 관한 결정이 자발적으로 이루어진다. 반면에 통제집단에 있는 사람들은 어느 누구도 실험의 대상이 되는 처치를 받지 못한다. 배정된 처치를 받는(즉, 배정된 처치에 순응하는) 집단은 처치 제안을 받은 사람들 중 자기 선택된 부분집합(self-selected subset)에 불과하기 때문에, 실제 처치를 받은 사람들과 통제집단을 비교하는 것은 잘못된 결론에 도달할 위험이 있다. 이 경우에 선택편의는 거의 항상 양(+)의 값이다. 예를 들어, 무작위 임상실험에서 자신에게 처치된 약을 복용하는 사람들은 주로 건강한 사람들이다. 마찬가지로, 교육훈련 프로그램과 같이 무작위로 배정된 경제적 처치를 적극 활용하는 사람들은 그 처치와는 무관하게 대체로 임금이 높은 사람들이다.

무작위로 배정된 처치 제안을 실제 처치 여부에 대한 도구변수로 이용하는 방법을 통해 IV는 위와 같은 종류의 순응문제(compliance problem)를 해결한다. 더욱이 이 경우 LATE는 처치를 받은 사람들에 대한 처치효과이다. 도구변수 Z_i를 처치집단에 무작위 배정되었는지를 표시하는 더미변수라고 가정하자. 그리고 D_i는 처치를 실제로 받았는지를 표시하는 더미변수라고 가정하자. 실제 분석에서는 미순응의 문제로 인하여 D_i와 Z_i가 서로 같지 않다. 무작위 실험을 이용해 JTPA 교육훈련 프로그램을 평가하는 것이 하나의 예이다. JTPA 교육훈련 프로그램에서는 무작위로 교육훈련 제안을 받은 사람들 중 60퍼센트만이 실제로 교육훈련을 받았고, 통제집단으로 배정된 사람

표 4.4.1 JTPA 실험의 결과: 교육훈련 효과에 대한 OLS 및 IV 추정치

	교육훈련 여부별 비교(OLS)		배정 여부별 비교(ITT)		도구변수 추정치(IV)	
	공변량 없음 (1)	공변량 있음 (2)	공변량 없음 (3)	공변량 있음 (4)	공변량 없음 (5)	공변량 있음 (6)
A. 남성	3,970	3,754	1,117	970	1,825	1,593
	(555)	(536)	(569)	(546)	(928)	(895)
B. 여성	2,133	2,215	2,133	2,215	2,133	2,215
	(345)	(334)	(359)	(341)	(560)	(532)

주: JTPA 연구 자료를 이용해 저자들이 작성한 표이다. 이 표에는 교육훈련 보조의 임금효과를 JTPA 실험을 이용해 구한 OLS, ITT, 그리고 IV 추정치가 제시되어 있다. (1)열과 (2)열에는 훈련 여부에 따른 임금차이가 제시되어 있다. (3)열과 (4)열에는 무작위 배정 여부에 따른 차이가 제시되어 있다. (5)열과 (6)열에는 훈련에 대한 도구변수로서 무작위 배정 여부를 사용한 결과가 제시되어 있다. (2)열, (4)열 및 (6)열에 사용된 공변량들로는 고등학교 졸업 혹은 GED, 흑인, 히스패닉, 기혼 여부, 전년도에 13주 미만 일을 했는지 여부, (여성의 경우) AFDC, 그리고 추천받은 JTPA 서비스의 종류, 연령 집단 및 2차 후속조사 여부 지시변수들이 있다. 괄호 안에는 강건한 표준 오차가 제시되어 있다. 표본에서 남성은 5,102명이고 여성은 6,102명이다.

들 중 약 2퍼센트는 다른 경로를 통해 교육훈련을 받았다(Bloom *et al.*, 1997; 또한 7.2.1절을 참조하라). JTPA에서 미순응이 발생한 이유는 참가자들이 무관심했고 또한 프로그램 운영자들이 적극적으로 참가를 독려하지 않았기 때문이다. 이 경우에 순응의 문제는 주로 처치집단에 국한되어 있기 때문에, 처치를 받았는지의 여부 D_i에 대한 도구변수로서 무작위 배정된 Z_i을 이용해 구한 LATE는 처치를 받은 사람들에 대한 처치의 효과이다.

JTPA 실험의 결과를 제시하고 있는 <표 4.4.1>은 IV를 사용해 순응문제를 어떻게 해결하는지를 보여준다. JTPA 실험에서 주된 관심대상 성과변수는 무작위 배정 이후 30개월 동안의 총임금이다. 표의 (1)열과 (2)열은 훈련을 받은 사람들과 그렇지 않은 사람들 사이의 임금 차이를 보여준다. ((2)열의 OLS 추정치들은 실험을 시작할 때 측정한 여러 개의 개인 특성들을 통제하는 회귀모형으로부터 도출되었다.) (1)열과 (2)열에 나타난 차이를 보면 남성의 경우에는 약 $4,000, 여성의 경우에는 약 $2,200 정도로 두 경우 모두 평균 임금의 약 20퍼센트에 달하는 상당한 처치 차이를 보이고 있다. 그러나 이 추정치들은 잘못된 결론을 도출할 위험이 있다. 왜냐하면 여기에서는 실제로 처치를 받았는지의 여부 D_i에 따라 개인들을 비교하고 있기 때문이다. 처치집단으로 배정받은 개인들은 자유롭게 처치를 거부할 수 있기 때문에(그들 중 40퍼센트는 처치를 거부하였다), 순응하는 의사결정이 잠재성과들과 독립적이지 않는 한, 이와 같은 비교는 무작위 배정을 이용하지 않는 것이나 다름없다. 그리고 순응에 대한 의사결정이 잠재성과들과 독립일 가능성은 거의 없어 보인다.

<표 4.4.1>의 (3)열과 (4)열에서는 처치 제안을 받았는지의 여부에 따라 개인들을 비교하고 있다. 다시 말해, 무작위로 배정된 Z_i의 값별로 비교하는 것이다. 임상실험의 용어를 빌리면, (3)열과 (4)열에서 사용하는 비교는 '처치의도 효과(intention-to-treat effect: ITT)'라고 알려져 있다. 표에서 ITT 효과는 대략 $1,200이다. (공변량을 통제할 경우에는 다소 줄어든다.) Z_i가 무작위로 배정되었기 때문에 ITT 효과는 인과적으로 해석된다. 즉, 추정치들은 처치 제안의 인과효과를 보여준다. 처치 제안을 받은 사람들 중 많은 사람들이 처치에 참여를 하지 않았다는 사실에도 불구하고 이 인과효과는 성립한다. 이러한 이유 때문에 ITT 효과는 실제 처치 여부를 기준으로 구한 평균 인과효과와 비교할 때 훨씬 작게 나타난다. (5)열과 (6)열에서는 위의 비교들을 종합해 가장 흥미로운 효과를 제시한다. 즉 ITT를 원래 배정된 처치집단과 통제집단 간의 순응률(compliance rate) 차이(약 0.6)로 나누어 구한 값이다. 이 값은 대략 $1,800으로서 처치가 처치를 받은 사람들에 미치는 효과를 보여준다. ITT를 순응률 차이로 나눈 값이 처치를 받은 사람들에 미치는 처치의 효과라는 것을 어떻게 알 수 있을까? 먼저 우리는 ITT가 무작위 배정된 처치 제안(우리의 예에서 도구변수)의 축약형 효과임을 알 수 있다. 순응률은 이 도구변수와 관련되는 1단계이고, 여느 때와 마찬가지로 Wald 추정식은 축약형 나누기 1단계이다. 일반적으로 이 값은 LATE와 같다. 하지만 우리의 예에서는 항시 참여자가 (거의) 없기 때문에 처치를 받은 사람들 모집단은 (거의) 전부 순응자들로 구성되어 있다. 따라서 <표 4.4.1>의 (5)열과 (6)열에 있는 IV 추정치들은 처치를 받은 사람들에 미치는 처치효과의 일치추정량이다. 위의 결론은 상당히 중요하기 때문에 다른 방법을 통해 유도해 볼 필요가

있다. 우리가 아는 바로는, IV 공식을 사용해 미순응이 한 방향으로만 발생하는 무작위 실험에서 처치를 받은 사람들에 대한 처치효과를 추정할 수 있다고 최초로 설명한 사람은 Howard Bloom(1984)이다. Bloom의 결과와 그것의 간단하면서도 직접적인 증명은 다음과 같다.

● 정리 **4.4.2 Bloom의 결과**

LATE 정리의 가정들이 성립하고, $E[D_i|Z_i=0]=P[D_i=1|Z_i=0]=0$이라고 가정하자. 이 경우 다음의 관계가 성립한다.

$$\frac{E[Y_i|Z_i=1]-E[Y_i|Z_i=0]}{P[D_i=1|Z_i=1]}=E[Y_{1i}-Y_{0i}|D_i=1]$$

●● 증명

$E[Y_i|Z_i=1]=E[Y_{0i}|Z_i=1]+E[(Y_{1i}-Y_{0i})D_i|Z_i=1]$이고, $Z_i=0$은 $D_i=0$을 의미하기 때문에 $E[Y_i|Z_i=0]=E[Y_{0i}|Z_i=0]$이다. 그러므로 독립성에 의해 $E[Y_{0i}|Z_i=0]=E[Y_{0i}|Z_i=1]$이 성립하므로 $E[Y_i|Z_i=1]-E[Y_i|Z_i=0]=E[(Y_{1i}-Y_{0i})D_i|Z_i=1]$이다.

그러나 $E[(Y_{1i}-Y_{0i})D_i|Z_i=1]=E[Y_{1i}-Y_{0i}|D_i=1,Z_i=1]P[D_i=1|Z_i=1]$이다. 반면, $Z_i=0$인 사람 어느 누구도 처치를 받지 않기 때문에 $D_i=1$은 $Z_i=1$을 의미한다. 따라서 $E[Y_{1i}-Y_{0i}|D_i=1,Z_i=1]=E[Y_{1i}-Y_{0i}|D_i=1]$이다. ▒

LATE 모형은 무작위 실험에서 미순응이 발생할 경우, 어떻게 분석해야 하는지를 알려 주고 있을 뿐만 아니라, 사람들을 처치에 순응하도록 강제하는 것이 불가능하거나 비윤리적인 상황에서도 영리하게 디자인만 한다면 무작위 실험을 가능케 한다. 범죄학 분야에서 창의적인 사례로는 Minneapolis 가정폭력 실험(Minneapolis Domestic Violence Experiment: MDVE)이 있다. MDVE는 경찰이 가정폭력에 대응하는 최적의 방법을 찾아내고자 하는 선구적인 노력이었다(Sherman and Berk, 1984). 일반적으로 경찰에게는 가정폭력 신고전화에 대응하는 수많은 전략들이 존재한다. 이들 전략으로는 폭력상담(counseling), 접근금지 명령(separation orders) 및 체포 등이 있다. 강경한 대응방법

(즉, 체포나 적어도 일시적인 감금)이 유익한지, 특히 가정폭력 고소사건들은 빈번하게 철회된다는 점을 고려할 때도 이 방법이 유익한지에 관한 질문을 둘러싸고 격렬한 논쟁이 벌어졌다.

이러한 논쟁의 결과, Minneapolis시는 경찰이 가정폭력 신고전화에 대응하는 방법을 부분적으로 무작위 배정에 의해 결정하는 무작위 실험을 승인하였다. 연구 디자인에 의하면, 무작위로 섞여 색깔로 구분된 보고서 양식에 의거해 출동한 경관은 일부 가해자는 체포하기도 하고, 다른 일부는 상담을 의뢰하기도 하고, 또는 사건 당사자들을 단지 떼어놓는 정도의 조치만을 취하기도 하였다. 그러나 실제 실행과정에서 경찰은 자유롭게 무작위로 배정된 대응방법을 무시할 수도 있었다. 예를 들어, 가해자가 특별히 위험하거나 술에 취한 경우에는 배정된 대응방법과 무관하게 항상 가해자를 체포하였다. 그 결과, 경찰의 실제 대응방법은 무작위로 배정된 대응방법으로부터 자주 벗어났다. 그럼에도 불구하고 두 대응방법 간에는 높은 상관관계가 존재한다.

MDVE 자료를 분석한 대부분의 발표 논문들은 이와 같은 순응문제를 인식해 ITT 효과에 초점을 맞춘다. 즉, 이 논문들은 원래의 무작위 배정 정보를 사용하였을 뿐 실제로 실행된 처치방법을 사용하지 않았다. 그러나 MDVE 자료를 사용하면 순응자들에 대한 평균 인과효과를 추정할 수도 있다. 이 경우 순응자들이란 무작위 배정된 대응방법에 따랐기 때문에 체포되지는 않았지만, 그렇지 않고 평소 같았으면 체포되었을 사람들을 말한다. Angrist(2006)는 이 아이디어를 이용해 MDVE를 분석하였다. MDVE에서 무작위로 체포를 배정받은 모든 사람들은 실제로도 체포되었기 때문에, 항시 불참자는 존재하지 않는다. 이는 예상 밖의 흥미로운 상황전개이면서 Bloom이 생각한 상황과 정반대되는 상황이다. 즉 여기에서는 모든 사람들에 대해 $D_{1i}=1$이 성립한다. 따라서 LATE는 처치를 받지 않은 사람들에 대한 처치효과이다. 즉,

$$E[Y_{1i}-Y_{0i}|D_{1i}>D_{0i}]=E[Y_{1i}-Y_{0i}|D_i=0]$$

여기서 D_i는 체포 여부를 표시한다. MDVE 자료를 이용해 구한 IV 추정치에 의하면, 체포의 평균 인과효과로 인하여 체포를 경험하지 않은 부분 고집단에서 폭력이 반복될 확률이 급격하게 감소한다.[25]

4.4.4 순응자 집단의 구성과 특성

앞서 살펴보았듯이 특수한 경우를 제외하고 각각의 도구변수는 각기 고유한 인과관계 모수, 즉 해당 도구변수에 순응하는 순응자들의 모집단에 대한 고유한 인과관계 모수를 식별한다. 따라서 적어도 원칙적인 의미에서는, 동일한 인과관계에 대해 서로 다른 도구변수들을 사용하면 서로 다른 것을 추정하게 된다. (다만, 어느 한편으로만 완벽하게 순응하도록 만드는 도구변수는 이것의 중요한 예외이다.) 비록 상이한 IV 추정치들이 2SLS에 의해 암묵적으로 가중되어 하나의 평균 인과효과로서 도출된다고 하더라도, 4.2.2절에서 논의한 것과 같은 과다식별 검정법은 완전히 이질적인 효과를 다루는 경우에서는 전혀 쓸모가 없게 된다. 4.2.2절에서는 여러 개의 도수변수들이 동일한 것을 추정하느냐 그렇지 않느냐의 여부에 따라 도구변수의 적절성이 판정되었다. 도구변수에 따라 처치효과에 차이가 생기는 현상은 순응자 하위 모집단들 간의 차이 때문에 발생할 수도 있다. 따라서 연구자는 서로 다른 도구변수들 각각의 순응자 집단에 대해 가능한 한 많은 것을 알고자 한다. 게다가 순응자 하위 모집단이 관심의 대상이 되는 여타의 모집단들과 유사하다면, 인과효과 추정치를 이들 여타의 모집단까지 확대시켜 해석하는 방법은 힘을 얻게 된다. 이런 생각을 토대로 Acemoglu and Angrist(2000)는 출생 분기 도구변수와 주별 의무교육법(구체적으로, 학교를 자퇴하기 전 필요한 최소 학력)은 실

25 제2장에서 논의한 Krueger(1999)의 연구에서도 IV를 사용해 무작위 실험으로부터 생성된 자료를 분석한다. 구체적으로, 이 연구는 Tenessee의 STAR 실험에서 생성된 자료를 이용하고 실제 학급규모에 대한 도구변수로서 무작위 배정된 학급규모를 사용한다. 1학년 및 그 윗 학년 학생들의 경우, 실제 학급규모는 무작위로 배정된 학급규모와 다르다. 왜냐하면 학부모와 교사들이 실험이 시작된 이후 몇 년 동안 학생들을 이동시켰기 때문이다. 또한 4.5.3절에서 논의하는 바와 같이, Krueger(1999)는 처치 강도가 변하는 모형에 2SLS를 적용하는 방법을 예시한다.

질적으로 동일한 집단의 사람들에게 동일한 이유로 영향을 미친다고 주장한다. 그러므로 도구변수로서 출생 분기를 사용했을 때와 의무교육법을 사용했을 때 도출한 두 개의 학력 수익률은 비슷한 크기일 것이라고 예상할 수 있다. 또한 출생 분기를 이용한 추정치를 사용해 우리는 그 당시 의무교육법을 강화시키는 법안들이 야기하게 될 영향을 예측해 볼 수도 있다.

다른 한편, 둘 혹은 그 이상의 도구변수들과 관련이 있는 순응자 부분 모집단이 서로 매우 상이함에도 불구하고 이들로부터 구한 IV 추정치들이 서로 비슷하다면, 동일효과를 타당한 가설로서 받아들일 수도 있을 것이다. 이러한 생각은 과다식별의 아이디어를 되살리면서도 그것을 외적 타당도의 관점에서 해석하고 있다.[26] 이러한 추론은 가족 내 자녀수가 자녀들의 교육에 미치는 영향을 분석한 Angrist, Lavy, and Schlosser(2006)의 연구에 예시되어 있다. Angrist, Lavy, and Schlosser 연구는 가족 규모가 큰 가정에서 자란 아이들이 일반적으로 소규모 가정에서 자란 아이들보다 교육 수준이 낮다는 관측결과로부터 출발한다. 자녀수를 다룬 연구에서 오랫동안 지속되었던 질문은 대규모 가정과 나쁜 결과 사이에 관측되는 음(−)의 상관관계가 인과관계를 의미하는지에 관한 것이다. 앞으로 살펴보겠지만, 많은 상이한 도구변수들을 이용해 자녀수의 효과를 추정한 IV 추정치들은, 각각 매우 상이한 순응자 하위 모집단을 대상으로 함에도 불구하고, 모두 자녀수의 효과가 전혀 없다는 분석결과를 제시한다. Angrist, Lavy, and Schlosser(2006)의 주장에 따르면, 이 결과들은 그들의 연구대상인 이스라엘 모집단의 거의 모든 사람들에 대해 공통적으로 자녀수의 효과가 존재하지 않음을 의미한다.[27]

앞서 살펴본 바와 같이, 순응자 집단의 크기는 쉽게 측정할 수 있다. 그것은 바로 Wald 1단계 추정치이다. 왜냐하면 단조성 가정이 성립하면 다음의 관계가 성립하기 때문이다.[28]

26 사실, 과다식별 모형에서 모든 도구변수들이 타당하다는 가설을 유지하는 경우, 전통적인 과다식별 검정통계량은 처치효과의 동질성을 검증하는 공식적인 방법이 된다.

27 Black, Devereux, and Salvanes(2005)도 노르웨이에 대해 비슷한 분석결과를 도출한 바 있다.

28 (**역주**) $P[D_{1i} > D_{0i}]$는 $Z_i = 1$일 때의 D값(즉 $D_{1i} | Z_i = 1$)이 $Z_i = 0$일 때의 D값(즉 $D_{0i} | Z_i = 0$)

$$P[D_{1i} > D_{0i}] = E[D_{1i} - D_{0i}]$$
$$= E[D_{1i}] - E[D_{0i}]$$
$$= E[D_i | Z_i = 1] - E[D_i | Z_i = 0]$$

또한 순응자 모집단의 경우 처치 상태는 Z_i에 의해 완벽하게 결정되기 때문에, 처치를 받은 사람들 중 어느 정도의 비율이 순응자 집단에 속하는지를 확인할 수 있다. 조건부 확률의 정의에 따르면 다음의 관계가 성립한다.

$$P[D_{1i} > D_{0i} | D_i = 1] = \frac{P[D_i = 1 | D_{1i} > D_{0i}] P[D_{1i} > D_{0i}]}{P[D_i = 1]}$$
$$= \frac{P[Z_i = 1](E[D_i | Z_i = 1] - E[D_i | Z_i = 0])}{P[D_i = 1]} \quad \text{(식 4.4.7)}$$

두 번째 등호가 성립하는 이유는 $P[D_i = 1 | D_{1i} > D_{0i}] = P[Z_i = 1 | D_{1i} > D_{0i}]$이고 독립성에 의해 $P[Z_i = 1 | D_{1i} > D_{0i}] = P[Z_i = 1]$이 성립하기 때문이다. 다시 말해, 처치를 받은 사람들 중 순응자들의 비율은 도구변수 값이 1일 확률 곱하기 1단계 추정치 나누기 처치를 받은 사람들의 비중으로 표현된다.
군복무자들 중 징병추첨제 순응자들의 비율을 계산함으로써 (식 4.4.7)을 설명하면 다음과 같다. 이 계산에 사용되는 각 요소들은 <표 4.4.2>의 첫 두 열에 제시되어 있다. 예를 들어, 1950년생 백인 남성들의 경우 1단계 추정치는 0.159이고, 징집자격의 확률은 195/365(=0.534)이며, 처치의 주변부 확률(marginal probability)은 0.267이다. 이들 통계량을 이용해 계산하면, 군복무자 모집단에서 순응자 하위 모집단의 비중은 0.32이다. 1950년생 유색인종 남성들의 경우에는 군복무자들 중 징병추첨제 순응자의 비중이 20퍼센트로 하락한다. 이것은 그리 놀라운 사실이 아닌데, 그 이유는 유색인종 남성들의 경우 징병추첨제 1단계가 상당히 약하기 때문이다. 표의 마지막 열에는 군복

보다 클 확률이다. 이 경우는 $D_{1i} = 1$이고, $D_{0i} = 0$인 경우뿐이다. 따라서 $P[D_{1i} - D_{0i}] = P[D_{1i} - D_{0i} = 1] = E[D_{1i} - D_{0i}]$이다. 왜냐하면, D_{1i}와 D_{0i}는 각각 1과 0의 값을 갖는 더미변수이기 때문이다. 그리고 $P[D_{1i} > D_{0i}]$은 i가 순응자가 될 확률이다.

표 **4.4.2 도구변수를 사용한 연구에서 제시된 순응 확률**

					1단계		순응 확률	
출처 (1)	**내생변수(D)** (2)	**도구변수(Z)** (3)	**표본** (4)	$P[D=1]$ (5)	$P[D_1 > D_0]$ (6)	$P[Z=1]$ (7)	$P[D_1 > D_0 \mid D=1]$ (8)	$P[D_1 > D_0 \mid D=0]$ (9)
Angrist(1990)	군복무 여부	징집자격	1950년생 백인 남성	0.267	0.159	0.534	0.318	0.101
			1950년생 유색인종 남성	0.163	0.060	0.534	0.197	0.033
Angrist and Evans(1998)	세 자녀 이상	두 번째 출산 쌍둥이 여부	1980년 현재 둘 이상의 자녀를 둔 21~35세의 기혼여성	0.381	0.603	0.008	0.013	0.966
		처음 두자녀의 성별이 동일		0.381	0.060	0.506	0.080	0.048
Angrist and Krueger(1991)	고등학교 졸업	3분기 혹은 4분기 출생	1930년에서 1939년 사이에 태어난 남성	0.770	0.016	0.509	0.011	0.034
Acemoglu and Angrist(2000)	고등학교 졸업	11년 이상의 최저 학력을 지정하는 주별 의무교육법	40~49세의 백인 남성	0.617	0.037	0.300	0.018	0.068

주: 이 표에는 여러 도구변수들에 대해 순응 모집단의 절대적 및 상대적 크기가 계산되어 있다. (6)열에 제시된 1단계는 순응자 집단의 절대적 크기를 나타낸다. (8)열과 (9)열에는 처치를 받은 모집단과 처치를 받지 않은 모집단 내에서 순응 모집단의 크기가 제시되어 있다.

무를 하지 않은 사람들 중 징병추첨에서 자격이 주어졌다면 군복무를 했을 사람들의 비중이 제시되어 있다. 이 비율은 유색인종의 경우 약 3퍼센트로부터 백인의 경우 10퍼센트까지의 범위에 있는데, 이는 군복무를 하지 않은 사람들 대부분이 군복무를 연기하거나, 군복무 자격이 없거나 또는 군복무에 부적합한 사람들이라는 사실을 반영한다.

Angrist(1990)의 연구에서 관심대상이 되는 주요 모수는 의무적 군복무의 효과이기 때문에, 징집자격 순응자 집단이 군복무자들 중 소수에 불과하다는 사실이 이 연구의 한계라고 말할 수는 없다. 베트남전 시기 동안에도 대부분의 군인들은 자원입대한 사람들이었다. 이는 베트남전 시기의 군복무자들에 대해 잘 알려지지 않은 사실이다. 징병추첨제를 이용해 구한 IV 추정치를 LATE로서 해석함으로써, 우리는 군복무가 자원 입대자들에게 미치는 효과를 추정하기 위해서는 다른 상이한 식별 전략이 필요하다는 점을 확실히 알 수 있게 된다. (Angrist(1998)는 이들 식별 전략 중 몇 개를 적용하고 있다.)

<표 4.4.2>의 다른 행에는 출산의 효과를 추정하기 위해 Angrist and Evans (1998)가 사용한 쌍둥이 및 자녀 성별구성 도구변수의 경우에 대해 그리고 학력의 수익률을 추정하기 위해 Angrist and Krueger(1991)와 Acemoglu and Angrist(2000)가 사용한 출생 분기 및 의무교육법 도구변수의 경우에 대해 각각 순응자 부분 모집단의 크기가 제시되어 있다. 이들 각 연구에서 순응자 부분 모집단은 처치를 받은 집단의 작은 일부분이다. 예를 들어, 고등학교를 졸업한 사람들 중 2퍼센트 미만의 사람들만이 의무교육법이나 후반부 분기에 태어난 이유 때문에 고등학교를 졸업하였다.

순응자 부분 모집단이 작은 것이 문제가 되는지 여부는 상황에 따라 다르다. 어떤 경우에는 "당신에게 필요한 것을 얻는다"고 말해도 무방하다. 예를 들어, 외과수술이 심장마비 환자들에 미치는 효과를 추정하기 위해 IV를 사용한 McClellan, McNeil, and Newhouse(1994)의 획기적인 연구에서 강조하고 있는 바와 같이, 많은 정책개입들에 있어 주된 관심대상은 한계집단(marginal group)이다. 이들 연구진은 심장마비 치료시설까지의 상대적 거리를 사용해 나이가 많은 심장마비 환자에게 외과수술 처치가 적용되었는지의 여부에 대

한 도구변수를 구축하였다. 대부분의 환자들은 치료시설까지의 거리와는 상관없이 동일한 처치를 받는다. 하지만 일부 환자들의 경우에는 적절한 의학적 조치(혹은 적어도 적절한 의학적 조치에 관한 통념)가 무엇인지가 불확실하다. 이런 경우에는, 의료진이나 환자들은 외과수술 시설을 잘 갖춘 기관이 가까운 곳에 있을 때에만 외과수술을 선택한다. McClellan *et al.*이 발견한 바에 따르면, 이 한계집단의 경우에는 외과수술 치료의 장점이 전혀 존재하지 않았다. 마찬가지로, 의무교육 연한을 18세로 높이는 조치는 다수의 미국 고등학생들에게는 전혀 영향을 미치지 않지만, 이 조치가 없었다면 자퇴를 했을 일부의 학생들에게는 영향을 미친다. IV 추정치는 이러한 한계집단의 경우 학력의 경제적 수익률이 상당히 크다는 점을 시사한다.

<표 4.4.2>의 마지막 열에는 4.4.2절의 끝에서 언급했던 쌍둥이 도구변수의 특별한 성격이 제시되어 있다. 앞에서와 같이 최소 두 자녀를 가진 여성들의 표본에서 두 자녀만을 가진 여성에 대해 $D_i = 0$이라고 표시하고, 세 자녀 이상을 가진 여성에 대해 $D_i = 1$이라고 표시하자. 쌍둥이 출산이라는 사건의 경우에는 항시 불참자가 존재할 수 없기 때문에(즉, 두 번째 출산에서 쌍둥이를 낳은 모든 여성은 반드시 (최소한) 3명의 자녀를 갖게 된다), $D_i = 0$인 여성들 사이에서 순응의 확률은 사실상 1이다. (표에는 0.97이라고 나와 있다.) 그러므로 이 경우 LATE는 처치를 받지 않은 사람들에 대한 효과 $E[Y_{1i} - Y_{0i} | D_i = 0]$이다.

순응자 집단의 크기와는 달리, 순응자들의 "특성"에 관한 정보는 도출하기 어려울 수 있다. 왜냐하면 순응자를 개인별로 식별하기는 불가능하기 때문이다. 각각의 개인에 대해 D_{1i}와 D_{0i} 둘 모두를 동시에 관측할 수 없기 때문에, $D_{1i} > D_{0i}$인 사람들이 정확히 누구인지는 알 수 없고, 따라서 이 집단에 대해 특성의 분포를 계산할 수 없다. 그러나 순응집단이 정확히 누구인지를 식별할 수 없다는 사실에도 불구하고, 순응자들 특성의 분포는 쉽게 기술할 수 있다. 설명을 간단하게 하기 위해 여기에서는 인종이나 졸업 여부와 같이 더미변수로 표현할 수 있는 특성들에 대해 초점을 맞추자. 이 경우 우리가 알고자 하는 모든 것은 1단계의 공변량 집단별 차이를 살펴봄으로써 구할

수 있다.

x_{1i}를 베르누이 분포를 따르는 특성(가령, 대졸 여부 더미변수)이라고 정의하자. 두 자녀를 가진 다른 여성들과 비교할 때, 성별구성 도구변수의 순응집단은 대학을 졸업할 확률이 더 높은가 혹은 더 낮은가? 다음과 같은 계산식을 통해 이 질문에 대한 답을 구할 수 있다.

$$\frac{P[x_{1i}=1|D_{1i}>D_{0i}]}{P[x_{1i}=1]}=\frac{P[D_{1i}>D_{0i}|x_{1i}=1]}{P[D_{1i}>D_{0i}]}$$

$$=\frac{E[D_i|Z_i=1,x_{1i}=1]-E[D_i|Z_i=0,x_{1i}=1]}{E[D_i|Z_i=1]-E[D_i|Z_i=0]} \quad \text{(식 4.4.8)}$$

다시 말해, 순응자가 대졸자일 상대적 가능성은 대졸자들만을 대상으로 구한 1단계 추정치 나누기 전체를 대상으로 구한 1단계 추정치의 비율과 같다.[29]

<표 4.4.3>에는 이 계산법을 적용하는 방법이 예시되어 있다. 즉, 쌍둥이 및 동일 성별 도구변수를 사용하는 경우, 첫 출산 시의 연령, 백인 이외의 인종, 그리고 최종 학력의 측면에서 순응자들의 특성별 비율이 제시되어 있다. 이 표를 작성하는 데 사용한 자료는 Angrist and Evans(1998)가 분석한 1980년 인구센서스 추출자료로서 두 명 이상의 자녀를 가진 21~35세의 기혼여성들 표본이다. 쌍둥이 도구변수의 순응자 집단은 표본에 있는 평균적인 여성과 비교할 때 첫 출산 연령이 30세 이상일 가능성이 높다. 이는 쌍둥이를 출산한 젊은 여성은 쌍둥이 출산과는 무관하게 자녀를 더 가질 가능성이 상대적

[29] 순응집단에 대해 공변량 분포의 평균이나 다른 특징들을 구하는 일반적인 방법은 Abadie (2003)의 kappa-가중식을 이용한다. 예를 들어,

$$E[X_i|D_{1i}>D_{0i}]=\frac{E[k_iX_i]}{E[k_i]}$$

이 식의 k_i는 다음과 같다.

$$k_i=1-\frac{D_i(1-Z_i)}{1-P(Z_i=1|X_i)}-\frac{(1-D_i)Z_i}{P(Z_i=1|X_i)}$$

이 식은 4.5.2절에서 설명하는 것처럼, 가중 함수 k_i가 "순응자들을 찾아주기" 때문에 성립한다.

표 **4.4.3 쌍둥이와 성별구성 도구변수의 경우 순응집단 특성들의 비율**

		두 번째 출산 시 쌍둥이		처음 두 자녀의 성별이 동일	
변수	$P[x_{1i}=1]$ (1)	$P[x_{1i}=1\|D_{1i}>D_{0i}]$ (2)	$P[x_{1i}=1\|D_{1i}>D_{0i}]/P[x_{1i}=1]$ (3)	$P[x_{1i}=1\|D_{1i}>D_{0i}]$ (4)	$P[x_{1i}=1\|D_{1i}>D_{0i}]/P[x_{1i}=1]$ (5)
첫 출산연령 30세 이상	0.0029	0.004	1.39	0.0023	0.995
흑인 혹은 히스패닉	0.125	0.103	0.822	0.102	0.814
고 졸	0.822	0.861	1.048	0.815	0.998
대 졸	0.132	0.151	1.14	0.0904	0.704

주: 이 표에는 쌍둥이와 성별구성 도구변수의 경우 순응집단의 특성을 분석한 결과가 제시되어 있다. (3)열과 (5)열의 비율은 순응자가 왼쪽에 제시된 특성을 가질 상대적 가능성을 표시한다. 자료는 Angrist and Evans(1998)에서와 같이, 1980년 인구센서스의 5% 표본으로부터 구성한 두 명 이상의 자녀를 가진 21~35세의 기혼여성들 표본이다. 표본크기는 모든 열에 대해 254,654명이다.

으로 높다는 사실을 반영하고 있다. (하지만 Angrist-Evans의 표본의 모든 여성들을 대상으로 할 때 30세가 넘어 첫 출산을 하는 경우는 드물다.)

또한 평균적인 기혼여성과 비교할 때, 쌍둥이 도구변수의 순응자 집단은 교육 수준이 더 높은 반면, 성별구성 도구변수의 순응자 집단의 교육 수준은 더 낮다. 이는 (<표 4.1.4>에 제시된 바와 같이) 쌍둥이 도구변수를 이용해 구한 2SLS 추정치들이 더 작은 점을 설명하는데 도움을 준다. 왜냐하면 Angrist and Evans(1998)의 결과에 따르면, 출산이 노동공급에 미치는 효과는 여성의 학력에 따라 감소하기 때문이다.

4.5 LATE의 일반화

LATE 정리는 (다른 공변량들은 통제하지 않고) 하나의 더미 도구변수를 사용해 더미 처치변수의 효과를 추정하는 매우 단순한 인과관계 모형에 적용된다. 우리는 LATE 정리를 세 개의 중요한 방향으로 일반화시킬 수 있다. (1) 도구변수가 여러 개인 모형(가령, 일련의 출생 분기 더미들), (2) 공변량(예를 들어, 출생 연도)을 통제하는 모형, 그리고 (3) 처치의 강도(treatment intensity)가 변하고 연속적인 경우(가령, 교육년수)의 모형이 그 세 가지 방향이다. 세 경우 모두에서 IV 추정식은 도구변수에 고유한 순응자 집단에 대한 가중 평균 인과효과이다. 계량경제학 기법은 여전히 2SLS이고, 몇 가지 사항들만 유의하면 그 해석도 근본적으로는 기초적인 LATE 결과들과 유사하다. 여러 개의 도구변수들을 사용하는 2SLS는 한 번에 하나의 도구변수를 사용해 구한 IV 추정치를 평균한 인과효과를 도출한다. 공변량들을 통제하는 2SLS는 공변량에 고유한(covariate-specific) LATE들의 평균값을 도출한다. 처치 강도가 변하고 연속적인 경우의 2SLS는 아마도 비선형의 형태를 취하는 인과 반응함수(causal response function)를 따라 계산한 도함수들의 가중 평균값을 도출한다. 이들 결과에 의해, 우리는 실증적으로 가장 적절한 상황에서 2SLS를 간편하게 인과적으로 해석할 수 있게 된다.

4.5.1 도구변수가 여러 개일 때의 LATE

도구변수가 여러 개인 경우로 확장하는 것은 그리 어렵지 않다. 확장 방법은 앞서 우리가 그룹화된 자료의 맥락에서 설명했던 결과와 근본적으로 동일하다. 두 개의 더미 도구변수 Z_{1i}와 Z_{2i}를 생각해 보자. 일반화의 가능성이 손상되지 않는 범위 내에서(without loss of generality), 이 더미변수들이 상호배타적(mutually exclusive)이라고 가정하자. (만약 상호배타적이지 않을 경우 우리는 상호배타적인 세 개의 더미변수들, 즉 $Z_{1i}(1-Z_{2i})$, $Z_{2i}(1-Z_{1i})$, $Z_{1i}Z_{2i}$을 구성할 수 있다.) 두 개의 더미변수를 이용해 Wald 추정량을 구할 수 있다. 또한 일

반화의 가능성이 손상되지 않는 범위 내에서, 각 더미변수에 대해 단조성을 만족하고 1단계 추정치는 양(+)이라고 가정하자. (만약 단조성 가정이 충족되지 않을 경우 우리는 더미변수들의 코딩값을 재조정해 단조성이 성립하도록 만들 수 있다.) 따라서 $D_{1i} > D_{0i}$가 성립하는 모집단이 Z_{1i}과 Z_{2i}의 경우에 서로 다르다고 하더라도 두 도구변수는 모두 $E[Y_{1i} - Y_{0i} | D_{1i} > D_{0i}]$을 추정한다.

Wald 추정량 대신에 우리는 2SLS의 맥락에서 Z_{1i}와 Z_{2i}를 함께 사용할 수도 있다. 이 두 개의 더미변수와 하나의 상수가 도구변수 집합에 포함되어 있는 모든 정보이기 때문에, 2SLS 추정법은 Z_{1i}와 Z_{2i}가 주어져 있을 때 정의되는 조건부 평균들을 이용해 그룹화된 자료를 추정하는 방식과 동일하다. (이때 도구변수들이 서로 상관관계를 갖는지의 여부는 중요하지 않다.) Angrist(1991)에서와 같이, 이때 도출되는 그룹화된 자료 추정량은 기저를 이루는 Wald 추정량들의 선형결합과 같다. 즉, 그룹화된 자료의 추정량은 도구변수를 한 번에 하나씩 이용해 구했기 때문에 각 도구변수에 고유한 LATE들의 선형결합이라고 할 수 있다. (사실 이 선형결합은 등분산성을 가정하는 전통적인 선형 동일효과 모형에서 가장 효율적인 선형결합이다.)

이러한 주장은 아직 완결된 상태가 아니다. 왜냐하면 우리는 아직 2SLS에 의해 도출되는 LATE들의 선형결합도 역시 가중 평균이라는 점(예를 들어, 가중치들은 비음수이며 그 합은 1임)을 증명하지 않았기 때문이다. 여기서 적용할 수 있는 가중식들은 Imbens and Angrist(1994)와 Angrist and Imbens (1995)에 제시되어 있다. 일반화된 식은 다소 복잡하기 때문에, 여기에서 우리는 도구변수가 두 개인 경우에 적용할 수 있는 간단한 식을 제시하고자 한다. 이 예로부터 우리는 Z_{1i}와 Z_{2i}를 동시에 이용해 구한 2SLS는 Z_{1i}와 Z_{2i}를 한 번에 하나씩 따로 이용해 구한 IV 추정치들의 가중 평균임을 확인할 수 있다. ρ_j를 Z_{1i}와 Z_{2i}를 따로 이용해 구한 IV 추정치라고 정의하자. 즉,

$$\rho_j = \frac{Cov(Y_i, Z_{ji})}{Cov(D_i, Z_{ji})};\ \ j = 1,2$$

2SLS의 (모집단) 1단계 예측치는 $\widehat{D}_i = \pi_{11}Z_{1i} + \pi_{12}Z_{2i}$이다. 여기서 π_{11}과 π_{12}는 모두 양수이다. 2SLS를 IV의 관점에서 해석하는 방식에 의하면 2SLS 추정식은 다음과 같다.

$$
\begin{aligned}
\rho_{2SLS} &= \frac{Cov(Y_i, \widehat{D}_i)}{Cov(D_i, \widehat{D}_i)} = \frac{\pi_{11}Cov(Y_i, Z_{1i})}{Cov(D_i, \widehat{D}_i)} + \frac{\pi_{12}Cov(Y_i, Z_{2i})}{Cov(D_i, \widehat{D}_i)} \\
&= \left[\frac{\pi_{11}Cov(D_i, Z_{1i})}{Cov(D_i, \widehat{D}_i)}\right]\left[\frac{Cov(Y_i, Z_{1i})}{Cov(D_i, Z_{1i})}\right] \\
&\quad + \left[\frac{\pi_{12}Cov(D_i, Z_{2i})}{Cov(D_i, \widehat{D}_i)}\right]\left[\frac{Cov(Y_i, Z_{2i})}{Cov(D_i, Z_{2i})}\right] \\
&= \psi\rho_1 + (1-\psi)\rho_2
\end{aligned}
$$

여기서 ρ_1은 Z_{1i}를 이용했을 때의 LATE이고, ρ_2는 Z_{2i}를 이용했을 때의 LATE이다. 그리고 아래의 ψ는 0과 1 사이의 값으로서 각 도구변수가 1단계에서 가지는 상대적 강도를 표현한다.

$$
\psi = \frac{\pi_{11}Cov(D_i, Z_{1i})}{\pi_{11}Cov(D_i, Z_{1i}) + \pi_{12}Cov(D_i, Z_{2i})}
$$

여기에서 우리는 2SLS가 각 도구변수에 고유한 순응자 부분 모집단에 대한 인과효과들을 가중 평균한 값이라는 점을 알 수 있다. 예를 들어, Angrist and Evans(1998)에서와 같이, 두 명 이상의 자녀를 둔 가족들을 대상으로 Z_{1i}를 쌍둥이 출생 그리고 Z_{2i}를 (쌍둥이가 아닌) 자녀들의 성별구성이라고 가정하자. 이들 두 변수 모두 전체 자녀수에 대한 도구변수이다. 두 번째 출산이 쌍둥이일 경우 셋째 자녀를 가질 확률은 약 0.6 정도 증가한다. 반면에 자녀의 성별이 동일할 경우 셋째 자녀를 가질 확률은 약 0.07 정도 증가한다. 이들 두 도구변수를 함께 이용할 경우 2SLS 추정치는 각 도구변수를 한 번에 하나씩 이용해 구한 Wald 추정치들의 가중 평균이다.[30]

30 쌍둥이 도구변수만 사용하는 경우 셋째 자녀가 여성의 노동시장 참가율에 미치는 영향에 대한 IV 추정치는 −0.084이다. 이에 대응하는 동일 성별 도구변수 추정치는 −0.138이다. 위의

4.5.2 이질적인 효과 모형에서의 공변량

여러분은 공변량들이 어디로 사라졌는지 궁금할 것이다. 우리가 앞에서 다룬 회귀모형과 매칭에서는 공변량들이 매우 중요한 역할을 했다. 그러나 LATE 정리에서는 공변량이 포함되어 있지 않다. 그 이유는 도구변수를 (자연적 혹은 인공적인) 무작위 실험의 한 유형으로서 생각할 경우 공변량은 부수적인 이슈이기 때문이다. 만약 도구변수가 무작위로 배정된다면 도구변수는 공변량들과 독립적일 것이다. 그러나 모든 도구변수가 이와 같은 특성을 갖는 것은 아니다. 앞 장에서 설명한 회귀모형의 공변량들과 마찬가지로, 도구변수를 이용하는 인과분석에 공변량들을 포함하는 주된 이유는 IV 추정식이 가정하는 조건부 독립성과 배제 제약이 공변량들을 통제하는 경우에 더 타당해질 수 있기 때문이다. 징집자격 여부와 같이 무작위로 배정된 도구변수들조차도 공변량들을 통제했을 경우에만 적절하게 될 수도 있다. 징집자격의 경우를 예로 들면, 당시 징집자격을 부여하는 기준점이 높았기 때문에 나이가 많은 연령 집단일수록 징집자격이 부여될 가능성이 높았을 것이다. 출생 연도(혹은 나이)에 따라 임금의 차이가 존재하기 때문에 징집자격 변수는 출생 연도를 통제한 이후에야 적절한 도구변수가 된다.

보다 형식을 갖춰 표현하면, 공변량을 고려하는 IV 추정식은 다음과 같은 조건부 독립성 가정에 의해 정당화될 수 있다.

$$\{Y_{1i}, Y_{0i}, D_{1i}, D_{0i}\} \perp\!\!\!\perp Z_i \mid X_i \qquad \text{(식 4.5.1)}$$

다시 말해, 공변량 X_i가 주어져 있다는 조건 하에서 도구변수는 “무작위로 배정된 것과 다름없다”고 생각하는 것이다. (여기에서 우리는 배제 제약 또한 성립한다고 암묵적으로 가정한다.) 공변량을 모형에 포함시키는 두 번째 이유는 공변량을 통제하는 경우 종속변수의 분산이 어느 정도 줄어들기 때문이

두 도구변수 모두를 사용했을 때 2SLS추정치는 −0.098이다. 이 경우 2SLS 가중치는 쌍둥이 도구변수의 경우 0.74, 동일 성별 도구변수의 경우 0.26이다. 이는 쌍둥이 도구변수의 1단계가 훨씬 강하기 때문에 나타나는 현상이다.

다. 그리하여 보다 더 정확한 2SLS 추정치를 도출할 수 있다.
공변량을 가지고 있는 기준 동일효과 모형에는 다음과 같은 함수형태 제약이 부과되어 있다.

$$k \times 1 \text{ 계수 벡터 } \alpha^* \text{에 대해 } E[Y_{0i}|X_i] = X_i'\alpha^*;\ \ Y_{1i} - Y_{0i} = \rho.$$

(식 4.5.1)과 결합하면 위의 제약은 4.1절에서 논의한 바와 같이 (식 4.1.6)과 같은 방정식을 2SLS에 의해 추정하는 방법에 대한 이유를 제시한다.
동일효과 모형을 바로 일반화하면 다음의 식을 도출할 수 있다.

$$Y_{1i} - Y_{0i} = \rho(X_i)$$

여기서 $\rho(X_i)$는 X_i의 결정적 함수(deterministic function)이다. 이 모형은 Z_i와 X_i의 교차항을 1단계에, 그리고 D_i와 X_i의 (동일) 교차항을 2단계에 추가시킴으로써 추정할 수 있다. 이제 내생변수들이 여러 개이므로 1단계 방정식 또한 여러 개가 존재한다. 이 방정식들은 다음과 같이 표현할 수 있다.

$$D_i = X_i'\pi_{00} + \pi_{01}Z_i + Z_iX_i'\pi_{02} + \xi_{0i} \quad \text{(식 4.5.2a)}$$

$$D_iX_i = X_i'\pi_{10} + \pi_{11}Z_i + Z_iX_i'\pi_{12} + \xi_{1i} \quad \text{(식 4.5.2b)}$$

비록 (식 4.5.2b)에서 D_iX_i가 마치 스칼라(scalar)인 것처럼 쓰여 있지만, D_iX_i의 각 요소에 대해서 위와 같은 1단계가 존재해야 한다. 이 경우에 2단계 식은 다음과 같다.

$$Y_i = \alpha' X_i + \rho_0 D_i + D_iX_i'\rho_1 + \eta_i$$

따라서 $\rho(X_i) = \rho_0 + \rho_1'X_i$이다. 다른 방법으로서, X_i에 의해 층화된 부분 모집단들에 대해 2SLS를 적용함으로써 $\rho(X_i)$를 비모수적으로 추정할 수도 있다.
LATE 정리의 근간이 되는 이질적인 효과의 모형은 (식 4.5.1)에서와 같은 조건부 독립성에 기반하여 식별된다. 하지만 그 해석은 공변량이 없을 경우의 LATE보다는 약간 더 복잡하다. 각각의 X_i값에 대해 공변량에 고유한(covariate-specific) LATE를 다음과 같이 정의한다.

$$\lambda(X_i) \equiv E[Y_{1i} - Y_{0i} | X_i, D_{1i} > D_{0i}]$$

공변량을 포함한 추정식을 “포화시키고 가중치를 부여해(saturate and weight)” 추정하는 방법(즉, $\lambda(X_i)$의 가중 평균을 산출하는 방법)은 다음과 같은 정리(Angrist and Imbens, 1995)로서 표현된다.

● 정리 **4.5.1 포화와 가중(Saturate and Weight)**

X_i가 주어져 있을 때 아래의 LATE 정리 가정들이 성립한다고 가정하자.

(CA1, 독립성) $\{Y_i(D_{1i},1), Y_{0i}(D_{0i},0), D_{1i}, D_{0i}\} \perp\!\!\!\perp Z_i | X_i$;

(CA2, 배제성) $d=0,1$에 대해 $P[Y_i(d,0)= Y_i(d,1) | X_i]=1$;

(CA3, 1단계) $E[D_{1i} - D_{0i} | X_i] \neq 0.$

또한 앞에서와 같이 단조성 (A4)도 성립한다고 가정한다. 아래와 같은 1단계 및 2단계 식에 기반을 둔 2SLS 추정식을 생각해 보자.

$$1단계\ 식:\ D_i = \pi_X + \pi_{1X} Z_i + \xi_{1i} \qquad (식\ 4.5.3)$$
$$2단계\ 식:\ Y_i = \alpha_X + \rho_c D_i + \eta_i$$

여기서 π_X와 α_X는 공변량들이 포화된 모형(X_i의 모든 값에 대해 각각 더미변수가 부여된 모형)을 나타내고, π_{1X}는 X_i의 모든 값에 대해 1단계에서 Z_i의 효과를 표시한다. 그렇다면 $\rho_c = E[\omega(X_i)\lambda(X_i)]$ 이 성립한다. 이 식에서 $w(X_i)$는 다음과 같다.

$$\omega(X_i) = \frac{V\{E[D_i | X_i, Z_i] | X_i\}}{E[V\{E[D_i | X_i, Z_i] | X_i\}]} \qquad (식\ 4.5.4)$$

그리고

$V\{E[D_i|X_i, Z_i]|X_i\} = E\{E[D_i|X_i, Z_i](E[D_i|X_i, Z_i] - E[D_i|X_i])|X_i\}$이다. ▦

이 정리에 의하면, 1단계가 완전히 포화된 모형이고 2단계 또한 공변량들이 포화된 모형인 경우 2SLS는 공변량에 고유한 LATE들의 가중 평균을 도출한다. 이때 가중치는 X_i의 각 값에서 구한 모집단 1단계 예측치 $E[D_i | X_i, Z_i]$의 평균 조건부 분산에 비례한다.[31] 이 정리는 (식 4.5.3)이 포화된 경우(즉,

1단계 회귀모형이 CEF에 근사하는 경우) 1단계 식은 $E[D_i|X_i,Z_i]$ 와 같다는 사실로부터 도출된다.

실제 분석에서 우리는 공변량이 취하는 각 값에 대해 모수를 부여하는 1단계 모형을 다루고 싶지 않을 수 있다. 첫째, 이 장의 끝부분에서 설명하고 있듯이, 편의가 발생할 위험이 있다. 둘째, 개별적으로 정확도가 떨어지는 1단계 추정치들이 잔뜩 모여 있는 것은 보기에도 좋지 않다. 보다 적은 수의 모수를 가진 모형(예를 들어, π_{1X}가 일정하다는 제약이 부과된 1단계 식)으로도 공변량을 기준으로 평균한 일종의 LATE에 근사할 수 있다고 생각하더라도 큰 문제는 없어 보인다. 이러한 생각은 결국 사실로 판명되었지만 상당히 간접적인 설명이다. 2SLS가 어떤 인과관계에 대해 MMSE 근사치를 제공한다는 견해는 Abadie(2003)에 의해 개발되었다.

Abadie가 제안하는 접근법은 주된 관심의 대상이 $E[Y_i|D_i,X_i,D_{1i}>D_{0i}]$ 이라고 규정하는 것으로부터 시작한다. 여기서 $E[Y_i|D_i,X_i,D_{1i}>D_{0i}]$ 는 처치 상태와 공변량이 주어져 있을 때 순응자들에게 있어 Y_i의 CEF를 지칭한다. 이 CEF의 중요한 특징은 X_i가 주어져 있는 상태에서 LATE 정리의 조건들이 성립하면 CEF가 인과적으로 해석될 수 있다는 점이다. 다시 말해, 순응자들의 경우, X_i가 주어져 있을 때 처치-통제집단의 차분은 X_i-조건부의 LATE와 동일하다. 즉,

$$
\begin{aligned}
&E[Y_i|D_i=1,X_i,D_{1i}>D_{0i}]-E[Y_i|D_i=0,X_i,D_{1i}>D_{0i}]\\
&=E[Y_{1i}-Y_{0i}|X_i,D_{1i}>D_{0i}]\\
&=\lambda(X_i)
\end{aligned}
$$

순응자들의 경우 $D_i=Z_i$ 이고, (식 4.5.1)에 의해, X_i와 $D_{1i}>D_{0i}$ 이 주어져 있을 때 잠재성과는 Z_i와 독립적이라는 사실로부터 위의 관계는 바로 도출된

31 X_i가 주어져 있을 때, $E[D_i|X_i,Z_i]$ 의 변동은 Z_i의 변동으로부터 발생한다는 점에 유의하라. 따라서 가중 식은 도구변수가 예측치를 더 크게 변동시키는 공변량 값에 더 큰 가중치를 부여한다.

다. 그 결과 순응자 모집단을 대상으로 Y_i를 D_i와 X_i에 회귀시키는 회귀모형도 인과적으로 해석될 수 있다. 설사 이 회귀모형이 관심대상이 되는 CEF를 도출하지 못한다고 할지라도, 언제나 그렇듯이, 이 회귀모형은 CEF에 대한 MMSE 근사치를 제공할 것이다. 즉, 순응자 모집단을 대상으로 Y_i를 D_i와 X_i에 회귀시키는 회귀모형은 $E[Y_i|D_i, X_i, D_{1i} > D_{0i}]$에 근사한다. 이는 OLS가 $E[Y_i|D_i, X_i]$에 근사하는 것과 같은 이치다. 하지만 우리는 순응자들이 개별적으로 누구인지를 알지 못하기 때문에 그들의 표본을 구성할 수는 없다. 그럼에도 불구하고 다음과 같은 의미에서 그들을 찾아낼 수는 있다.

● 정리 **4.5.2 Abadie의 카파**

공변량 X_i가 주어져 있을 때 LATE 정리의 가정들이 성립한다고 가정하자. $g(Y_i, D_i, X_i)$는 측정 가능한 (Y_i, D_i, X_i)의 어떤 함수로서 유한 기대값을 갖는다고 정의하자. 그리고 k_i를 다음과 같이 정의하자.

$$k_i = 1 - \frac{D_i(1-Z_i)}{1-P(Z_i=1|X_i)} - \frac{(1-D_i)Z_i}{P(Z_i=1|X_i)}$$

이 경우 다음의 관계가 성립한다.

$$E[g(Y_i, D_i, X_i)|D_{1i} > D_{0i}] = \frac{E[k_i g(Y_i, D_i, X_i)]}{E[k_i]}$$

LATE 정리의 가정들이 성립할 때 임의의 기대값은 항시 참여자, 항시 불참자 및 순응자들에 대한 평균의 가중 평균이라는 사실을 이용해 직접 계산하면 위의 관계를 증명할 수 있다. 단조성에 의해 $D_i(1-Z_i)=1$인 사람들은 항시 참여자들이다. 왜냐하면 그들에 있어서는 $D_{0i}=1$이 성립하기 때문이다. 반면, $(1-D_i)Z_i=1$인 사람들은 항시 불참자들이다. 왜냐하면 그들에게 있어서는 $D_{1i}=0$이 성립하기 때문이다. 따라서 순응자 집단은 이들 이외의 나머지 집단이다.

Abadie 정리는 많은 중요한 시사점을 가지고 있다. 예를 들어, 이 정리는 분

위 처치효과(quantile treatment effects)를 설명할 때 다시 나온다. 여기서 우리는 이 정리를 사용해 선형 회귀모형을 통해 $E[Y_i|D_i, X_i, D_{1i} > D_{0i}]$에 근사하고자 한다. 구체적으로, α_c와 β_c가 다음 식의 해라고 가정하자.

$$(\alpha_c, \beta_c) = \underset{a,b}{\arg\min}\, E\{(E[Y_i|D_i, X_i, D_{1i} > D_{0i}] - aD_i - X_i'b)^2 | D_{1i} > D_{0i}\}$$

다시 말해, $\alpha_c D_i + X_i'\beta_c$는 $E[Y_i|D_i, X_i, D_{1i} > D_{0i}]$에 대한 MMSE 근사치를 제공한다. 만약 CEF가 선형이라면 $\alpha_c D_i + X_i'\beta_c$는 CEF에 정확하게 근사한다. Abadie 정리의 결과에 의해, 이 근사함수는 다음과 같이 카파 가중치를 부여하는 최소제곱 추정식의 해를 구함으로써 구할 수 있다.[32]

$$(\alpha_c, \beta_c) = \underset{a,b}{\arg\min}\, E\{k_i(Y_i - aD_i - X_i'b)^2\} \qquad \text{(식 4.5.5)}$$

Abadie는 $P(Z_i = 1|X_i)$의 모수적 혹은 준모수적 모형을 이용해 1단계에서 k_i를 추정하는 방법을 제안하고 그 분포이론을 개발하였다. 1단계에서 도출한 추정치들을 2단계에서 (식 4.5.5)의 표본 대응식에 대입한다. 유일한 공변량이 상수인 경우 Abadie의 방법은 Wald 추정량으로 단순화된다는 점은 그리 놀라운 일이 아니다. 그러나 놀랍게도 k_i를 구성할 때 $P(Z_i = 1|X_i)$에 대해 선형모형이 사용되는 경우, (식 4.5.5)를 최소화시키는 해는 전통적인 2SLS 추정량과 같게 된다. 다시 말해, 만약 k_i의 추정치를 구성할 때 $P(Z_i = 1|X_i) = X_i'\pi$이 사용되면, Abadie 추정식은 곧 2SLS이다. 그러므로 결론적으로 선형모형을 이용해 $P(Z_i = 1|X_i)$에 근사하는 경우에는, 언제나 2SLS를 순응집단의 인과반응 함수(complier causal response function) $E[Y_i|D_i, X_i, D_{1i} > D_{0i}]$의 근사치라고 생각하는 것이 적절하다. 다른 한편, α_c는 일반적으로 2SLS 추정치가 아니고,

[32] 근사함수가 선형일 필요는 없다. $\alpha_c D_i + X_i'\beta_c$ 대신에 지수 함수(종속변수가 비음수인 경우) 혹은 probit 함수(종속변수가 0/1 더미변수인 경우)과 같은 비선형 함수를 사용해도 무방할 수 있다. 이 장의 끝부분에서 이 이슈에 대해 검토할 것이다. 4.4.4절에 나타나 있듯이, 카파 가중치를 부여하는 방법을 사용해, 결과변수의 분포를 추정할 수도 있고 뿐만 아니라 순응집단에서 공변량 분포의 특성들을 구할 수도 있다.

β_c도 일반적으로 2SLS에 의해 구한 공변량 효과들의 벡터가 아니다. 그럼에도 불구하고 $P(Z_i = 1|X_i)$가 선형일 때 Abadie 방법은 2SLS와 동일하다는 결과에 의해, 우리는 대부분의 실증분석에서 Abadie의 방법과 2SLS이 유사한 추정치들을 도출할 것이라고 생각하게 된다.

Angrist and Evans(1998)의 자료를 재분석한 Angrist(2001)는 그 하나의 예이다. 그는 (식 4.5.5)로부터 도출한 추정치들이 2SLS 추정치들과 구별하기 힘들만큼 동일하다는 점을 보이고 있다. 쌍둥이 도구변수를 사용해 셋째 자녀가 여성의 노동공급에 미치는 효과를 추정하는 경우 2SLS 추정치는 −0.088이고, 그에 상응하는 Abadie 추정치는 −0.089이다. 마찬가지로, 노동시간에 미치는 효과에 대한 2SLS 추정치와 Abadie 추정치는 모두 −3.55이다. 이 결과는 Abadie의 추정법이 쓸모없다는 것을 의미하지 않는다. 오히려 이 결과는 2SLS가 관심대상이 되는 인과관계에 근사한다는 개념을 지지하고 있다.[33]

4.5.3 처치 강도가 가변적인 경우의 평균 인과 반응함수★

더미변수의 인과효과와 $\{0, 1, 2, ...\}$과 같은 값들을 취하는 변수의 인과효과 사이에는 중요한 차이가 있다. 전자의 경우에는 임의의 한 사람에 대해 오직 하나의 인과효과만이 존재하는 반면, 후자의 경우에는 0에서 1로 변동할 때의 효과, 1에서 2로 변동할 때의 효과 등과 같이 여러 개의 인과효과가 있다. 학력의 경우에 이용했던 잠재적 결과들의 수식은 이 점을 반영하고 있다. 이 수식을 다시 한 번 살펴보자. 아래의 식은 개인 i가 s년의 교육을 받은 후

33 통상적인 선형 혹은 비선형 회귀분석 프로그램의 가중치 부여방법을 이용해 Abadie 추정량을 계산할 수 있다. 그 방법은 첫 번째로 가중치가 양(+)인 가중치 부여방법을 구하는 것이다. 이를 구하기 위해서는 (식 4.5.5)에 기대값들을 반복적으로 취하여 k_i(항시 참여자 및 항시 불참자의 경우에는 음수)를 다음의 식과 같이 항상 양(+)의 값을 갖는 평균 가중치로 대체한다.

$$E[k_i | X_i, D_i, Y_i] = 1 - \frac{D_i(1 - E[Z_i | X_i, D_i, Y_i])}{1 - P(Z_i = 1 | X_i)} - \frac{(1 - D_i)E[Z_i | X_i, D_i, Y_i]}{P(Z_i = 1 | X_i)}$$

(7.2.1 절의 논의 또한 참고하라.) Abadie(2003)에는 표준 오차 공식이 제시되어 있고, Alberto Abadie는 모수 추정치와 그에 대응하는 표준 오차를 계산하는 프로그램을 게시하고 있다. 붓스트랩(bootstrap)법을 이용해 Abadie 추정량의 표준 오차를 추정할 수도 있다.

받게 되는 잠재 임금을 표시한다.

$$Y_{si} \equiv f_i(s)$$

함수 $f_i(s)$에는 하첨자 "i"가 붙어 있지만 s에는 하첨자가 붙어 있지 않음에 유의하라. 함수 $f_i(s)$는 개인 i가 (그 실현 값뿐만 아니라) '임의의' 학력 값 s가 주어져 있을 때 받게 되는 임금을 표시한다. 다시 말해, $f_i(s)$는 s_i가 여러 값을 취할 수 있는 경우 "이 경우에는 어떠한가(what if)"라는 인과관계 질문에 대한 답을 제시한다.

s_i가 $\{0,1,...,\bar{s}\}$ 집합에 있는 값들을 취한다고 가정하자. 이 경우에는 $Y_{si} - Y_{s-1,i}$로 표시되는 인과효과가 $\bar{s}$ 단위만큼 존재한다. 선형 인과모형은 모든 s와 모든 i에 대해 인과효과가 동일하다고 가정하는데, 이는 확실히 비현실적인 가정이다. 그러나 이 가정을 문자 그대로 받아들일 필요는 없다. 오히려 2SLS는 단위 인과효과들의 가중 평균을 도출하는 계산 도구의 역할을 한다. 이때 사용되는 가중치 함수를 추정하고 분석함으로써 우리는 특정한 도구변수가 어떤 역할을 하는지를 알 수 있게 된다. 이 가중 함수를 통해 우리는 순응집단이 s_i에 따라 어떻게 분포되어 있는지 확인할 수 있다. 예를 들어, 가중 함수를 통해 우리는 출생 분기나 의무교육법을 이용해 추정한 학력의 수익률이 고졸 학력 분포의 변동으로부터 도출됨을 알 수 있다. Card(1995) 연구에서 사용한 거리 도구변수와 같은 다른 도구변수는 학력 분포 상의 다른 지점에 영향을 미치고 이에 따라 우리는 다른 종류의 수익률을 포착하게 된다.

이를 보다 구체적으로 살펴보기 위해, Acemoglu and Angrist(2000) 연구에서와 같이 하나의 2진 도구변수 Z_i(즉, 의무교육법의 조항이 강한 제약을 부여하는 주에서 출생했는지를 표시하는 더미변수)를 사용해 학력의 수익률을 추정한다고 가정하자. 또한 s_{1i}를 $Z_i = 1$일 경우에 i가 보유할 학력수준, 그리고 s_{0i}를 $Z_i = 0$일 경우에 i가 보유할 학력수준이라고 정의하자. Angrist and Imbens (1995)가 제시한 아래의 정리를 이용하면, 이 경우와 같이 처치 강도가 가변적일 때에도 Wald 추정식을 해석할 수 있다. 여기서 우리는 독립성과 배제 제약 가정을 결합해, s에 따라 달라지는 잠재성과들이 도구변수와 독립적이라고 간단하게 말하고 있음에 유의하라.

● 정리 **4.5.3 평균 인과 반응함수(Average Causal Response: ACR)**

다음의 사항들을 가정하자.

(ACR1, 독립성과 배제 가능성) $\{Y_{0i}, Y_{1i}, ..., Y_{\bar{s}i}; s_{0i}, s_{1i}\} \perp\!\!\!\perp Z_i$;

(ACR2, 1단계) $E[s_{1i} - s_{0i}] \neq 0$;

(ACR3, 단조성) $s_{1i} - s_{0i} \geq 0\ \forall i$. (반대의 경우에도 결과가 크게 달라지지는 않지만, $s_{1i} - s_{0i} \geq 0\ \forall i$라고 가정하자.)

위의 가정들이 성립하면 다음의 관계가 성립한다.

$$\frac{E[Y_i \mid Z_i = 1] - E[Y_i \mid Z_i = 0]}{E[s_i \mid Z_i = 1] - E[s_i \mid Z_i = 0]} = \sum_{s=1}^{\bar{s}} w_s E[Y_{si} - Y_{s-1,i} \mid s_{1i} \geq s > s_{0i}]$$

여기서

$$w_s = \frac{P[s_{1i} \geq s > s_{0i}]}{\sum_{j=1}^{\bar{s}} P[s_{1i} \geq j > s_{0i}]}$$ 이다.

가중치 w_s는 비음수이고 그 합은 1이다. ▒

평균 인과 반응함수(ACR) 정리에 의하면, 처치 강도가 가변적인 경우(variable treatment intensity)의 Wald 추정치는 잠재적으로 비선형인 인과관계 함수 $f_i(s)$를 따라 정의되는 '단위 인과반응(unit causal response)'의 가중 평균이다. 단위 인과반응 $E[Y_{si} - Y_{s-1,i} | s_{1i} \geq s > s_{0i}]$는 점 s에 위치한 순응자들(즉, 도구변수에 의해 처치 강도가 s보다 낮은 수준으로부터 s이상으로 변하게 되는 사람들)에 대해 정의되는 잠재성과의 평균 차이이다. 예를 들어, Angrist and Krueger(1991)에서 사용된 출생 분기 도구변수는 일부 학생들이 학교를 마치는 시점을 11학년으로부터 12학년 혹은 그 이상으로 높인다. 또한 다른 일부의 학생들은 10학년이 아니라 11학년 혹은 그 이상에서 학교를 마치도록 유도한다. 출생 분기 도구변수를 사용하는 Wald 추정량은 이 모든 효과를 하나의 ACR로 통합한다.

점 s에서 순응자 집단의 크기는 $P[s_{1i} \geq s > s_{0i}]$이다. 단조성에 의해, 이 값은 도구변수 값이 1일 때와 0일 때 s_i의 조건부 CDF의 차이를 점 s에서 평가한 값으로 표현된다. 이를 확인하기 위해 다음의 관계에 주목하라.

$$\begin{aligned} P[s_{1i} \geq s > s_{0i}] &= P[s_{1i} \geq s] - P[s_{0i} \geq s] \\ &= P[s_{0i} < s] - P[s_{1i} < s] \end{aligned}$$

단조성에 의해 $s_{1i} \geq s_{0i}$이 성립하기 때문에 위의 값은 비음수이다. 더욱이 독립성에 의해 다음의 관계가 성립한다.

$$P[s_{0i} < s] - P[s_{1i} < s] = P[s_i < s | Z_i = 0] - P[s_i < s | Z_i = 1]$$

마지막으로, 비음수 확률변수의 평균은 (1 − CDF)의 합(혹은 적분)이기 때문에 다음의 관계가 성립함에 주목하라.

$$\begin{aligned} & E[s_i | Z_i = 1] - E[s_i | Z_i = 0] \\ &= \sum_{j=1}^{\bar{s}} \left(P[s_i < j | Z_i = 0] - P[s_i < j | Z_i = 1] \right) \\ &= \sum_{j=1}^{\bar{s}} P[s_{1i} \geq j > s_{0i}] \end{aligned}$$

따라서 도구변수 값이 1일 때와 0일 때의 내생변수(처치 강도)의 CDF들을 비교함으로써 ACR 가중 함수의 일치추정량을 구할 수 있다. 이 가중 함수는 1단계에 의해 정규화된다.

ACR 정리를 통해 우리는 2SLS 추정치가 무엇을 의미하는지를 이해할 수 있다. 예를 들어, 의무교육법과 아동노동금지법을 이용하는 도구변수들은 6~12학년 범위에서 학력이 증가할 때 발생하는 인과효과를 포착하지만, 대학 이상 학력의 효과에 대해서는 아무런 정보도 제공하지 못한다. Acemoglu and Angrist(2000)에서 발췌한 [그림 4.5.1]을 보면 이 점을 확인할 수 있다. 이 그림에는 최종 학력이 x축에 표시된 교육 수준 이상일 확률(즉, 1 − CDF)

그림 4.5.1 교육 수준에 대한 의무교육 도구변수의 효과

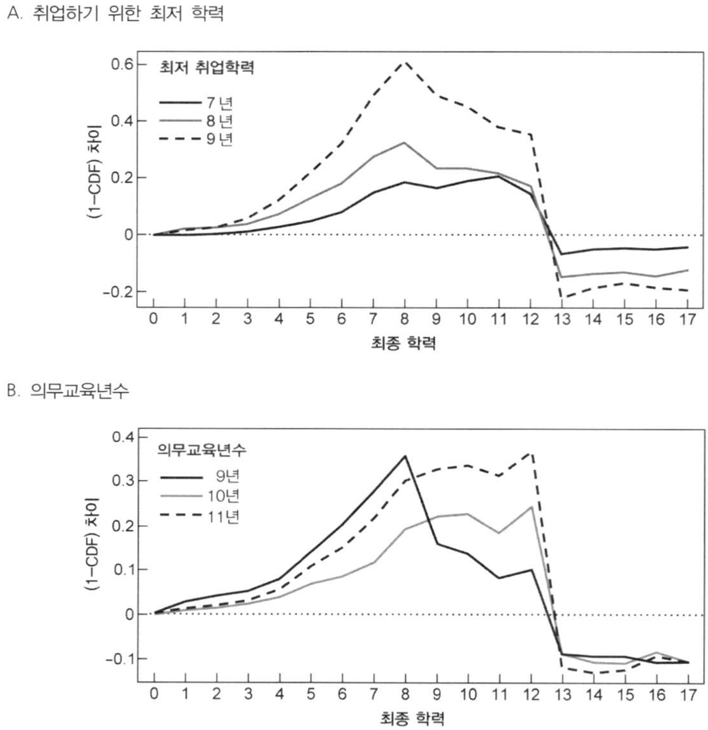

주: Acemoglu and Angrist(2000)에서 발췌하였다. 이 그림에는 최종 학력이 x축 표시된 학년 이상일 확률의 차이가 제시되어 있다. (이 차이는 도구변수 때문에 생겨난다.) 패널 A의 기준집단은 최소 교육년수가 6년 이하인 집단이고, 패널 B의 기준집단은 8년 이하인 집단이다. 패널 A에는 아동노동법의 엄격성에 따른 CDF의 차이가 표시되어 있다. 패널 B에는 의무교육법의 엄격성에 따른 CDF의 차이가 표시되어 있다.

의 차이가 표시되어 있다. 여기서의 차이는 1960년, 1970년, 1980년 인구센서스에서 뽑은 40~49세인 백인 남성 표본에서 상이한 아동노동금지법과 의무교육법을 적용받은 남성들 사이에서의 차이이다. 여기서 도구변수는 응답자의 연령이 14세인 연도를 기준으로 취업하기 위해 필요한 최소 교육년수(패널 A)와 학교를 중퇴하기 위해 필요한 최소 교육년수(패널 B)이다. 비교의 기준이 되는 집단은 가장 약한 제약을 부여하는 법의 적용을 받은 남성들이다.

각 도구변수(가령, 취업하기 위해서 필요한 최소 교육년수는 7년임을 표시하는 더미변수)를 사용해 기준 집단과 비교함으로써 Wald 추정치를 구할 수 있다. [그림 4.5.1]의 패널 A에 의하면, 보다 제약이 많은 아동노동 금지법의 적용을 받은 남성들이 8~12학년을 마칠 가능성이 1~6퍼센티지 포인트 정도 더 높다. 이 효과의 크기는 아동노동법에서 취업 전 최소 교육년수를 7년으로 규정했느냐 혹은 8년이나 9학년 이상으로 규정했느냐에 따라 달라진다. 하지만 모든 경우에서 이들 CDF의 차이는 저학년으로 갈수록 작게 나타나고, 12학년 이후에는 급격하게 떨어진다. 패널 B에는 의무교육법의 경우에 대해 유사한 패턴이 제시되어 있다. 다만 이 경우에는 효과의 크기가 약간 더 작고 도구변수의 영향이 약간 더 높은 학년에서 나타난다. 이것은 아동노동법과 비교할 때 의무교육법이 좀 더 높은 학년에 대해 제약을 부과한다는 사실과 부합한다. 흥미롭게도, 아동노동법과 의무교육법 도구변수를 사용할 때 2SLS 추정치는 약 0.08~0.10로서 서로 비슷한 수준이다.

LATE를 일반화시키는 방법에 대한 설명을 마치기 전에 한 가지 덧붙이면, 여기서 다룬 대부분의 내용들은 서로 결합된 방식으로 작동한다는 점에 주목할 필요가 있다. 예를 들어, 도구변수가 여러 개인 모형과 처치 강도가 가변적인 모형에서는 각 도구변수에 대해 ACR의 가중 평균이 도출된다. 마찬가지로, 포화와 가중 정리는 처치 강도가 가변적인 모형들에도 적용된다. (하지만 Abadie의 카파를 처치 강도가 가변적인 모형으로 확장시키는 방법이 아직은 없다.) 마지막으로 중요한 하나의 확장 방법으로서, 우리는 관심대상 원인변수가 연속변수여서 인과 반응함수가 도함수를 갖는다고 생각되는 상황을 생각해볼 수 있다.

안녕히, 그리고 물고기들을 줘서 고마웠어[34]

학력의 문제에서와 같이, 일정한 함수 관계를 이용해 가상적 대응치들을 도출할 수 있다고 가정하자. 다만, 이 경우 관심대상 원인변수는 비음수 중에서 어느 값이나 취할 수 있고, 그 함수관계는 미분가능하다고 가정하자. 이러한 가정들이 타당한 하나의 사례는 수요곡선(즉, 가격의 함수로 표시되는 수요량)이다. 구체적으로, $q_i(p)$를 가상의 가격 p일 때 시장 i에서의 수요량이라고 정의하자. 관측 단위가 개인이 아니라 시간이나 지역이라는 점을 제외하면 이 함수는 $f_i(s)$와 같은 잠재성과이다. 예를 들어, Angrist, Graddy, and Imbens(2000)는 뉴욕시에 위치한 Fulton 수산물 도매시장의 수요 탄력성을 추정하였다. 이 수요곡선의 기울기는 $q_i'(p)$이다. 따라서 수요량과 가격이 로그 값으로 측정되었다면 이 기울기는 탄력성(elasticity)이라고 말할 수 있다. Angrist, Graddy, and Imbens(2000)의 도구변수는 주요 상업 어로지역에서 그리 멀지 않은 곳에 위치한 Long Island 해안지역의 기상조건 자료로부터 도출되었다. 폭풍우가 치는 날에는 생선을 잡기 어렵기 때문에 생선 가격은 상승하고 수요량은 감소한다. Angrist, Graddy, and Imbens는 $stormy_i$ 더미변수(즉, 바람과 파도가 심한 기간을 표시하는 더미변수)를 사용해 생선에 대한 수요곡선을 추정하였다. 자료로는 어묵 등을 만드는 데 사용되는 값싼 생선인 민어(whiting)의 도매 구입량 일별 관측치를 이용하였다.

$stormy_i$ 도구변수를 사용해 구한 Wald 추정량은 다음 식을 통해 해석할 수 있다.

$$\frac{E[q_i|stormy_i=1]-E[q_i|stormy_i=0]}{E[p_i|stormy_i=1]-E[p_i|stormy_i=0]}$$

$$=\frac{\int E[q_i'(t)|P_{1i}\geq t>P_{0i}]P[P_{1i}\geq t>P_{0i}]dt}{\int P[P_{1i}\geq t>P_{0i}]dt} \qquad \text{(식 4.5.6)}$$

34 (**역주**) 이 절의 제목은 더글라스 애덤스의 「은하수를 여행하는 히치하이커를 위한 안내서」 시리즈 중 세 번째 책 "So Long and Thanks for All the fish"이다. 돌고래들이 지구를 떠나기 전에 인간들에게 보낸 인사말이다.

이 식에서 p_i는 시장(날짜) i에서의 가격이고, P_{1i}와 P_{0i}는 $stormy_i$ 값으로 구분된 잠재가격들이다. 이는 가중 평균 도함수(weighted average derivative)로서, 가격 t에서의 가중 함수는 $P[P_{1i} \geq t > P_{0i}] = P[p_i < t | stormy_i = 0] - P[p_i < t | stormy_i = 1]$이다. 다시 말해, $stormy_i$를 사용하는 IV 추정법에서는 도함수 $q_i'(t)$의 평균이 도출되는데, 가능한 각 가격 t에 부여되는 가중치는 도구변수 값에 따라 가격의 누적 분포함수(CDF)가 변하는 양을 그 가격(t)에서 구한 값에 비례한다. 이 값은 ACR 정리에서와 같은 종류의 평균값이다. 한 가지 다른 점은 여기에서 다루는 인과 반응함수는 1 단위에 대한 차분값이 아니라 도함수라는 점이다.

연속변수인 경우의 ACR 공식 (식 4.5.6)은 독립성 가정과 미적분학의 근본정리에 의해 다음의 관계가 성립한다는 사실로부터 도출된다.

$$E[q_i | stormy_i = 1] - E[q_i | stormy_i = 0] = E\left[\int_{P_{0i}}^{P_{1i}} q_i'(t)dt\right] \qquad \text{(식 4.5.7)}$$

(식 4.5.7)로부터 두 가지 흥미로운 특수한 사례가 도출된다. 첫 번째로, 인과 반응함수가 일부 확률변수 계수들 α_{0i}와 α_{1i}에 대해 선형인 경우(즉, $q_i(p) = \alpha_{0i} + \alpha_{1i}p$인 경우)이다. 이 경우 다음의 식이 성립한다.

$$\frac{E[q_i | stormy_i = 1] - E[q_i | stormy_i = 0]}{E[p_i | stormy_i = 1] - E[p_i | stormy_i = 0]} = \frac{E[\alpha_{1i}(P_{1i} - P_{0i})]}{E[P_{1i} - P_{0i}]} \qquad \text{(식 4.5.8)}$$

이는 확률변수 계수 α_{1i}의 가중 평균이다. 여기서 가중치는 시장 i의 날씨에 의해 유발된 가격 변동에 비례한다.

두 번째로는 수요량을 다음과 식과 같이 쓸 수 있는 경우이다.

$$q_i(p) = Q(p) + \eta_i \qquad \text{(식 4.5.9)}$$

여기서 $Q(p)$는 비확률 함수(nonstochastic function)이고, η_i는 더해지는 무작위 오차이다. 이 식은 모든 날짜에 혹은 모든 시장에서 $q_i'(p) = Q'(p)$가 성립함을 의미한다. 이 경우 평균 인과 반응함수는 다음과 같이 된다.

$$\int Q'(t)w(t)\,dt. \quad \text{여기서} \quad w(t)=\frac{P[P_{1i} \geq t > P_{0i}]}{\int P[P_{1i} \geq t > P_{0i}]dr}$$

이 식에서 r은 분모의 적분 변수이다.

이들 특수 사례를 통해 우리는 ACR 정리와 연속변수인 경우의 따름정리(식 4.5.6)에는 두 가지 유형의 평균을 구하는 방법이 내포되어 있음을 알 수 있다. 첫 번째는 서로 다른 시장들에 대해 평균을 구한 방법이다. 이때 가중치는 각 시장에서 도구변수가 가격에 미치는 1단계 영향의 크기에 비례한다. 가격이 기후조건에 매우 민감한 시장이 가장 큰 가중치를 갖는다. 두 번째는 주어진 하나의 시장에서 인과 반응함수를 따라 평균을 구하는 방법이다. IV는 도구변수가 가격의 CDF를 가장 급격하게 변화시키는 영역에 속하는 가격들에서 정의되는 평균 도함수를 보여준다.

4.6 IV 세부사항

4.6.1 2SLS를 적용할 때 발생하는 실수들

SAS나 Stata 같은 소프트웨어 패키지를 이용하면 2SLS 추정치를 쉽게 계산할 수 있다. 그런데 종종 2SLS 추정치들이 정확하게 계산되었는지를 확인하기 위해 연구자가 직접 그 추정치를 계산하고자 하는 유혹에 빠질 수도 있다. 또는 모든 소프트웨어의 정식 사용기간이 만료되어 Krikkit 행성에서 길을 잃어버릴 수도 있다. (Krikkit 행성은 시간이 천천히 흐르는 용기 속에 들어가 있어서 소프트웨어 사용권을 갱신하는 데 상당한 시간이 걸린다.[35]) 2SLS를 직접 손수 계산하는 것은 오직 이런 응급상황만을 위한 것이다. 2SLS를 손수 계

35 **(역주)** 더글러스 애덤스의 「은하수를 여행하는 히치하이커를 위한 안내서」 시리즈 5권 중 그 세 번째 책 「삶, 우주 그리고 모든 것」 편에 등장하는 행성이다. 우주를 파괴하려던 Krikkit 행성의 전범 재판위원회 의장 '팩' 법관은 천재적 해결책으로서 'Krikkit 행성을 영원히 slo-time 용기(용기 속에 들어가면 삶은 무한히 느리게 지속된다) 속에 밀봉하자'고 제안한다. 여기에서는 2SLS의 소프트웨어 사용권을 당장 구하지 못하는 상황을 빗대어 표현하고 있다.

산하고자 할 때, 연구자는 1단계를 직접 추정하고 그 예측치를 2단계 식에 대입한다. 그리고 OLS를 이용해 이 식을 추정한다. 이 장의 서두에서 설명한 방정식 체계로 되돌아가면, 1단계와 2단계 식은 다음과 같다.

$$s_i = X_i'\pi_{10} + \pi_{11}'Z_i + \xi_{1i}$$

$$Y_i = \alpha' X_i + \rho\hat{s}_i + \left[\eta_i + \rho\left(s_i - \hat{s}_i\right)\right]$$

여기서 X_i는 공변량들의 집합, Z_i는 배제된 도구변수들의 집합이고, 1단계 예측치는 $\hat{s}_i = X_i'\hat{\pi}_{10} + \hat{\pi}_{11}'Z_i$이다.

2SLS를 손수 추정하면 기계화된 2SLS 명령어가 주는 어떤 신비감이 해소되고 소프트웨어에 문제가 생겼을 때 유용한 면이 있다. 하지만 이 경우에 실수를 할 수도 있다. 무엇보다도, 앞에서 설명했듯이 2단계를 손수 계산할 때 도출되는 OLS 표준 오차는 부정확한 값이다. (OLS의 잔차 분산은 $\eta_i + \rho\left(s_i - \hat{s}_i\right)$의 분산인 반면, 정확한 2SLS 표준 오차 계산을 위해 필요한 것은 η_i만의 분산이다). 2SLS를 손수 구하는 방법에는 이 밖에도 여러 가지 위험요소들이 있다.

공변량의 양면가치(Ambivalence)

공변량 벡터에 두 종류의 변수가 포함되어 있다고 가정하자. 한 종류는 연구자가 편안하게 사용하는 변수들(X_{0i}라고 표시)이고, 다른 종류는 연구자에게 그 의미가 모호한 변수들(X_{1i}라고 표시)이다. Griliches and Mason(1972)는 임금방정식의 내생변수가 AFQT(미국 군대에서 사용하는 적성 검사) 점수인 경우에 대해 도구변수 2SLS 추정법을 적용하면서 이와 같은 상황에 직면하였다. 이때 AFQT에 대한 도구변수는 (군복무 이전 도달한) 교육 수준, 인종 및 가족배경 변수들이었다. 이들 연구자는 다음과 같이 표현되는 방정식 체계를 추정하였다.

$$s_i = X_{01}'\pi_{10} + \pi_{11}'Z_i + \xi_{1i}$$

$$Y_i = \alpha_0' X_{0i} + \alpha_1' X_{1i} + \rho\hat{s}_i + \left[\eta_i + \rho\left(s_i - \hat{s}_i\right)\right]$$

위 식은 2SLS를 손수 추정하는 방법과 상당히 비슷하게 보인다. 그러나 위 식을 자세히 살펴보면, 위 식들이 보통의 2SLS 방법과는 다른 중요한 차이가 있음을 발견하게 된다. 그 차이는 1단계와 2단계에 포함된 공변량들이 동일하지 않다는 것이다. 예를 들어, Griliches and Mason는 2단계에는 연령을 포함시켰으나 1단계에는 연령을 포함시키지 않았다. Cardell and Hopkins (1977)는 이들의 논문에 대한 논평문에서 이러한 사실을 지적하였다. 이것은 2SLS를 잘못 적용한 실수이다. Griliches and Mason의 2단계 추정치는 2SLS 추정치와 동일하지 않다. 보다 위험한 문제는 2SLS를 이용하면 적절한 추정치를 구할 수 있지만 그들의 추정치는 일치추정량이 되지 않는다는 점이다. 그 이유를 살펴보기 위해, 정의에 따라 1단계 잔차 $s_i - \hat{s}_i$는 X_{0i}와 상관관계를 갖지 않는다는 점에 주목하자. 왜냐하면 OLS 잔차는 항상 모형에 포함된 독립변수들과는 상관관계를 갖지 않기 때문이다. 그러나 X_{1i}이 1단계에 포함되어 있지 않기 때문에, X_{1i}는 1단계 잔차와 상관관계를 가질 가능성이 있다. (가령, 연령은 Griliches and Mason(1972)이 1단계에서 도출한 AFQT 잔차와 아마도 상관관계를 가질 것이다.) 이러한 상관관계로부터 발생하는 비일치성은 2단계에 있는 모든 계수들에게도 영향을 미친다. 여기에서 얻을 수 있는 교훈은 다음과 같다. 1단계와 2단계에 동일한 외생변수들을 포함시켜라. 만약 어떤 공변량이 2단계에 포함시키기에 충분히 좋은 변수라면, 그 변수는 1단계에 포함시키기에도 충분히 좋은 변수이다.

금지된 회귀분석들

1975년 MIT의 Jerry Hausman 교수는 금지된 회귀분석들(forbidden regressions)을 하지 말라고 권고하였다. 금지된 회귀분석들은 제대로 지도받지 못한 논문들에서 종종 나타나는데, 이들 회귀분석은 기술적으로 여전히 사용을 금지하고 있다. 금지된 회귀분석들은 연구자가 2SLS의 추론방법을 비선형모형들에 직접 적용하려 할 때 등장한다. 이런 상황은 내생변수가 더미변수인 경우에 보통 발생한다. 예를 들어, 관심대상인 인과모형이 다음과 같다고 가정하자.

$$Y_i = \alpha' X_i + \rho D_i + \eta_i \tag{식 4.6.1}$$

여기서 D_i는 군복무 여부를 표시하는 더미변수이다. 통상적인 2SLS의 1단계는 다음 식과 같이 D_i를 공변량과 도구변수 벡터 Z_i에 회귀시키는 선형 회귀모형이다.

$$D_i = \pi_{10}' X_i + \pi_{11}' Z_i + \xi_{1i} \tag{식 4.6.2}$$

D_i가 더미변수이기 때문에, 이 1단계와 관련이 있는 CEF $E[D_i | X_i, Z_i]$는 아마도 비선형일 것이다. 따라서 통상적인 OLS 1단계는 그에 상응하는 비선형 CEF에 대한 근사치이다. 일부 연구자들은 1단계를 비선형모형으로 설정함으로써 이 CEF에 보다 더 가깝게 근사시키고자 한다. 여기서 probit을 이용해 $E[D_i | X_i, Z_i]$를 모형화한다고 가정하자. probit 1단계는 $\Phi[\pi_{p0}' X_i + \pi_{p1}' Z_i]$로서, 이때 π_{p0}과 π_{p1}는 probit 계수들이고, 예측치는 $\hat{D}_{pi} = \Phi[\hat{\pi}_{p0}' X_i + \hat{\pi}_{p1}' Z_i]$이다. 이 경우에 금지된 회귀분석은 아래와 같이 2단계 식의 D_i에 $\hat{D}_{pi}$을 대입하는 분석법이다.

$$Y_i = \alpha' X_i + \rho \hat{D}_{pi} + \left[\eta_i + \rho\left(D_i - \hat{D}_{pi}\right)\right] \tag{식 4.6.3}$$

OLS를 이용해 (식 4.6.2)를 추정해야만 1단계 잔차가 1단계 예측치 및 공변량들과 상관관계를 갖지 않기 때문에 (식 4.6.3)에는 문제가 있다. 만일 $E[D_i | X_i, Z_i] = \Phi[X_i' \pi_{p0} + \pi_{p1} Z_i]$이 성립한다면, 비선형모형으로부터 구한 잔차들은 X_i 및 $\widehat{D_{pi}}$와 점근적으로 상관관계를 갖지 않을 것이다. 그러나 1단계 CEF가 정말 probit인지는 누구도 말할 수 없다. 이와는 대조적으로, 통상적인 2SLS에서는 1단계 CEF가 정말 선형인지 아닌지에 대해서 걱정할 필요가 없다.[36]

36 전통적인 SEM에서 2SLS 추정치들의 일치성은 1단계 CEF 모형이 정확히 설정되었는지에 의존하지 않는다는 아이디어는 Kelejian(1971)으로까지 거슬러 올라간다. 실제 분석에서 1단계를 비선형으로 설정하고 2단계에 대입하는 방법을 사용하더라도 그리 큰 문제는 일어나지 않

금지된 2단계 (식 4.6.3)를 대신할 간단한 대안적인 방법을 이용하면 비선형 1단계가 부정확하기 때문에 발생하는 문제들을 회피할 수 있다. 비선형 예측치를 대입하는 방법 대신에 그 예측치를 도구변수로 활용할 수 있다. 다시 말해, 통상적인 2SLS 추정법에서 (식 4.6.1)의 D_i에 대한 도구변수로서 $\hat{D}_{pi}$를 이용해보라. (언제나 그렇듯이, 외생 공변량 X_i 또한 도구변수의 목록에 포함되어 있어야 한다.) 예측치를 도구변수로서 사용하는 방법은 1단계를 OLS에 의해 추정했을 때 예측치를 대입하는 방법과 동일하다. 하지만 일반적인 경우에는 동일하지 않다. 비선형 예측치를 도구변수로 사용하는 방법은 추가적인 이점을 갖는다. 만약 비선형모형이 선형모형보다 1단계 CEF에 더 잘 근사한다면, 이때 도출되는 2SLS 추정치는 1단계에서 선형모형을 사용하여 구한 2SLS 추정치보다 더 효율적이다(Newey, 1990).

그러나 여기에서도 단점은 있다. 비선형 예측치를 도구변수로서 이용하는 방법은 암묵적으로 1단계의 비선형성을 정보를 식별하기 위한 원천으로서 사용한다. 이를 살펴보기 위해, 관심대상 인과모형이 다음과 같이 도구변수 벡터 Z_i를 포함하고 있다고 가정하자.

$$Y_i = \alpha' X_i + \gamma' Z_i + \rho D_i + \eta_i \qquad \text{(식 4.6.4)}$$

이 경우 1단계가 (식 4.6.2)와 같다면 이 모형은 식별되지 않으며, (식 4.6.4)에 대한 통상적인 2SLS 추정치들도 존재하지 않는다. 사실, (식 4.6.4)는 배제 제약을 위반하고 있다. 그러나 X_i, Z_i, 그리고 $\hat{D}_{pi}$를 도구변수로 사용하는 경우에는 2SLS 추정치가 존재한다. 왜냐하면 $\hat{D}_{pi}$는 X_i와 Z_i의 비선형 함수로서 2단계로부터 배제되어 있기 때문이다. 연구자가 정보를 식별하는 원천으로서 이러한 비선형성을 이용해야 할까? 우리는 보통 이러한 종류의 편법적인 식별 방법을 피하고자 한다. 왜냐하면 이 방법에 타당한 근거를 제공하는 실험이 도대체 무엇인지가 분명하지 않기 때문이다.

을지도 모른다. (probit 1단계가 선형에 매우 가까울 수도 있다.) 그러나 굳이 그렇게 할 필요가 없는데 그렇게 할 이유는 없지 않은가!

일반적으로 비선형모형으로부터 구한 1단계 예측치를 순진하게 대입하는 방법은 좋은 아이디어가 아니다. 이런 경우에는 1단계 CEF가 비선형인 모형뿐만 아니라 2단계가 비선형인 모형들도 포함된다. 예를 들어, 연구자가 (Card(1995)의 구조모형에서와 같이) 학력과 임금 간의 인과관계가 거의 2차형 관계에 가까우면서도 동질적이라 생각하고 있다고 가정하자. 다시 말해, 관심대상이 되는 모형은 다음과 같다고 가정하자.

$$Y_i = \alpha' X_i + \rho_1 s_i + \rho_2 s_i^2 + \eta_i \qquad \text{(식 4.6.5)}$$

두 개의 도구변수가 주어진다면 s_i와 s_i^2 모두를 내생변수로 생각하여 쉽게 (식 4.6.5)을 추정할 수 있다. 이 경우에는 1단계 식이 두 개인데, 하나는 s_i이고, 다른 하나는 s_i^2에 대한 식이다. 이 방법이 제대로 적용되기 위해서는 최소한 두 개의 도구변수가 필요하지만 원래 도구변수와 그 변수의 제곱을 이용하는 방법이 자연스럽다. (유일한 도구변수가 더미변수가 아니라면 말이다. 이런 경우에는 좀 더 나은 아이디어가 필요하다.)

이 경우에 연구자는 (식 4.6.2)과 같은 한 개의 1단계 식을 이용해 다음의 2단계 식을 손수 직접 추정하고픈 유혹에 빠질 수 있다.

$$Y_i = \alpha' X_i + \rho_1 \hat{s}_i + \rho_2 \hat{s}_i^2 + \left[\eta_i + \rho_1 (s_i - \hat{s}_i) + \rho_2 (s_i^2 - \hat{s}_i^2)\right]$$

그러나 이 방법은 잘못된 것이다. 왜냐하면 $\hat{s}_i$는 $s_i^2 - \hat{s}_i^2$와 상관관계를 가지고, $\hat{s}_i^2$는 $s_i - \hat{s}_i$ 및 $s_i^2 - \hat{s}_i^2$ 모두와 상관관계를 가질 수 있기 때문이다. 이와는 대조적으로, (식 4.6.5)에서 X_i와 Z_i가 η_i와 상관관계를 갖지 않고, 충분한 수의 도구변수가 Z_i에 포함되어 있다면, 2SLS를 이용해 (식 4.6.5)를 추정하는 방법이 간결하면서도 타당하다.

4.6.2 동료 효과

사회과학의 많은 연구들은 동료 효과(peer effects)에 관심을 갖고 있다. 간단히 말해, 동료 효과란 집단의 특성이 개인의 성과에 미치는 인과효과를 말한다. 종종 이런 동료 효과를 찾아내기 위해 회귀모형을 이용한다. 그러나 실제 분석에서 동료 효과를 추정하기 위해 회귀모형을 이용하는 데에는 많은 위험이 도사리고 있다. 비록 이 문제가 IV와 관련된 이슈는 아니지만, 2SLS의 용어와 수식은 동료 효과를 식별하는 것이 왜 어려운지, 그 이유를 이해하는 데 도움을 준다.

대체로 동료 효과에는 두 가지 유형이 있다. 첫 번째 유형의 동료 효과는 주(state)나 시(city)의 평균 학력과 같은 집단적 특성이 (다른 변수로 표현되는) 개인의 성과에 미치는 효과와 관련이 있다. 예를 들어, Acemoglu and Angrist (2000)는 한 개인의 임금이 그가 거주하고 있는 주의 평균 학력으로부터 영향을 받는지에 관해 질문한다. 인적자본의 외부성(human capital externalities) 이론에 따르면, 교육 수준이 높은 노동력을 보유한 지역(state)에 살면 교육 수준이 높은 사람들뿐만 아니라 해당 지역에 사는 사람들 모두의 생산성이 증대된다. 이러한 종류의 파급효과(spillover)를 학력의 '사회적 수익률(social return)'이라고 말한다. 즉, 사람들의 교육 수준이 높든 낮든 상관없이 인적자본은 모두에게 이익이 된다.

이와 같은 외부효과를 고려한 인과모형은 다음과 같이 표현할 수 있다.

$$Y_{ijt} = \mu_j + \lambda_t + \gamma \bar{S}_{jt} + \rho s_i + u_{jt} + \eta_{ijt} \qquad (식\ 4.6.6)$$

여기서 Y_{ijt}는 t년도에 j주에 사는 개인 i의 로그 주당 임금, u_{jt}는 주-연도별 오차항, η_{ijt}는 개인별 오차항이다. 통제변수 μ_j와 λ_t는 거주하는 주 및 연도의 효과이다. 계수 ρ는 개인에 대한 교육의 수익률이고, 계수 γ는 j주에서 t년도의 평균 학력 $\bar{S}_{jt}$의 효과를 잡아낸다.

s_i와 관련된 통상적인 문제들 외에 (식 4.6.6)에서 발생하는 가장 중요한 식별 문제는 누락변수 편의이다. 이 편의는 평균 학력과 오차항 u_{jt}에 포함되어 있는 여타의 주-연도별 효과들 사이에 존재하는 상관관계로부터 발생한다. 예를 들어, 국공립 대학교육 시스템은 경기 상승 국면에서는 확장할 수 있다. 이에 따라 주의 평균 교육 수준과 주의 평균 임금 사이에는 공통적인

추세(common trend)가 형성된다. Acemoglu and Angrist(2000)는 과거 의무교육법으로부터 도출된 도구변수들을 사용해 이 문제를 해결하고자 한다. 이들 변수는 $\overline{S}_{jt}$와는 상관관계를 갖지만 동일한 시점의 u_{jt} 및 η_i와는 상관관계를 갖지 않는다.

주-연도별 효과가 누락될 가능성이 Acemoglu and Angrist(2000)가 IV 추정법을 사용하게 된 주된 이유이기는 하지만 하나의 설명변수 $\overline{S}_{jt}$가 다른 설명변수 s_i의 평균이라는 사실 또한 (식 4.6.6)의 OLS 추정치들을 해석하기 어렵게 만든다. 이를 살펴보기 위해 (식 4.6.6)의 보다 간단한 형태로서 횡단면만을 고려하는 다음과 같은 모형을 생각해 보자.

$$Y_{ij} = \mu + \pi_0 s_i + \pi_1 \overline{S}_j + v_{ij} \tag{식 4.6.7}$$

여기서 Y_{ij}는 j주에 사는 개인 i의 로그 주당 임금이고, $\overline{S}_j$는 그 주의 평균 학력이다. 계수 π_0과 π_1의 정의에 따라, 오차항 v_{ij}는 두 설명변수 모두와 상관관계를 갖지 않는다. 이제 Y_{ij}를 오직 s_i에만 회귀시키는 2변량 회귀모형의 계수를 ρ_0라고 정의하고, Y_{ij}를 오직 $\overline{S}_j$에만 회귀시키는 2변량 회귀모형의 계수를 ρ_1이라고 정의하자. 이 장의 앞부분에서 그룹화된 회귀모형과 2SLS를 논의하면서 살펴본 바와 같이, ρ_1은 Y_{ij}를 s_i에 회귀시키면서 모든 주의 더미변수를 도구변수로 사용하는 2변량 회귀모형에서 s_i의 계수에 대한 2SLS 추정치이다. 부록 4.7에서는 이러한 사실을 이용해 (식 4.6.7)의 모수들을 (식 4.6.8)과 같이 ρ_0와 ρ_1를 이용해 표현할 수 있음을 증명하고 있다.

$$\pi_0 = \rho_1 + \phi(\rho_0 - \rho_1) \tag{식 4.6.8}$$

$$\pi_1 = \phi(\rho_1 - \rho_0)$$

여기서 $\phi = \frac{1}{1-R^2} > 1$이고, R^2는 주 더미변수들이 s_i의 도구변수로서 이용될 때 도출되는 1단계 R^2이다.

(식 4.6.8)에 의하면, 만약 어떤 이유에서든 임금을 개인의 학력에 회귀시키

는 2변량 회귀모형의 OLS 추정량(ρ_0)이 주 더미들을 도구변수로 사용하는 2SLS 추정량(ρ_1)과 동일하지 않다면, (식 4.6.7)의 평균 학력에 대한 계수(π_1)는 0이 아니게 된다. 예를 들어, 주 더미변수들을 도구변수로 이용하는 추정방법이 s_i의 측정오차로 인한 희석편의(attenuation bias)를 교정한다면, $\rho_1 > \rho_0$가 성립하여, 실제와는 다르게 마치 사회적 수익률이 양(+)인 것처럼 보이게 된다. 이와는 반대로, 주 더미변수를 도구변수로 이용하는 추정방법이 s_i와 관찰불가능한 잠재 임금 간의 양(+)의 상관관계로 인한 편의를 제거한다면, $\rho_1 < \rho_0$가 성립하여 실제와는 다르게 마치 사회적 수익률이 음(−)인 것처럼 보이게 된다.[37] 그러므로 실제 분석에서 (식 4.6.6)과 같은 추정식을 OLS 추정함으로써 사회적 효과를 분리해 내는 것은 매우 어려운 일이다. 그럼에도 불구하고 개인과 집단의 평균 모두를 내생변수라고 간주하여 보다 정교한 IV 추정법을 적용한다면 혹시 가능할 수도 있다.

두 번째 유형의 훨씬 더 구하기 어려운 동료 효과는 어떤 변수의 집단 평균이 동일 변수의 개인별 값에 미치는 효과이다. 이는 사실 IV와 관련되는 문제는 아니고, 회귀모형의 기본적인 이슈들과 관련된다. 이 점을 살펴보기 위해, $\bar{S}_j$가 학교 j의 고등학교 졸업률이라고 가정하자. 우리가 알고 싶은 것은 어떤 학생의 주위에 있는 모든 학생들의 고등학교 졸업 확률이 높으면 해당 학생이 고등학교를 졸업할 확률도 높아지는지의 여부이다. 고등학교 졸업 확률에 대한 동료 효과를 구하기 위해, 우리는 (식 4.6.9)와 같은 회귀모형을 일반적으로 분석한다.

$$s_{ij} = \mu + \pi_2 \bar{S}_j + v_{ij} \qquad \text{(식 4.6.9)}$$

여기서 s_{ij}는 개인 i의 고등학교 졸업 여부이고, $\bar{S}_j$는 개인 i가 다닌 학교 j의 평균 고등학교 졸업률이다.

[37] 개인의 학력이 포함된 방정식에서 평균 학력의 계수는, 주 더미들을 도구변수로 이용해 학력의 사적 수익률을 추정하는 모형의 2SLS 추정치가 OLS 추정치와 동일하다는 가설을 검정하는 Hausman(1978) 통계량이라고 해석할 수 있다. Borjas(1992)는 동일한 문제가 민족적 배경의 효과(ethnic-background effects)를 추정할 때에도 영향을 미친다고 이야기한다.

언뜻 보기에 (식 4.6.9)는 잘 정의된 인과관계에 관한 질문을 표현하는 타당한 수식인 듯하지만, 사실 이 식은 말이 안 되는 수식이다. s_{ij}를 $\overline{S}_j$에 회귀시키면 그 계수는 '항상' 1이 된다. 이는 $\overline{S}_j$가 바로 s_{ij}를 모든 학교들의 더미에 회귀시키는 회귀모형에서 도출한 1단계 예측치임을 인식하는 순간 즉시 도출되는 결론이다.[38] 따라서 (식 4.6.9)와 같은 수식은 인과효과에 관해 유용한 정보를 전혀 제공할 수 없다. 이와 같이 동료 효과를 전혀 식별하지 못하는 회귀모형 (식 4.6.9)을 약간 진전된 형태로 수정하면 (식 4.6.10)과 같다.

$$s_{ij} = \mu + \pi_3 \overline{S}_{(i)j} + v_{ij} \qquad \text{(식 4.6.10)}$$

여기서 $\overline{S}_{(i)j}$는 학생 i를 제외하고 학교 j에 대해 구한 s_{ij}의 평균이다. π_3가 더 이상 자동적으로 1이 되지는 않는다는 의미에서 이 수식은 올바른 방향으로 진전된 것이다. 그러나 여전히 문제점이 존재한다. 왜냐하면 s_{ij}와 $\overline{S}_{(i)j}$ 모두가 v_{ij}에 암묵적으로 포함되어 있는 학교수준 무작위 충격(school-level random shocks)으로부터 동시에 영향을 받기 때문이다. 무작위 집단효과(random group effects)가 오차항에 포함되어 있는 경우 통계적 추론에 있어 중요한 이슈가 발생한다. 이 점에 대해서는 제8장에서 자세히 설명할 예정이다. (식 4.6.10)과 같은 식에서 집단 수준의 무작위 충격은 표준 오차를 넘어서는 문제이다. 집단(학교) 전체에 공통적으로 영향을 미치는 충격은 가성적인 동료 효과(spurious peer effects)를 만들어내기 때문이다. 예를 들어, 상당히 효과적으로 일하는 교장 선생님 때문에 그 학교에 재학하는 모든 학생들의 졸업률이 상승할 수 있다. 이로 인해 마치 동료 효과가 존재하는 것처럼 보

38 s_{ij}를 $\overline{S}_j$에 회귀시키는 회귀모형이 '언제나' 계수 1을 갖는다는 것을 직접 증명하면 다음과 같다:

$$\frac{\sum_j \sum_i s_{ij}(\overline{S}_j - \overline{S})}{\sum_j n_j(\overline{S}_j - \overline{S})^2} = \frac{\sum_j (\overline{S}_j - \overline{S}) \sum_i s_{ij}}{\sum_j n_j(\overline{S}_j - \overline{S})^2}$$

$$= \frac{\sum_j (\overline{S}_j - \overline{S})(n_j \overline{S}_j)}{\sum_j n_j(\overline{S}_j - \overline{S})^2} = 1.$$

일 수 있다. 왜냐하면 동료들의 평균과 개인의 학업성취도 사이에 아무런 인과관계가 존재하지 않더라도, s_{ij}와 $\overline{S}_{(i)j}$ 간에는 상관관계가 발생하기 때문이다. 그러므로 (식 4.6.10)과 같은 회귀모형 역시 고려하지 않는 것이 좋다. 동료 효과를 인과적으로 분석하는 최선의 방법은 동료들의 사전적 특성들(ex ante characteristics)의 변동에 초점을 두는 것이다. 여기서 사전적 특성들이란 결과 변수가 실현되기 이전에 실현되어 공통의 충격으로부터 영향을 받지 않는 동료 특성들을 말한다. 최근 하나의 예는 Ammermueller and Pischke(2006)의 연구이다. 이들은 유럽의 초등학교를 대상으로 급우들의 가정 배경(집에서 보유한 책의 수로 측정됨)과 학생의 성취도 사이의 관계를 연구하였다. Ammermueller and Pischke가 사용한 회귀모형은 다음과 같은 형태이다.

$$s_{ij} = \mu + \pi_4 \overline{B}_{(i)j} + v_{ij}$$

여기서 $\overline{B}_{(i)j}$은 학생 i의 급우들 집에 있는 책들의 평균 숫자이다. 이 식은 (식 4.6.10)처럼 보이지만, 한 가지 중요한 차이가 있다. 변수 $\overline{B}_{(i)j}$는 시험점수보다 시간적으로 앞서는 가정환경 특성이므로 학교수준 무작위 충격으로부터 영향을 받지 않는다.

Angrist and Lang(2004)의 연구 또한 동료들의 사전적 특성을 학생의 학업성취도와 연결시키려고 시도한 또 다른 사례이다. Angrist and Lang의 연구에서는 학업성취도가 낮은 학생들이 학교에 새로 강제 편입되었을 경우에 학업성취도가 높은 기존 학생들의 학업성취도에 어떤 영향이 있는지를 분석하였다. 이 경우에 관심대상이 되는 회귀모형은 다음과 같다.

$$s_{ij} = \mu + \pi_5 \overline{m}_j + v_{ij} \qquad \text{(식 4.6.11)}$$

여기서 $\overline{m}_j$는 학교 j에 새로 강제 편입된 학업성취도가 낮은 학생들의 숫자이고, s_{ij}는 기존 학생 i의 시험점수이다. 두 가지 이유로 인하여 이 상황에서는 공통의 충격으로 인해 발생하는 가상의 상관관계가 문제가 되지 않는다. 첫째, $\overline{m}_j$는 (식 4.6.11)을 추정하는 데 사용되는 표본의 외부에 있는 학생들에 의해 결정되는 학교 모집단 특성이다. 둘째, 학업성취도가 낮은 학생들의 숫자는 사전 변수로서, 이 변수는 전학 온 학생들이 어디 출신인지에 의해 정해지지, 성과변수 s_{ij}에 의해 정해지지는 않는다. 그러나 $\overline{m}_j$는 집단 수준 변수이기 때문에, v_{ij}에 포함되어 있는 학교수준 확률효과(school-level random effects)는 추론에 있어서 여전히 중요한 이슈로 남는다.

4.6.3 제한 종속변수에 대한 재고찰

3.4.2절에서 우리는 제한 종속변수(limited dependent variable: LDV)가 회귀모형에 미치는 영향에 대해 설명하였다. 종속변수가 2진 변수이거나 비음수(가령, 취업상태나 노동시간)일 경우 CEF는 보통 선형이 아니다. 대부분의 비선형 LDV 모형들은 선형 잠재지수(linear latent index)를 비선형 방식으로 변환함으로써 만들어진다. probit, logit, Tobit 등이 그 예이다. 이들 모형은 그에 대응하는 CEF의 특성들을 반영하고 있다. (예를 들어, probit의 예측치는 0에서 1 사이의 값을 갖도록 설정되어 있고, Tobit의 예측치는 비음수인 값을 갖는다.) 그러나 잠재지수 모형으로부터 도출된 결과들을 해석하려면 복잡함이 더해지고 추가적인 작업이 필요하기 때문에, 제한 종속변수 모형에 굳이 공을 들일 필요가 있는지 의심스럽다는 점은 이미 설명한 바 있다.

OLS가 선호되는 중요한 이유는 구조모형들에는 없는 개념적 강건성(conceptual robustness)이 OLS에는 있기 때문이다. OLS는 언제나 CEF에 대한 MMSE 선형 근사치를 제공한다. 사실, 한계효과(marginal effect)를 계산하는 방법으로서 OLS를 생각할 수도 있다. 그리고 이 방법에는 단순성, 자동화 가능성, 그리고 연구들 간의 비교가능성이라는 장점이 있다. 비선형 잠재지수 모형은 GLS와 유사하다. 문자 그대로 받아들이면 이 모형은 효율성을 확보하는 데 도움이 된다. 하지만 우리가 보통 매우 불편하게 생각하고 있듯이, 함수 형태와 분포에 대한 가정들이 필요하다.[39] OLS를 선호하는 두 번째 이유는 비

39 비선형 LDV모형과 GLS 사이의 유사성은 수사적(rhetorical)인 것 그 이상이다. 비선형의 CEF, $E[Y_i|X_i] = \Phi\left[\frac{X_i'\beta^*}{\sigma}\right] \equiv \gamma_i$를 갖는 probit 모형을 생각해 보자. 최우추정법(maximum likeli-

선형모형에서는 그 핵심인 잠재지수 모수와 (대부분의 연구에서 중요 관심대상이어야만 한다고 생각되는) 평균 인과효과가 서로 같지 않기 때문이다. LDV인 경우에 통상적인 OLS를 사용해도 좋다는 주장은 2SLS나 내생변수를 가진 모형들에 대해서도 동일하게 적용된다. 종속변수가 2진 변수이든 비음수 변수이든 연속변수이든 상관없이 IV 방법은 국지적 평균 처치효과(LATE)를 추정한다. 공변량이 있는 경우에 2SLS는 공변량의 각 셀에서 구한 LATE들을 평균한 값으로 생각할 수 있다. 처치 강도가 가변적인 혹은 연속적인 모형에서 2SLS는 평균 인과반응 혹은 평균 도함수를 추정한다. Abadie(2003)가 증명한 바와 같이, 2SLS가 일반적으로 순응집단의 인과 반응함수에 대한 MMSE 근사치를 제공하지는 못하지만, 실제 분석에서 2SLS 추정치는 보다 엄밀한 Abadie의 방법을 이용해 구한 추정치들과 굉장히 유사하다. (그리고 공변량들이 포화된 모형의 경우에는 2SLS와 Abadie 추정치가 서로 동일하다.) 더욱이 2SLS는 LATE를 직접 추정한다. 즉, 2SLS를 이용해 LATE를 추정할 경우에는 한계효과를 계산하기 위한 중간 단계가 필요없다. 물론 2SLS만이 유일한 방법은 아니다. 보다 세련된 다른 방법에서는 LDV가 도출되는 과정을 자세히 표현함으로써 인과관계 모형을 수립하고자 한다. 하나의 좋은 사례는 2변량 probit으로, 이 방법은 Angrist and Evans(1998) 사례에 적용될 수 있다. 여성은 순편익 함수나 잠재지수를 이용해 비용과 편익을 비교함으로써 세 번째 자녀를 낳을지 말지를 결정한다고 가정하자. 이때 사용되는 순편익 함수나 잠재지수는 공변량과 배제된 도구변수에 대해서 선형이고, v_i라는 무작위 오차항을 가지고 있다고 가정한다. 2변량 probit의 1

hood estimation)을 이용해 구한 이 모형의 1계 조건은 다음과 같다.

$$\sum_i \frac{(Y_i - \gamma_i)X_i}{\gamma_i(1-\gamma_i)} = 0$$

최우추정법은 다음과 같은 비선형 회귀모형의 GLS 추정법과 점근적으로 동일하다.

$$Y_i = \Phi\left[\frac{X_i'\beta^*}{\sigma}\right] + \xi_i$$

왜냐하면 Y_i의 조건부 분산이 $r_i(1-r_i)$이기 때문이다. 유일한 차이는 GLS는 두 단계로 추정된다는 것뿐이다.

단계는 다음과 같이 표현할 수 있다.

$$D_i = 1[X_i'\gamma_0^* + \gamma_1^* Z_i > v_i] \qquad \text{(식 4.6.12)}$$

여기서 Z_i는 공변량 X_i가 주어져 있을 때 세 번째 자녀의 편익을 증가시키는 도구변수이다. 예를 들어, 미국 부모들은 처음 두 자녀가 모두 아들이거나 모두 딸인 경우 세 번째 자녀에 가치를 부여하는 것으로 보인다. 이것은 일종의 포트폴리오 다변화(portfolio diversification) 현상으로서, 자녀들의 성별이 동일한 가구에서는 세 번째 자녀가 출산의 편익을 증가시킨다고 이해할 수 있다.

이 상황에서 주된 관심의 대상이 되는 성과변수는 취업상태이다. 이 변수는 베르누이 확률변수로서 그 조건부 평균은 0과 1 사이의 값이다. 모형을 완성하기 위해 취업상태 Y_i가 다음과 같은 잠재지수에 의해 결정된다고 가정하자.

$$Y_i = 1[X_i'\beta_0^* + \beta_1^* D_i > \epsilon_i] \qquad \text{(식 4.6.13)}$$

여기서 ϵ_i는 두 번째 확률 성분 혹은 오차항이다. 이와 같은 잠재지수는 취업의 비용과 편익을 비교하는 과정에서 도출된다고 생각할 수 있다.

2변량 probit 모형에서 누락변수 편의가 발생하는 이유는 v_i와 ϵ_i 간의 상관관계 때문이다. 다시 말해, 출산에 영향을 미치는 측정 불가능한 확률적 요인들은 취업에 영향을 미치는 측정 불가능한 확률 성분들과 상관관계를 가진다. Z_i가 이러한 오차들과는 독립이고 확률적 요소들은 정규분포를 따른다고 가정해야 위의 모형을 식별할 수 있다. 정규분포를 가정했을 때, (식 4.6.12)와 (식 4.6.13)의 모수들은 최우추정법(maximum likelihood)에 의해 추정할 수 있다. 이때 로그 우도함수(log likelihood function)는 다음과 같다.

$$\sum \ln \Phi_b \Bigg[(2Y_i - 1)\left(\frac{X_i'\beta_0^* + \beta_1^* D_i}{\sigma_\epsilon}\right), \\ (2D_i - 1)\left(\frac{X_i'\gamma_0^* + \gamma_1^* Z_i}{\sigma_v}\right); (2Y_i - 1)(2D_i - 1)\rho_{\epsilon v} \Bigg] \qquad \text{(식 4.6.14)}$$

여기서 $\Phi_b(\cdot\ ,\cdot\ ;\rho_{\epsilon v})$는 상관계수가 $\rho_{\epsilon v}$인 2변량 정규분포의 누적 분포함수이다. 그런데 여기에서 잠재지수 계수들과 오차의 표준 편차들(σ_ϵ,σ_v)에 양(+)의 상수를 곱하더라도 우도는 변하지 않는다는 것에 유의하자. 따라서 추정의 대상은 잠재지수의 계수들을 오차항의 표준 편차로 나눈 비율(예를 들어, $\beta_1^*/\sigma_\epsilon$)이다.

2변량 probit 모형에서 정의되는 잠재성과들은 다음과 같다.

$$Y_{0i}=1\left[X_i'\beta_0^*>\epsilon_i\right],\ \text{그리고}\ \ Y_{1i}=1\left[X_i'\beta_0^*+\beta_1^*>\epsilon_i\right].$$

그리고 잠재적 처치 배정은 다음과 같다.

$$D_{0i}=1\left[X_i'\gamma_0^*>v_i\right]\ \ \text{그리고}\ \ D_{1i}=1\left[X_i'\gamma_0^*+\gamma_1^*>v_i\right].$$

보통의 경우와 마찬가지로, 임의의 한 사람에 대해 오직 하나의 잠재성과와 하나의 잠재 배정만이 관측된다. 이와 같은 표현방식으로부터 우리는 v_i와 ϵ_i 간의 상관관계는 잠재 처치배정과 잠재성과 간의 상관관계와 동일하다는 점을 확인할 수 있다.

잠재지수 계수들 자체는 효과의 방향 이외에는 출산이 취업에 미치는 인과효과의 크기에 대해 아무 것도 이야기해 주지 않는다. 이를 확인하기 위해, 출산의 평균 인과효과는 다음과 같다는 점에 주목하자.

$$E[Y_{1i}-Y_{0i}]=E\{1\left[X_i'\beta_0^*+\beta_1^*>\epsilon_i\right]-1\left[X_i'\beta_0^*>\epsilon_i\right]\}$$

그리고 처치를 받은 사람들에 대한 평균효과는 다음과 같다.

$$\begin{aligned}&E\left[Y_{1i}-Y_{0i}|D_i=1\right]\\&\quad=E\{1\left[X_i'\beta_0^*+\beta_1^*>\epsilon_i\right]-1\left[X_i'\beta_0^*>\epsilon_i\right]|X_i'\gamma_0^*+\gamma_1^*Z_i>v_i\}\end{aligned}$$

v_i와 ϵ_i가 정규분포가 아니라 다른 분포를 따른다고 가정하면, 위의 효과들은 전혀 다른 것이 된다. (만약 오차항이 이분산성을 갖는 경우에는 심지어 이 수식들의 부호조차도 정해지지 않는다.)

정규성의 가정 때문에 2변량 probit 모형에서 구한 평균 인과효과들이 쉽게 평가되는 것이다. 그 평균 처치효과는 다음과 같다.

$$E\left\{1\left[X_i'\beta_0^*+\beta_1^*>\epsilon_i\right]-1\left[X_i'\beta_0^*>\epsilon_i\right]\right\} \qquad \text{(식 4.6.15)}$$
$$=E\left\{\Phi\left[\frac{X_i'\beta_0^*+\beta_1^*}{\sigma_\epsilon}\right]-\Phi\left[\frac{X_i'\beta_0^*}{\sigma_\epsilon}\right]\right\}$$

여기서 $\Phi[\cdot]$는 정규분포의 CDF이다. 처치를 받은 사람들에 대한 효과는 2변량 정규분포의 CDF를 동반하기 때문에 아래와 같이 약간 더 복잡하다.

$$E[Y_{1i}-Y_{0i}|D_i=1]$$
$$=E\left\{\frac{\Phi_b\left(\frac{X_i'\beta_0^*+\beta_1^*}{\sigma_\epsilon},\frac{X_i'\gamma_0^*+\gamma_1^*Z_i}{\sigma_v};\rho_{\epsilon v}\right)-\Phi_b\left(\frac{X_i'\beta_0^*}{\sigma_\epsilon},\frac{X_i'\gamma_0^*+\gamma_1^*Z_i}{\sigma_v};\rho_{\epsilon v}\right)}{\Phi\left(\frac{X_i'\gamma_0^*+\gamma_1^*Z_i}{\sigma_v}\right)}\right\}$$

(식 4.6.16)

2변량 정규분포의 CDF는 많은 소프트웨어 패키지들에 포함되어 있는 함수이기 때문에 실제 분석에서 위의 식은 쉽게 계산할 수 있다.

통계 소프트웨어 패키지를 이용할 경우 추정이 그리 복잡하지 않고 정확한 값들을 쉽게 구할 수 있다는 의미에서 2변량 probit 모형은 해롭지 않다고 평가할 수도 있다. 하지만 3.4.2절에서 설명한 바와 같이, 비선형 잠재지수 모형이 가지는 단점들이 이 모형에도 적용된다. 첫째, 일부 연구자들은 평균 인과효과가 아니라 지수식의 계수를 추정하려는 데에 정신을 빼앗기게 된다. 예를 들어, 많은 계량경제학 문헌들이 분포를 가정하지 않고 지수식의 계수를 추정하는 데에 관심을 가지고 있다. 그러나 인과효과에 관심이 있는 실증 연구자들은 이러한 논의들을 무시해도 무방하다.[40]

40 잠재모형의 오차항이 알려지지 않은 분포를 따르고 그 CDF가 $\Lambda[\cdot]$이라고 가정하자. 이 경우에 평균 인과효과는 다음과 같다.

$$E\left\{\Lambda\left[X_i'\beta_0^*+\beta_1^*\right]-\Lambda\left[X_i'\beta_0^*\right]\right\}=\Lambda'\left[X_i'\beta_0^*+\overline{\beta}_1\right]\beta_1^*$$

이 상황에서 두 번째로 지적하는 단점은 장점이기도 하다. 2변량 probit이나 비슷한 종류의 다른 모형들은 무조건부 평균 인과효과나 처치를 받은 사람들에 대한 효과를 추정하는 데에도 이용될 수 있다. 그에 반해, 2SLS는 평균 인과효과를 보장하지는 않고, 오직 '국지적인(local)' 평균 인과효과만을 보장한다. 그러나 (식 4.6.15)에 명확히 나타나 있듯이, 잠재지수 모형의 오차항이 정규분포를 따른다는 가정은 평균 처치효과를 계산하는 데 필수적이다. 언제나 그렇듯이, 분포에 대한 가정을 하지 않고 연구자가 할 수 있는 최선의 것은 LATE, 즉 순응집단에 대한 평균 인과효과이다. 2변량 probit의 경우에 LATE는 다음과 같다.

$$
\begin{aligned}
&E[Y_{1i}-Y_{0i}|D_{1i}>D_{0i}] \\
&=E\{1[X_i'\beta_0^*+\beta_1^*>\epsilon_i]-1[X_i'\beta_0^*>\epsilon_i]\,|\,X_i'\gamma_0^*+\gamma_1^*>v_i>X_i'\gamma_0^*\}
\end{aligned}
$$

(식 4.6.16)과 같이, 이 식의 값은 v_i와 ϵ_i의 결합 정규분포를 이용해 계산할 수 있다. 그러나 $E[Y_{1i}-Y_{0i}|D_{1i}>D_{0i}]$를 계산할 때에는 정규분포를 가정할 필요가 없다. 왜냐하면, LATE는 IV를 이용해 각각의 X_i에 대해 추정하고 공변량의 분포를 이용해 그것들을 평균함으로써 구할 수 있기 때문이다. 또 다른 방법으로는, 4.5.3절에서 포화와 가중 정리에서 설명했듯이, 2SLS를 적용한 후 공변량에 고유한 LATE를 구하고 분산-가중치를 부여해 그것들을 가중 평균을 구하는 방법이 있다.

LATE로도 충분한지에 대해 당신은 의문을 제기할 수도 있을 것이다. 아마도 당신은 무조건부 평균 처치효과 혹은 처치를 받은 사람들에 대한 처치효과를 추정하고자 기꺼이 몇 가지 가정을 추가하려고 할 수도 있겠다. 그 모든 것들이 괜찮고 좋은 일이지만, 저자들의 경험에 의하면 엄청난 가정을 하더라도 당신이 얻을 수 있는 것은 그리 많지 않다. 국지적 정보가 자료에 있는 것의 전부이기 때문에, 공변량들의 모형이 충분히 유연하다면 실제 분석

여기서 (평균값 정리에 의해) $\overline{\beta}_1$은 $[0, \beta_1^*]$의 범위에 있는 어떤 수이다. 위 식의 값은 항상 $\Lambda[\cdot]$의 형태에 의존하므로, 지수식의 계수들만을 아는 것만으로는 결코 충분하지 않다.

표 4.6.1 셋째 자녀가 여성의 노동공급에 미치는 효과를 추정한 2SLS, Abadie 및 2변량 probit 추정치

2SLS	Abadie 추정치		2변량 probit		
2SLS (1)	선형 (2)	probit (3)	MFX (4)	ATE (5)	TOT (6)
A. 공변량 없음					
−0.138 (0.029)	−0.138 (0.030)	−0.137 (0.030)	−0.138 (0.029)	−0.139 (0.029)	−0.139 (0.029)
B. 일부 공변량 포함(연령은 통제하지 않음)					
−0.132 (0.029)	−0.132 (0.029)	−0.131 (0.028)	−0.135 (0.028)	−0.135 (0.028)	−0.135 (0.028)
C. 일부 공변량과 첫 출산 시 연령 포함					
−0.129 (0.028)	−0.129 (0.028)	−0.129 (0.028)	−0.133 (0.026)	−0.133 (0.026)	−0.133 (0.026)
D. 일부 공변량, 첫 출산 시 연령, 그리고 (연령>30) 더미변수 포함					
−0.124 (0.028)	−0.125 (0.029)	−0.125 (0.029)	−0.131 (0.025)	−0.131 (0.025)	−0.131 (0.025)
E. 일부 공변량, 첫 출산 시 연령, 그리고 현재 연령 포함					
−0.120 (0.028)	−0.121 (0.026)	−0.121 (0.026)	−0.171 (0.023)	−0.171 (0.023)	−0.171 (0.023)

주: Angrist(2001)에서 발췌하였다. 이 표는 출산이 노동공급에 미치는 효과를 추정한 2SLS 추정치와 비선형모형들의 추정치를 비교하고 있다. 모든 모형에서는 동일 성별 도구변수를 사용한다. Abadie 추정치의 표준 오차는 크기가 20,000인 표본을 100번 반복 추출하는 붓스트랩법을 이용해 구하였다. MFX는 한계효과, ATE는 무조건부 평균 처치효과, TOT는 처치를 받은 사람들에 대한 평균 처치효과를 나타낸다.

에서는 2변량 probit으로 구한 평균 인과효과가 2SLS 추정치와 유사할 가능성이 높다. <표 4.6.1>에는 이러한 유사성이 예시되어 있다. 이 표에는 셋째 자녀가 여성의 노동공급에 미치는 효과를 보여주는 2SLS 추정치와 2변량 probit 추정치들이 제시되어 있다. 위의 추정에서는 Angrist-Evans(1998)이 사용한 것과 같은 동일 성별 도구변수와 둘 이상의 자녀를 가진 기혼여성들을 대상으로 한 1980년 인구센서스 표본이 사용되었다. 종속변수는 지난해 취업했었는지를 표시하는 더미변수이고, 내생변수는 셋째 자녀가 있는지를 표시하는 더미변수이다. 1단계 추정치에 의하면, 자녀의 성별이 동일한지의 여부가 셋째를 가질 확률에 미치는 효과의 크기는 약 7퍼센티지 포인트이다.

<표 4.6.1>의 패널 A에는 공변량이 없는 모형으로부터 구한 추정치들이 제시되어 있다. (1)열의 2SLS 추정치 −0.138은 (2)열에서 선형모형을 이용해 구한 Abadie 인과효과 추정치와 동일하다. 이는 당연한 결과이다. 왜냐하면 공변량이 없는 경우, 2SLS 기울기 계수는 Abadie의 카파-가중 추정법과 마찬가지로 순응자들의 인과 반응함수에 대한 최적의 선형 근사치를 제공하기 때문이다. 선형 근사치 대신에 probit CEF를 가지는 비선형 최소제곱법을 사용하는 경우에도 한계효과는 거의 변하지 않는다. 아래의 식을 최소화하는 방식으로 추정된 한계효과는, (3)열에 제시되어 있듯이 −0.137이다.

$$E\left\{k_i\left(Y_i-\Phi\left[\frac{\beta_0^*+\beta_1^*D_i}{\sigma_\epsilon}\right]\right)^2\right\}$$

공변량이 없는 모형은 함수의 형태에 관해 어떠한 가정도 하지 않기 때문에, 이것이 그리 놀라운 발견은 아니다.

어쩌면 보다 놀라운 점은 (식 4.6.15)와 (식 4.6.16)을 이용해 계산한 한계효과와 평균 처치효과들이 2SLS 및 Abadie 추정치들과도 동일하다는 사실일 것이다. 이들 결과가 (4)열~(6)열에 제시되어 있다. (식 4.6.15)의 차분에 근사하기 위해 도함수를 사용해 계산한 한계효과는 −0.138이다. (한계효과는 (4)열에 MFX라는 이름이 붙여져 있다.) 한편, (5)열과 (6)열의 두 평균 처치효과는 모두 −0.139이다. 패널 B에서 보듯이, 몇몇 공변량들을 포함시키더라도 추정치에는 아무런 영향이 없다. 여기에서 사용된 공변량들은 모두 더미변수들로서, 인종 더미변수 3개(흑인, 히스패닉, 기타 인종), 첫째 아들과 둘째 아들을 표시하는 더미변수 2개가 통제되었다. (제외된 도구변수는 이 두 더미변수들의 교차항이다.) 패널 C와 D에 의하면, 첫 출산 시 연령의 1차항과 모친의 연령 더미를 추가하더라도 마찬가지로 추정치들은 거의 변하지 않는다.

공변량들을 추가하더라도 추정치가 변하지 않는 것은 바람직해 보인다. 동일 성별 도구변수는 본질적으로 공변량들과 독립적이기 때문에, 편의를 제거하기 위해 공변량을 통제할 필요가 없고, 공변량은 주로 추정치의 정확도에 영향을 미친다. 그러나 패널 E에 나타난 바와 같이, 2변량 probit으로부터 구한 한계효과는 어떤 공변량을 사용하느냐에 따라 민감하게 달라진다. 모친의 연령이 30보다 많은지를 표시하는 더미변수를 연령의 선형항으로 교체하면 2변량 probit 추정치는 −0.171로 현저하게 증가한다. 반면에 2SLS와 Abadie 추정치는 거의 변하지 않는다. 이는 아마도 선형 연령항으로 인해 자료가 거의 없는 셀들로 외삽(extrapolation)이 일어난다는 사실을 반영하는 듯하다. 패널 E의 2변량 probit의 효과를 제시하는 것이 문제될 것은 없지만, 그렇다고 보다 강건한 추정치인 2SLS와 Abadie 추정량들을 선호하지 않아야 할 이유도 발견하기 어렵다.[41]

4.6.4 2SLS의 편의(bias)★

(3.1.3절의 끝부분에서 간단히 언급한 것처럼) OLS 추정량이 일치추정량(consistent estimator)이면서 동시에 불편추정량(unbiased estimator)이라는 것은 다행스러운 사실이다. 이것은 표본의 크기와는 무관하게 OLS 계수 추정치 벡터가 가지는 분포의 중심에는 모집단 계수 벡터가 위치한다는 것을 의미한다.[42] 이와는 달리, 2SLS 추정량은 일치추정량이기는 하지만 불편추정량은 아니다. 이것은 2SLS 추정량이 오직 대표본에서만 관심대상인 인과효과에 근접하게 된다는 의미이다. 표본크기가 작을 경우 2SLS 추정치는 목표 모수와 체계적으로 다를 수도 있다.

지난 수년간 응용 연구자들은 2SLS가 불편추정량이 아니라는 것을 알면서도 이를 그다지 불편하게 생각하지 않았다. 저자들 역시 대학원 재학 시 계량경제학 수업에서 2SLS의 편의에 대해 많이 들어보지는 못했다. 그러나

41 Angrist(2001)는 쌍둥이 도구변수들을 이용해 이와 동일한 내용을 언급하고, 노동시간 모형으로부터 구한 2SLS, Abadie 및 비선형 구조모형 추정치들을 비교하면서 이와 유사한 패턴을 제시하였다.

42 보다 정확히 표현하면, (1) CEF가 선형이거나, (2) 설명변수들이 비확률변수, 즉 반복 표본들에서 고정되어 있는 경우 OLS는 불편추정량이다. 실제 분석에서 이러한 조건들은 크게 중요하지 않아 보인다. 일반적으로 $\hat{\beta}=[\Sigma_i X_i X_i']^{-1}\Sigma_i X_i Y_i$의 표본분포는 표본크기와는 관계없이, 그리고 CEF가 선형이든 아니든, 설명변수들이 확률변수이든 아니든 관계없이, 그 중심에는 모집단 대응식 $\beta=E[X_i X_i']^{-1}E[X_i Y_i]$가 위치하게 되는 경향이 있다.

1990년대 초반 일련의 논문들은 이러한 상황을 변화시켰다. 이 논문들은 2SLS 추정치가 실증 연구에서 매우 잘못된 결론을 유도할 위험성이 있음을 알려준다.[43]

도구변수가 "약한(weak)" 경우(즉, 도구변수와 내생 설명변수 간의 상관관계가 낮은 경우), 그리고 과다식별 제약들이 많은 경우에 2SLS 추정량의 편의가 가장 심하다. 도구변수들이 많으면서 약할 때, 2SLS 추정량은 대응하는 OLS 추정치의 확률극한 방향으로 편향된다. 최악의 상황에서 도구변수가 너무 약해 모집단에서 1단계 관계 자체가 존재하지 않는 경우, 2SLS 표본분포의 중심에는 OLS의 확률극한이 위치하게 된다. 이 결과를 뒷받침하는 이론은 다소 많은 수식을 동반하지만 기본적인 아이디어는 쉽게 이해할 수 있다. 2SLS 추정치에 편의가 발생하는 원인은 1단계 예측치의 추정값에 무작위성이 있기 때문이다. 1단계 계수들은 내생변수를 도구변수에 회귀시키는 회귀모형으로부터 도출되기 때문에, 실제 분석에서 1단계 추정치에는 내생변수에 내재한 무작위성이 어느 정도 포함되어 있다. 모집단에서 1단계가 0이라면, 내생변수가 1단계에 있는 무작위성을 모두 설명한다. 이와 같은 무작위성은 유한표본에서 1단계 예측치와 2단계 오차항 간에 상관관계를 유발시킨다. 왜냐하면 내생변수와 2단계 오차항 간에는 상관관계가 존재하기 때문이다. (이런 상관관계가 존재하지 않았다면 처음부터 도구변수를 찾지도 않았을 것이다.)

2SLS의 편의를 보다 공식적으로 유도하는 방법은 다음과 같이 진행된다. 논의를 간명하게 하기 위해, 행렬과 벡터 그리고 간단한 동일효과 모형을 사용해보자. (도구변수의 숫자가 달라지면 목표 모수도 달라질 수 있기 때문에, 이질적인 효과를 가정하는 모형에서는 편의를 논의하기 힘들다.) 다른 공변량은 존재하지 않는 모형에서 우리가 하나의 내생 독립변수(벡터 x)가 하나의 종속변수(벡터 y)에 미치는 효과를 추정하고자 한다고 가정하자. 관심대상 인과모형

43 주요 참고문헌으로는 Nelson and Startz(1990a,b), Buse(1992), Bekker(1994), 그리고 특히 Bound, Jaeger, and Baker(1995)가 있다.

은 다음과 같다.

$$y = \beta x + \eta \tag{식 4.6.17}$$

Z를 $N \times Q$ 도구변수 행렬이라고 정의할 때, 1단계 방정식은 다음과 같다.

$$x = Z\pi + \xi \tag{식 4.6.18}$$

η_i가 ξ_i과 상관관계를 갖기 때문에 (식 4.6.17)의 OLS 추정치는 편의를 갖는다. 정의에 의해, 도구변수 Z_i는 ξ_i와 상관관계를 갖지 않는다. 그리고 가정에 의해, Z_i는 η_i와도 상관관계를 갖지 않는다.
이때 2SLS 추정량은 다음과 같다.

$$\hat{\beta}_{2SLS} = (x'P_Z x)^{-1}x'P_Z y = \beta + (x'P_Z x)^{-1}x'P_Z \eta$$

여기서 $P_Z = Z(Z'Z)^{-1}Z'$는 x를 Z에 회귀시키는 회귀모형으로부터 예측치를 구하는 사영행렬(projection matrix)이다. $x'P_Z\eta$에서 x에 (식 4.6.18)을 대입하면 다음의 식을 구할 수 있다.

$$\begin{aligned}\hat{\beta}_{2SLS} - \beta &= (x'P_Z x)^{-1}(\pi'Z' + \xi')P_Z \eta \\ &= (x'P_Z x)^{-1}\pi'Z'\eta + (x'P_Z x)^{-1}\xi'P_Z \eta\end{aligned} \tag{식 4.6.19}$$

2SLS의 편의는 우변에 있는 항들의 기대값이 0이 아니기 때문에 발생한다. 기대값 연산자는 비선형 함수인 역함수 $(x'P_Z x)^{-1}$ 안으로는 들어갈 수 없기 때문에, (식 4.6.19)의 기대값을 계산하는 것은 쉽지 않다. 그러나 (식 4.6.19)의 우변에 있는 비율의 기대값이 기대값들의 비율에 의해 가깝게 근사될 수 있음을 보이는 것은 가능하다. 다시 말해, 다음 식과 같다.

$$E[\hat{\beta}_{2SLS} - \beta] \approx (E[x'P_Z x])^{-1}E[\pi'Z'\eta] + (E[x'P_Z x])^{-1}E[\xi'P_Z \eta]$$

이 근사치는 대표본 이론을 이용해 도출하는 보통의 점근 근사치보다 훨씬 훌륭하기 때문에, 우리는 이 근사치를 2SLS 추정량이 유한표본에서 어떤 특성을 갖는지를 보여주는 좋은 척도라고 생각한다.[44] 더욱이 $E[\pi' Z'\xi]=0$와 $E[\pi' Z'\eta]=0$가 성립하기 때문에 다음의 식이 성립한다.

$$E\left[\hat{\beta}_{2SLS}-\beta\right] \approx \left[E(\pi' Z' Z\pi)+E(\xi' P_Z \xi)\right]^{-1} E(\xi' P_Z \eta) \qquad \text{(식 4.6.20)}$$

따라서 2SLS의 근사적 편의(approximate bias)가 발생하는 이유는 η_i와 ξ_i의 상관관계가 0이 아닌 경우에는 $E[\xi' P_Z \eta]$도 0이 아니기 때문이다. 그런데 η_i와 ξ_i 간의 상관관계는 무엇보다 우리로 하여금 IV를 사용케 한 첫 번째 이유였다.

(식 4.6.20)을 좀 더 변환시키면 다음과 같이 상당히 유용한 식을 도출할 수 있다. (유도과정은 부록을 참조하라.)

$$E\left[\hat{\beta}_{2SLS}-\beta\right] \approx \frac{\sigma_{\eta\xi}}{\sigma_\xi^2}\left[\frac{E(\pi' Z' Z\pi)/Q}{\sigma_\xi^2}+1\right]^{-1}$$

$\left(1/\sigma_\xi^2\right)E(\pi' Z' Z\pi)/Q$ 항은 1단계 회귀모형에서 모든 독립변수들에 대한 결합 유의성을 검정하는 F-통계량이다.[45] 이 통계량을 F라고 정의하면 다음과 같이 표현할 수 있다.

$$E\left[\hat{\beta}_{2SLS}-\beta\right] \approx \frac{\sigma_{\eta\xi}}{\sigma_\xi^2}\frac{1}{F+1} \qquad \text{(식 4.6.21)}$$

44 Bekker(1994)와 Angrist and Krueger(1995)를 참조하라. 이 방법은 그룹-점근 근사법(group-asymptotic approximation)이라고도 불린다. 왜냐하면 도구변수(그룹)당 관측치 수를 일정하게 유지한 상태에서 관측치 수가 무한대로 가는 것과 동시에 도구변수의 수도 무한대로 가도록 설정하는 점근적 수열로부터 이 식이 도출되기 때문이다.

45 말하자면 그렇다. 정확한 F-통계량은 $\left(1/\hat{\sigma}_\xi^2\right)\hat{\pi}' Z' Z\hat{\pi}/Q$ 이고, 이 식에서 고깔모양(̂ , hat)은 추정치를 표현한다. 그러므로 $\left(1/\sigma_\xi^2\right)E(\pi' Z' Z\pi)/Q$는 때때로 모집단 F-통계량이라도 불린다. 왜냐하면 이 통계량이 바로 무한히 큰 표본에서 우리가 구하게 되는 F-통계량이기 때문이다. 실제 분석에서 모집단 F-통계량과 표본 F-통계량을 구분하는 것은 전혀 중요하지 않다. 일부 계량경제학자들은 도구변수의 강도를 표현할 때 1단계 F값에 도구변수의 숫자를 곱한 값을 선호한다. 이렇게 곱한 값을 "집중 모수(concentration parameter)"라고 부른다.

(식 4.6.21)을 통해 우리는 1단계 F-통계량이 작아짐에 따라 2SLS의 편의는 $\sigma_{\eta\xi}/\sigma_{\xi}^{2}$에 수렴한다는 것을 알 수 있다. OLS 추정량의 편의는 $\sigma_{\eta\xi}/\sigma_{x}^{2}$이다. 그런데 $\pi=0$인 경우 OLS 추정량의 편의도 $\sigma_{\eta\xi}/\sigma_{\xi}^{2}$와 같다. 따라서 위의 증명을 통해, 2SLS의 1단계가 0일 경우에 2SLS 추정치의 분포와 OLS의 추정치의 분포는 동일한 중심을 갖는다는 점을 알 수 있다. 보다 일반적으로 말하면, 2SLS의 1단계에 별 내용이 없는 경우 2SLS 추정치는 "OLS 추정치의 방향으로 편향된다." 다른 한편, $\pi\neq 0$인 경우 대표본에서 나타나는 것처럼, F가 커짐에 따라 2SLS의 편의는 점점 사라진다.

도구변수가 약한 경우, F-통계량은 도구변수들의 숫자에 반비례하여 변화한다. 그 이유를 살펴보기 위해, 쓸모없는 도구변수들(즉, 1단계 R^2에 아무런 영향을 미치지 못하는 도구변수들)을 2SLS 모형에 추가해 보자. Q는 증가하더라도 모형의 제곱합 $E(\pi' Z' Z\pi)$과 잔차의 분산 σ_{ξ}^{2}은 둘 다 변하지 않는다. 결과적으로 F-통계량은 작아지게 된다. 이로부터 우리는 모형에 약한 도구변수들이 많이 추가될수록 편의는 증가한다는 교훈을 얻을 수 있다.

직관적으로 생각해 보면, 2SLS의 편의는 1단계가 추정된다는 사실 때문에 발생한다. 만약 1단계 계수들을 알 수 있다면, 우리는 $\hat{x}_{pop}=Z\pi$를 1단계 예측치로서 이용했을 것이다. 이 예측치는 2단계 오차와 상관관계를 갖지 않는다. 그러나 실제 분석에서 우리는 $\hat{x}=P_Z x=Z\pi+P_Z\xi$를 사용하는데, 이 값은 $\hat{x}_{pop}$와는 $P_Z\xi$항만큼이 다르다. $P_Z\xi$와 η가 서로 상관관계를 갖기 때문에 2SLS에서 편의가 발생한다. 따라서 1단계와 2단계의 오차항들 사이의 상관관계가 $\hat{\pi}$의 표본분산을 타고 2SLS 추정치로 스며든다고 할 수 있다. 점근적으로는 이 상관관계가 결국 사라지겠지만, 현실의 세계는 이상적인 점근적 세계와는 거리가 있다.

(식 4.6.21)에 의하면, 다른 조건들이 동일할 때 2SLS의 편의는 도구변수 숫자의 증가함수이다. 그리하여 도구변수들의 숫자가 가장 작은 상태인 적도 식별의 경우에 편의가 가장 작다. 사실 적도 식별된 2SLS(가령, Wald 추정량)은 점근적으로 '불편추정량'이다. 적도 식별된 2SLS는 적률(moments)을 갖고

있지 않기 때문에(예를 들어, 표본분포의 꼬리 부분이 두꺼움), 이 점을 수리적으로 증명하기는 쉽지 않다. 그럼에도 불구하고 도구변수가 약한 경우조차도 적도 식별된 2SLS는 점근적으로 참값이 중심에 위치하는 분포를 따른다. 그러므로 우리는 적도 식별된 2SLS를 중위-불편추정량(median-unbiased estimator)이라고 부른다. 그렇다고 하더라도, 이 말이 적도 식별된 모형에서는 큰 걱정 없이 약한 도구변수를 사용해도 좋다는 의미는 아니다. 도구변수가 약한 경우에 적도 식별된 추정치는 너무 부정확해서 쓸모없게 되는 경향이 있다.

제한정보 최우추정량(limited information maximum likelihood: LIML)은 과다 식별된 동일효과 모형에서 점근적으로 중위-불편추정량이고, 따라서 한 번에 하나씩의 도구변수를 사용하는 적도식별 추정법을 대체하는 좋은 대안을 제공한다. (예를 들어, Davidson and MacKinnon(1993)과 Mariano(2001)을 참조하라.) LIML은 유한-표본 편의를 감소시키면서도 (동일효과 모형에서) 2SLS와 동일한 점근분포를 따르는 장점이 있다. 다른 많은 추정치들도 또한 과다 식별된 2SLS 모형에서 편의를 줄이는 역할을 한다. 그러나 Flores-Lagunes(2007)가 폭넓게 시행한 Monte Carlo 연구에 따르면, LIML은 다양한 범위의 상황이 주어져 있을 때 (편의, 평균 절대오차, 그리고 t-검정에서 경험적 기각율의 관점에서) 다른 대안적인 추정방법들에 전혀 뒤떨어지지 않는다. LIML의 또 다른 장점은 많은 통계 패키지들로 LIML을 계산할 수 있다는 것이다. 반면 다른 추정치들을 계산하기 위해서는 보통 추가적으로 프로그램을 작성해야 한다.[46]

[46] LIML은 SAS와 Stata 10에서 이용가능하다. 도구변수가 약한 경우 LIML의 표준 오차는 그리 정확하지 않다. 하지만 Bekker(1994)는 이에 대한 간단한 해결책을 제시한다. LIML은 왜 불편추정량이 되는가? (식 4.6.21)에 의하면, 2SLS의 점근적인 편의는 OLS의 편의에 비례한다. 이를 통해 우리는 OLS와 2SLS를 선형결합하면 점근적으로 편의가 없는 추정량을 도출할 수 있다는 결론에 이른다. LIML이 곧 이런 "결합 추정량"이 되는 것이다. 2SLS의 편의와 마찬가지로, LIML의 점근적 불편성은 도구변수를 표본크기로 나눈 비율을 교정하는 Bekker식의 집단-점근 수열(Bekker-style group-asymptotic sequence)을 사용해 증명할 수 있다. 그러나 여기에서 LIML은 일정한 유형의 이분산성을 갖는 모형들에서는 편의를 갖는다는 점을 언급할 필요가 있다. 이에 대한 세부 내용은 Bekker and van der Ploeg(2005)와 Hausman, *et al.*(2008)을

위에서 논의한 몇 가지 이론적 결과들을 예시하기 위해 소규모 Monte Carlo 실험을 한번 해보자. 다음과 같은 모형을 이용해 우리는 모의자료(simulated data)를 생성하였다.

$$y_i = \beta x_i + \eta_i$$

$$x_i = \sum_{j=1}^{Q} \pi_j z_{ij} + \xi_i$$

여기서 $\beta = 1$, $\pi_1 = 0.1$, 그리고 $j = 2, ..., Q$에 대해 $\pi_j = 0$이다. 오차항 η_i와 ξ_i는 표준 정규분포를 따르는 확률변수들로서 둘 간의 상관관계는 0.8이다. 그리고 z_{ij}는 독립이고 표준 정규분포를 따른다. 이 모의실험은 유효한 도구변수는 하나이고 Q-1개의 도구변수는 쓸모없는 상황을 제시하고 있다. 표본의 크기는 1,000이다.

[그림 4.6.1]에는 4개의 추정량에 대한 Monte Carlo 누적 분포함수가 제시되어 있다. 이 4개의 추정량은 (1) OLS, (2) 적도 식별된 IV(즉, Q=1일 때의 2SLS를 IV라고 표시하였다. 1단계 $F = 11.1$이다.), (3) 도구변수가 2개일 때의 2SLS (즉, Q=2일 때의 2SLS를 2SLS라고 표시하였다. 1단계 $F = 6.0$이다.), 그리고 (4) Q=2일 때의 LIML이다. OLS 추정량은 편의가 가지고 있기 때문에 대략 1.79의 주변에 분포되어 있다. IV 추정량은 β값인 1의 주변에 분포되어 있다. 이는 적도 식별된 IV가 사실상 불편추정량임을 예시하고 있다. 약한 도구변수 1개와 쓸모없는 도구변수 1개가 있는 2SLS는 OLS의 방향으로 다소 편향되어 있다. (중위수는 1.07이다.) LIML 추정량 역시 쓸모없는 도구변수를 사용하고 있음에도 불구하고, $Q = 2$일 때의 LIML의 분포함수는 적도 식별된 IV의 분포와 거의 구별되지 않는다.

[그림 4.6.2]에는 Q=20으로 설정했을 때의 모의실험 결과가 제시되어 있다. 즉, 유효하지만 약한 도구변수 1개 이외에 쓸모없는 도구변수 19개가 모형에

참고하라. LIML과 달리 Jackknife IV 추정량(JIVE: Angrist, Imbens, and Krueger(1999)을 참조)은 이분산성이 존재하더라도 Bekker식의 불편추정량이다. 최근 Ackerberg and Devereux (2007)는 JIVE를 더 개선하여 분산을 더 작게 만드는 추정법을 소개하였다.

그림 **4.6.1 OLS, IV(Q=1), 2SLS(Q=2) 및 LIML(Q=2) 추정량의 Monte Carlo 누적 분포함수**

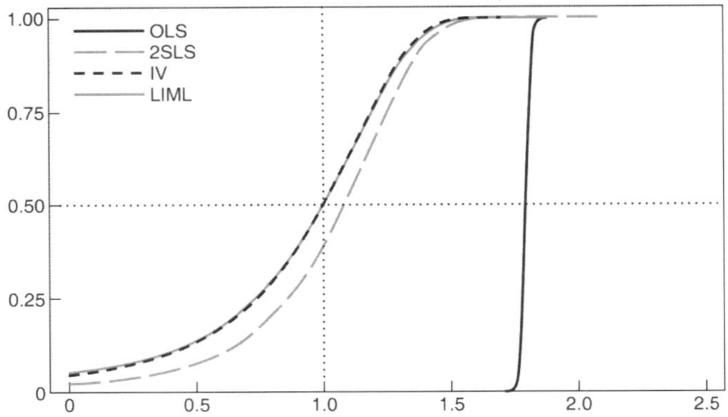

추가되었다. (1단계 F=1.51이다.) 앞의 그림과 같이, [그림 4.6.2] 역시 OLS, 2SLS 및 LIML 분포를 보여준다. 2SLS의 편의가 이제 훨씬 더 심각해졌다. (중위수는 1.53으로서 OLS의 중위수에 가깝다.) 2SLS 추정량의 표본분포 또한 Q=2인 경우보다 훨씬 더 밀집되어 있다. 그러나 LIML은 여전히 좋은 성과를 보이면서 $\beta=1$을 중심으로 분포되어 있다. 다만, Q=2인 경우와 비교할 때 분포는 약간 더 퍼져 있다.

마지막으로, [그림 4.6.3]에는 전혀 식별되지 않는 모형으로부터 구한 모의실험 결과가 제시되어 있다. 이 경우는 $j=1,\ldots,20$ 모두에 대해 $\pi_j=0$이라고 설정하였다. (1단계 F=1.0이다.) 당연하게도, 모든 표본분포들은 OLS와 동일한 값을 중심으로 분포되어 있다. 다른 한편, 2SLS의 표본분포는 LIML의 분포 보다 훨씬 더 밀집되어 있다. 이와 같은 경우에서 LIML의 장점을 보다 분명히 이야기할 수 있다. 왜냐하면 LIML의 표본분포가 넓게 퍼져있다는 것은 자료에 관심대상 모수에 관한 정보가 거의 없다는 사실을 정확히 반영하는 것이기 때문이다.

실제 분석에서 이것이 뜻하는 바는 무엇인가? 연구자가 1단계에 대해 막연한 근심걱정을 하지 않도록 우리는 다음의 사항들을 추천한다.

그림 **4.6.2 도구변수의 수가 Q=20일 때 OLS, 2SLS 및 LIML 추정량의 Monte Carlo 누적 분포함수**

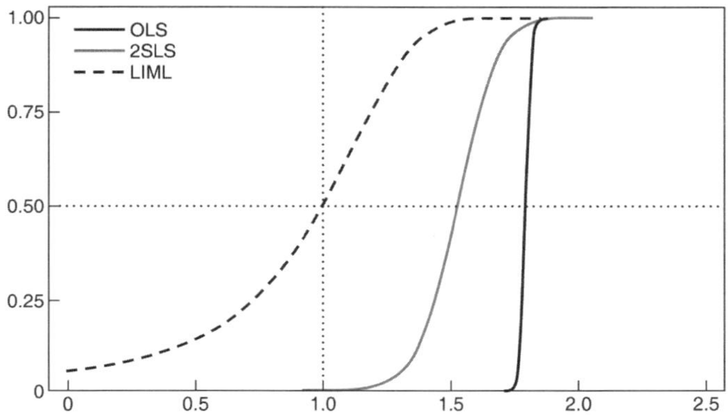

1. 1단계를 제시하고, 그 결과가 이치에 맞는지를 생각해보라. 추정치의 크기나 부호가 당신이 예상한 바와 같은가, 또는 추정치들이 너무 크거나 부호가 반대는 아닌가? 만약 그렇다면 아마도 당신이 가정하고 있는 1단계가 그 곳에는 존재하지 않는 것이다. 그게 아니라면, 당신은 단지 운이 좋았던 것뿐이다.
2. 배제된 도구변수들의 유의성을 검정하는 *F*-통계량을 보고하라. *F*-통계량은 크면 클수록 좋다. 비록 정리(theorem)라고 말할 수는 없지만, Stock, Wright, and Yogo(2002)는 *F*-통계량이 대략 10을 넘으면 안전하다고 제안한 바 있다.
3. 가장 적절한 도구변수 하나를 선택하고, 이 도구변수만을 이용해 적도 식별된 추정치를 제시하라. 적도 식별된 IV는 중위-불편추정량이고, 따라서 약한 도구변수에 적용되는 비판을 받지 않을 것이다.
4. LIML를 이용해 과다 식별된 2SLS 추정치를 확인해 보라. LIML은 2SLS 보다 정확도는 떨어지지만 편의 또한 더 작다. 만약 결과가 위와 비슷하다면 걱정할 것이 없다. 하지만 그렇지 않다면 걱정해야 하고, 보다 강한 도구변수를 찾아보거나 또는 과다 식별 정도를 줄여야 한다.
5. 종속변수를 도구변수들에 회귀시키는 축약형 회귀모형을 추정해 배제

그림 **4.6.3 쓸모없는 도구변수의 수가 Q=20일 때 OLS, 2SLS 및 LIML 추정량의 Monte Carlo 누적 분포함수**

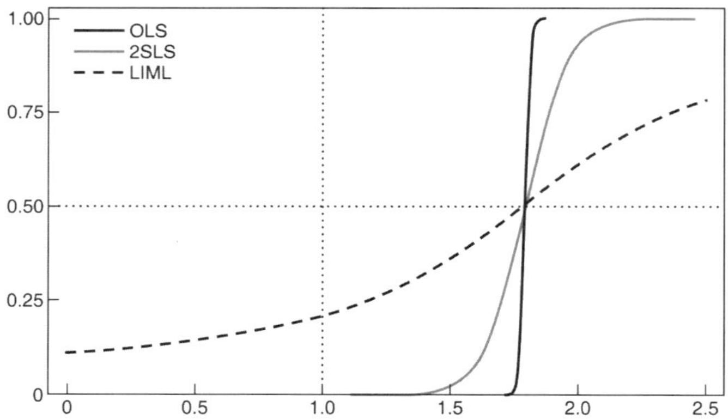

된 도구변수들의 계수, t-통계량 및 F-통계량을 살펴보라. 축약형 추정치는 관심대상인 인과효과에 비례한다는 점을 기억하라. 게다가 축약형 추정치들은 OLS이기 때문에 불편추정량이다. Angrist and Krueger (2001)가 언급한 바와 같이, 당신이 축약형에서 관심대상 인과관계를 찾아볼 수 없다면, 그 인과관계는 아마 거기에 존재하지 않을 것이다.[47]

Angrist and Krueger(1991)에서 사용한 자료를 다시 분석해 봄으로써 위의 권유사항들을 예시해 보자. Bound, Jaeger, and Baker(1995)의 주장에 따르면, 설사 (Angrist and Krueger(1991)에서) 표본크기가 300,000개를 초과하더라도("소표본"이란 확실히 상대적이다), 학력의 도구변수로서 출생 분기를 사용할 때 발생하는 중요한 문제는 여전히 편의이다. 이 장의 앞부분에서 우리는 학력이 출생 분기에 따라 변하는 패턴이 축약형에 반영되어 있으므로, 문제가 될 것이 전혀 없을 것이라는 점을 살펴보았다. 그런데 Bound, Jaeger, and Baker (1995)는 가장 적절한 모형은 출생 분기 이외의 다른 통제변수들을 이 축약형에 포함시키지 않는 모형이라고 주장한다. <표 4.6.2>에는 Angrist and

47 Chernozhukov and Hansen(2008)는 최근 논문에서 이 격언을 수리적으로 표현하였다.

표 **4.6.2 학력의 경제적 수익률을 보여주는 여러 IV 추정치들**

	(1)	(2)	(3)	(4)	(5)	(6)
2SLS	.105 (.020)	.435 (.450)	.089 (.016)	.076 (.029)	.093 (.009)	.091 (.011)
LIML	.106 (.020)	.539 (.627)	.093 (.018)	.081 (.041)	.106 (.012)	.110 (.110)
***F*-통계량** (배제된 도구변수들)	32.27	.42	4.91	1.61	2.58	1.97
통제변수들						
출생 연도	✓	✓	✓	✓	✓	✓
출생한 주					✓	✓
연령 및 그 제곱항		✓		✓		✓
제외된 도구변수들						
출생 분기 더미들	✓	✓				
출생 분기×출생 연도			✓	✓	✓	✓
출생 분기×출생한 주					✓	✓
제외된 도구변수들의 수	3	2	30	28	180	178

주: 이 표는 서로 다른 조합의 도구변수들과 통제변수들을 사용할 때 도출되는 2SLS와 LIML 추정치를 비교하고 있다. 연령 및 그 제곱 항에서 연령은 분기 단위로 측정하였다. (1)~(4)열에 제시된 모형에 대응하는 OLS 추정치는 0.071이다. (5)열과 (6)열에 제시된 모형에 대응하는 OLS 추정치는 0.067이다. 자료는 Angrist and Krueger(1991)의 1980년 인구센서스 표본으로부터 구하였다. 표본크기는 329,509명이다. 표준 오차는 괄호 안에 제시하였다.

Krueger(1991)가 설정한 몇몇 모형들과, Bound, Jaeger, and Baker(1995)의 관점을 따르는 다른 모형들이 재수록되어 있다.

표의 (1)열에는 출생년도 더미변수들을 공변량으로, 3개의 출생 분기 더미변수를 도구변수로 사용하는 모형에 대한 2SLS 및 LIML 추정치가 제시되어 있다. 이 모형의 OLS 추정치는 0.071이고, 2SLS 추정치는 이보다 약간 큰 0.105이다. 1단계 *F*-통계량은 32를 초과하여 위험지역 밖으로 멀리 떨어져 있다. 당연하게도, 이 경우에 LIML 추정치는 2SLS와 거의 동일하다.

Angrist and Krueger(1991)는 추가적으로 분기 단위로 측정된 연령 및 그것의 제곱을 공변량에 포함시키는 모형들을 분석하였다. 이들 통제변수는 누락될 경우 출생 분기 도구변수를 교란시킬 수도 있는 연령 효과를 잡아내기 위한 것이다. 분기 단위의 연령, 출생년도, 그리고 출생 분기는 서로 선형 종속관계에 있기 때문에, 연령과 연령의 제곱을 추가하면 도구변수의 수가 2개로 줄어든다. (2)열에 나타난 바와 같이, 연령과 연령의 제곱이 통제변수로서 포함되면 1단계 F-통계량이 0.4로 떨어진다. 이는 문제가 있다는 확실한 신호이다. 하지만 2SLS의 표준 오차가 상당히 높기 때문에 이 추정치로부터 어떠한 실질적인 결론을 이끌어내지는 못한다. LIML 추정치는 이보다 더 부정확하다. 이 모형은 실질적으로는 식별되지 않는 모형이다.

(3)열과 (4)열에는 출생 분기 더미변수와 출생년도 더미변수의 교차항들을 도구변수 목록에 추가할 때의 추정결과가 제시되어 있다. 이 모형에는 도구변수가 30개, 혹은 연령 및 연령의 제곱항이 통제변수로 포함될 경우 28개가 있다. 이 두 모형설정에서 1단계 F-통계량은 각각 4.9와 1.6이다. 2단계 추정치들은 (1)열보다 다소 낮고, OLS 추정치에 더 가깝다. 그러나 LIML 추정치들은 2SLS와 그리 큰 차이가 나지 않는다. 비록 (4)열에서 LIML의 표준 오차가 다소 크긴 하지만 그 추정치가 쓸모없을 정도로 큰 것은 아니다. 모든 점을 고려할 때, 도구변수가 30개인 모형에서 약한 도구변수들에 대해 걱정할 필요는 없어 보인다. 연령과 연령의 제곱을 통제변수에 포함하더라도 마찬가지이다.

가장 걱정스러운 모형은 (5)열과 (6)열에 제시된 모형들이다. 이들 추정치들은 출생 분기와 출생년도 사이의 30개 교차항들에 출생 분기와 출생한 주 사이의 150개 교차항들을 추가하여 도출하였다. 도구변수 목록에 출생한 주의 교차항들을 포함시킨 이유는 의무교육법이 주(state)별로 차이가 난다는 점을 활용하기 위해서이다. 그러나 이로 인해 도구변수의 수가 180개(혹은 178개)나 되는 엄청나게 과다 식별된 모형이 생성되었다. 이 모형의 도구변수들 대부분은 약한 도구변수들이다. 이들 모형의 1단계 F-통계량은 겨우 2.6과 2.0이다. 여기서 긍정적인 측면은 LIML 추정치들이 2SLS와 꽤 유사해 보인다는 점이다. 게다가 LIML의 표준 오차들이 2SLS의 표준 오차들보다 그리 크지 않다. 이는 연구자가 항상 “$F > 10$”과 같은 기계적인 규칙을 사용해 도구변수의 적절성을 결정할 수는 없음을 시사한다. 어떤 경우에는 F-통계량이 작더라도 치명적이지 않을 수 있다.[48]

마지막으로, 내생변수가 여러 개인 사례에서는 통상적인 1단계 F-통계량이 더 이상 적절하지 않다는 점에 주목할 필요가 있다. 그 이유를 살펴보기 위해, 2개의 내생변수에 대해 2개의 도구변수가 있다고 가정하자. 그리고 첫 번째 도구변수는 강해 두 내생변수 모두를 잘 예측하는 반면, 두 번째 도구변수는 약하다고 가정하자. 두 개의 1단계 방정식 각각에서 1단계 F-통계량은 높을 것이지만, 모형의 식별력은 약하다. 왜냐하면 한 개의 도구변수로는 두 개의 인과효과를 잡아내는 데 충분하지 않기 때문이다. 이러한 경우 1단계 F를 간단히 수정하는 방법이 부록에 제시되어 있다.

4.7 부 록

(식 4.6.8) 유도방법

(식 4.6.7)을 다음과 같이 다시 표현해 보자.

$$Y_{ij} = \mu + \pi_0 \tau_i + (\pi_0 + \pi_1)\bar{S}_j + v_{ij}$$

여기서 $\tau_i \equiv s_i - \bar{S}_j$이다. τ_i와 $\bar{S}_j$는 정의에 의해 서로 상관관계를 갖지 않기 때문에, 다음과 같은 관계가 성립한다.

$$\rho_1 = \pi_0 + \pi_1$$

$$\pi_0 = \frac{Cov(\tau_i, Y_{ij})}{V(\tau_i)}$$

두 번째 행을 전개하면 다음과 같다.

48 Cruz and Moreira(2005)도 이와 유사하게 F-통계량이 작음에도 불구하고 80개의 도구변수를 사용한 Angrist and Krueger(1991)의 모형에 편의가 거의 없다고 결론 내리고 있다.

$$\pi_0 = \frac{Cov\left[(s_i - \overline{S}_j), Y_{ij}\right]}{V(s_i) - V(\overline{S}_j)}$$

$$= \left[\frac{Cov(s_i, Y_{ij})}{V(s_i)}\right]\left[\frac{V(s_i)}{V(s_i) - V(\overline{S}_j)}\right] + \left[\frac{Cov(\overline{S}_j, Y_{ij})}{V(\overline{S}_j)}\right]\left[\frac{-V(\overline{S}_j)}{V(s_i) - V(\overline{S}_j)}\right]$$

$$= \rho_0\phi + \rho_1(1-\phi) = \rho_1 + \phi(\rho_0 - \rho_1)$$

여기서 $\phi \equiv \left[\frac{V(s_i)}{V(s_i) - V(\overline{S}_j)}\right]$는 양수이다. π_1에 대해 풀면 다음의 관계가 성립함을 알 수 있다.

$$\pi_1 = \rho_1 - \pi_0 = \phi(\rho_1 - \rho_0)$$

2SLS의 근사적 편의 유도방법

아래의 (식 4.6.20)로부터 시작해 보자.

$$E\left[\hat{\beta}_{2SLS} - \beta\right] \approx \left[E(\pi' Z' Z\pi) + E(\xi' P_Z \xi)\right]^{-1} E(\xi' P_Z \eta)$$

선형대수학의 마법을 통해 이 식을 단순화할 수 있다. $\xi' P_Z \eta$ 항은 스칼라이고, 따라서 그것의 대각합(trace)과 같다. 대각합 함수는 선형 연산자(linear operator)로서 기대값의 내부로 들어갈 수 있고, 수열을 순환시키더라도 그 값이 변하지 않는다. 마지막으로 멱등행렬(idempotent matrix) P_Z의 대각합은 그 행렬의 계수(rank) Q와 같다. 이러한 사실들을 이용하면서 Z에 대해 기대값을 반복하면, 다음과 같은 식을 얻을 수 있다.

$$\begin{aligned}
E(\xi' P_Z \eta | Z) &= E[tr(\xi' P_Z \eta) | Z] \\
&= E[tr(P_Z \eta \xi') | Z] \\
&= tr(P_Z E[\eta \xi' | Z]) \\
&= tr(P_Z \sigma_{\eta\xi} I) \\
&= \sigma_{\eta\xi} tr(P_Z) \\
&= \sigma_{\eta\xi} Q
\end{aligned}$$

여기서는 η_i와 ξ_i이 등분산성을 가진다고 가정하고 있다. 유사한 방법으로 대각합을 사용하는 기법을 $E[\xi' P_Z \xi]$에 적용하면, 이 항이 $\sigma_\xi^2 Q$와 같음을 보여줄 수 있다. 따라서 다음과 같은 식이 유도된다.

$$E\left[\hat{\beta}_{2SLS}-\beta\right] \approx \sigma_{\eta\xi} Q\left[E(\pi' Z' Z\pi)+\sigma_\xi^2 Q\right]$$

$$=\frac{\sigma_{\eta\xi}}{\sigma_\xi^2}\left[\frac{E(\pi' Z' Z\pi)/Q}{\sigma_\xi^2}+1\right]^{-1}$$

다변량일 경우의 1단계 F-통계량

외생 공변량들은 이미 고려되어 도구변수 목록으로부터 제외되었고(partialed out), 두 개의 내생변수 x_1과 x_2가 있다고 가정하자. 이들의 계수는 각각 δ_1과 δ_2이다. 우리는 x_1이 내생변수로서 취급될 때 δ_2의 2SLS 추정치에 있는 편의가 무엇인지를 알고자 한다. 2단계 식은 다음과 같다.

$$y=P_Z x_1\delta_1+P_Z x_2\delta_2+\left[\eta+(x_1-P_Z x_1)\delta_1+(x_2-P_Z x_2)\delta_2\right] \qquad \text{(식 4.7.1)}$$

여기서 $P_Z x_1$과 $P_Z x_2$는 x_1과 x_2를 각각 Z에 회귀시키는 회귀모형으로부터 구한 1단계 예측치이다. 다변량 회귀모형의 구조식에 의해, (식 4.7.1)의 δ_2는 $P_Z x_2$를 $P_Z x_1$에 회귀시키는 회귀모형으로 구한 잔차에 y를 회귀시키는 2변량 회귀모형의 계수이다. 위에서 말한 잔차는 다음 식과 같다.

$$\left[I-P_Z x_1(x_1' P_Z x_1)^{-1} x_1' P_Z\right] P_Z x_2 = M_{1z} P_Z x_2$$

여기서 $M_{1z}=\left[I-P_Z x_1(x'_1 P_Z x_1)^{-1} x'_1 P_Z\right]$는 잔차생성행렬(residual-maker matrix)이다. 또한 $M_{1z}P_Z x_2 = P_Z[M_{1z} x_2]$임에 유의하자.

이로부터 우리는 δ_2의 2SLS 추정량이 y를 $P_Z[M_{1z}x_2]$에 회귀시키는 OLS 회귀모형의 계수라고 결론 내릴 수 있다. 다시 말해, $M_{1z}x_2$를 Z에 회귀시키는 회귀모형에서 구한 예측치에 y를 회귀시키는 OLS라는 것이다. 이는 $M_{1z}x_2$의 도구변수로서 Z을 사용하는 2SLS와 동일하다. 따라서 δ_2의 2SLS 추정량은 다음 식과 같이 표현할 수 있다.

$$[x_2' M_{1z} P_Z M_{1z} x_2]^{-1} x_2' M_{1z} P_Z y$$
$$= \delta_2 + [x_2' M_{1z} P_Z M_{1z} x_2]^{-1} x_2' M_{1z} P_Z \eta$$

따라서 δ_2의 2SLS 추정량에 있는 편의를 결정하는 1단계 제곱합(F-통계량의 분자)은 $[x_2' M_{1z} P_Z M_{1z} x_2]$의 기대값이다. 그리고 η와 ξ가 상관관계를 가질 경우 기대값 $E[\xi' M_{1z} P_Z \eta]$은 0이 아니라는 사실로부터 2SLS 편의가 도출된다. 실제 분석에서 이 F-통계량을 계산하는 방법은 다음과 같다.

(1) 관심대상 설명변수의 1단계 예측치 $P_Z x_2$를 다른 변수의 1단계 예측치 및 여타 외생 공변량들에 회귀시키라. 이 단계에서 구한 잔차를 저장하라.
(2) (1)에서 구한 잔차를 배제된 도구변수들에 회귀시키는 1단계 회귀모형을 추정하여 배제된 도구변수들에 대한 F-통계량을 구하라.

다른 외생 공변량이나 내생변수들이 없는 상태에서, (1)에서 구한 잔차에 대한 도구변수로서 Z를 사용하는 방식으로 2SLS를 적용해도 관심대상이 되는 계수의 2SLS 추정치를 구할 수 있다. 이와 같은 사실을 사용해 위에서 계산한 결과가 맞는지 확인해 보라.

평행 우주에 대해
알아야 할
첫 번째 사실은…
실제로는
평행하지 않다는
것이다.

5장

평행세계: 고정효과, 이중차분, 그리고 패널 자료

평행 우주에 대해 알아야 할 첫 번째 사실은 …
실제로는 평행하지 않다는 것이다.

더글러스 애덤스, 「대체로 해롭지 않음」

3장에서 논의한 인과관계 추론의 핵심은 관측된 교란요인들(confounding factors)을 통제해야 한다는 것이다. 중요한 교란요인들이 관측되지 않는다면, 4장에서 설명한 바와 같이 도구변수를 이용해 인과효과를 구해볼 수도 있다. 그러나 좋은 도구변수를 찾기란 대단히 어렵기 때문에, 우리는 관측되지 않는 교란요인을 처리할 수 있는 다른 방법을 찾아보고자 한다. 이 장에서는 변형된 형태의 통제변수 활용법을 다룬다. 즉, 시간의 차원이나 코호트(cohort)의 차원을 갖는 자료를 활용해 관측되지는 않지만 고정되어 있는 누락변수들을 통제하는 방법들을 다룬다. 이들 방법에서는 가상적으로 대응하는 '추세' 변화(counterfactual 'trend' behaviors)가 처치집단과 통제집단 간에 서로 동일하다고 가정한 상태에서 변수의 수준 값을 비교한다. 또한 이 장에서 우리는 시점을 활용하는 또 다른 추정방법으로서, 시차 종속변수(lagged dependent variables)를 통제하는 아이디어에 대해 논의한다.

5.1 개인 고정효과

노동경제학에서 가장 오래된 주제 중의 하나는 노동조합과 임금 사이의 관련성이다. 단체교섭을 통해 임금이 정해지는 노동자들의 임금 수준이 높은 이유는 단체교섭 때문인가, 아니면 이들의 노동시장 경력이나 숙련 수준이 (단체교섭과 무관하게) 원래부터 더 높기 때문인가? 이 질문을 구체적으로 표현하기 위해, 시점 t에서 노동자 i의 (로그) 임금을 Y_{it}, 그리고 그의 노조가입 여부를 D_{it}라고 정의하자. 관측된 Y_{it}는 노조가입 여부에 따라 Y_{0it}이거나 Y_{1it}이다. 더 나아가 다음과 같은 식을 가정하자.

$$E[Y_{0it}|A_i, X_{it}, t, D_{it}] = E[Y_{0it}|A_i, X_{it}, t]$$

이 식에서 X_{it}는 관측가능하고 시간에 따라 변하는(time-varying) 공변량들의 벡터이고, A_i는 우리가 능력(ability)이라고 부르는 것으로서 관찰되지는 않지만 고정되어 있는 교란요인들의 벡터이다. 다시 말해, 노조가입 여부는 A_i와 (나이, 학력, 거주지역 등) 관측된 공변량들이 주어져 있을 때 무작위나 다름없이 배정되었다고 가정한다.

고정효과(fixed effects) 추정법의 핵심은 다음과 같은 $E(Y_{0it}|A_i, X_{it}, t)$의 선형모형에서 관측되지 않는 변수 A_i에 시점을 나타내는 하첨자 t가 붙어 있지 않다는 가정이다.

$$E[Y_{0it}|A_i, X_{it}, t] = \alpha + \lambda_t + A_i'\gamma + X_{it}'\beta \qquad \text{(식 5.1.1)}$$

그리고 노조가입의 인과효과는 더해지는 형식을 취하고 개인들 간에 동질적(additive and constant)이라고 가정한다.

$$E[Y_{1it}|A_i, X_{it}, t] = E[Y_{0it}|A_i, X_{it}, t] + \rho$$

위의 식을 (식 5.1.1)과 결합하면 다음의 관계가 도출된다.

$$E[Y_{it}|A_i, X_{it}, t, D_{it}] = \alpha + \lambda_t + \rho D_{it} + A_i'\gamma + X_{it}'\beta \qquad \text{(식 5.1.2)}$$

이 식에서 관심대상 인과효과는 ρ이다. (식 5.1.2)를 도출할 때 사용한 가정들은 앞서 3장의 회귀모형에서 가정했던 것보다 더 많은 제약을 가지고 있다. 즉, 도구변수가 없는 상태에서 패널자료를 이용해 관측되지 않는 교란요인들의 문제를 해결하기 위해서는 함수가 선형이면서 더해지는 형식을 취해야 한다.[1]

(식 5.1.2)는 다음의 식을 의미한다.

$$Y_{it} = \alpha_i + \lambda_t + \rho D_{it} + X_{it}'\beta + \epsilon_{it} \qquad \text{(식 5.1.3)}$$

여기서 $\epsilon_{it} \equiv Y_{0it} - E[Y_{0it} | A_i, X_{it}, t]$ 이고 α_i는 다음과 같다.

$$\alpha_i \equiv \alpha + A_i'\gamma$$

(식 5.1.3)은 고정효과 모형이다. 패널자료(개인에 대한 반복 관측 자료)가 주어져 있을 때, 노조가입의 인과효과는 고정효과 α_i를 추정대상 모수로 취급함으로써 추정할 수 있다. 연도 효과 λ_t도 추정대상 모수로 취급된다. 관측되지 않는 개인 효과는 각 개인을 표시하는 더미변수의 계수이고, 연도 효과는 시점 더미변수의 계수이다.[2]

고정효과 모형에서는 추정해야 하는 모수들이 매우 많은 것처럼 보일 수도

[1] 어떤 경우에는 이질적인 처치효과를 허용하여 다음과 같이 설정할 수도 있다.

$$E(Y_{1it} - Y_{0it} | A_i, X_{it}, t) = \rho_i$$

ρ_i의 평균을 추정하는 방법에 관해 관해서는 Wooldridge(2005)의 논의를 참조하라.

[2] 고정효과 모형설정 이외의 다른 모형설정 방법으로는 확률효과 모형(random effects model)이 있다. (예를 들어, Wooldridge(2006)을 참조하라.) 확률효과 모형에서는 α_i가 설명변수들과 상관관계를 갖지 않는다고 가정한다. 확률효과 모형에서 누락변수는 모형에 포함된 독립변수들과 상관관계를 갖지 않기 때문에, 누락변수를 무시하더라도 편의가 발생하지 않는다. 누락변수는 결국 잔차의 일부가 된다. 확률효과 모형으로부터 도출되는 가장 중요한 결론은 어떤 한 개인의 잔차들이 시점 간에 서로 상관관계를 가진다는 점이다. 8장에서는 이러한 결론이 OLS 표준 오차에 대해 어떤 시사점을 갖는지를 논의한다. 확률효과 모형은 GLS를 이용해 추정할 수 있는데, 확률효과 모형의 가정들이 충족되는 경우 GLS는 OLS보다 좀 더 효율적이다. 그러나 3장에서와 같이, 우리는 GLS보다도 OLS에서 표준 오차를 교정하는 방법을 더 선호한다. GLS에서는 OLS보다 더 강한 가정들이 필요하고, GLS를 사용하는 경우 점근적 효율성은 그리 크게 상승하지 않은 반면, 유한표본 특성은 더 나빠질 수 있기 때문이다.

있다. 예를 들어, 광범위하게 사용되고 있는 패널자료인 소득동태 패널조사(Panel Survey of Income Dynamics)에는 대략 5,000명 정도의 노동가능 연령 남성들을 약 20년 동안 관측한 자료가 포함되어 있다. 따라서 대략 5,000개의 고정효과가 존재한다. 그러나 실제 분석에서 이것은 중요하지 않다. 개인 효과를 추정대상 모수로 취급하는 것은 평균으로부터의 편차(deviations from means)를 이용하는 추정법과 산술적으로 동일하기 때문이다. 다시 말해, 먼저 다음과 같이 개인별 평균치를 계산한다.

$$\overline{Y}_i = \alpha_i + \overline{\lambda} + \rho \overline{D}_i + \overline{X}_i{}'\beta + \overline{\epsilon}_i$$

(식 5.1.3)으로부터 위 식을 빼면 다음과 같다.

$$Y_{it} - \overline{Y}_i = \lambda_t - \overline{\lambda} + \rho\left(D_{it} - \overline{D}_i\right) + \left(X_{it} - \overline{X}_{it}\right)'\beta + \left(\epsilon_{it} - \overline{\epsilon}_i\right) \qquad \text{(식 5.1.4)}$$

따라서 평균으로부터의 편차(즉, 평균 편차)는 관측되지 않는 개인 효과들을 제거한다.[3]

평균 편차 대신에 차분(differencing)을 이용할 수도 있다. 다시 말해, 다음 식을 추정한다.

$$\Delta Y_{it} = \Delta\lambda_t + \rho\Delta D_{it} + \Delta X_{it}{}'\beta + \Delta\epsilon_{it} \qquad \text{(식 5.1.5)}$$

여기서 변수 앞에 붙어 있는 Δ는 어떤 해에서 다음 해까지 변한 수량을 표시한다. 즉, $\Delta Y_{it} = Y_{it} - Y_{it-1}$이다. 시점이 두 개인 경우, 차분은 평균 편차와 산술적으로 동일하다. 그러나 시점이 3개 이상인 경우에는 그렇지 않다. 평균 편차나 차분 모두 적용할 수 있지만, ϵ_{it}이 등분산성을 갖고, 계열상관

[3] 평균으로부터의 편차가 (식 5.1.3)에서 개인 고정효과를 추정하는 것과 동일한 이유는 무엇일까? 그 이유는 회귀모형 구조식인 (식 3.1.3)에 의해, 다변량 회귀모형의 계수들은 다음과 같이 두 단계로 추정될 수 있기 때문이다. 한 묶음의 변수들에 대한 다변량 계수들을 추정하기 위해서는 먼저 그 변수들을 다른 모든 설명변수들에 회귀시킨다. 그리고 나서, 원래의 종속변수를 위의 1단계에서 구한 잔차에 회귀시킨다. 개인-연도별 패널에서 종속변수를 모든 개인-더미변수들에 회귀시키는 회귀모형으로부터 도출한 잔차는 곧 각 개인별로 계산한 평균 편차이다.

이 없으며(serially uncorrelated), 시점이 3개 이상인 경우에는 평균 편차를 사용하는 것이 보다 더 효율적이다. 손수 직접 작업해야만 하는 경우에는 차분이 더 편리할 수 있다. 그러나 차분을 사용할 경우 차분된 잔차들은 계열상관을 갖는다는 사실 때문에 추후에 표준 오차를 조정해 주어야만 한다.

일부 회귀분석 통계 프로그램들에서는 평균 편차를 이용한 추정량이 자동으로 계산되고, N개의 개인 평균들을 추정할 때 손실되는 자유도(degree of freedom)가 조정되어 적절한 표준 오차가 계산된다. 이러한 과정은 잔차가 등분산성을 갖고 계열상관이 없을 때 표준 오차를 정확히 구하기 위해 필요한 것들이다. 평균 편차 추정량은 "집단내 추정량(within estimator)", 혹은 "공분산 분석(analysis of covariance)" 등 다양한 이름으로 불린다. 또한 평균 편차를 이용한 추정법은 고정효과를 '흡수한다'고('absorbing' the fixed effects) 말하기도 한다.[4]

Freeman(1984)은 4개의 자료 파일을 사용해 노조가입 결정이 관측되지는 않지만 고정된 개인 특성들과 관련이 있다는 가정 하에서 노조의 임금효과를 추정한다. <표 5.1.1>에는 그의 몇몇 추정치들이 제시되어 있다. 표에는 각각의 자료에 대해 고정효과 추정치들과 그에 대응하는 횡단면 추정치들이 제시되어 있다. 횡단면 추정치들(0.14~0.28)은 대체로 고정효과 추정치들(0.09~0.19)보다 더 크다. 이 결과는 횡단면 추정치들에 양(+)의 선택편의가 존재함을 의미한다. 물론, 선택편의가 고정효과 추정치들이 작은 이유를 설명하는 유일한 방법은 아니다.

고정효과 추정치가 몇몇 유형의 누락변수들을 통제하기는 하지만, 이 추정치는 측정오차로 인해 발생하는 희석편의(attenuation bias)에 대단히 취약하다. 한편으로 노조가입 여부와 같은 경제변수는 지속성을 갖는 경향이 있다. (즉,

[4] $N\to\infty$ 일 때 기간 T의 갯수가 고정되어 있는 패널에서는 고정효과의 일치추정량이 도출되지 않는다. 이를 따름모수의 문제(incidental parameters problem)라고 부른다. (역주: 혹자들은 '우발적' 모수의 문제라고도 하나, '따름'을 쓰는 것이 보다 적절한 번역으로 보인다.) 이 이름은 모수의 갯수가 표본크기와 함께 증가한다는 점을 반영하고 있다. 그럼에도 불구하고 고정효과 모형의 다른 모수들－우리가 추정하고자 하는 것들－에 대한 일치추정량을 구하는 데에는 큰 문제가 없다.

표 5.1.1 노조가입이 임금에 미치는 효과를 보여주는 추정치들

설문조사	횡단면 추정치	고정효과 추정치
5월 CPS, 1974~75	0.19	0.09
National Longitudinal Survey of Young Men, 1970~78	0.28	0.19
Michigan PSID, 1970~79	0.23	0.14
QES, 1973~77	0.14	0.16

주: Freeman(1984)으로부터 재인용하였다. 표에는 노동조합의 상대적 임금효과를 보여주는 횡단면 추정치와 패널(고정효과) 추정치가 제시되어 있다. 추정치들은 왼쪽 열에 제시된 조사를 이용해 계산되었다. 횡단면 추정치를 구할 때에는 인구학적 변수들과 인적자본 변수들을 통제하였다.

올해 노조원인 노동자는 내년에도 노조원일 가능성이 매우 높다.) 다른 한편으로 측정오차는 해마다 자주 변한다. (즉, 노조가입 여부가 올해에는 잘못 기재되거나 잘못 보고되어 있지만 내년에는 그렇지 않을 수 있다.) 따라서 어느 특정 연도의 노조가입 여부는 일부의 노동자들에 대해서만 잘못 기재되거나 잘못 보고되기 때문에, 우리가 관측하는 노조가입 여부의 연도별 변화는 대체로 잡음이 많은 정보이다. 다시 말해, (식 5.1.4)나 (식 5.1.5)와 같은 방정식의 차분 설명변수에는 수준값 설명변수와 비교할 때보다 많은 측정오차가 포함되어 있다. 이러한 사실을 이용해 고정효과 추정치들이 더 작은 이유를 설명할 수도 있다.[5]

측정오차 문제의 변형된 모습이 패널자료에서 나타나는 이유는 고정효과를 통제할 때 사용하는 차분이나 평균 차분이 대체로 좋은 변동과 나쁜 변동 모두를 동시에 제거해 버리기 때문이다. 다시 말해, 차분이나 평균 차분은 몇몇 쓸모없는 누락변수로 인한 편의를 제거하지만 동시에 관심대상 변수에 대한 유용한 정보마저도 상당부분 제거한다. 그 하나의 예가 학력이 임금에 미치는 인과효과를 추정하기 위해 쌍둥이를 이용하는 경우이다. 이 문제에서는 시간의 차원이 존재하지 않지만, 기본적인 아이디어는 위에서 다룬 노조의 문제와 동일하다. 즉, 쌍둥이들은 가족배경이나 유전적 배경들을 서로

[5] 패널자료에 있는 측정오차에 관한 보다 완벽한 논의는 Griliches and Hausman(1986)을 참조하라.

공유하는데, 이들 변수는 쌍둥이들 서로 간에 비슷하면서도 관측하기는 매우 어렵다. 따라서 우리는 쌍둥이 쌍들의 표본을 이용해 가족 고정효과를 포함시킴으로써 그들의 공통적인 가족배경을 통제할 수 있다.

Ashenfelter and Kruger(1994)와 Ashenfelter and Rouse(1998)는 쌍둥이 표본을 이용해 가족 고정효과를 통제함으로써 학력의 수익률을 추정한다. 각 가족마다 두 명의 쌍둥이가 있기 때문에, 이 추정방법은 쌍둥이 형제들 간의 임금 차이를 학력의 차이에 회귀시키는 방법과 동일하다. 놀랍게도, 가족-내 추정치들(within-family estimates)은 OLS 추정치들보다 더 크게 나타난다. 다른 측면에서는 매우 비슷한 개인들(쌍둥이 형제들) 사이에서 학력 차이는 어떻게 발생하는 것일까? Bound and Solon(1999)은 쌍둥이 형제들 사이에서도 작은 차이들이 존재한다고 지적한다. 일반적으로 쌍둥이 중 먼저 태어난 아이(태어난 시간은 몇 분 정도의 차이이다)는 체중도 더 나가고 IQ 점수도 더 높다. 이들 쌍둥이 형제간의 차이는 그리 크지 않지만, 그들 사이의 학력 차이 또한 그리 크지 않다. 따라서 쌍둥이 형제들 사이에 관측되지 않는 능력이라는 측면에서 작은 차이라도 존재한다면 그것은 이후 도출되는 추정치에 상당한 편의를 유발할 수 있다.

고정효과 모형을 이용할 때 발생하는 측정오차 및 그와 관련된 문제들을 해결하기 위해서는 무엇을 해야 할까? 측정오차 문제에 대한 하나의 가능한 해결책은 도구변수법을 이용하는 것이다. Ashenfelter and Kruger(1994)는 쌍둥이 형제들 간 학력 차이에 대한 도구변수로서 쌍둥이 형제들이 서로에 대해 교차 답변한 내용(cross-sibling reports)을 이용하였다. 예를 들어, Ashenfelter and Kruger는 응답자 자신이 답변한(self-reporting) 학력수준의 도구변수로서 그의 형제자매가 응답자의 학력수준에 대해 답변한 정보를 이용하였다. 두 번째 해결책은 측정오차의 정도에 관한 외부정보를 구하고 그 정보를 이용해 잘못된 원래의 추정치를 교정하는 것이다. 노조의 임금효과에 대한 연구에서 Card(1996)는 검증 설문조사를 따로 실시해 노조 가입 여부에 관한 독립적인 정보를 얻었다. 이 정보를 이용해 그는 노조가입 여부에 대한 답변의 측정오차를 고려하여 패널자료 추정치를 교정하였다. 그러나 Ashenfelter and Kruger(1994)와 Card(1996)가 이용한 방법과 같이, 반복적으로 여러 번에 걸쳐 측정한 자료를 이용하는 일은 지극히 드물다. 따라서 최소한 고정효과 추정치를 해석할 때, 너무 강하게 자신의 의견을 주장하지 않는 것이 중요하다. (이것은 어느 경우에나 응용 계량경제학자에게 그리 나쁜 충고는 아니다.)

5.2 이중차분법 : 사전과 사후, 처치와 통제

고정효과 추정법을 적용하기 위해서는 패널자료, 즉 동일한 개인(또는 회사 혹은 임의의 관측 단위)에 대한 반복 관측치가 필요하다. 그러나 관심대상 설명변수가 지역이나 코호트와 같은 집단 수준 혹은 집계된 수준에서만 변동을 갖는 경우가 종종 있다. 예를 들어, 어느 주에서 실시하는 임산부 노동자들을 위한 의료 서비스 정책은 시간에 따라 변할 수 있지만, 같은 주에 사는 노동자들 사이에서는 변동하지 않는다. 따라서 이러한 정책을 평가하고자 할 때 누락변수 편의(OVB)가 발생한다면, 그 이유는 주 수준이나 연도 수준에서 관측되지 않는 변수가 존재하기 때문일 것이다. 어떤 경우에는 집단-수준의 고정효과가 집단-수준 누락변수들을 잡아내기도 한다. 이러한 접근법은 이중차분법(differences-in-differences: DD)이라는 식별 전략으로 연결된다.

DD 아이디어는 19세기 중반 런던의 콜레라 전염병을 연구했던 John Snow (1855)라는 의사가 아마도 처음 사용했던 것으로 보인다. Snow는 (그 당시 지배적인 이론이었던 "나쁜 공기"가 아니라) 오염된 식수를 통해 콜레라가 전염된다는 이론을 정립시키고자 하였다. 이를 증명하기 위해 Snow는 두 개의 식수 공급회사 Southwark and Vauxhall사와 Lambeth사가 물을 공급하는 지역들 사이에서 콜레라로 인한 사망률의 차이를 비교하였다. 1849년 당시 두 회사는 런던 중심부의 더러운 템스 강으로부터 식수를 공급받았다. 그러다가 1852년 Lambeth사는 상대적으로 깨끗한 지역인 강 상류로 식수원을 이동하였다. Southwark and Vauxhall사가 식수를 공급하는 지역의 사망률 변화와 비교할 때 Lambeth사가 식수를 공급하는 지역의 사망률이 급격하게 떨어졌다.

이슈를 보다 구체적으로 살펴보기 위해, 경제학에서 다루는 사례들 중 하나로 돌아가 보자. 노동경제학의 고전적인 질문으로서 최저임금이 고용에 미치는 효과에 대해 우리가 관심이 있다고 가정하자. 최저임금이 증가하면 경쟁적 노동시장의 균형점은 우하향하는 노동수요 곡선을 따라 위쪽으로 이동하게 된다. 따라서 최저임금이 높아지면 고용이 줄어들게 되고, 그에 따라 최저임금 정책이 돕고자 하는 바로 그 노동자들에게 피해를 입히게 된다. Card and Krueger(1994)는 뉴저지 주에서 최저임금이 극적으로 변하는 상황을 이용해 이와 같은 이론적 예측이 사실인지 확인하고자 하였다.[6]

1992년 4월 1일부로 뉴저지 주의 최저임금은 4.25달러에서 5.05달러로 증가했다. Card and Krueger는 1992년 2월에 뉴저지 주에 있는 패스트푸드 식당들의 고용 규모에 관한 자료를 수집하고, 1992년 11월에 다시 동일한 방식으로 고용 자료를 수집하였다. 이 패스트푸드 식당들(Burger King, Wendy's 등)은 최저임금 노동자들을 주로 고용하는 사업체들이었다. Card and Krueger는 또한 델라웨어(Delaware)강 바로 건너편 펜실베이니아 동쪽에 있는 패스트푸드 식당들의 고용자료도 동일한 방식으로 수집하였다. 펜실베이니아의 최저임금은 이 기간 동안 아무런 변동 없이 4.25달러로 유지되었다. 그들은 이 자료를 이용해 뉴저지 주의 최저임금 증가에 따른 효과를 보여주는 이중차분(DD) 추정치를 계산하였다. 즉, 그들은 2월과 11월 사이 뉴저지 주 식당들의 고용 변화를 같은 기간 동안 펜실베이니아 주 식당들의 고용 변화와 비교하였다.

DD는 집계자료(aggregate data)를 이용하는 고정효과 추정법의 한 형태이다. 이를 확인하기 위해, 주의 최저임금이 높은 경우, s주에 있는 패스트푸드점 i의 시점 t 고용량을 Y_{1ist}라고 정의하자. 그리고 주의 최저임금이 낮은 경

6 최저임금의 효과에 관한 연구에서 DD 아이디어가 처음 사용된 사례는 미국 노동통계국(U.S. Bureau of Labor Statistics)에 제출한 Obenauer and von der Nienburg(1915)의 보고서이다.

우, s주에 있는 패스트푸드점 i의 시점 t 고용량을 Y_{0ist}라고 정의하자. 이들은 잠재성과들이다. 실제 분석에서 우리는 둘 중에 오직 하나만을 관측하게 된다. 예를 들어, 1992년 11월에 뉴저지에서는 Y_{1ist}만이 관측된다. DD법의 핵심사항은 아무런 처치도 없는 상태(no-treatment state)의 잠재성과는 더해지는 구조(additive structure)를 갖는다는 점이다. 구체적으로, 다음과 같이 가정한다.

$$E[Y_{0ist}|s,t] = \gamma_s + \lambda_t \quad \text{(식 5.2.1)}$$

여기서 s는 주(뉴저지 또는 펜실베이니아)를 표시하고, t는 시점(최저임금이 증가하기 전인 2월 또는 증가한 이후인 11월)을 표시한다. 이 식에 의하면, 최저임금의 변화가 없었다면 고용은 시간에 따라 변하지 않는 주효과(state effect)와 서로 다른 주들 사이에서 동일한 연도 효과(year effect)의 합으로 결정된다. 더해지는 형태의 주효과는 (5.1절에서 보았던) 관측되지 않는 개인 효과의 역할을 한다.

D_{st}를 주 s가 시점 t에 최저임금이 높은 상태에 있는지를 표시하는 더미변수라고 가정하자. $E[Y_{1ist} - Y_{0ist}|s,t]$를 상수 δ라고 가정하면, 관측된 고용량 Y_{ist}는 다음과 같이 표현할 수 있다.

$$Y_{ist} = \gamma_s + \lambda_t + \delta D_{st} + \epsilon_{ist} \quad \text{(식 5.2.2)}$$

여기서 $E(\epsilon_{ist}|s,t) = 0$ 이다. 이로부터 다음의 식이 도출된다.

$$E[Y_{ist}|s = PA, t = Nov] - [Y_{ist}|s = PA, t = Feb]$$
$$= \lambda_{Nov} - \lambda_{Feb}$$

그리고

$$E[Y_{ist}|s = NJ, t = Nov] - E[Y_{ist}|s = NJ, t = Feb]$$
$$= \lambda_{Nov} - \lambda_{Feb} + \delta.$$

모집단 이중차분은 아래와 같은데, 이것이 바로 우리가 관심을 갖는 인과효

표 5.2.1 뉴저지의 최저임금 상승 전후 패스트푸드점들의 평균 고용량

변수	PA (i)	NJ (ii)	차분(NJ−PA) (iii)
1. 처치 전 FTE 고용량 가용한 모든 관측치들	23.33 (1.35)	20.44 (0.51)	−2.89 (1.44)
2. 처치 후 FTE 고용량, 가용한 모든 관측치들	21.17 (0.94)	21.03 (0.52)	−0.14 (1.07)
3. 평균 FTE 고용량 변화분	−2.14 (1.25)	0.59 (0.54)	2.76 (1.36)

주: Card and Krueger(1994)의 <표 3>을 재인용하였다. 이 표에는 뉴저지의 최저임금 인상 전후 펜실베이니아와 뉴저지에 있는 식당들의 정규직 환산(full-time-equivalent: FTE) 평균 고용량이 제시되어 있다. 사용된 표본은 고용량 자료가 있는 모든 패스트푸드점들이다. 폐업한 6개 패스트푸드점의 고용량은 0으로 처리하였다. 임시로 문을 닫은 4개 패스트푸드점의 고용량은 결측치(missing)로 처리하였다. 괄호 안에는 표준 오차가 제시되어 있다.

과이다.

$$\{E[Y_{ist}|s=NJ, t=Nov]-E[Y_{ist}|s=NJ, t=Feb]\}$$
$$-\{E[Y_{ist}|s=PA, t=Nov]-E[Y_{ist}|s=PA, t=Feb]\}=\delta$$

모집단 평균들에 대한 표본 대응식을 이용하면 이 식을 쉽게 추정할 수 있다. (Card and Krueger(1994)의 <표 3>을 참고한) <표 5.2.1>에는 뉴저지와 펜실베이니아 패스트푸드점들의 평균 고용량이 뉴저지의 최저임금 변화 전후를 기준으로 제시되어 있다. 표의 첫 번째 두 행과 두 열을 통해 4개의 셀이 구성된다. 맨 오른편과 아래편 구석에는 각 시점에서 주별 차분, 각 주에 대한 시점별 차분, 그리고 차분의 차분값이 제시되어 있다. 펜실베이니아 패스트푸드점들의 고용량은 2월에는 뉴저지보다 약간 높지만 11월에는 약간 덜어진다. 이와는 대조적으로, 뉴저지의 고용량은 약간 증가한다. 이러한 두 변화의 결과, 차분의 차분(즉, 이중차분) 값은 양(+)으로 나타난다. 이는 최저임금이 증가할 때 사업체들의 고용 균형점이 노동수요 곡선을 따라 위로 올라간다는 우리의 예상과는 상반된다.

표준적인 노동수요 이론과 상반되는 이 증거는 얼마나 설득력이 있을까? 여기에서 핵심적인 식별 가정은 처치가 없다면 고용의 '추세'가 양쪽 주에서

그림 **5.2.1 DD모형에서의 인과효과**

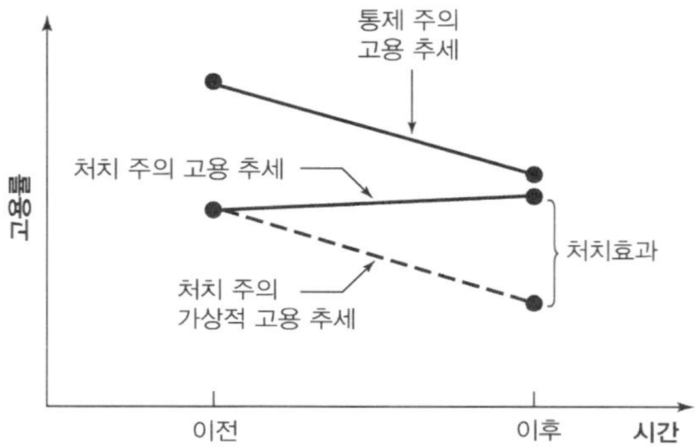

동일할 것이라는 가정이다. [그림 5.2.1]에 예시된 바와 같이, 처치가 있으면 이 공통 추세(common trends)로부터 벗어나는 현상이 발생한다. 처치 주와 통제 주가 (처치 전에 이미) 서로 다를 수 있는데, 주 고정효과는 두 주 간의 이러한 차이를 잡아낸다. 여기서 주 고정효과는 (식 5.1.3)에서 관측되지 않는 개인 효과가 했던 것과 동일한 역할을 한다.[7]

여러 기간의 자료를 이용해 공통추세 가정을 검토해 볼 수도 있다. 자신들의 최초 최저임금 연구를 잇는 후속 연구에서 Card and Krueger(2000)는 뉴저지와 펜실베이니아의 여러 카운티에 위치한 패스트푸드점들의 급여지급액 행정자료를 확보하였다. [그림 5.2.2]에는 이들 자료가 제시되어 있다. 이 그림은 그들의 후속연구에 있는 [그림 2]와 유사하다. 수직선은 Card and Krueger (1994) 연구에서 설문조사가 이루어졌던 날짜들을 표시하고 있다. 세 번째 수직 점선은 미 연방정부의 최저임금이 4.75달러로 인상된 1996년 10월을 표

[7] 공통추세 가정은 변환된 자료에도 적용될 수 있다. 예를 들면 다음과 같다.

$$E[\ln Y_{0ist}|s,t] = \gamma_s + \lambda_t$$

그러나 로그값의 공통추세는 수준값의 공통추세에는 적용되지 않고, 수준값의 공통추세도 로그값의 공통추세에는 적용되지 않는다는 점에 유의하라. Athey and Imbens(2006)는 종속변수에 임의의 변환을 적용한 후에도 공통추세를 적용할 수 있는 비모수 DD 추정량을 소개하였다. Poterba, Venti, and Wise(1995)와 Meyer, Viscusi, and Durbin(1995)은 분위수(quantiles)를 다룬 DD류의 모형들에 대해 설명한다.

그림 **5.2.2** **1991년 10월부터 1997년 9월까지 뉴저지와 펜실베이니아 소재 패스트푸드점들의 고용**

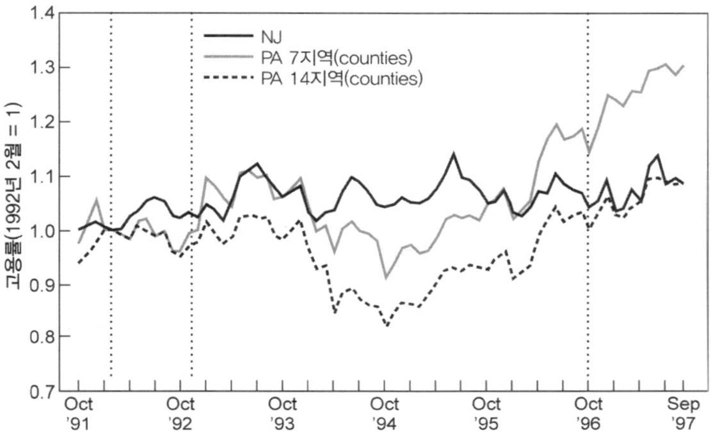

주: Card and Krueger(2000)에서 발췌하였다. 수직 점선은 Card and Krueger(1994)의 설문조사 날짜들과 연방정부가 최저임금을 인상한 1996년 10월 시점을 표시한다.

시한다. 이때의 인상은 뉴저지에는 아무 영향이 없었고 펜실베이니아에는 영향을 미쳤다. 우리는 이들 자료를 통해 최저임금에 관한 새로운 실험을 들여다볼 수 있는 기회를 가질 수 있다.

Card and Krueger(1994)의 설문조사에서와 마찬가지로, 행정자료 또한 1992년 2월부터 11월까지 펜실베이니아의 고용이 약간 감소하였고, 같은 기간 뉴저지의 고용은 거의 변하지 않았다는 점을 보여준다. 그러나 이 행정자료는 다른 기간에도 연도별로 상당한 고용 변동이 있었음을 보여준다. 이러한 변화들은 종종 두 주에서 상당히 다르게 나타나는 것처럼 보인다. 특히, 1991년 말에는 뉴저지와 펜실베이니아의 고용수준이 비슷했지만, 그 후 3년 동안 펜실베이니아(특히, 14개 카운티 집단)의 고용은 뉴저지와 비교할 때 하락하였다. 이러한 현상은 대체로 연방정부가 최저임금을 인상한 1996년 이전 시기에 나타나고 있다. 따라서 최저임금의 변동이 없었을 가상적 상황에서 뉴저지의 고용률을 도출하는 데 이용하기에 펜실베이니아는 매우 좋은 척도가 아닐 수도 있다.

그림 **5.2.3 독일의 처치학교와 통제학교 2학년의 평균 유급률**

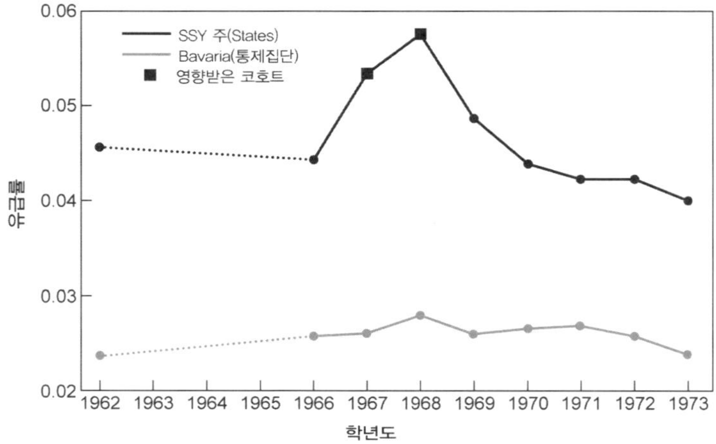

주: Pischke(2007)에 발췌하였다. 이 자료는 Bavaria 이외 주들(SSY 주들)에서 학교를 다닌 학생들을 대상으로 학년 수업일수가 변경되기 전후의 기간을 포괄한다.

보다 고무적인 사례는 Pischke(2007) 연구이다. 그는 독일에서 급격한 정책변화 때문에 발생한 변동을 이용해 학년도의 수업일수가 학생들의 성적에 미친 효과를 분석하였다. 1960년대까지 Bavaria주를 제외한 독일의 모든 주에서는 학생들이 봄에 신학기를 시작했다. 그런데 봄에 시작하던 신학기가 1966~67 학년도부터 가을로 바뀌게 되었다. 신학기의 시작 시점이 가을로 바뀜에 따라 이에 영향을 받는 코호트는 기존과 같은 37주가 아니라 24주로 짧아진 기간 내에 두 개의 학년을 이수해야만 했다. 이들 코호트에 속한 학생들이 학교에서 보낸 시간은 인접한 다른 코호트들이나 Bavaria의 학생들(이들은 이미 가을에 신학기를 시작하고 있었다)과 비교할 때보다 짧았다고 말할 수 있다.

[그림 5.2.3]에는 Bavaria주와 학기 변경의 영향을 받은 주들에서 1962~73년 사이에 2학년을 재학한 코호트의 유급(grade repetition) 확률이 제시되어 있다. (1963~65년의 유급 확률 자료는 확보하지 못했다.) Bavaria의 유급률은 1966년부터 계속 약 2.5퍼센트 수준으로 상당히 평평하였다. 학년 수업일수가 변동하

기 전인 1962년과 1966년에 짧은 학기제(short-school-year: SSY)를 실시하는 주들의 유급률은 약 4~4.5퍼센트 수준으로 Bavaria보다 더 높다. 그러나 이들 주에서 짧은 학년의 영향을 받은 두 개의 코호트의 유급률은 약 1퍼센티지 포인트 정도 상승한다. 첫 번째 코호트보다는 두 번째 코호트의 유급률이 좀 더 상승한다. 그 이후 유급률이 정상 수준으로 복귀하면서 하락한다. 이 그래프가 보여주고 있는 강력한 시각적 증거에 따르면, 처치 주들과 통제 주들에 공통적인 기본 추세가 존재한다. 하지만 처치효과로 인해 이 추세로부터 급격하면서 일시적으로 벗어나는 현상이 나타난다. 짧은 수업일수는 그 영향을 받은 코호트의 유급률을 증가시킨 것으로 보인다.

5.2.1 회귀모형 이중차분법

고정효과 모형과 마찬가지로, 회귀모형을 이용해 (식 5.2.2)와 같은 식을 추정할 수 있다. 뉴저지에 위치한 패스트푸드점을 표시하는 더미변수를 NJ_s라고 정의하고, 관측 시점이 11월(즉, 최저임금이 변경된 이후 시점)인지를 표시하는 시점 더미변수를 d_t라고 정의하자. 이 경우 $NJ_s \cdot d_t = D_{st}$가 성립하기 때문에 아래 (식 5.2.3)은 (식 5.2.2)와 동일한 식이다.

$$Y_{ist} = \alpha + \gamma NJ_s + \lambda d_t + \delta(NJ_s \cdot d_t) + \epsilon_{ist} \qquad (식\ 5.2.3)$$

3.1.4절의 논의에 따르면, 이 모형에는 주별 효과(state effects) 및 연도별 효과라는 두 개의 주효과(main effects)와 11월의 뉴저지 관측치임을 표시하는 교차항이 포함되어 있다. 조건부 평균 함수 $E(Y_{ist}|s,t)$ 가 4개의 가능한 값을 취하고 4개의 모수가 있기 때문에, 이 모형은 포화된 모형이다. 회귀모형 (식 5.2.3)의 모수들과 조건부 평균 함수를 이용하는 DD 모형 (식 5.2.2)의 모수들 간의 관계는 다음과 같다.

$$\alpha = E[Y_{ist} | s = PA, t = Feb] = \gamma_{PA} + \lambda_{Feb}$$

$$\gamma = E[Y_{ist} | s = NJ, t = Feb] - E[Y_{ist} | s = PA, t = Feb]$$

$$= \gamma_{NJ} - \gamma_{PA}$$

$$\lambda = E[Y_{ist} | s = PA, t = Nov] - E[Y_{ist} | s = PA, t = Feb]$$

$$= \lambda_{Nov} - \lambda_{Feb}$$

$$\delta = \{E[Y_{ist} | s = NJ, t = Nov] - E[Y_{ist} | s = NJ, t = Feb]\}$$

$$- \{E[Y_{ist} | s = PA, t = Nov] - E[Y_{ist} | s = PA, t = Feb]\}$$

회귀모형을 이용해 이중차분 모형을 설정하면 보다 편리하게 DD 추정치와 표준 오차를 구할 수 있다. 또한 회귀모형을 이용하면 다른 주들이나 시점들도 쉽게 추가시킬 수 있다. 예를 들어, 뉴저지-펜실베이니아 표본에 통제되는 주나 처치 전 기간들을 추가할 수 있다. (식 5.2.3)을 일반화시키려면, 다른 것들은 그대로 두고 오직 개별 주와 시점에 대한 더미변수들만을 추가하면 된다.

회귀모형 이중차분법의 두 번째 장점은 더미변수로 표현되는 것들 이외의 정책에 대한 연구도 쉽게 할 수 있다는 것이다. 예를 들어, 1992년 뉴저지와 펜실베이니아 대신에 미국 모든 주의 최저임금을 사용할 수도 있다. 연방 최저임금(사는 주에 관계없이 모든 사람에게 적용되는 최저임금)과 비교할 때, 어떤 주의 최저임금은 약간 더 높고, 다른 주의 최저임금은 훨씬 더 높으며, 다른 몇 개 주의 최저임금은 연방 수준과 동일하다. 따라서 최저임금은 주에 따라 그리고 시점에 따라 처치강도가 다른 값을 갖는 변수이다. 더욱이 최저임금이 각 지역에서 갖는 중요성은 법정 최저임금의 주별 변동뿐만 아니라 주별 평균 임금수준에 따라서도 달라진다. 예를 들어, 1990년대 초반 시간당 4.25달러라는 연방정부의 최저임금은 당시 평균 임금이 높았던 코네티컷 주에는 아마도 큰 영향이 없었겠지만, 미시시피 주에는 큰 영향을 미쳤을 것이다.

Card(1992)는 연방정부 최저임금의 영향이 지역별로 상이하다는 점을 활용한다. 그의 접근법은 아래와 같은 식으로부터 도출되었다.

$$Y_{ist} = \gamma_s + \lambda_t + \delta(FA_s \cdot \ d_t) + \epsilon_{ist} \qquad \text{(식 5.2.4)}$$

여기서 변수 FA_s는 s주에서 최저임금 상승의 영향을 받을 가능성이 높은 10대들의 비중을 표시하고, d_t는 연방정부의 최저임금이 3.35달러에서 3.80달러로 인상된 시점인 1990년의 관측치임을 표시하는 더미변수이다. 변수 FA_s는 기준 시점(최저임금 인상 이전)에 3.80달러 미만을 받는 10대 노동력의 각 주별 비중을 표시한다.

뉴저지-펜실베이니아 연구에서와 같이, Card(1992)는 두 시점, 즉 최저임금 인상 이전과 이후(이 경우에는 1989년과 1990년)의 자료를 연구에 활용하였다. 그러나 이 연구에서는 51개 주(District of Columbia를 포함)를 대상으로 총 102개의 주-연도별 관측치들을 사용하였다. (식 5.2.4)에는 개인 수준의 공변량이 포함되어 있지 않기 때문에, 이 식은 미시자료를 이용하는 분석법과 동일하다. (이때 그룹-수준의 추정치는 셀의 크기에 해당하는 가중치가 부여되어야 한다.) $FA_s \cdot d_t$는 (식 5.2.3)의 $NJ_s \cdot d_t$와 같은 교차항이라는 점에 유의하라. 다만, 여기에서는 교차항이 자료파일에 있는 각 관측치마다 서로 다른 값을 취한다. 마지막으로, Card(1992)는 오직 두 시점의 자료만을 분석하고 있기 때문에 추정치는 다음과 같은 1계 차분(first differences) 방정식으로부터 도출된 것이다.

$$\Delta \overline{Y}_s = \lambda^* + \delta FA_s + \Delta \bar{\epsilon}_s$$

여기서 $\Delta \overline{Y}_s$는 s주의 10대 평균 고용률의 변화분이고, $\Delta \bar{\epsilon}_s$는 차분 방정식의 오차항이다.[8]

[8] (식 5.2.4)와 밀접한 관련을 가지는 다른 모형설정에서는 우변에 $FA_s \cdot d_t$ 대신 주 최저임금과 연방정부 최저임금의 정규화된 함수를 포함시킨다. 예를 들어, Neumark and Wascher(1992)를 참고하라. 그들은 주 최저임금과 연방정부 최저임금을 최저임금 적용 범위 조항을 이용해 조정하고, 주별 평균 시간당 임금을 이용해 정규화시킨 후 두 최저임금 간의 차이를 계산하여 분석에 사용하고 있다.

표 **5.2.2 최저임금이 10대들에게 미치는 효과를 보여주는 회귀모형 DD 추정치들(1989년~1990년)**

설명변수	평균 로그임금 변화 (1)	평균 로그임금 변화 (2)	10대 고용률의 변화 (3)	10대 고용률의 변화 (4)
1. 영향받는 10대들의 비중(FA_s)	0.15 (0.03)	0.14 (0.04)	0.02 (0.03)	−0.01 (0.03)
2. 전체 고용률(고용자수/인구수) 변동	—	0.46 (0.60)	—	1.24 (0.60)
3. R^2	0.30	0.31	0.01	0.09

주: Card(1992)에서 재인용하였다. 이 표에는 주별 10대 평균 고용률의 변화를 연방정부 최저임금 변동의 영향을 받는 10대들의 주별 비중에 회귀시키는 회귀모형 추정치들이 제시되어 있다. 자료는 1989년과 1990년 CPS(Current Population Survey)이다. 각 회귀모형에는 각 주의 CPS 표본크기에 해당하는 가중치가 부여되어 있다.

(Card(1992)의 <표 3>을 재인용한) <표 5.2.2>에 의하면, 최저임금 인상이 보다 큰 영향을 미칠 가능성이 높았던 주들에서 임금이 보다 크게 상승하였다. ((1)열의 추정치 0.15를 참고하라.) 이는 Card의 분석에서 중요한 단계이다. 이 결과는 변수 FA_s(최저임금의 영향을 받는 10대들의 비중)가 연방정부 최저임금 인상에 의해 유발되는 임금 변화에 대한 훌륭한 예측치라는 생각을 확증하고 있다. 그러나 (3)열에서 확인할 수 있는 바와 같이, 고용은 FA_s와는 거의 관련이 없어 보인다. 따라서 Card(1992)의 연구결과는 뉴저지-펜실베이니아를 이용한 연구결과의 연장선상에 있다.

Card(1992)의 분석에는 회귀모형 DD가 갖는 추가적인 장점, 즉 공변량들을 모형에 쉽게 추가할 수 있다는 점이 제시되어 있다. 예를 들어, 우리는 주별로 고유한 추세가 누락되었을 위험에 대비해 성인들의 고용률을 통제하고자 할 수 있다. 다시 말해, 우리는 최저임금에 변화가 없었을 가상적 상황의 고용률을 다음과 같이 모형화할 수도 있다.

$$E[Y_{0ist}|s,t,X_{st}]=\gamma_s+\lambda_t+X_{st}'\beta$$

여기서 X_{st}는 성인 고용률과 같이 주별로 그리고 시간에 따라 변하는 공변량들의 벡터이다. (만약 성인 고용률 역시 최저임금의 변화에 반응한다면 이 변수를 통제하는 것은 적절하지 못하다. 이 경우에 성인 고용률은 부적절한 통제변수가 된다. 3.2.3절을 참고하라.) <표 5.2.2>의 (2)열과 (4)열에서 확인할 수 있듯이, 성인 고용률을 통제변수로 추가하더라도 Card의 추정치는 거의 변하지 않는다.

여기서 Card(1992)는 개인별 자료가 아니라 주별 평균값을 분석하고 있음을 강조할 필요가 있다. 이렇게 하는 대신에, 그는 CPS로부터 여러 해의 미시자료를 수직결합(pooling)한 표본을 구축해 아래와 같은 식을 추정할 수도 있었을 것이다.

$$Y_{ist} = \gamma_s + \lambda_t + \delta(FA_s \cdot \ d_t) + X_{ist}{}'\beta + \epsilon_{ist} \qquad \text{(식 5.2.5)}$$

위 식에서 X_{ist}는 인종과 같은 개인 수준의 특성들뿐만 아니라 주별 수준에서 측정되고 시간에 따라 변하는 변수들을 포함할 수 있다. 후자의 주별 수준 변수들만이 누락변수 편의를 일으킬 가능성이 있고, 개인 수준의 통제변수들은 2.3절에서 설명했듯이 추정의 정확도(precision)만을 증가시킨다. 그러나 종속변수 미시자료를 그룹-수준의 설명변수들과 연결시키는 모형에서의 추론은 약간 더 복잡해진다. 이때 중요한 이슈는, 8장에서 논의할 바와 같이, 그룹-수준 확률효과를 고려해 표준 오차를 어떻게 적절하게 교정할 것인가 하는 문제이다.

표본이 여러 해의 자료를 포함하고 있는 경우, Granger(1969)의 인과성 검정법을 회귀분석 DD모형에 적용해 볼 수 있다. Granger의 아이디어는 원인이 결과보다 시간적으로 선행하는지를 확인하는 것이다. (그러나 4장의 시작부분에 제시된 인용문에서 알 수 있듯이, 이를 확인하는 것이 인과관계 추론을 위한 충분조건은 아니다.) 관심대상 정책변수 D_{st}가 서로 다른 주에서 서로 다른 시점에 변동한다고 가정하자. 이 경우 Granger 인과성 검증법이란 주별 효과와 연도 효과가 주어져 있을 때, 과거의 D_{st}는 Y_{ist}를 예측하는 반면 미래의 D_{st}는 Y_{ist}를 예측하지 못한다는 것을 확인하는 방법이다. 만약 D_{st}가 Y_{ist}를 유발하지만 그 반대는 성립하지 않는다면, 다음과 같은 식에서 미래의 정책 변동을 표시하는 더미변수들은 유의성을 갖지 않아야 한다.

$$Y_{ist} = \gamma_s + \lambda_t + \sum_{\tau=0}^{m} \delta_{-\tau} D_{s,t-\tau} + \sum_{\tau=1}^{q} \delta_{+\tau} D_{s,t+\tau} + X_{ist}{}' \beta + \epsilon_{ist} \qquad \text{(식 5.2.6)}$$

이 식의 우변에 있는 합에는 m개의 선행 시차들(lags: $\delta_{-1}, \delta_{-2}, \ldots, \delta_{-m}$), 사후처치효과들(posttreatment effects), q개의 후행 시차들(leads: $\delta_{+1}, \delta_{+2}, \ldots, \delta_{+q}$) 및 예상 효과들(anticipatory effects)이 포함되어 있다. 보통 선행 시차 효과들의 패턴도 실질적인 관심의 대상이 된다. 가령, 시간이 지남에 따라 인과효과가 상승하거나 소멸된다고 생각할 수 있기 때문이다.

Autor(2003)는 고용보호가 기업들의 파견노동(temporary help) 사용에 미치는 영향을 분석하면서 Granger 검정법을 적용한다. 미국에서 고용보호는 일종의 노동법으로서 이 법으로 인해 노동자들을 해고하는 것이 보다 어렵게 되었다. (노동법은 주 의회에 의해 공포되기도 하고, 보다 일반적으로는 주 법원에 의해 관습법의 형태로 만들어진다.) 일반적으로 미국의 노동법은 자유로운 고용과 해고를 허용한다. 즉, 고용주는 정당한 사유가 있든지 없든지에 상관없이 자신의 의지에 따라 노동자를 해고할 수 있다. 그러나 일부 주 법원에서는 이런 '고용주 임의고용 원칙(employment-at-will doctrine)'의 수많은 예외사항들을 인정하였고, 이에 따라 불공정한 해고를 둘러싼 소송들이 제기되었다. Autor는 종업원들이 소송을 제기할지도 모른다는 두려움 때문에 기업들이 비정규직 노동자들(temporary workers)을 더 많이 사용하고, 다른 상황이었다면 종업원을 더 뽑아서 수행했을 업무들에 비정규직 노동자들을 투입하는지의 여부에 관심을 가졌다. 여기서 비정규직 노동자들이란 기업 외부의 다른 사람에 의해 채용되어 있으면서 업무는 그 기업에서 수행하는 노동자들을 일컫는다. 일반적으로, 비정규직 노동자들은 일시적인 업무를 위해 그들을 사용하는 기업과의 계약이 해지되더라도 해당 기업에 대해 부당해고 소송을 제기할 수 없다.

Autor의 실증분석 전략에서는 한 주의 비정규직 노동자 고용량과 주 법원이 고용주 임의고용 원칙의 예외를 인정하는 판결을 했는지 여부를 표시하는 더미변수를 연결시킨다. 그의 회귀모형을 이용한 DD모형에는 (식 5.2.6)에서와 같이 후행 시차와 선행 시차가 모두 포함되어 있다. [그림 5.2.4]에는 그림 **5.2.4 고용주 임의고용 원칙에 대해 암묵적 계약(implicit-contract)의 관점에서 예외를 인정한 판결이 비정규직 노동자 사용에 미친 영향을 추정한 결과**

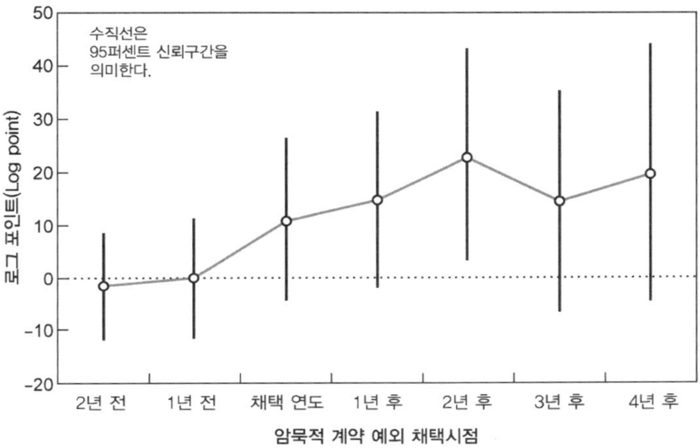

주: Autor(2003)에서 재인용하였다. 종속변수는 1979~1995년 사이 주별 파견노동자 고용량의 로그값이다. 추정치들은 예외를 채택한 시점, 그 이전 시점 및 그 이후 시점의 효과들이 서로 다르다고 가정하는 모형으로부터 도출되었다.

주 법원의 예외 인정판결 시점으로부터 2년 이전과 4년 이후를 포괄하는 선행 시차 및 후행 시차 변수의 추정치들이 제시되어 있다. 이 그림은 Autor (2003)의 [그림 3]을 재인용하고 있다. 이 추정치들에 의하면, 주 법원에서 임의고용 원칙의 예외를 인정하기 전 2년 동안에는 효과가 전혀 발견되지 않는다. 그런데 예외 인정 후 처음 몇 년 동안 비정규직 고용에 미치는 효과가 급격하게 증가한다. 그 이후 일정한 수준에 도달함으로써, 영향을 받은 주에서 비정규직 고용률은 지속적으로 높은 수준으로 유지된다. 이러한 패턴은 Autor의 결과에 대한 인과적 해석과 상반되지 않는 것으로 보인다.

DD 식별 전략의 적절성을 확인하는 또 다른 방법은 주별로 고유한 시간추세를 통제변수 목록에 추가해 보는 것이다. 다시 말해, 다음 식을 추정하는 것이다.

$$Y_{ist} = \gamma_{0s} + \gamma_{1s}t + \lambda_t + \delta D_{st} + X_{ist}{}'\beta + \epsilon_{ist} \qquad \text{(식 5.2.7)}$$

여기서 γ_{0s}는 앞에서와 같이 주별로 고유한 절편이고, γ_{1s}는 시간 추세 변수 t의 계수로서 주별로 고유한 값을 갖는 계수이다. 이 식은 처치 주와 통제 주가 상이한 시간 추세를 따르도록 허용함으로써 이들 추세가 제한적인 방식으로라도 드러날 수 있도록 만든다. 이들 추세가 모형에 포함되더라도 관심대상 효과의 추정치들이 변동하지 않는다면 바람직하다. 그러나 변동한다면 추정치에 어떤 문제가 있는 것이다. 다만, 주별로 고유한 추세를 갖는 모형을 추정하기 위해서는 최소한 3개 시점 이상의 자료가 필요하다. 게다가 실제 분석에서 추세와 처치효과 둘 다를 잡아내기 위해서는 3개 시점으로도 부족하다. 일반적으로 처치 이전의 자료를 통해 확립된 추세가 처치 이후 시점으로까지 외삽될(extrapolated) 수 있다면, 주별로 고유한 추세를 갖는 DD 추정법은 훨씬 강건하고 설득력 있다고 평가된다.

인도에서 노동규제가 기업에 미치는 효과를 분석한 연구에서 Besley and Burgess(2004)는 주별 추세를 이용해 결과의 강건성을 검토하고 있다. 서로 다른 주에서 서로 다른 시점에 규제 정도가 변하기 때문에 DD 연구의 디자인이 생겨난다. Card(1992)의 연구에서와 같이, Besley and Burgess(2004) 연구에서 관측 단위는 주-연도별 평균값이다. (그들 논문의 <표 IV>를 재인용하고 있는) <표 5.2.3>에 핵심적인 결과들이 제시되어 있다.

주별로 고유한 추세를 설정하지 않은 DD 회귀모형을 사용해 구한 (1)열의 추정치들에 의하면 노동규제는 1인당 생산량을 감소시킨다. (2)열과 (3)열은 1인당 정부지출과 주 인구와 같이 시간에 따라 변하는 주별 특성변수들을 모형에 추가하여 구한 추정치들이다. 이들 공변량은 Card(1992)의 최저임금 연구에서 통제변수에 주별 성인 고용률을 추가하는 전략과 유사하다. 통제변수를 추가하더라도 Besley and Burgess의 추정치들은 거의 변하지 않는다. 그러나 (4)열에 나타난 바와 같이, 주별로 고유한 추세를 모형에 추가하는 경우 노동규제의 효과는 사라진다. 인도에서의 노동규제는 추세적으로 생산량이 감소하고 있던 주들에서 상승하였다. 따라서 이 추세를 통제하자 규제 효과의 추정치는 0으로 변한다.

표 **5.2.3 인도의 주들을 대상으로 노동규제가 기업의 성과에 미치는 효과를 보여주는 추정치**

	(1)	(2)	(3)	(4)
노동규제(시차변수)	−.186 (.064)	−.185 (.051)	−.104 (.039)	.0002 (.020)
1인당 개발비(로그)		.240 (.128)	.184 (.119)	.241 (.106)
1인당 전력설비 용량(로그)		.089 (.061)	.082 (.054)	.023 (.033)
주의 인구(로그)		.720 (.96)	0.310 (1.192)	−1.419 (2.326)
국민회의당 다수 (Congress majority)			−.0009 (.01)	.020 (.010)
강경 좌파 다수 (Hard left majority)			−.050 (.017)	−.007 (.009)
인도 인민당 다수 (Janata majority)			.008 (.026)	−.020 (.033)
지역당 다수 (Regional majority)			.006 (.009)	.026 (.023)
주별로 고유한 추세	No	No	No	Yes
조정된 R^2	.93	.93	.94	.95

주: Besley and Burgess(2004)의 <표 IV>에서 재인용하였다. 이 표에는 노동규제가 생산성에 미치는 효과를 추정한 DD 회귀모형 추정치들이 제시되어 있다. 종속변수는 로그 1인당 제조업 생산량이다. 모든 모형은 주별 효과와 연도별 효과를 포함한다. 괄호 안에는 주별 군집화(clustered)를 고려하는 강건한 표준 오차가 제시되어 있다. 인도의 노동쟁의법(Industrial Disputes Act)을 각 주에서 수정한 내용에 대해 다음의 코드를 부여하였다. 1=노동자 친화적, 0=중립적, −1=기업 친화적. 그리고 나서 해당 시기에 대해 이들을 누적함으로써 노동규제의 척도를 구축하였다. 전력설비 용량(로그)은 킬로와트로 측정되어 있고, 개발비용(로그)은 사회·경제적 서비스에 대한 주별 1인당 지출액이다. 국민회의, 강경 좌파, 인도 인민당 그리고 지역당 다수는 이들 각 정당이 주 의회의 과반수 의석을 차지한 해의 횟수를 표시한다. 자료는 1958~1992년 사이 16개 주요 주들을 대상으로 한다. 관측치는 총 552개이다.

통제변수의 선택

지금까지 우리는 DD 모형에서 사용한 두 개의 차원에 '주(state: 지역)'와 '시간(time)'이라는 이름을 붙였다. 왜냐하면 이러한 설정이 응용 계량경제학에서는 매우 전형적인 DD 사례이기 때문이다. 그러나 DD 아이디어는 훨씬 더 일반적이다. 하첨자 s를 지역(주)이 아니라 인구학적 그룹을 지칭하도록 정의함으로써, 일부의 사람들은 정책의 영향을 받고 다른 사람들은 그 영향을 받지 않는다는 점을 표시할 수도 있다. 예를 들어, Kugler, Jimeno, and Hernanz(2005)는 스페인에서 연령별로 상이한 고용보호 정책의 효과를 분석한다. 비슷한 방식으로, 우리는 시간 대신 코호트 혹은 다른 유형의 특성에 따라 자료를 그룹별로 구성할 수도 있다. 예를 들어, Angrist and Evans (1999)는 출생 주 및 출생 연도별 변이를 이용해 주 낙태법의 변화가 10대 임신에 미치는 효과를 연구하였다. 그러나 그룹의 명칭이 무엇이든 상관없이, DD 디자인에서는 항상 처치-통제집단 간의 비교를 암묵적으로 시행한다. 따라서 이와 같은 비교가 적절한 것인지에 관해 면밀하게 검토할 필요가 있다.

이러한 맥락에서 발생 가능한 하나의 위험 상황은 처치의 결과 처치집단과 통제집단의 구성이 변하는 경우이다. 주별 및 시간별 비교를 사용하는 디자인으로 되돌아가서, 우리가 관대한 공적 지원이 노동공급에 미치는 효과에 대해 관심을 가지고 있다고 가정하자. 역사적으로 미국의 각 주에서는 저소득층 미혼모들에게 매우 다양한 복지 혜택을 제공해 왔다. 노동경제학자들은 그와 같은 소득보장 정책들의 효과에 대해 오랫동안 관심을 가져왔다. 가령 이들 복지혜택들이 미혼모들의 생활수준을 어느 정도 높일 수 있는지, 그리고 이것들이 미혼모의 노동의욕을 약화시키지는 않는지 등의 문제에 관심을 가져왔다. (최근의 연구로서 Meyer and Rosenbaum(2001)을 참조하라.) 복지에 관한 연구들을 정리하면서 Moffitt(1992)이 강조하듯이, 여기서의 문제는 본래부터 노동시장 참여도가 낮은 가난한 사람들일수록 보다 관대한 복지혜택을 제공하는 지역(주)으로 이주할 수 있다는 점이다. DD연구 디자인에서는 프로그램이 야기하는 이런 종류의 이주현상 때문에 관대한 복지혜택 프로그램이 노동공급에 미치는 부정적인 영향이 실제보다 훨씬 더 과장된 크기로 추정된다.

만약 사람들이 어느 지역으로부터 이주해 왔는지를 우리가 알 수 있다면, 이주로 인한 문제는 보통 쉽게 해결할 수 있다. 예를 들어, 우리가 처치 이전 시점에 거주한 주 또는 출생한 주를 알고 있다고 가정하자. 출생한 주나 이전 거주지역은 처치에 의해 변동하지는 않지만, 현재 거주지역과는 여전히 매우 높은 상관관계를 갖는다. 따라서 현재 거주지역 대신에 출생한 주나 이전 거주지역을 이용해 비교하면 이주로 인한 문제를 해결할 수 있다. 그러나 이것은 또한 새로운 문제를 야기시킨다. 즉, 이주를 한 사람들의 현재 거주지역이 부정확할 가능성이 발생한다. 그러나 실제 분석에서 이러한 문제는 4장에서 다룬 IV법을 사용해 쉽게 처리할 수 있다. (현재 거주지역에 대한 도구변수로서 태어난 주 또는 이전 거주지역을 사용할 수 있다.)

보다 개선된 통제집단을 사용하는 수정된 2×2 DD 모형에서는 보다 많은 차원을 동원해 비교함으로써 인과관계를 추론한다. 미국의 저소득층 의료혜택 프로그램인 Medicaid의 적용범위 확대를 연구한 Yelowtz(1995)가 그 예이다. 빈곤층을 위한 미국의 대규모 의료보험 프로그램인 Medicaid의 가입자격은 한때 대규모 현금지원 복지 프로그램인 아동 부양가족 지원금(Aid for Families with Dependent Children: AFDC)의 가입자격과 연동되어 있었다. 그러다가 1980년대의 여러 시기에 일부 주에서 Medicaid의 적용범위를 AFDC 가입자격이 없는 가구의 자녀들에게까지 확대하였다. Yelowtz는 아동에 대한 공공지원 의료보험이 이와 같이 확대됨에 따라 기혼여성의 노동시장 참가 정도와 임금에 어떠한 영향이 있었는지에 관심을 가졌다.

주 및 시점과 더불어, 자녀들의 연령은 Medicaid 정책의 수혜 여부를 결정하는 세 번째 기준을 제공한다. Yelowtz는 이 수혜 여부의 차이를 이용해 다음의 식을 추정한다.

$$Y_{iast} = \gamma_{st} + \lambda_{at} + \theta_{as} + \delta D_{ast} + X_{iast}{}' \beta + \epsilon_{iast}$$

여기서 s는 주를, t는 시점을 표시하고, a는 가구에서 가장 어린 자녀의 나이이다. 이 모형에서는 주별로 고유한 시간 효과를 전적으로 비모수적으로 통제한다. 이들 시간 효과로는 연령 그룹별로 공통적인 시간 효과(γ_{st}), 시간에 따라 변동하는 연령효과(λ_{at}), 그리고 주별로 고유한 연령효과(θ_{as})가 있다. 관심대상 설명변수 D_{ast}는 s주의 t시점에 가구에 Medicaid의 적용을 받는 연령 그룹의 아이들이 존재하는지를 표시하는 더미변수이다. 이러한 삼중차분 모형(triple-differences model)을 이용해 우리는 단지 주와 시간에 따른 차이만을 이용하는 전통적인 이중차분법보다 더 설득력 있는 결과들을 도출할 수 있다.

5.3 고정효과와 시차 종속변수

고정효과 추정량과 DD 추정량은 누락변수들이 시간에 따라(혹은 그룹 내에서) 변하지 않는다는 가정에 근거를 둔다. 예를 들어, 3.3.3절에서 설명한 Dehejia and Wahba(1999)와 Lalonde(1986)의 연구에서와 같이 우리가 (보조금을 제공하는) 직업훈련 프로그램에 참여하는 것이 어떤 효과를 야기하는지에 대해 관심이 있다고 가정하자. 이 경우에 고정효과 추정법을 지탱하는 핵심적인 식별 가정은 다음과 같다.

$$E[Y_{0it}|\alpha_i, X_{it}, D_{it}] = E[Y_{0it}|\alpha_i, X_{it}] \qquad \text{(식 5.3.1)}$$

여기서 α_i는 공변량 X_{it}와 더불어 개인 i가 훈련에 참가하는지의 여부를 결정하는 관측되지 않는 개인 특성이다. 구체적으로, α_i는 직업적 숙련(vocational skills)에 대한 하나의 척도와 같은 것이다. 그러나 고정효과 모형에서는 관측되지 않는 변수들의 정확한 본질이 무엇인지에 관해서는 다소 모호하게 처리한다. 아무튼 $E(Y_{0it}|\alpha_i, X_{it})$에 대한 선형모형과 더불어 가정 (식 5.3.1)로부터 차분이나 평균 편차를 사용하는 간단한 추정방법이 유도된다.

대부분의 인과관계 질문들에 있어 가장 중요한 누락변수가 시간에 따라 변하지 않는다는 가정은 그리 타당해 보이지 않는다. 직업훈련 프로그램에 대한 평가를 통해 이 점을 확인해 보자. 정부가 보조하는 직업훈련 프로그램에 참여함으로써 노동시장에서 자신의 선택폭을 넓히고자 하는 사람들은 프로그램 참여 이전 노동시장에서 어떤 종류의 좌절을 경험했던 사람들일 가능성이 있다. 많은 직업훈련 프로그램들은 명시적으로 최근 실직한 사람들과 같이 최근에 어려운 사정에 빠진 사람들을 대상으로 한다. 이것과 관련하여, Ashenfelter(1978)와 Ashenfelter and Card(1985)는 직업훈련 참가자들의 임금 기록을 추적해 보면 일반적으로 프로그램 참가 이전에 임금이 급감하는 현상(preprogram dip)이 존재한다는 점을 발견하였다. 따라서 시간에 따라 변하는 교란변수인 과거의 임금은 α_i와 같이 시간에 따라 변하지 않는 누락변수에 포함시킬 수 없다.

훈련 참가자들의 독특한 임금 이력을 참고하여 우리는 고정효과를 통제하지 않고 과거 임금을 직접 통제하는 추정 전략을 생각해 볼 수 있다. 좀 더 정확히 말하면, (식 5.3.1) 대신에 다음 식과 같이 조건부 독립성을 가정하고 인과관계를 추론하는 방법을 생각해 볼 수 있다.

$$E[Y_{0it}|Y_{it-h}, X_{it}, D_{it}] = E[Y_{0it}|Y_{it-h}, X_{it}] \qquad \text{(식 5.3.2)}$$

위 식에 의하면, 훈련 참가자들을 특별하게 만드는 것은 그들의 h기 이전 임금이라고 말할 수 있다. 이 경우 우리는 패널자료를 이용해 다음의 식을 추정할 수 있다.

$$Y_{it} = \alpha + \theta Y_{it-h} + \lambda_t + \delta D_{it} + X_{it}'\beta + \epsilon_{it} \qquad \text{(식 5.3.3)}$$

여기서 δ는 직업훈련의 인과효과이다. 이를 보다 일반화시키면 Y_{it-h}는 여러 개 선행 시차들의 임금을 포함하는 벡터일 수 있다.[9]

[9] Abadie, Diamond and Hainmueller(2007)는 전통적인 회귀분석 모형보다 더 유연한 모형으로서 시차 종속변수를 사용하는 준모수적 모형을 개발하였다. 5.3.2절에서와 같이 이 모형의 핵심 가정은 선행 시차의 임금들이 주어져 있을 때 처치 여부와 잠재성과들은 서로 독립적이라는 가정이다. Abadie, Diamond and Hainmueller의 접근법은 미시자료나 그룹 구조를 가진

패널자료를 사용하는 응용 연구자들은 종종 고정효과 모형과 시차 종속변수 모형 중 하나를 선택해야 하는 문제에 직면한다. 즉, 인과관계 추론을 위해 (식 5.3.1)을 사용할지 (식 5.3.2)를 사용할지를 결정해야 한다. 이 딜레마에 대한 하나의 해결책은 시차 종속변수와 관측되지 않는 개인 효과 모두를 포함하는 모형을 분석하는 것이다. 다시 말해, 다음의 식과 같이 α_i와 Y_{it-h} 모두를 조건부 변수로서 설정하는 식별 전략을 사용할 수도 있다.

$$E[Y_{0it}|\alpha_i, Y_{it-h}, X_{it}, D_{it}] = E[Y_{0it}|\alpha_i, Y_{it-h}, X_{it}] \quad \text{(식 5.3.4)}$$

이 경우 다음과 같은 모형설정을 이용해 인과효과를 추정할 수 있다.

$$Y_{it} = \alpha_i + \theta Y_{it-h} + \lambda_t + \delta D_{it} + X_{it}'\beta + \epsilon_{it} \quad \text{(식 5.3.5)}$$

유감스럽게도, (식 5.3.5)에서 δ의 일치추정량을 구하기 위한 조건은 고정효과나 시차 종속변수 중 하나만이 있는 모형에서 필요한 조건보다 훨씬 더 충족되기 어렵다. 그 이유를 시차 종속변수가 Y_{it-1}인 간단한 사례를 통해 확인할 수 있다. 차분을 이용해 고정효과를 제거함으로써 다음의 식을 도출할 수 있다.

$$\Delta Y_{it} = \theta \Delta Y_{it-1} + \Delta\lambda_t + \delta\Delta D_{it} + \Delta X_{it}'\beta + \Delta\epsilon_{it} \quad \text{(식 5.3.6)}$$

여기서 문제는 차분된 잔차 $\Delta\epsilon_{it}$가 시차 종속변수 ΔY_{it-1}와 반드시 상관관계를 갖는다는 점이다. 왜냐하면 둘 모두 ϵ_{it-1}의 함수이기 때문이다. 그 결과, (식 5.3.6)의 OLS 추정치들은 (식 5.3.5)의 모수들에 대한 일치추정량이 되지 못한다. 이것은 Nickell(1981)이 처음 주목했던 문제이다. 이 문제를 해결하기 위해서는 강한 가정들이 필요하긴 하지만, 이 문제는 해결이 가능하다. 가장 쉬운 해결책은 (식 5.3.6)에서 ΔY_{it-1}에 대한 도구변수로서 Y_{it-2}를 이용하는 것이다.[10] 다만, 이 방법은 Y_{it-2}가 차분된 잔차 $\Delta\epsilon_{it}$와 상관관

자료에도 적용된다. Dehejia and Wahba(1999)의 매칭법 역시 시차 종속변수를 사용한다.

10 자세한 사항과 사례들에 대해서는 Holtz-Eakin, Newey, and Rosen(1988), Arellano and Bond(1991), Blundell and Bond(1998)를 참조하라.

계가 없다는 가정이 필요하다. 잔차란 임금 중 공변량들에 의해 설명되고 남는 부분이기 때문에 이 가정이 충족될 가능성은 거의 없어 보인다. 대부분 사람들의 임금은 한 해와 그 다음 해 사이에서 매우 강한 상관관계를 갖기 때문에, 과거의 임금들 역시 $\Delta\epsilon_{it}$와 상관관계를 가질 가능성이 높다. 만약 ϵ_{it}가 계열상관을 갖는다면, (식 5.3.6)에 대한 일치추정량은 존재하지 않을 수 있다. (도구변수로서 Y_{it-2}를 이용하는 IV 추정법을 적용하기 위해서는 최소한 3개의 시점이 필요하다. 그러므로 t, $t-1$, $t-2$에 대한 자료가 필요하다는 것도 유의하라.)

(식 5.3.6)을 추정하려 할 때 어려움에 직면하기 때문에 과연 고정효과와 시차 종속변수를 구분하는 것이 우리에게 의미가 있는지에 대한 의문이 생긴다. 유감스럽지만, 그 대답은 의미가 있다는 것이다. 고정효과 모형과 시차 종속변수 모형은 하나가 다른 하나를 포함하지 않는다. 여기서 서로를 포함하지 않는다는 것은 하나의 모형을 추정하고 나서, 필요한 경우 다른 하나를 전자의 특수한 경우로서 취급할 수 없다는 의미이다.

그렇다면 응용 연구자들은 과연 무엇을 해야 하는가? 언제나 그렇듯이, 하나의 답은 또 다른 식별 가정들을 이용해 연구결과의 강건성(robustness)을 검토해 보는 것이다. 이는 타당한 다른 모형들을 이용하더라도 대체로 비슷한 결과가 나타나는지를 확인한다는 의미이다. 그리고 고정효과 추정치와 시차 종속변수 모형 추정치는 상한-하한을 보여주는 유용한 특성을 가지고 있다. 이 장의 부록에 따르면, (식 5.3.2)가 옳은 모형인 상황에서 연구자가 실수로 고정효과 모형을 사용했다면, 처치효과가 양(+)인 경우에 도출된 추정치는 참값보다 큰 값을 갖는 경향이 있다. 다른 한편, (식 5.3.1)이 옳은 모형인 상황에서 연구자가 실수로 (식 5.3.3)과 같이 시차 종속변수를 갖는 식을 추정한다면, 처치효과가 양(+)인 경우에 도출된 추정치는 참값보다 작은 값을 갖는 경향이 있다. 그러므로 (선택편의의 성질에 관한 몇 가지 가정이 주어져 있을 때) 연구자는 관심대상 인과효과가 고정효과 추정치와 시차 종속변수 추정치 사이의 어딘가에 위치하고 있다고 추측할 수 있다. Guryan(2004)은 법원의 명령에 따른 학생들의 강제 버스통학(busing)이 흑인 학생들의 고등학교 졸업률에 미친 효과를 추정하는 연구를 통해 이러한 아이디어를 예시한 바 있다.

5.4 부록: 고정효과와 시차 종속변수에 관한 추가사항

논의를 단순화하기 위해 공변량, 절편, 연도 효과는 무시하고 오직 두 기만이 존재한다고 가정하자. 1기에 모든 사람들의 처치 여부는 0이라고 가정하자. (보다 일반적인 상황에서도 핵심 내용은 동일하다.) 관심대상 인과효과 δ는 양수이다. 먼저, 처치(직업훈련 여부)는 관측되지 않는 개인 효과 α_i와는 상관관계를 갖지만, 시차 성과변수의 잔차 ϵ_{it-1}와는 상관관계를 갖지 않으며, 성과변수는 다음 식과 같다고 가정하자.

$$Y_{it} = \alpha_i + \delta D_{it} + \epsilon_{it} \qquad \text{(식 5.4.1)}$$

여기서 ϵ_{it}는 계열상관을 갖지 않고, α_i 및 D_{it}와도 마찬가지로 상관관계를 갖지 않는다. 또한 다음의 관계도 성립한다.

$$Y_{it-1} = \alpha_i + \epsilon_{it-1}$$

이때, α_i와 ϵ_{it-1}는 서로 상관관계를 갖지 않는다. 연구자가 실수로 Y_{it-1}는 통제했지만 고정효과는 통제하지 않은 모형을 이용해 D_{it}의 효과를 추정한다고 가정하자. 이때 도출되는 추정치의 확률극한은 $\frac{Cov(Y_{it}, \widetilde{D}_{it})}{V(\widetilde{D}_{it})}$이다. 여기서 $\widetilde{D}_{it} = D_{it} - \gamma Y_{it-1}$는 D_{it}를 Y_{it-1}에 회귀시키는 회귀모형으로부터 구한 잔차이다.

이제 (식 5.4.1)에 $\alpha_i = Y_{it-1} - \epsilon_{it-1}$를 대입하면 다음의 식을 구할 수 있다.

$$Y_{it} = Y_{it-1} + \delta D_{it} + \epsilon_{it} - \epsilon_{it-1}$$

이로부터 우리는 다음의 식을 구할 수 있다.

$$\frac{Cov(Y_{it}, \widetilde{D}_{it})}{V(\widetilde{D}_{it})} = \delta - \frac{Cov(\epsilon_{it-1}, \widetilde{D}_{it})}{V(\widetilde{D}_{it})}$$

$$= \delta - \frac{Cov(\epsilon_{it-1}, D_{it} - \gamma Y_{it-1})}{V(\widetilde{D}_{it})} = \delta + \frac{\gamma \sigma_\epsilon^2}{V(\widetilde{D}_{it})}$$

이 식에서 σ_ϵ^2는 ϵ_{it-1}의 분산이다. 훈련참가자의 Y_{it-1}는 낮기 때문에, $\gamma < 0$ 이 성립하고, 이때 도출되는 δ의 추정치는 참값보다 작다.

이제 위와는 다르게, Y_{it-1}가 낮은 상황이 처치 결정에 영향을 미친다고 가정하자. 다음 식과 같이, (식 5.3.3)의 단순화된 버전을 이용해 인과효과를 추정할 수 있다.

$$Y_{it} = \alpha + \theta Y_{it-1} + \delta D_{it} + \epsilon_{it} \qquad \text{(식 5.4.2)}$$

여기서 ϵ_{it}는 계열상관을 갖지 않고, D_{it}와도 상관관계를 갖지 않는다. 만약 연구자가 고정효과를 제거하고자 실수로 1계 차분 방정식을 추정한다면, 이 모형은 시차 종속변수를 무시하게 된다. 모든 사람에 대해 $D_{it-1} = 0$ 이라고 가정하는 위의 단순한 예에서, 1계 차분 추정량의 확률극한은 다음과 같다.

$$\frac{Cov(Y_{it} - Y_{it-1}, D_{it} - D_{it-1})}{V(D_{it} - D_{it-1})} = \frac{Cov(Y_{it} - Y_{it-1}, D_{it})}{V(D_{it})} \qquad \text{(식 5.4.3)}$$

(식 5.4.2)의 양변에서 Y_{it-1}을 빼면 다음의 식이 도출된다.

$$Y_{it} - Y_{it-1} = \alpha + (\theta - 1) Y_{it-1} + \delta D_{it} + \epsilon_{it}$$

이 식을 (식 5.4.3)에 대입하면, 차분이 부적절하게 적용된 모형으로부터 다음의 관계가 도출된다.

$$\frac{Cov(Y_{it} - Y_{it-1}, D_{it})}{V(D_{it})} = \delta + (\theta - 1)\left[\frac{Cov(Y_{it}, D_{it})}{V(D_{it})}\right]$$

일반적으로 우리는 θ를 1보다 작은 양수라고 생각한다. 만약 그렇지 않다면 Y_{it}는 비정상(nonstationary) 시계열로서 발산하게 된다. 따라서 훈련참가자의

Y_{it-1}가 낮기 때문에 1계 차분을 이용하는 δ의 추정치는 참값보다 크게 된다. 이와 같이 간단한 모형에서는, (식 5.4.2)의 $\theta=1$이 성립할 가능성이 낮은 상황에서도 차분에 의해 적절한 추정치가 도출되었다. 그러나 일반적인 상황에서는 이와 같은 방식으로 적절한 추정치를 구하기는 어렵다.

Part
03

논의의 확장

Extensions

6장

작은 변동: 회귀단절 모형

하지만 우리가 그런 규칙들을 적용하려고 할 때,
온갖 절차들이 생기기 시작하고, 당신은 사람들에 대해 온갖 것들을
알게 된다. 이것은 문제에 대해 생각하는 하나의 방법으로서,
시간이 지나면서 문제의 대체적인 윤곽이 점차 드러난다.
규칙은 보다 많을수록, 보다 작을수록,
그리고 보다 자의적일수록 더 좋은 법이다.

더글러스 애덤스, 「대체로 해롭지 않음」

회귀단절(Regression Discontinuity: RD) 연구 디자인은 처치를 결정하는 규칙들에 대해 우리가 알고 있는 정확한 지식을 이용한다. RD 식별 전략은 규칙이 잘 지켜지는 세상에서 몇몇 규칙들에는 자의성이 포함되어 있어서 훌륭한 실험으로 활용될 수 있다는 아이디어에 기반하고 있다. RD에는 계단형과 경사형이라는 두 가지 형태가 있다. 계단형 모형(sharp design)은 일종의 관측 가능한 변수들에 기반한 선택(selection-on-observables)이라고 간주할 수 있다. 경사형 모형(fuzzy design)은 도구변수법(IV) 류의 모형과 연결된다.

6.1 계단형 RD

계단형 RD는 처치 여부가 공변량 x_i의 함수로서, 그 함수의 형태는 이미 결정되어 있고 일정한 지점에서 단절이 존재하는 경우에 사용된다. 예를 들어, 다음과 같은 관계를 가정하자.

$$D_i = \begin{cases} 1 & if \quad x_i \geq x_0 \\ 0 & if \quad x_i < x_0 \end{cases} \qquad \text{(식 6.1.1)}$$

여기서 x_0는 이미 알려져 있는 임계치(threshold) 또는 경계값(cutoff)이다. 우리는 x_i를 알면 그 즉시 D_i를 알 수 있기 때문에, 이와 같은 배정 메커니즘은 x_i의 결정적 함수(deterministic function)이다. 또한 처치는 x_i의 단절(혹은 불연속) 함수이다. 왜냐하면 x_i가 x_0에 아무리 가까워지더라도, $x_i = x_0$일 때까지 처치 상태는 변하지 않기 때문이다.

위에서 설명한 내용이 다소 추상적일 수 있으므로 하나의 예를 들어보자. 미국의 고등학생들에게는 PSAT 점수를 기준으로 전국 우수 장학금(National Merit Scholarships)이 수여된다. PSAT는 대학 진학을 희망하는 대부분의 고등학교 3학년 학생들이 치르는 시험이다. 특히, 나중에 SAT 시험을 치는 학생들은 반드시 PSAT 시험을 본다. RD에 대한 설명을 위해 처음 제기했던 질문은 전국 우수 장학금을 수여받은 학생들이 그 결과로 자신의 경력이나 학업 계획을 변경했는지의 여부였다. 예를 들어, 전국 우수 장학금 수혜자들은 대학원에 진학할 가능성이 보다 더 높을 수 있다(Thistlewaithe and Campbell, 1960; Campbell, 1969). 계단형 RD는 전국 우수 장학금 선정기준 임계치의 바로 위와 바로 아래에 해당하는 PSAT 점수를 받은 학생들의 대학원 진학률을 비교하는 방법이다. 일반적으로, PSAT 점수가 높은 학생은 대학원에 진학할 확률도 높을 것이라고 예상할 수 있다. 여기서 발생하는 내생성 문제는 장학금 수여 임계치 주변의 학생들만을 대상으로 대학원 진학률과 PSAT 점수 간의 관계를 구하는 회귀분석을 적용하여 통제할 수 있다. 이 예에서,

PSAT 점수와 대학원 진학 간의 관계가 장학금 수여 임계치 주변에서 급격히 변하는 현상을 처치효과의 증거로서 간주할 수 있다. 이 추정방법이 RD라고 불리는 이유는 바로 회귀직선 위에서 발생하는 이와 같은 급격한 변화(jump) 때문이다.[1]

Imbens and Lemieux(2008)의 최근 서베이에서도 강조하고 있듯이, RD가 가진 흥미롭고도 중요한 특징은 처치 관측치와 통제 관측치 모두를 동시에 관측할 수 있는 x_i의 값은 '존재하지 않는다'는 것이다. RD가 타당성을 가지는 이유는 최소한 단절점의 주변에서는 서로 다른 공변량 값들에 대해 우리가 외삽법(extrapolation)을 적용할 용의가 있기 때문이다. 이는 어느 정도의 중복이 발생하는 공변량 값에서 처치집단과 통제집단을 비교하는 공변량 매칭법과는 다른 추정법이다. 이 때문에 계단형 RD는 다른 통제전략들과는 상이한 방법으로 인식된다. 또한 동일한 이유로 RD의 세계에서는 3장에서 가정했듯이 회귀식의 함수 형태를 모른다고 가정할 수는 없다.

[그림 6.1.1]은 $x_i \geq 0.5$ 인 사람들이 처치를 받는 가상적인 RD 상황을 제시하고 있다. 패널 A에서는 성과변수와 x_i 간의 관계가 선형이고, 패널 B에서는 그 관계가 비선형이다. 두 경우 모두 관측된 CEF $E[Y_i|x_i]$가 점 x_0 주변에서 단절된다. 하지만 $E[Y_{0i}|x_i]$는 매끄럽게 연결되어 있다.

간단한 모형을 통해 RD 아이디어를 표현할 수 있다. 배정 메커니즘을 나타내는 (식 6.1.1)이 주어져 있을 때, 잠재 성과변수들은 다음과 같이 선형이면서 동일효과를 갖는 모형으로 표현할 수 있다.

$$E[Y_{0i} \mid x_i] = \alpha + \beta x_i$$

$$Y_{1i} = Y_{0i} + \rho$$

1 RD 모형의 기본 구조는 다양한 학문분야에서 동시적으로 나타났던 것으로 보이지만, 응용 계량경제학에서는 그 중요성이 최근에서야 부각되고 있다. Cook(2008)은 RD의 발전사를 기술하고 있다. Lalonde(1986) 류의 연구 내 비교방법(within-study comparisons)을 활용한 분석을 통해 Cook and Wong(2008)은 RD가 무작위 실험의 결과들을 일반적으로 잘 재현한다는 점을 발견하였다.

그림 **6.1.1 계단형 회귀단절모형**

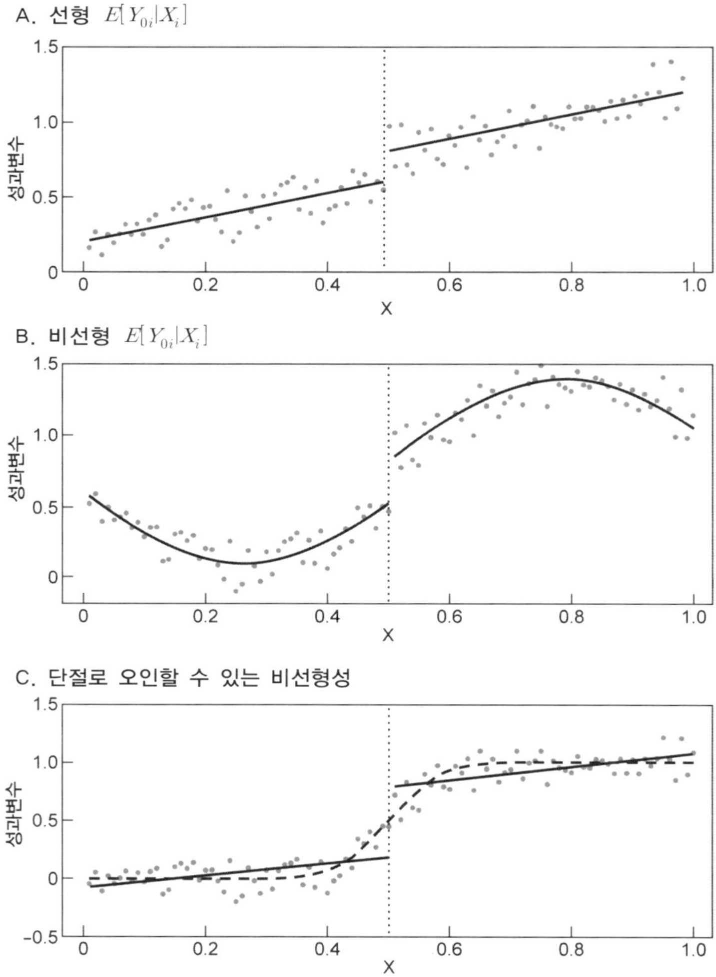

이를 회귀모형으로 표현하면 다음과 같다.

$$Y_i = \alpha + \beta x_i + \rho D_i + \eta_i \qquad \text{(식 6.1.2)}$$

여기서 ρ가 관심대상 인과효과이다. 처치효과를 추정하기 위해 이용해 온 여타의 회귀모형들(가령, 3장에서와 같은)과 위에 제시한 회귀모형의 핵심적인 차이점은 관심대상 독립변수 D_i가 x_i와 상관관계를 가질 뿐만 아니라 x_i의 결정적 함수라는 것이다. RD는 매끄러운 선형 함수 x_i를 비선형 단절 함수 $1(x_i \geq x_0)$와 구분하는 방법을 통해 인과효과를 잡아낸다.

그런데 만약 추세관계를 나타내는 $E[Y_{0i}|x_i]$가 비선형일 경우에는 어떻게 될까? 보다 엄밀하게 표현하기 위해, 임의의 매끄러운 함수(smooth function) $f(x_i)$에 대해 $E[Y_{0i}|x_i] = f(x_i)$ 이라고 가정하자. [그림 6.1.1]의 패널 B에 의하면, 이와 같이 보다 일반적인 경우에도 RD 아이디어를 충분히 적용할 수 있다. 이제 다음 식을 추정해 RD 추정치를 구할 수 있다.

$$Y_i = f(x_i) + \rho D_i + \eta_i \qquad \text{(식 6.1.3)}$$

여기서 다시, $D_i = 1(x_i \geq x_0)$ 은 x_0에서 단절이 발생함을 표시한다. $f(x_i)$가 x_0의 주변에서 연속적이면, $f(x_i)$의 함수 형태를 유연하게 설정함으로써 (식 6.1.3)과 같은 모형을 추정할 수 있다. 예를 들어, $f(x_i)$를 p차 다항식으로 설정하면, 다음의 회귀모형을 이용해 RD 추정치를 구할 수 있다.

$$Y_i = \alpha + \beta_1 x_i + \beta_2 x_i^2 + \cdots + \beta_p x_i^p + \rho D_i + \eta_i \qquad \text{(식 6.1.4)}$$

(식 6.1.4)에 근거해 RD를 일반화하면, $E[Y_{0i}|x_i]$와 $E[Y_{1i}|x_i]$에 대해 서로 다른 추세 함수를 사용할 수도 있다. 이들 두 개의 CEF를 p차 다항식으로 모형화하면 다음과 같다.

$$E[Y_{0i}|x_i] = f_0(x_i) = \alpha + \beta_{01}\tilde{x}_i + \beta_{02}\tilde{x}_i^2 + \cdots + \beta_{0p}\tilde{x}_i^p$$

$$E[Y_{1i}|x_i] = f_1(x_i) = \alpha + \rho + \beta_{11}\tilde{x}_i + \beta_{12}\tilde{x}_i^2 + \cdots + \beta_{1p}\tilde{x}_i^p$$

여기서 $\tilde{x}_i \equiv x_i - x_0$이다. x_0을 중심에 두는 방식으로 x_i를 정규화하면, $x_i = x_0$에서의 처치효과는 교차항들이 있는 회귀모형에서 D_i의 계수이다.

이 경우 관심대상 인과효과를 추정하는 데 사용할 수 있는 회귀모형을 유도하기 위해, 우리는 D_i가 x_i의 결정적 함수라는 사실을 이용해 다음과 같이 표현한다.

$$E[Y_i|x_i] = E[Y_{0i}|x_i] + (E[Y_{1i}|x_i] - E[Y_{0i}|x_i])D_i \qquad \text{(식 6.1.5)}$$

다항식을 조건부 기대값에 대입하면 다음의 식이 유도된다.

$$\begin{aligned} Y_i = &\ \alpha + \beta_{01}\tilde{x}_i + \beta_{02}\tilde{x}_i^2 + \cdots + \beta_{0p}\tilde{x}_i^p \\ &+ \rho D_i + \beta_1^* D_i \tilde{x}_i + \beta_2^* D_i \tilde{x}_i^2 + \cdots + \beta_p^* D_i \tilde{x}_i^p + \eta_i \end{aligned} \qquad \text{(식 6.1.6)}$$

여기서 $\beta_1^* = \beta_{11} - \beta_{01}$, $\beta_2^* = \beta_{12} - \beta_{02}$, 그리고 $\beta_p^* = \beta_{1p} - \beta_{0p}$ 이다. 그리고 η_i는 잔차이다.

(식 6.1.4)는 $\beta_1^* = \beta_2^* = \beta_p^* = 0$ 이 성립하는 (식 6.1.6)의 특수한 경우이다. 보다 일반화된 모형의 경우, $x_i - x_0 = c > 0$ 에서의 처치효과는 $\rho + \beta_1^* c + \beta_2^* c^2 + \cdots + \beta_p^* c^p$ 이고, x_o에서의 처치효과는 ρ이다. 교차항이 있는 모형에서는 사용하는 조건부 평균 함수들에 대해 아무런 제약도 부여하지 않는다는 장점이 있다. 그러나 저자들의 경험에 의하면, 보다 단순한 모형인 (식 6.1.4)로부터 구한 ρ의 RD 추정치는 (식 6.1.6)로부터 구한 추정치와 대체로 유사하다. 이것은 그리 놀라운 발견은 아니다. 왜냐하면 어느 식을 이용하든 ρ의 추정치는 x_0의 주변에서 일어나는 $E[Y_i|x_i]$의 변동으로부터 대부분 도출되기 때문이다.

(식 6.1.4) 또는 (식 6.1.6)으로부터 구한 RD 인과효과 추정치의 타당성은 다항식 모형이 $E[Y_{0i}|x_i]$을 적절하게 표현하고 있는지의 여부에 달려 있다. 만약 그렇지 않다면, 처치로 인해 일어난 급격한 변동처럼 보이는 것이 사실 가상적으로 대응하는 조건부 평균 함수가 가진 비선형성 중 설명되지 않는 일부분에 불과할 수 있다. [그림 6.1.1]의 패널 C에는 이와 같은 가능성이 예시되어 있다. 패널 C에서 보는 바와 같이, 우리는 $E[Y_{0i}|x_i]$에서 나타나는 계단 모양

의 변화를 하나의 회귀 직선으로부터 다른 회귀직선으로 급격하게 변화한 것이라고 오인할 수 있다. 이와 같은 실수를 할 가능성을 줄이기 위해 우리는 오직 단절점 주변에 있는 자료들만을(즉, Δ를 상당히 작은 양수라고 할 때 구간 $[x_0 - \Delta, x_0 + \Delta]$만을) 살펴본다. 이는 다음과 같은 기대값들을 고려하는 방법이다.

$$E[Y_i | x_0 - \Delta < x_i < x_0] \simeq E[Y_{0i} | x_i = x_0]$$

$$E[Y_i | x_0 \le x_i < x_0 + \Delta] \simeq E[Y_{1i} | x_i = x_0]$$

따라서 다음의 관계가 도출된다.

$$\begin{aligned} &\lim_{\Delta \to 0} E[Y_i | x_0 \le x_i < x_0 + \Delta] - E[Y_i | x_0 - \Delta < x_i < x_0] \\ &\quad = E[Y_{1i} - Y_{0i} | x_i = x_0] \end{aligned} \qquad \text{(식 6.1.7)}$$

다시 말해, x_0 좌우의 충분히 가까운 주변에서 평균 성과들을 비교함으로써, $E[Y_{0i}|x_i]$에 대한 모형설정이 정확한지의 여부에 의존하지 않는 방식으로 처치효과를 추정한다. 더욱이 이와 같은 비모수적 추정전략의 타당성은 $Y_{1i} - Y_{0i} = \rho$로 표현되는 동일효과 가정에 의존하지도 않는다. (식 6.1.7)의 추정식은 평균 인과효과 $E[Y_{1i} - Y_{0i} | x_i = x_0]$이다.

RD에 대한 비모수적 접근법에서는 x_0 좌우의 가까운 주변에 있는 Y_i들의 평균값을 보여주는 적절한 추정치들이 필요하다. 이 추정치들을 구하는 일은 사실 그리 쉽지는 않다. 첫 번째 문제는 경계값의 가까운 주변으로 한정할 경우 자료를 많이 확보할 수 없다는 것이다. 또한 경계값(이 경우에는 x_0) 근처에서는 표본 평균이 CEF의 불편추정량이 아닐 수 있다. 이러한 문제들에 대한 해결책으로는 국지적 선형 회귀모형(local linear regression: Hahn, Todd, and van der Klaauw, 2001)과 Porter(2003)가 개발한 부분 선형 국지적 다항 회귀모형 추정량(partial linear and local polynomial regression estimators)이라는 비모수적 회귀분석 방법이 있다. 국지적 회귀모형은 (식 6.1.6)과 같은 식을 가중최소제곱법(weighted least squares: WLS)을 이용해 추정하는 방법으로 이 추정법은 경계값에 가까운 관측치일수록 더 높은 가중치를 부여한다.

아직 실증연구에서는 정교한 비모수적 RD 추정법이 폭넓게 사용되고 있지는 않다. 대부분 실증연구에서 적용되는 RD는 여전히 모수적인 방법이다. 그럼에도 불구하고 경계값 주변의 관측치들에 초점을 맞추자는 아이디어는 — Angrist and Lavy(1999)가 "단절표본(discontinuity sample)"이라 부르는 것 — 결과의 강건성을 확인하는 유용한 방법을 제시한다. 단절표본을 선정할 때 사용하는 구간의 크기가 작을수록 표본의 크기는 작아져 RD 추정치의 정확도는 낮아지지만, 함수 $f(x)$를 모형화하는 데 필요한 다항식의 차수도 작아지는 장점이 있다. 다행스럽게도, 연구자가 x_0의 가까운 주변으로 초점을 좁힐수록 D_i의 효과 추정치는 일정 수준으로 안정화된다.[2] 두 번째 중요한 검토사항은 단절점 주변에서 처치 이전 변수들(pretreatment variables)의 변화 양상을 살펴보는 것이다. 처치 이전 변수들은 처치에 의해 영향을 받지 않기 때문에, 이들 변수의 CEF는 x_0에서 급격하게 변하지 않아야 한다.

Lee(2008)는 현역 의원이라는 점이 재선 확률에 미치는 효과를 연구하면서 계단형 RD 모형을 사용하였다. Lee는 지난번 선거에서 민주당이 어느 지역구에서 의석을 차지했다는 것이 이번 하원 선거에서 민주당 후보자가 그 지역구에서 승리하는 데 도움이 되는지의 여부에 관심을 가진다. 널리 회자되고 있는 현직 하원의원들의 성공담을 들어보면, 하원의원들이 다음 번 선거에서 자기 자신이나 소속 정당에 이익이 되도록 자신이 의원으로서 가진 특권이나 자원들을 사용하는 것은 아닌지에 관한 의문이 있다. 이 추측이 그럴듯하게 들리기는 하지만 현직 의원들의 성공담은 반드시 선거에서 현직의

[2] Hoxby(2000)도 이 아이디어를 이용해 학급규모의 효과를 보여주는 RD 추정치들을 검토한다. 완전히 비모수적인 접근법을 적용하기 위해서는 자료에 기반한 규칙(data-driven rules)을 사용해 "대역폭(bandwidth)"이라고 불리는 단절-표본 범위(window)의 폭을 선택해야 한다. 대역폭은 표본의 크기가 증가함에 따라 작아져야 한다. 작아지는 속도는 해당되는 조건부 평균 함수의 일치추정량을 구하기에 충분하도록 천천히 설정해야 한다. 자세한 내용에 대해서는 Imbens and Lemieux(2008)를 참조하라. 우리는 (식 6.1.4)이나 (식 6.1.6)을 이용하는 추정법이 실제로는 모수적 추정방법이라고 생각한다. 왜냐하면 임의의 표본이 주어져 있을 때 연구자가 구하는 추정치는 그가 이용하게 되는 모형이나 다름없기 때문이다. 자료를 더 많이 확보하면 모형을 수정할 수도 있다는 생각이 여기에서는 적용되지 않는다.

이점이 실제 존재한다는 것을 의미하지는 않는다. 현직 의원들은 — 정의상, 선거에서 승리할 수 있음을 증명한 후보자나 정당 — 단지 유권자들을 더 잘 만족시켜 지지표를 더 잘 획득하는 것일 수도 있기 때문이다.

현직 상태의 인과효과를 잡아내기 위해 Lee는 민주당 후보가 당선될 확률을 지난번 선거의 상대적 득표율의 함수로 설정한다. 구체적으로, x_i를 당선 시 득표율 차이(예를 들어, 민주당과 공화당 후보의 득표율 차이)라고 정의할 때, 선거에서 당선이란 $D_i = 1(x_i \geq 0)$ 에 의해 정해진다는 사실을 그는 활용한다. D_i는 x_i의 결정적 함수이기 때문에 x_i 이외에 다른 어떠한 교란변수도 존재하지 않는다는 점에 유의하라. 이것이 바로 RD 모형의 핵심적인 특징이다.

Lee(2008)로부터 발췌한 [그림 6.1.2A]는 계단형 RD 모형을 어떻게 적용하는지를 보여주고 있다. 이 그림은 민주당 후보의 당선 확률을 이전 선거에서 나타난 민주당과 공화당 후보 사이의 득표율 차이와 대비시키고 있다. 그림에 있는 점은 국지적 평균(득표율 차이를 0.005 길이로 잘라 서로 겹치지 않는 구간들을 만들고 각 구간 내에서 계산한 평균 당선 확률)이다. 그림에 있는 선은 단절점을 0으로 설정한 상태에서 모수적 모형을 추정해 구한 예측치이다.[3] 민주당 후보의 당선 확률은 과거 득표율의 증가함수이다. 그러나 이 그림에서 가장 중요한 특징은 0퍼센트 지점(즉, 민주당 후보가 더 많은 표를 받게 되는 그 지점)에서 당선 확률이 급격하게 상승한다는 것이다. 이때 상승하는 크기에 비추어 볼 때, 현직 상태는 약 40퍼센티지 포인트 정도 정당 후보자의 재당선 확률을 높이는 듯하다.

[그림 6.1.2B]는 지난 선거 이전의 선거들에서 민주당 후보가 당선한 횟수를 살펴보는 방법을 통해 계단형 RD의 식별 가정들을 검토한다. 과거 선거들에서 나타난 민주당의 승률은 지난 번 선거에서 나타난 득표율 차이의 경계값과는 아무런 관련이 없어야 한다. 이와 같은 검토방식을 적절히 적용함으

[3] 이 그림의 예측치들은 당선 확률에 대한 logit 모형으로부터 도출되었다. 여기서 당선 확률은 경계값 지시변수 $D_i = 1(x_i \geq 0)$, x_i에 대한 4차 다항식, 그리고 다항식 항들과 D_i와의 상호작용항의 함수로서 설정되었다.

그림 **6.1.2 과거 및 미래의 득표율에 의한 당선 확률**

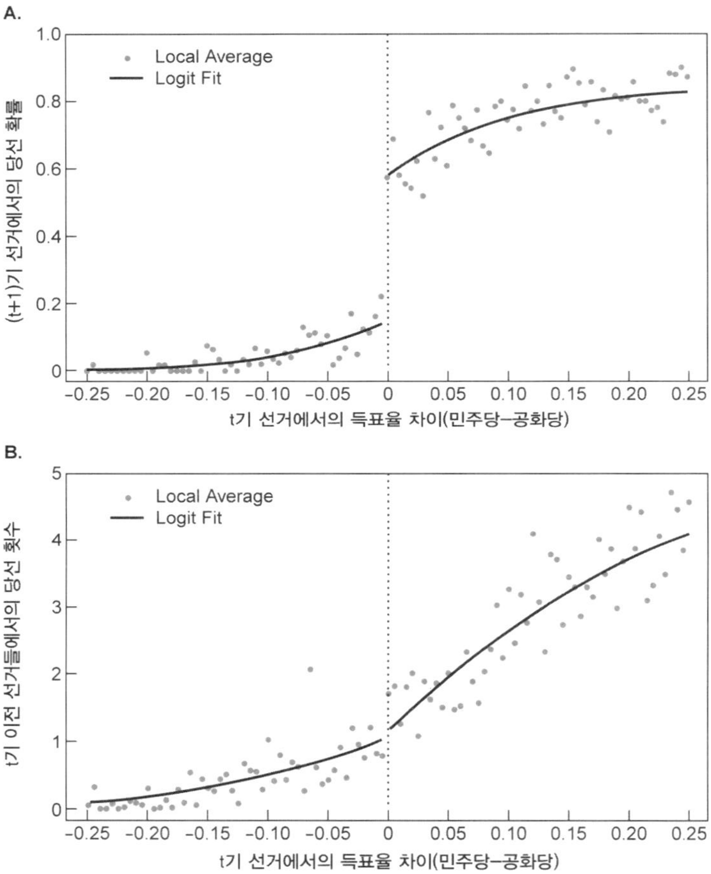

주: Lee(2008)에서 발췌하였다. (A) t기 선거에서의 득표율 차이와 (t+1)기 후보자의 당선 확률: 국지적 평균과 logit 다항식 추정 예측치. (B) t기 선거에서의 득표율 차이와 후보자의 과거 당선 횟수: 국지적 평균과 logit 다항식 추정 예측치.

로써 RD 모형에 대한 신뢰도를 높일 수 있다. Lee의 연구에서 처치 이전의 승리 횟수를 조사하는 것은 무작위 실험의 타당성을 검증하기 위해 공변량들이 처치 여부별로 균형을 이루고 있는지를 검토하는 아이디어와 유사하다. 이와 관련된 또 하나의 검토방법은 단절점의 주변에서 x_i의 확률밀도를 조사해 x_i의 분포가 x_0 근처의 어느 한 곳에 몰려 있지는 않은지를 확인해 보는 방법이다. 왜냐하면 D_i에 이해관계를 가진 사람들은 경계값 근처에서 x_i를 조작하려고 시도할 수 있기 때문이다. 그와 같은 시도가 있는 경우 경계값의 양편에 있는 관측치들을 서로 비교할 수는 없다. (McCrary(2008)는 이를 정식으로 검정하는 검정방법을 제안한다.) 최근까지 우리는 Lee의 연구와 같이 선거를 다룬 연구에서는 이런 일이 발생할 가능성이 거의 없다고 이야기해왔다. 그러나 2000년 미국 대통령 선거가 끝난 후 플로리다에 이루어진 재검표 결과를 보면, 선거가 박빙의 승부일 때에는 득표율 조작이 있을지도 모른다는 우려를 해야 할 것 같다.

6.2 경사형 RD는 도구변수이다

경사형(Fuzzy) RD는 공변량 x가 주어져 있을 때 처치의 '확률' 혹은 '기대값'에 존재하는 단절을 활용한다. 이때 생성되는 연구 디자인에서는 단절이 처치 여부를 직접적으로 결정하는 요인이 아니라 처치 여부에 대한 도구변수로서 사용된다. 이것이 무엇을 의미하는지 살펴보기 위해 앞에서와 같이 처치 여부를 D_i라고 표시하자. 다만, 여기서 D_i의 값은 더 이상 임계치를 기준으로 처치를 배정하는 규칙(즉, $x_i \geq x_0$)으로부터 직접 정해지지는 않는다. 대신, x_0 지점에서 처치 확률이 급격하게 변동한다. 따라서 다음의 관계가 성립한다.

$$P(D_i = 1 | x_i) = \begin{cases} g_1(x_i) & \text{if } x_i \geq x_0 \\ g_0(x_i) & \text{if } x_i < x_0 \end{cases}, \text{ 여기에서 } g_1(x_0) \neq g_0(x_0)$$

함수 $g_0(x_i)$와 $g_1(x_i)$은 x_0에서 그 함수값이 다르기만 하다면(다르면 다를수록 더 좋다) 어떤 함수라도 가능하다. 이제 $g_1(x_0) > g_0(x_0)$ 이 성립하여, $x_i \geq x_0$인 경우에 처치를 받을 확률이 더 높다고 가정하자. 처치 확률과 x_i 간의 관계를 다음 식과 같이 표현할 수 있다.

$$E[D_i|x_i] = P(D_i = 1|x_i) = g_0(x_i) + [g_1(x_i) - g_0(x_i)]\,T_i$$

여기서

$$T_i = 1(x_i \geq x_0)$$

더미변수 T_i는 $E[D_i|x_i]$가 단절되는 지점을 표시한다.

경사형 RD는 자연스럽게 간단한 2SLS 추정법으로 연결된다. $f_0(x_i)$와 $f_1(x_i)$에서와 마찬가지로, $g_0(x_i)$와 $g_1(x_i)$가 p차 다항식에 의해 표현될 수 있다고 가정하면 다음 식을 도출할 수 있다.

$$\begin{aligned} E[D_i|x_i] &= \gamma_{00} + \gamma_{01}x_i + \gamma_{02}x_i^2 + \cdots + \gamma_{0p}x_i^p \\ &\quad + [\pi + \gamma_1^* x_i + \gamma_2^* x_i^2 + \cdots + \gamma_p^* x_i^p]\,T_i \\ &= \gamma_{00} + \gamma_{01}x_i + \gamma_{02}x_i^2 + \cdots + \gamma_{0p}x_i^p \\ &\quad + \pi T_i + \gamma_1^* x_i T_i + \gamma_2^* x_i^2 T_i + \cdots + \gamma_p^* x_i^p T_i \end{aligned} \quad \text{(식 6.2.1)}$$

여기서 γ^*들은 다항식과 T_i의 교차항에 붙어 있는 계수들이다.

위 식으로부터 우리는 T_i와 그것의 교차항 $\{x_i T_i, x_i^2 T_i, \cdots, x_i^p T_i\}$를 (식 6.1.4)의 D_i에 대한 도구변수로서 사용할 수 있음을 확인할 수 있다.[4]

가장 단순한 경사형 RD 추정량은 교차항 없이 오직 T_i만을 도구변수로서 사용한다. (도구변수 목록에 교차항이 포함되는 경우, (식 6.1.6)에서와 같이 2단계에도 교차항을 포함시켜야 할 것이다.) 이때 도출되는 적도식별 IV 추정량은 해석하기 쉽고, 유한표본 특성들 또한 좋다는 장점을 가지고 있다. 이 경우의 1단계는 다음과 같다.

$$D_i = \gamma_0 + \gamma_1 x_i + \gamma_2 x_i^2 + \cdots + \gamma_p x_i^p + \pi T_i + \xi_{1i} \quad \text{(식 6.2.2)}$$

4 식별에 사용할 정보의 원천으로서 처치배정 확률의 급격한 변동을 이용하는 아이디어는 Trochim(1984)에서 비롯된 듯하다. 하지만 이 방법을 IV의 관점에서 해석하는 방법은 나중에 도출되었다. 경사형 RD가 IV라는 데에 모든 사람이 동의하는 것은 아니지만, 이 관점은 점차 확산되고 있다. Cook(2008)은 경사형 RD 모형에 관해 다음과 같이 이야기 한다. "많은 경우에 경계값이 도구변수로서 기능하여 인과관계의 불편추정량이 도출된다. … 처치 배정이 경사형 방식으로 이루어지는 것이 오늘날에는 과거에 생각했던 것만큼 심각한 문제는 아닌 듯하다."

여기서 π는 T_i의 1단계 효과이다.

경사형 RD의 축약형은 (식 6.2.2)을 (식 6.1.4)에 대입하여 다음과 같이 구할 수 있다.

$$Y_i = \mu + k_1 x_i + k_2 x_i^2 + \cdots + k_p x_i^p + \rho\pi T_i + \xi_{2i} \qquad \text{(식 6.2.3)}$$

여기서 $\mu = \alpha + \rho\gamma_0$이고 $k_j = \beta_j + \rho\gamma_j \ (j = 1, \cdots, p)$이다. 계단형 RD에서와 마찬가지로, 경사형 RD의 경우에도 식별 가능성은 Y_i와 불연속 함수 $T_i = 1(x_i \geq x_0)$ 사이의 관계가 1단계와 2단계에 포함된 다항식 통제변수들의 효과와 어느 정도 구분되는가에 달려 있다. 응용 계량경제학 분야에서 최초의 RD 연구 중 하나인 van der Klaauw(2002)는 경사형 RD 모형을 사용하여 대학에서 보장하는 장학금이 학생들의 대학 등록 확률에 미치는 영향을 평가하였다. van der Klaauw의 연구에서 D_i는 학교에서 제안하는 장학금 수여액이고, T_i는 학교 지원자의 능력지수(ability index)가 사전에 결정된 장학금 수여의 임계치를 초과하는가를 표시하는 더미변수이다. 그의 경사형 RD에서는 이 지수에 대한 다항 함수를 통제한 상태에서 추정이 진행된다.[5]

x_i의 값에 따라 처치효과가 변하는 경우의 경사형 RD 추정치는 처치변수와 공변량 x_i의 교차항을 설정한 추정식에 2SLS를 적용함으로써 구할 수 있다. 이들 교차항을 포함하는 2단계 모형은 (식 6.1.6)과 동일하고 1단계는 (식 6.2.1)과 비슷하다. 다만, 여기에서는 2단계의 모수 설정방식에 맞추기 위해 $(x - x_0)$에 대한 다항식을 설정한다. 이 경우 배제되는 도구변수들은 $\{T_i, \tilde{x}_i T_i, \tilde{x}_i^2 T_i, \cdots, \tilde{x}_i^p T_i\}$이고, 변수 $\{D_i, \tilde{x}_i D_i, D_i \tilde{x}_i^2, \cdots, D_i \tilde{x}_i^p\}$는 내생변수로서 취급된다. D_i에 대한 1단계는 다음 식과 같다.

[5] Van der Klaauw의 원본 논문은 1997년부터 알려져 있었다. (식 6.2.2)와 같이 더해지는 모형은 $E[D_i|x_i]$의 근사치에 불과하다는 사실은 그리 중요하지 않다는 점에 유의하라. 왜냐하면 2단계 추정치들은 여전히 일치추정량이기 때문이다.

$$D_i = \gamma_{00} + \gamma_{01}\tilde{x}_i + \gamma_{02}\tilde{x}_i^2 + \cdots + \gamma_{0p}\tilde{x}_i^p$$
$$+ \pi T_i + \gamma_1^* \tilde{x}_i T_i + \gamma_2^* \tilde{x}_i^2 T_i + \cdots + \gamma_p^* \tilde{x}_i^p T_i + \xi_{1i} \qquad \text{(식 6.2.4)}$$

이와 같은 1단계 식을 집합 $\{D_i\tilde{x}_i, D_i\tilde{x}_i^2, \cdots, D_i\tilde{x}_i^p\}$에 들어 있는 다항 교차항들 각각에 대해 설정해야 한다.

경사형 RD를 비모수적으로 추정하는 방법은 단절점의 가까운 근방에서 IV 추정법을 적용하는 것이다. x_0의 근방에서 Y_i의 축약형 조건부 기대값은 다음과 같다.

$$E[Y_i|x_0 \le x_i < x_0 + \triangle] - E[Y_i|x_0 - \triangle < x_i < x_0] \simeq \rho\pi$$

이와 유사하게, D_i에 대한 1단계는 다음과 같다.

$$E[D_i|x_0 \le x_i < x_0 + \triangle] - E[D_i|x_0 - \triangle < x_i < x_0] \simeq \pi$$

그러므로 다음의 관계가 성립한다.

$$\lim_{\triangle \to 0} \frac{E[Y_i|x_0 < x_i < x_0 + \triangle] - E[Y_i|x_0 - \triangle < x_i < x_0]}{E[D_i|x_0 < x_i < x_0 + \triangle] - E[D_i|x_0 - \triangle < x_i < x_0]} = \rho \qquad \text{(식 6.2.5)}$$

(식 6.2.5)의 표본 대응식은 4.1.2절에서 논의했던 종류의 Wald 추정량이다. 이 경우에는 x_0의 $\triangle$-근방에서 D_i에 대한 도구변수로서 T_i를 사용한다.[6] 다른 더미 도구변수들과 마찬가지로, 추정결과는 국지적 평균 처치효과이다. 특히, 경사형 RD의 Wald 추정식은 순응자들에 대한 인과효과를 잡아낸다. 여기서 순응자들이란 x_i의 위치가 x_0의 바로 왼쪽으로부터 x_0의 바로 오른쪽으로 이동할 때 처치상태가 변화하는 사람들을 일컫는다. Hahn, Todd and van der Klaauw(2001)는 경사형 RD를 이와 같은 방식으로 해석하였다. 그러

6 경계값의 양쪽에서 기울기가 서로 다를 가능성을 고려하기 위해, Imbens and Lemieux(2008)는 경계값 주변 가까운 근방에서 D_i에 대한 도구변수로서 T_i를 이용해 (식 6.2.5)를 2SLS 추정할 것을 제안한다. 이때 $\{\tilde{x}_i T_i, \tilde{x}_i^2 T_i, \cdots, \tilde{x}_i^p T_i\}$ 교차항들은 외생 통제변수들로서 추정식에 포함된다.

나 여기서 구한 LATE가 국지적이라는 것에는 또 다른 의미가 있다. 즉, 이들 추정치는 x_i의 값이 x_0 주변에 위치한 사람들에게만 적용된다. 이러한 특성은 계단형 RD의 비모수 추정치들에도 동일하게 적용된다.

마지막으로, 계단형 RD의 비모수 추정치의 경우와 마찬가지로 (식 6.2.5)의 표본 대응식이 가지는 유한표본 특성은 그다지 좋지 않을 가능성이 높다. Hahn, Todd and van der Klaauw(2001)는 국지적 선형 회귀분석법(local linear regression)을 이용해 Wald 추정량의 분자와 분모 각각의 편의를 작게 만드는 비모수적 IV 추정법을 개발하였다. 이 추정법은 사실 선형 통제변수나 다항식 통제변수를 포함하는 2SLS 모형과 유사하다. 하지만 대역폭(bandwidth)을 자료에 기초해 도출하기 때문에 단절표본에서는 이 추정법이 보다 적합하다. 한편 단절표본을 이용하는 아이디어를 덜 엄밀하게 적용하는 방법은 다음과 같다. 즉, 전체 표본을 대상으로 (식 6.1.4)와 같은 모수적 2SLS 모형을 설정한다. 그리고 나서 표본을 단절점 주변의 관측치들로 한정하고, 대부분의 또는 모든 다항 통제변수들을 제거한다. 이상적으로 말하면, 단절표본을 사용해 통제변수를 거의 포함하지 않은 추정식으로부터 구한 2SLS 추정치는 보다 더 큰 표본을 이용해 구한 좀 더 정확한 추정치와 대체로 비슷할 것이다.

Angrist and Lavy(1999)는 경사형 RD를 이용해 학급규모가 학생들의 시험점수에 미치는 효과(2장에서 논의한 STAR 실험에서 다룬 것과 동일한 연구주제)를 추정한다. Angrist and Lavy에 예시된 바와 같이, 경사형 RD는 특별히 강력하면서 유연한 연구 디자인이다. Angrist and Lavy는 경사형 RD를 두 가지 방향으로 일반화시킨다. 첫째, 관심대상 원인변수인 학급규모는 (4장의 평균 인과반응에서 논의했던 경우와 같이) 여러 개의 값을 취한다. 따라서 1단계에서는 확률의 변동이 아니라 평균 학급규모의 급격한 변동을 사용한다. 둘째, Angrist and Lavy(1999)의 연구 디자인에서는 여러 개의 단절점을 이용한다. Angrist and Lavy 연구는 이스라엘 학교에서는 학급규모가 최대 40명으로 제한되어 있다는 관찰로부터 출발한다. 한 학년의 학생 수가 40명이 될 때까지는 한 학급의 학생 수는 그 학년의 학생 수와 같을 것이다. 그러나 한 학년의 학생 수가 41명이 되면 학급은 두 개가 만들어지고, 81명이 되면 학급 수는 세 개가 된다. 40명이라는 최대 학급규모는 중세 탈무드 학자인 Maimonides가 처음 제안했기 때문에, Angrist and Lavy는 이러한 관행을 "Maimonides의 규칙"이라고 부른다. Maimonides의 규칙을 수식으로 표현하기 위해, m_{sc}를 학교 s에서 학급 c에 배정하는 (한 학년의) 예상 학급규모라고 정의하자. 여기서 한 학년 전체의 학생 수는 e_s이다. 각 학년의 학생들을 동일한 크기를 갖는 학급으로 배정한다고 가정하면, Maimonides의 규칙을 엄격하게 적용할 때 예상되는 학급규모는 다음과 같다.

$$m_{sc} = \frac{e_s}{int\left[\frac{(e_s - 1)}{40}\right] + 1}$$

이 식에서 $int(a)$는 실수 a의 정수부이다. 4학년과 5학년 학생들을 대상으로 하는 [그림 6.2.1]에 점선으로 표시된 바와 같이, 이 함수는 톱니바퀴 모양(즉, 예상 학급규모의 급격한 하락)을 취하고 있고 40의 배수에 단절점들이 위치한다. 이와 동시에, m_{sc}는 명백하게 한 학년의 총 학생 수 e_s의 증가함수로서, 이는 총 학생 수 변수가 중요한 통제변수임을 의미한다.

Angrist and Lavy는 Maimonides 규칙의 단절점들을 이용해 다음과 같은 추정식으로부터 2SLS 추정치를 구한다.

$$Y_{isc} = \alpha_0 + \alpha_1 d_s + \beta_1 e_s + \beta_2 e_s^2 + \cdots + \beta_p e_s^p + \rho n_{sc} + \eta_{isc} \qquad \text{(식 6.2.6)}$$

여기서 Y_{isc}는 학교 s의 학급 c에 속한 학생 i의 시험성적, n_{sc}는 이 학급의 학생 수, 그리고 e_s는 그 학년의 총 학생 수이다. 위의 경사형 RD 모형에서 m_{sc}는 T_i의 역할을, e_s는 x_i의 역할을, 그리고 학급규모 n_{sc}는 D_i의 역할을 한다. 또한 Angrist and Lavy는 공변량 d_s를 포함시켜 경제적으로 취약한 가족배경을 가진 학생들의 학교별 비중을 통제한다. 위의 RD 모형에서 누락변수 편의가 발생하는 유일한 원인은 e_s이기 때문에, d_s를 통제하는 것이 RD에서는 불필요하다. 그러나 d_s를 통제하면, 여기서 설정한 모형을 OLS

그림 **6.2.1 학급규모가 시험성적에 미치는 효과를 보여주는 회귀단절모형의 경사형 RD 1단계**

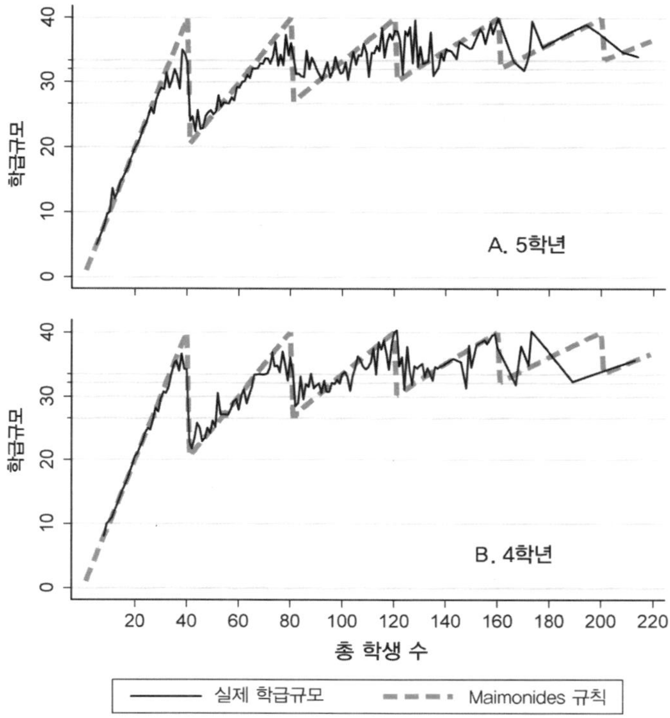

주: Angrist and Lavy(1999)에서 발췌하였다.

추정치를 구하기 위해 사용한 모형과 쉽게 비교할 수 있다.[7]

[그림 6.2.1]은 4학년과 5학년을 대상으로 실제 학급규모의 평균값과 예상 학급규모의 평균값을 학년의 총 학생 수와 대비해 제시하고 있다. 이에 따르면 Maimonides의 규칙이 학급규모를 완벽하게 예측하지는 못한다. 그 이유는 대체로 몇몇 학교들에서는 한 학년의 학생 수가 40명 미만인 경우에도 학급

[7] Angrist and Lavy(1999)의 연구는 (식 6.2.6)를 추정하는 데 사용된 자료가 학급 평균이라는 점에서 여기서 설명한 바와는 다소 다르다. 그러나 공변량들은 모두 학급이나 학교수준에서 정의되기 때문에, 학생 수준과 학급 수준 추정방법 사이의 유일한 차이는 학생 수준 추정치에는 학생들의 숫자에 해당하는 가중치가 암묵적으로 부여되어 있다는 점뿐이다.

을 나누기 때문이다. 이에 따라 RD 모형이 경사형으로 만들어진다. 그럼에도 불구하고 여전히 총 학생 수가 40, 80 및 120인 경우에는 학급규모가 급격하게 줄어든다. m_{sc} 도구변수는 단절점과 ((식 6.2.4)의 $\widetilde{x}_i T_i$와 같은) 기울기-단절점 교차항을 암묵적으로 하나의 변수로 결합시킨다. (각 단절점을 지나고 나면 m_{sc}는 e_s의 함수가 된다.) 이스라엘에서 학급규모를 결정하는 제도와 규칙들에 대한 저자들의 이해방식에 근거해 이와 같이 모수의 숫자가 적은 모형이 설정된다.

<표 6.2.1>에는 5학년 수학 성적에 대해 (식 6.2.6)을 추정한 결과들이 OLS 추정치를 필두로 제시되어 있다. 아무런 변수도 통제하지 않은 경우, 학급규모와 시험성적 사이에는 강한 양(+)의 관계가 존재한다. 그러나 취약계층 학생들의 학교별 비중을 통제변수에 포함시키면, 이들 효과의 대부분이 사라진다. (3)열에서 확인할 수 있는 바와 같이, 학년의 총 학생 수를 통제변수에 추가하면, 학급규모와 시험성적 간 양(+)의 상관관계에서 보였던 통계적 유의성은 거의 사라진다. 테네시 STAR 무작위 실험의 결과로부터 우리가 기대하는 바와는 달리, 작은 학급규모가 성적을 향상시킨다는 증거는 여전히 나타나지 않는다.

(3)열에 있는 OLS 추정치와는 대조적으로, 유사한 모형설정에서 n_{sc}에 대한 도구변수로서 m_{sc}를 이용하는 경우 2SLS 추정치는 작은 학급규모가 시험성적을 향상시킨다는 것을 강력하게 시사한다. 학년 총 학생 수의 1차항만을 포함하는 모형((4)열)과 2차항까지를 포함하는 모형((5)열)의 추정결과에 따르면, 추정치는 −0.23에서 −0.26까지 범위의 값을 갖고 표준 오차는 약 0.01 정도이다. 이들 결과에 의하면, (테네시 STAR에서와 같이) 학급규모를 7명 줄이면 수학 점수는 약 1.75점 정도 상승한다. 학급 평균 성적의 표준 편차를 σ라고 하면, 이때 효과의 크기는 약 0.18σ 정도에 해당한다. 이 결과는 테네시 추정치와 크게 다르지 않다.

여기서 중요한 사항은 학년의 총 학생 수 변수의 함수 형태는 그다지 중요하지 않은 것으로 보인다는 점이다. (위의 표에는 제시하지 않았지만, 총 학생

표 **6.2.1 학급규모가 5학년의 수학 성적에 미치는 효과를 보여주는 OLS 및 경사형 RD 추정치**

	OLS			2SLS				
				전체 표본		단절 표본		
						±5		±3
	(1)	(2)	(3)	(4)	(5)	(6)	(7)	(8)
평균 성적 (SD)		67.3 (9.6)		67.3 (9.6)		67.0 (10.2)		67.0 (10.6)
설명변수들								
학급규모	.332 (.039)	.076 (.036)	.019 (.044)	−.230 (.092)	−.261 (.113)	−.185 (.151)	−.443 (.236)	−.270 (.281)
취약계층 비중		−.340 (.018)	−.332 (.018)	−.350 (.019)	−.350 (.019)	−.459 (.049)	−.435 (.049)	
학년 총 학생 수			.017 (.009)	.041 (.012)	.062 (.037)		.079 (.036)	
총 학생 수 제곱/100					−.010 (.016)			
구간 1 (학생 수 38-43)								−12.6 (3.80)
구간 2 (학생 수 38-43)								−2.86 (2.41)
R^2	.048	.249	.252					
학급의 수		2,018		2,018		471		302

주: Angrist and Lavy(1999)에서 발췌하였다. 표에는 학급 평균을 사용해 본문의 (식 6.2.6)을 추정한 결과가 제시되어 있다. 괄호 안의 표준 오차는 학교 내 상관관계(within-school correlation)를 고려하여 수정한 값이다.

수 변수를 통제하지 않는 모형의 추정치는 표에 제시된 추정치들보다 훨씬 작고 유의하지도 않다.) (6)열과 (7)열에서는 ±5 단절표본을 이용해 주요 결과들의 강건성을 재차 확인하고 있다. 당연히, 이들 결과는 (4)열과 (5)열에 제시된 추정치들보다 훨씬 더 정확도가 떨어진다. 왜냐하면 이들 추정치는 전체 표본의 약 1/4 정도에 불과한 표본만을 사용하고 있기 때문이다. 그럼에도 불구하고 여전히 이들 추정치는 약 −0.25 주변에 머물고 있다. 마지막으로, (8)열에는 구간을 훨씬 더 좁힌 단절표본을 사용할 때의 추정결과가 제시되어 있다. 여기서 사용하는 단절표본은 학년의 총 학생 수가 40, 80 및 120의 각 단절점으로부터 위 아래로 3명 이내인 학교들만으로 구성된다. (이때 각 단절점에 대해 더미변수가 부여된다.) 이때 도출되는 추정치들은 Hahn, Todd, and van der Klaauw(2001) 및 (식 6.2.5)와 유사한 Wald 추정치이다. 이들 추정치를 구하는 데 사용한 도구변수는 학년의 총 학생 수가 각 단절점의 오른편에 위치해 있는지를 표시하는 더미변수이다. 추정치는 −0.270이지만 정확하지는 않다. 그러나 여전히 이 수치는 표에 있는 다른 추정치들과 대단히 비슷하다. 이들 추정치가 예시하는 바에 따르면, 분석 표본을 단절점의 가까운 주변으로 제한함에 따라 추정치의 정확도 측면에서는 비용이 발생한다. 그러나 다행히도 <표 6.2.1>에 제시되어 있는 줄거리는 상당히 명확하다.

QUANTILE REGRESSION
HEIGHT →
.90
.75
.50 median
.25
.10
CHICKEN
SOUP
CONSUMPTION →

7장

분위회귀법

여기 너를 위한 기도가 있다. 연필을 준비했지?
"제가 알 필요가 없는 것들을 알지 못하도록 저를 보호해 주시옵소서.
제가 모르고 있지만 알아야 하는 것들이 있다는 것조차 알지 못하도록 저를
보호해 주시옵소서. 제가 알지 않기로 결정한 것들에 대해 알지 않기로
결정했다는 것을 알지 못하도록 저를 보호해 주시옵소서. 아멘."
이 기도와 같이 드려야 하는 기도가 하나 더 있어!
"주여, 주여, 주여,
제가 드린 기도의 결과들로부터 저를 보호해 주시옵소서."

더글러스 애덤스, 「대체로 해롭지 않음」

맞을 수도 혹은 틀릴 수도 있는 이야기지만, 응용 계량경제학에서 신경 쓰는 문제들 중 95퍼센트는 평균에 관한 것이다. 예를 들어, 훈련 프로그램이 그 비용을 상쇄시킬 만큼 충분히 평균 임금을 상승시킨다면, 우리는 그것을 만족스럽게 느낀다. 관심의 초점을 평균에 두는 이유는 부분적으로 평균 인과효과에 대한 훌륭한 추정치를 구하는 것, 그 자체도 상당히 힘든 일이기 때문이다. 종속변수가 취업 여부와 같은 더미변수라면 평균은 분포 전체를 표현한다. 그러나 임금이나 시험성적 등 많은 변수들은 연속분포를 따른다. 이런 연속분포의 경우 평균을 검토하는 것만으로는 그 변화를 충분히 드러내지 못할 수 있다. 예를 들어, 분포가 넓게 퍼져 있을 수도 있고 혹은 보다 한곳으로 모여 압축적일 수도 있다. 응용 경제학자들은 점점 더

평균뿐만 아니라 분포 전체에서 무슨 일이 일어나는지 그리고 상대적으로 승자와 패자인 사람들에게 어떤 일이 일어나는지를 알고 싶어한다.
정책결정자들이나 노동경제학자들은 임금 분포의 변화에 특별히 관심을 가져 왔다. 예를 들어, 평균 실질임금이 일정하게 유지되고 있는 현상은 지난 25년 동안 노동시장에서 일어나고 있는 일들 중 매우 작은 부분에 지나지 않음을 우리는 알고 있다. 임금 분포상의 상위 분위들은 상승해 온 반면에 하위 분위들은 하락해 왔다. 다시 말해, 부자들은 더욱 부유해지고 있고, 가난한 사람들은 더욱 가난해지고 있다. 그리하여 최근에 불평등은 비대칭적으로 증가하였다. 예를 들어, 대졸자들 중에서 부유해지는 사람들은 주로 부자들이고, 분포상 아래에 있는 10분위(decile)의 임금 수준은 거의 변하지 않고 있다. 임금 분포가 변하는 현상을 완벽하게 설명하는 것은 꽤나 복잡한 작업이고, 그것을 요약하는 일조차도 어려워 보인다.
분위회귀법(quantile regression)은 분포를 쉽게 모형화하는 강력한 분석 방법이다. 특히 일어나는 현상이 복잡하고 다면적인 경우에는 더욱 그러하다. 우리는 분위회귀법을 이용해 훈련 프로그램 참여나 노동조합 가입이 평균 임금뿐만 아니라 임금 불평등에 어떤 영향을 미치는지를 알 수 있다. 또한 우리는 교차항들을 검토해 봄으로써, 예를 들어 학력과 불평등 간의 관계가 시간에 따라 변한 것인지 그렇지 않은지, 변화해 왔다면 어떤 방식으로 변화해 왔는지를 확인할 수 있다. 분위회귀법은 통상적인 회귀모형과 매우 비슷하게 진행된다. 설명변수들을 포함시킴으로써 교란요인들을 통제할 수도 있다. 또한 교차항들도 유사한 방식으로 사용된다. 그리고 설명변수들에 기반한 선택가정(selection-on-observables)이 비현실적인 경우에는 도구변수법을 사용해 여러 분위들에 미치는 인과효과를 추정할 수도 있다.

7.1 분위회귀모형

분위회귀법의 출발점은 조건부 분위 함수(conditional quantile function: CQF)이다. 연속분포를 따르는 확률변수 Y_i의 분포에 우리의 관심이 있다고 가정하자. 그리고 이 분포는 빈 곳이나 돌출된 부분이 없는 매끄러운 분포라고 가정하자. 이 경우, 설명변수 벡터 X_i가 주어져 있을 때 분위 τ에서의 CQF는 다음과 같이 정의할 수 있다.

$$Q_\tau(Y_i|X_i) = F_y^{-1}(\tau|X_i)$$

여기서 $F_y(y|X_i)$는 X_i가 주어져 있을 때 y에서 평가한 Y_i의 분포함수 값이다. 예를 들어, $\tau=0.1$일 때 $Q_\tau(Y_i|X_i)$는 X_i가 주어져 있을 때 Y_i의 하위 10 분위를, 그리고 $\tau=0.5$일 때에는 그것은 조건부 중위값(conditional median)을 표시한다.[1] 임금의 CQF를 교육 수준의 함수라고 설정함으로써, 우리는 임금의 분산이 학력에 따라 증가하는지 혹은 감소하는지를 이야기할 수 있다. 임금의 CQF가 교육 수준 및 시간의 함수인 경우, 우리는 학력과 불평등 간의 관계가 시간에 따라 변하는지 혹은 그렇지 않은지를 말할 수 있다.

CQF는 조건부 평균 함수(CEF)를 조건부 분위의 형태로 표현한 것이다. CEF는 다음과 같은 평균 제곱오차(mean-squared error) 예측 문제의 해임을 기억하자.

$$E[Y_i|X_i] = \underset{m(X_i)}{\arg\min}\, E\left[(Y_i - m(X_i))^2\right]$$

비슷한 방식으로, CQF는 아래와 같은 최소화 문제의 해이다.

$$Q_\tau[Y_i|X_i] = \underset{q(X_i)}{\arg\min}\, E\left[\rho_\tau(Y_i - q(X_i))\right] \qquad \text{(식 7.1.1)}$$

[1] 보다 일반화하면, 우리는 이산 확률변수나 매끄러운 분포를 갖지 않는 확률변수들에 대해서도 CQF를 다음과 같이 정의할 수 있다.

$$Q_\tau(Y_i|X_i) = \inf\ \{y: F_y(y|X_i) \geq \tau\}$$

여기서 $\rho_\tau(u) = [\tau - 1(u \le 0)]u$는 "체크함수(check function)"라고 불린다. 왜냐하면 이 함수의 그림을 그려보면 마치 체크 마크(√) 모양을 하고 있기 때문이다. 만약 $\tau = 0.5$인 경우 $\rho_{0.5}(u) = \frac{1}{2}(\text{sign}\, u)u = \frac{1}{2}|u|$이므로, 이 함수는 절대편차의 최소값(least absolute deviation)을 도출하는 함수가 된다. 조건부 중위값이 절대편차를 최소화하기 때문에, 이 경우 $Q_\tau(Y_i|X_i)$는 조건부 중위값이다. 만약 $\tau \ne 0.5$인 경우, 체크함수는 다음과 같이 양(+)의 항과 음(−)의 항에 비대칭적으로 가중치를 부여한다.

$$\rho_\tau(u) = 1(u > 0) \cdot \tau|u| + 1(u \le 0) \cdot (1-\tau)|u|$$

이와 같은 비대칭적인 가중치 부여방식으로부터 조건부 분위를 찾아내는 최소화 문제가 설정된다. (이러한 사실이 직관적으로는 명백하지 않지만 약간의 노력을 들이면 증명할 수 있다. Koenker(2005)를 참고하라.)

X_i가 연속이거나 많은 차원을 갖는 변수인 경우, CQF는 CEF와 비슷한 단점들을 갖게 된다. 즉, 추정과 요약이 어려울 수 있다. 따라서 우리는 X_i의 각 요소에 대해 하나의 숫자를 부여함으로써 CQF 함수를 몇몇 숫자들로 간소화하고자 한다. 분위회귀법은 (식 7.1.1)에 $q(X_i)$ 대신 선형모형을 대입하는 방법을 통해 이를 달성한다. 그리하여 다음과 같은 식을 도출한다.

$$\beta_\tau \equiv \underset{b}{\arg\min}\, E[\rho_\tau(Y_i - X_i'b)] \qquad \text{(식 7.1.2)}$$

'분위회귀 추정치' $\hat{\beta}_\tau$는 (식 7.1.2)에 대한 표본 대응치이다. 위의 최소화 문제는 평범한 선형계획법(linear programming) 문제로서, 컴퓨터를 이용하면 매우 쉽게 해를 구할 수 있다.

OLS가 기대 제곱오차(expected squared error)를 최소화하는 방식으로 Y_i의 선형모형을 추정하는 것처럼, 분위회귀법은 비대칭 손실함수(loss function) $\rho_\tau(u)$를 사용해 Y_i의 선형모형을 추정한다. $Q_\tau(Y_i|X_i)$가 선형인 경우, 분위회귀 최소화 식으로부터 CQF가 도출된다. (이는 마치 CEF가 선형인 경우 OLS로부터 CEF가 도출되는 것과 같다.) Koenker and Bassett(1978)이 처음 소개한

원래의 분위회귀모형은 CQF가 선형이라는 가정으로부터 출발한다. 그러나 나중에 밝혀지는 바와 같이, CQF가 선형이라는 가정이 꼭 필요한 것은 아니다. 즉, 이 가정을 적절하다고 생각하든 안 하든 관계없이 분위회귀법은 유용한 추정방법이다.

분위회귀법에 대해 보다 일반적인 이론적 논의를 진행하기에 앞서, 분위회귀법을 실제로 사용해 임금 분포를 연구하는 방법을 한번 살펴보자. 분위회귀법을 사용해 임금 분포를 들여다보려는 이유는, 노동경제학자들이 교육수준 및 경력 등 여타 설명변수들을 통제했을 때 임금 불평등이 어떤 양상으로 변하는지에 대해 관심을 갖고 있기 때문이다. (예를 들어, Buchinsky(1994)를 참고하라.) 학력집단별 임금 격차(예를 들어, 대학의 임금 프리미엄) 자체는 1980년대와 1990년대에 상당히 증가하였다. 그러나 동일한 학력과 경력을 가진 사람들로 구성된 집단 '내에서' 임금 분포가 어떻게 변화해 왔는지는 그리 명확하지 않다. 많은 노동경제학자들의 생각에 따르면, 집단 내 임금 불평등이 증가하는 현상은 노동시장의 구조적 변화를 보여주는 특별히 강력한 증거가 된다. 노동조합에 가입한 노동자들의 비중과 같은 제도적 특성의 변화는 이러한 현상을 쉽게 설명하지 못한다.

<표 7.1.1>에는 1980년, 1990년 및 2000년 센서스 자료에 분위회귀법을 적용해 구한 학력의 추정치들이 제시되어 있다. 이들 추정모형에서는 인종, 잠재적 노동시장 경력년수(=나이−교육년수−6)의 2차식이 설명변수로서 통제된다. 0.5 분위 추정치(즉, 조건부 중위값 추정치)는 표의 맨 오른쪽 열에 제시된 OLS 추정치와 유사하다. 예를 들어, 1980년 센서스를 이용해 구한 OLS 추정치 0.072는 동일한 자료를 이용해 구한 0.5분위 추정치 0.068과 크게 다르지 않다. 설명변수들이 주어져 있을 때 로그 임금의 조건부 분포가 대칭적이어서 조건부 중위값이 조건부 평균값과 동일할 경우, OLS 추정치와 0.5분위 추정치는 동일할 것이다. 1980년에는 서로 다른 분위들에 대해 구한 분위 추정치들이 서로 비슷하다는 점 역시 주목할 필요가 있다. 학력이 1년 증가할 때 임금의 중위값은 6.8퍼센트 증가한다. 이 값은 조건부 임금 분포의 제1사분위(quartile) 및 제3사분위에 미치는 효과의 크기인 0.074 및 0.070보다는 약

표 **7.1.1 1980년, 1990년, 2000년 인구 센서스를 이용해 구한 학력에 대한 분위회귀 계수**

		기술통계량		분위회귀 추정치					OLS 추정치	
센서스	관측치	평균	SD	0.1	0.25	0.5	0.75	0.9	계수	$\sqrt{MSE}$
1980	65,023	6.4	.67	.074 (.002)	.074 (.001)	.068 (.001)	.070 (.001)	.079 (.001)	.072 (.001)	.63
1990	86,785	6.5	.69	.112 (.003)	.110 (.001)	.106 (.001)	.111 (.001)	.137 (.003)	.114 (.001)	.64
2000	97,397	6.5	.75	.092 (.002)	.105 (.001)	.111 (.001)	.120 (.001)	.157 (.004)	.114 (.001)	.69

주: Angrist, Chernozhukov, Fernandez-Val(2006)에서 재인용하였다. 표에 제시된 수치는 로그 임금 모형에서 학력의 수익률을 추정한 분위회귀 추정치이다. 비교를 위해 오른쪽 열들에는 OLS 추정치를 제시하였다. 미국에서 출생하고 나이가 40~49세인 백인 및 흑인 남성들이 표본에 포함되어 있다. 각 센서스 자료의 표본크기와 임금의 평균 및 표준 편차는 왼쪽 열에 제시되어 있다. 모든 모형에서 인종과 잠재적 경력년수가 통제되어 있다. 2000년 센서스의 추정치는 표본 가중치를 사용해 계산하였다.

간 작다. 학력의 수익률 추정치는 1980년과 1990년 사이에 급격히 증가했지만(중위값에 대한 효과는 0.106까지 그리고 OLS 추정치는 0.114까지), 1990년 센서스에서 구한 학력 수익률의 분위 추정치들은 서로 다른 분위들 사이에서 상당히 비슷한 모습을 보인다. 가장 큰 효과가 발견되는 곳은 0.9분위로서 그 추정치는 0.137인 반면, 다른 분위들에 대한 추정치는 대략 0.11 정도의 수준이다.

만약 학력이 임금에 미치는 효과가 일정해 우리가 종종 '위치 이동(location shift)'이라고 부르는 현상이 나타난다면, 분위 추정치는 서로 다른 분위들 사이에서 동일한 값을 가져야 할 것이다. 즉, 학력수준이 증가하면서 평균 임금이 상승하고, 임금 분포상의 다른 부분들 역시 이와 비슷한 크기만큼 상승할 것이다. 그리하여 집단 내 불평등 수준에는 아무런 변화가 일어나지 않는다. 예를 들어, 로그 임금이 다음과 같은 고전적인 선형 회귀모형에 의해 표현될 수 있다고 가정하자.

$$Y_i \sim N(X_i{}'\beta, \sigma_\epsilon^2) \qquad \text{(식 7.1.3)}$$

여기서 $E(Y_i|X_i) = X_i{}'\beta$이고, $\epsilon_i(\equiv Y_i - X_i{}'\beta)$은 오차항으로서 분산이 σ_ϵ^2인 정규분포를 따른다. 등분산성이 의미하는 바에 따르면, 대졸자들 내에서 로

그 임금의 조건부 분포가 퍼져 있는 정도는 고졸자들 내에서 분포가 퍼져 있는 정도와 비슷한 수준이다. 등분산성을 가정하는 선형모형이 분위값들에 대해 어떤 의미를 갖는지는 다음의 식을 통해 분명하게 확인할 수 있다.

$$P\left[Y_i - X_i'\beta < \sigma_\epsilon \Phi^{-1}(\tau) \mid X_i\right] = \tau$$

여기에서 $\Phi^{-1}(\tau)$는 표준 정규분포 CDF의 역함수이다. 이로부터 우리는 다음의 관계가 성립한다는 결론을 내릴 수 있다.

$$Q_\tau(Y_i \mid X_i) = X_i'\beta + \sigma_\epsilon \Phi^{-1}(\tau)$$

다시 말해, 절편 $\sigma_\epsilon \Phi^{-1}(\tau)$는 각 분위에서 변하지만 분위회귀 추정치 $\hat{\beta}_\tau$은 각 분위에서 서로 동일하다. <표 7.1.1>에서 1980년과 1990년 센서스를 이용한 결과는 위에서 설명된 현상으로부터 크게 벗어나지 않는다.

1980년과 1990년 센서스에 나타난 단순한 모습과는 대조적으로, 2000년 센서스를 이용해 구한 분위회귀 추정치들은 각 분위별로 상당히 다르다. 우측 꼬리 부분에서 특별히 그러하다. 학력이 1년 증가할 때 임금 분포의 0.1 분위값은 9.2퍼센트, 중위값은 11.1퍼센트, 그리고 0.9 분위값은 15.7퍼센트 상승한다. 그리하여, 1980년대와 1990년대에 전반적으로 불평등이 상승하는 현상(우리는 간단한 기술통계량을 이용해 이러한 사실을 확인한 바 있다)과 더불어, 2000년도 즈음에는 학력의 차이에 따른 불평등 또한 증가하기 시작하였다. 학력의 계수가 분위에 따라 증가하는 현상은 교육 수준이 증가함에 따라 임금 분포가 더 넓게 퍼진다는 것을 의미하기 때문이다. 임금 분포가 이와 같이 변하는 현상은 노동경제학자들 사이에서 상당한 논의를 불러일으키는 주제이다. 그들은 이러한 현상이 노동시장의 근본적인 변화 때문에 발생하는지, 아니면 제도적인 변화 때문에 발생하는지에 관해 특별히 관심을 갖고 있다. (예를 들어, Autor, Katz and Kearney(2005)와 Lemieux(2008)을 참고하라.)

아래의 예를 통해 우리는 분위회귀 계수와 조건부 분산 사이에 어떤 관계가 있는지를 확인할 수 있다. 구체적으로 말하면, 고전적인 정규분포 회귀모형(식 7.1.3)에 이분산성을 추가하면 분위회귀 계수가 증가하는 현상이 발생한다. 즉, 다음의 관계가 성립한다고 가정하자.

$$Y_i \sim N\big(X_i'\beta, \sigma^2(X_i)\big)$$

여기서 $\sigma^2(X_i) = (\lambda' X_i)^2$이고, λ는 $\lambda' X_i > 0$을 만족시키는 양(+)의 계수들의 벡터이다.[2] ($\lambda' X_i$는 아마도 β에 비례할 것이므로, 조건부 분산은 조건부 평균이 증가함에 따라 증가한다.) 이 경우 다음과 같은 관계가 성립한다.

$$P\big[\,Y_i - X_i'\beta < (\lambda' X_i)\,\Phi^{-1}(\tau)\,|\,X_i\big] = \tau$$

이에 따라 다음과 같은 관계도 성립하게 된다.

$$Q_\tau(\,Y_i|X_i) = X_i'\beta + (\lambda' X_i)\,\Phi^{-1}(\tau) = X_i'\left[\beta + \lambda\Phi^{-1}(\tau)\right] \qquad (\text{식 } 7.1.4)$$

따라서 $\beta_\tau = \beta + \lambda\Phi^{-1}(\tau)$이므로 분위회귀 계수는 분위가 올라감에 따라 상승한다.

<표 7.1.1>는 흩어진 조각들을 한데 모아서 집단 내 불평등도의 변화에 관해 다음과 같은 두 가지 사실을 이야기해 준다. 첫째, 2000년 센서스를 이용해 구한 결과에 의하면 불평등도는 교육 수준이 올라감에 따라 급격히 증가하였다. 그러나 그 증가하는 모양은 비대칭적이고, 임금 분포의 우측 꼬리 부분에서 훨씬 더 분명하게 나타난다. 둘째, 이러한 증가 현상은 새로운 경향이다. 1980년과 1990년에는 학력이 임금 분포에 영향을 미치는 방식이 대체로 단순한 위치 이동에 가까웠다.[3]

[2] 이와 같은 종류의 이분산성을 갖는 회귀모형의 실증적인 사례로서 Card and Lemieux(1996)를 참고할 수 있다. Koenker and Portnoy(1996)는 이 모형을 선형 위치-규모 모형(linear location-scale model)이라고 부른다.

[3] CQF가 선형이라고 가정할 때 분위회귀 추정치의 점근 표준 오차의 식은 다음과 같다.

$$\tau(1-\tau)\left\{E\left[f_{u_\tau}(0|X_i)X_iX_i'\right]^{-1}E\left[X_iX_i'\right]E\left[f_{u_\tau}(0|X_i)X_iX_i'\right]^{-1}\right\}$$

여기서 $f_{u_\tau}(0|X_i)$는 분위회귀 잔차의 조건부 확률밀도로서 잔차가 0일 때의 확률밀도 값이다. 만약 잔차가 등분산성을 갖는다면 이 식은 $\frac{\tau(1-\tau)}{f_{u_\tau}^2(0)}E[X_iX_i']^{-1}$로 단순화된다. 이때 $f_{u_\tau}^2(0)$는 무조건부 잔차 확률밀도의 제곱 값이다. Angrist, Chernozhukov and Fernandez-Val(2006)에는

7.1.1 중도절단 분위회귀법

분위회귀법을 이용해 우리는 분포의 일부가 숨겨져 있는 경우에도 Y_i의 조건부 분포의 여러 특성들을 살펴볼 수 있다. 우리가 다음과 같은 자료를 가지고 있다고 가정하자.

$$Y_{i,obs} = Y_i \cdot 1[Y_i < c] + c \cdot 1[Y_i \geq c] \qquad \text{(식 7.1.5)}$$

여기서 $Y_{i,obs}$는 우리가 관측하게 되는 변수이고 Y_i는 우리가 관측하고자 하는 변수이다. 변수 $Y_{i,obs}$는 '중도절단되어 있다(censored)'. 다시 말해, $Y_{i,obs}$에 있는 Y_i에 관한 정보가 비밀보장이라는 이유 때문에 혹은 추가 정보를 수집하기 너무 어렵거나 시간이 많이 걸린다는 이유 때문에 제한되어 있다. 예를 들어, CPS에서 고액 임금은 응답자의 비밀보장을 위해 최대 코딩값(top-code)으로 입력되어 있다. 이에 따라 최대 코딩값보다 높은 관측치는 최대 코딩값으로 입력된다. 지속기간 자료(duration data) 역시 중도절단될 수 있다. 실업보험이 실업기간에 미치는 영향을 연구할 때, 우리는 실업보험 청구자를 최대 40주까지만 추적할 수 있다. 그러므로 40주 이상 실업 상태에 있는 사람의 실업기간은 40주에서 중도절단된다. 한편 3.4.2절에서 다루었던 제한 종속변수들(노동시간이나 의료비 지출액 등)은 중도절단되어 있지는 않다. 취업여부와 같은 더미변수들이 그러한 것처럼 이들 변수는 그 속성상 0이라는 값을 취한다.

중도절단 종속변수에 대해서도 분위회귀법을 이용하면 설명변수들이 중도절단점 아래쪽(높은 값들에 대해 중도절단이 있다고 가정)에 위치한 조건부 분위들에 미치는 효과를 추정할 수 있다. 이는, 예를 들어 중위값 이상의 임금에서 중도절단이 있는 경우 중도절단이 중위값에는 아무런 영향을 미치지 않는다는 것을 의미한다. 그러므로 만약 CPS의 최대 코딩값이 (자주 그러한 것처럼) 상대적으로 소수의 사람들에게만 영향을 미친다면, 중도절단은 조건부 중위값이나 $\beta_{\tau=0.75}$ 추정치에까지도 아무런 영향을 미치지 않는다. 마찬가지로, X_i

CQF가 선형이 아닐 경우에도 적용되는 보다 일반화된 공식이 제시되어 있다.

가 통제된 상태에서 전체 표본 중 10퍼센트 미만의 관측치들만이 중도절단되어 있다면, 연구자는 $\tau = 0.9$ 이하의 β_τ을 추정할 때 중도절단 현상을 간단히 무시할 수 있다. 또 다른 방법으로서 연구자는 $Q_\tau(Y_i|X_i)$가 c 미만인 관측치들만으로 표본을 제한할 수도 있다. (만약 중도절단이 아래쪽에 존재하여 $Y_{i,obs} = Y_i \cdot 1[Y_i > c] + c \cdot 1[Y_i \leq c]$이 성립하는 경우에는 c를 초과하는 관측치들만으로 표본을 제한한다.)

Powell(1986)은 이 아이디어를 중도절단 분위회귀(censored quantile regression) 추정법에 정식으로 적용하였다. 연구자는 어느 조건부 분위가 중도절단점의 아랫부분에 존재하고 있는지를 모르기 때문에(우리의 예에서는 계속해서 최대 코딩값을 가정한다), Powell은 다음의 식을 이용할 것을 제안한다.

$$Q_\tau(Y_i|X_i) = \min(c, X_i'\beta_\tau^c)$$

이 식의 모수 벡터 β_τ^c는 다음 식의 해이다.

$$\beta_\tau^c = \arg\min_b E\{1[X_i'b < c] \cdot \rho_\tau(Y_i - X_i'b)\} \qquad \text{(식 7.1.6)}$$

다시 말해, 우리는 $X_i'\beta_\tau^c < c$이 성립하는 X_i의 값들에 대해 분위회귀 최소화 문제의 해를 구한다. (실제 분석에서 우리는 (식 7.1.6)의 표본 대응식을 최소화한다.) 중도절단되지 않은 자료가 충분히 존재하는 경우, 도출되는 추정치를 이용해 우리는 자료가 중도절단되지 않았더라면 구했을 분위회귀 함수를 계산한다. (사실 이때 우리는 분위회귀 함수가 선형이라고 가정한다.) 그리고 이때 추정한 조건부 분위값이 모두 중도절단점 아래쪽에 위치해 있는 것으로 판명되는 경우 연구자는 보통의 분위회귀 추정법을 사용해도 좋다.

(식 7.1.6)의 표본 대응식은 더 이상 선형계획법 문제의 하나가 아니다. 하지만 Buchinsky(1994)는 이런 경우에 사용할 수 있는 간단한 선형계획법 반복형 알고리듬을 제안한다. 이 방법은 다음과 같은 방식으로 반복된다. 먼저, 중도절단을 무시하고 β_τ^c를 추정한다. 그 다음 $X_i'\beta_\tau^c < c$를 만족하는 셀들을 찾는다. 그 다음 이 셀들만 사용해 분위회귀법을 다시 적용한다. 이 방법을 반

복적으로 시행한다. 이 알고리듬이 수렴할지는 이론적으로 보장되지 않지만, 실제 분석에서는 수렴하는 것처럼 보인다. 표준 오차는 붓스트랩법(bootstrap)을 이용해 구한다. Buchinsky(1994)는 이 방법을 사용해 CPS 최대 코딩값보다 높은 임금을 받는 고숙련 노동자들에 대해 교육의 수익률을 추정하였다. 중도절단이 조정됨에 따라 이들 노동자 집단에 대한 교육 수익률 추정치는 대체로 증가한다.[4]

7.1.2 분위회귀 추정치의 근사 특성★

학력이 주어져 있을 때 로그 임금의 CQF가 정확히 선형일 가능성은 거의 없으므로, 위의 예에서는 원래의 분위회귀모형의 가정들이 성립하지 않는다. 그러나 다행스럽게도 분위회귀법을 CQF에 대한 MMSE 선형 근사치를 제공하는 방법이라고 이해할 수 있다. 하지만 이 경우에 그 근사치는 회귀분석-CEF 정리보다 약간 더 복잡하고 유도하기도 더 어렵다. 임의의 분위 $\tau \in (0,1)$ 에 대해, 분위회귀모형의 오차를 다음과 같이 정의하자.

$$\Delta_\tau(X_i, \beta_\tau) \equiv X_i{}' \beta_\tau^c - Q_\tau(Y_i | X_i)$$

모집단 분위회귀 벡터는 설정된 오차의 제곱 $\Delta_\tau^2(X_i, \beta_\tau)$ 의 기대 가중평균을 최소화하는 값이라는 점이 증명되어 있다. 이 내용은 아래와 같은 정리로서 Angrist, Chernozhukov, and Fernandez-Val(2006)에 설명되어 있다.

● 정리 **7.1.1 분위회귀 근사치**

다음과 같이 세 가지를 가정하자. (i) 조건부 밀도 $f_y(y|X_i)$는 거의 확실히 존재한다. (ii) $E[Y_i]$, $E[Q_\tau(Y_i|X_i)]$ 및 $E\| X_i \|$ 는 유한하다. 그리고 (iii) β_τ는 (식 7.1.2)의 유일한 해이다. 이들 가정이 성립할 때 다음의 관계가 성립한다.

[4] 더 좋은 이론적 특성들을 보유하면서도 한층 더 세련된 추정량에 대해서는 Buchinsky and Hahn(1998)과 Chernozhukov, and Hong(2002)을 참조하라.

$$\beta_\tau = \arg\min_b E\left[w_\tau(X_i, b) \cdot \Delta_\tau^2(X_i, b)\right] \qquad \text{(식 7.1.7)}$$

여기서,

$$\begin{aligned} w_\tau(X_i, b) &= \int_0^1 (1-u) \cdot f_{\epsilon(\tau)}(u\Delta_\tau(X_i, b) \mid X_i)\, du \\ &= \int_0^1 (1-u) \cdot f_y(u \cdot X_i'b + (1-u) \cdot Q_\tau(Y_i \mid X_i) \mid X_i)\, du \geq 0. \end{aligned}$$

그리고 $\epsilon_i(\tau)$는 τ-분위에 고유한 잔차로서

$$\epsilon_i(\tau) \equiv Y_i - Q_\tau(Y_i \mid X_i).$$

여기서 $\epsilon_i(\tau) = e$일 때 조건부 밀도는 $f_{\epsilon(\tau)}(e \mid X_i)$와 같다. 게다가, Y_i가 매끄러운 조건부 밀도함수를 가질 때, β_τ 부근의 β에 대해서는 다음의 관계가 성립한다.

$$w_\tau(X_i, \beta) \approx \frac{1}{2} \cdot f_y(Q_\tau(Y_i \mid X_i) \mid X_i) \qquad \text{(식 7.1.8)}$$

분위회귀 근사치 정리는 복잡해 보이지만 큰 그림은 간단하다. OLS가 $E[Y_i \mid X_i]$에 근사하는 것처럼, 분위회귀법은 $Q_\tau(Y_i \mid X_i)$에 근사하는 방법이라고 생각할 수 있다. OLS의 가중치 함수는 $P(X_i)$로 표현되는 X_i의 히스토그램이다. $w_\tau(X_i, \beta_\tau) \cdot P(X_i)$ 라고 암묵적으로 표현되는 분위회귀 가중치 함수는 $P(X_i)$보다는 좀 더 정교하다. ((식 7.1.7)의 기대값은 X_i의 분포에 대해 취해지기 때문에, 히스토그램은 암묵적으로 분위회귀 가중치 함수의 일부분이다.) $w_\tau(X_i, \beta_\tau)$의 식에는 분위회귀 벡터 β_τ가 포함되어 있지만, β_τ을 상쇄시킴으로써 식이 X_i만의 함수가 되도록 다시 쓸 수 있다. (세부적인 내용에 대해서는 Angrist, Chernozhukov, and Fernandez-Val(2006)을 참고하라.) 아무튼, 분위회귀 가중치는 CQF 부근에서 Y_i의 확률밀도에 근사적으로 비례한다.

분위회귀 근사치 특성은 [그림 7.1.1]에 예시되어 있다. [그림 7.1.1]에는 1980년 센서스 자료를 이용하는 경우의 최종 학력별 로그 임금의 조건부 분위함수가 제시되어 있다. 여기에서 우리는 학력이 이산변수라는 점과 센서스 자료에는 많은 관측치들이 있다는 점을 활용해, 학력수준별로 임금의 분위를

그림 **7.1.1 분위회귀 근사치 특성**

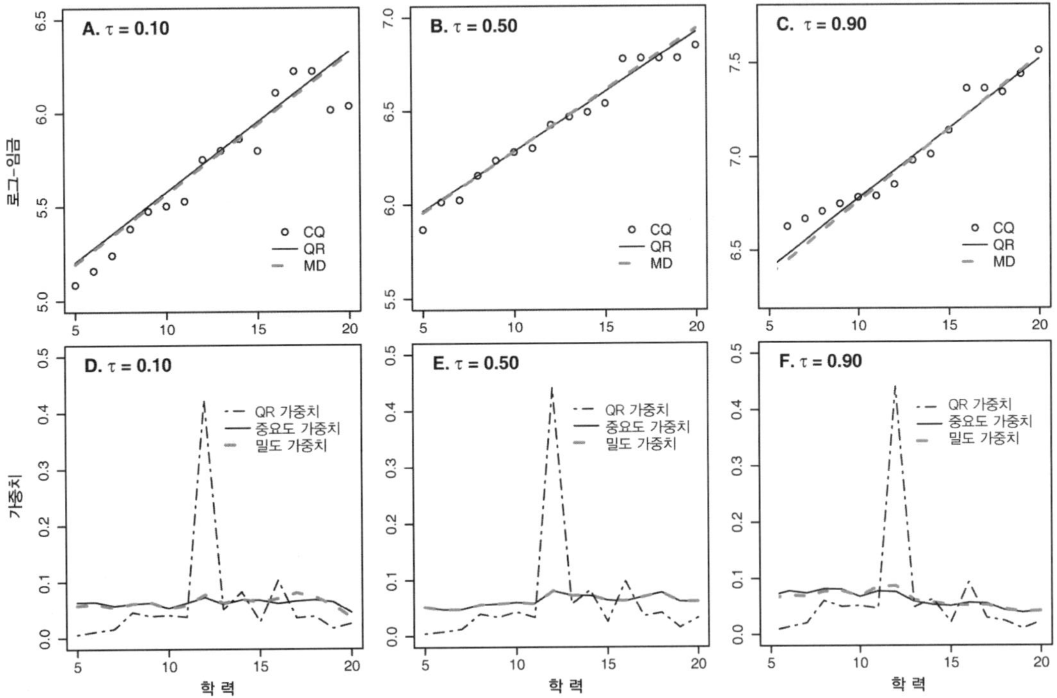

주 : Angrist, Chernozhukov, and Fernanqez-Val(2006)에서 발췌하였다. 이 그림은 1980년 센서스 자료를 이용해 내재적 가중 함수에 따라 최종 학위가 주어져 있을 때 로그 임금의 조건부 분위 함수에 대한 다양한 추정치들을 보여주고 있다. 패널 A~C는 τ=0.1, 0.5, 0.9에 대한 비모수(CQ), 분위회귀(QR), 그리고 최소거리(MD) 추정치들을 제시하고 있다. 패널 D~F는 본문에서 설명한 QR에 대응되는 가중 함수들을 보여주고 있다.

계산하고 CQF를 비모수적으로 추정한다. 패널 A~C에는 $Q_\tau(Y_i|X_i)$의 비모수 추정치와 함께 0.10, 0.50 및 0.90 각 분위에 대한 선형 분위회귀 추정치가 제시되어 있다. 여기에서 X_i는 학력 변수와 상수항만으로 구성된다. 셀별 분위수를 이용해 추정한 CQF의 비모수 추정치는 그림에서 작은 원으로, 그리고 선형 분위회귀선은 실선으로 표시되어 있다. 그림을 보면 선형 분위회귀 모형이 어떻게 CQF에 근사하는지를 알 수 있다.

OLS와 CEF를 비교해 보는 것과 유사하게, 분위회귀 추정치를 히스토그램 가중치를 갖는 CQF 추정치와 비교해 보는 것은 흥미로운 일이다. 히스토그램 가중치를 부여하는 접근법으로서 분위회귀법을 해석하는 방법은 Chamberlain(1994)이 제안하였다. Chamberlain의 최소 거리(minimum distance: MD) 추정량은 다음 식의 해를 제공하는 벡터 $\tilde{\beta}_\tau$에 대한 표본 대응식이다.

$$\tilde{\beta}_\tau = \arg\min_b E\left[\left(Q_\tau(Y_i|X_i) - X_i'b\right)^2\right]$$

$$= \arg\min_b E\left[\Delta_\tau^2(X_i, b)\right]$$

다시 말해, $\tilde{\beta}_\tau$는 X_i의 히스토그램에 해당하는 가중치를 부여하면서 $Q_\tau(Y_i|X_i)$를 X_i에 회귀시키는 선형 회귀모형의 기울기이다. 자료에 대해 단 한 번의 계산만을 하는 분위회귀법과는 대조적으로, MD의 경우에는 첫 번째 단계에서 $Q_\tau(Y_i|X_i)$의 비모수 일치추정량을 구해야 한다.

[그림 7.1.1]에는 MD 추정선이 점선으로 표시되어 있다. 분위회귀 추정선과 MD 추정선은 서로 가깝다. 하지만 분위회귀법에서는 가중치 $w_\tau(X_i, \beta_\tau)$를 암묵적으로만 사용하기 때문에 두 직선이 완전히 동일하지는 않다. 이와 같이 암묵적으로 가중치를 부여하는 경우, Y_i가 CQF 부근에 보다 밀접해 있는 X_i의 값들에서는 예측치의 정확도가 증가한다. [그림 7.1.1]의 패널 D~F에는 여러 X_i에 대해 분위별 총 가중치 $w_\tau(X_i, \beta_\tau) \cdot P(X_i)$가 제시되어 있다. 또한 각 패널에는 "중요도 가중치(importance weights)"라고 명명된 $w_\tau(X_i, \beta_\tau)$ 추정치와 그것의 확률밀도 근사치 $1/2 \cdot f_y(Q_\tau(Y_i|X_i)|X_i)$도 제시되어 있다. 중요

도 가중치와 확률밀도 가중치는 서로 유사하고 둘 다 거의 평평하다. 분위별 총 가중치는 학력 히스토그램의 모양과 매우 비슷하다. 따라서 12년과 16년의 학력에 가장 높은 가중치를 부여한다.

7.1.3 까다로운 부분들

조건부 분위라는 용어는 까다롭다. 우리는 때때로 "중위값에서의 분위회귀 계수"나 "하위 10분위에 위치한 사람들에 대한 효과"에 관해 이야기한다. 그러나 중요하게 기억해야 하는 것은 분위회귀 계수는 '개인들(individuals)'에 대한 효과를 보여주는 것이 아니라, '분포(distributions)'에 미치는 효과를 보여준다는 점이다. 예를 들어, 훈련 프로그램이 임금 분포의 하위 10분위수를 증가시킨다는 발견은 반드시 가난한 상태에 있던 어떤 사람(즉, 훈련을 받지 않았다면 하위 10분위에 위치해 있었을 사람)이 이제 덜 가난하게 되었다는 것을 의미하지는 않는다. 이 발견은 단지 훈련을 받은 상태에 있는 가난한 사람들은 훈련을 받지 않은 상태에 있는 가난한 사람들보다는 덜 가난하다는 것을 의미할 뿐이다.

일정한 숫자의 가난한 사람들을 좀 더 부유하게 만드는 일과 가난하다는 것의 의미를 바꾸는 일 사이에는 쉽게 구분되지는 않지만 미묘한 차이가 있다. 이 차이는 정책개입에 따라 임금 분포(또는 다른 종속변수의 분포)상에서 개인의 순위가 그대로 유지된다고 가정하는 것이 타당한가 하는 이슈와 밀접한 관련이 있다. 만약 정책개입에도 불구하고 개인의 순위가 그대로 유지된다면, 하위 10분위수의 증가는 가난한 사람들을 부유하게 만든다는 것을 의미한다. 왜냐하면 순위 유지(rank preservation)라는 특성에 의해 상대적인 위치는 변하지 않기 때문이다. 그런데 만약 사람들의 순위가 변동한다면, 우리는 가난한 사람들(그 사람들이 누구든지 상관없이, 임금 분포의 하위 10퍼센트에 속하는 사람들의 집단)이 좀 더 나아졌다고 말할 수 있을 뿐이다. 우리는 7.2절에서 이 이슈를 좀 더 자세히 다룰 것이다.

두 번째로 까다로운 부분은 조건부 분위(conditional quantiles)를 주변 분위

(marginal quantiles)로 변환시키는 문제이다. 조건부 분위가 주변 분위로 변환되는 연결고리를 통해 우리는 분위회귀 계수들의 변화가 전체 불평등도에 미치는 영향을 탐구할 수 있다. 예를 들어, 학력이 높아짐에 따라 분위회귀 계수들이 2000년 센서스에서 관측된 것 이상으로 훨씬 넓게 퍼진다고 가정하자. 이런 현상이 상위 10분위 임금 대 하위 10분위 임금의 비율에 의미하는 바는 무엇일까? 다른 방식으로 표현해, 다음과 같이 질문할 수도 있다. 불평등도(가령, 상위 10분위 임금 대 하위 10분위 임금의 비율에 의해 측정됨)의 전체 증가분 중 어느 정도가 집단 내 불평등의 증가 현상(분위회귀 계수가 넓게 퍼지는 현상)에 의해 설명되는가? 이와 같은 종류의 질문들에 답을 제시하는 것은 대단히 어려운 일이다. 그 이유는 "모든" 조건부 분위에 대해, 각각의 조건부 분위가 주변 분위의 어느 지점에 해당하는지를 정확히 알 필요가 있기 때문이다(Machado and Mata, 2005). 구체적으로 말해, $Q_\tau(Y_i|X_i)=X_i'\beta_\tau$는 $Q_\tau(Y_i)=Q_\tau(X_i)'\beta_\tau$를 의미하지 않는다. 이것은 훨씬 더 다루기 쉬운 기대값 연산자의 경우와는 상당히 다른 점이다. 기대값 연산자의 경우, $E(Y_i|X_i)=X_i'\beta$이 성립하면 기대값을 반복 적용함으로써 $E(Y_i)=E(X_i)'\beta$의 관계를 구할 수 있다.

주변 분위 도출하기★

조건부 분위와 주변 분포 간의 관계를 정식으로 보여주기 위해, CQF가 선형으로서 $Q_\tau(Y_i|X_i)=X_i'\beta_\tau$이라고 가정하자. 그리고 $F_y(y|X_i)\equiv P[Y_i<y|X_i]$는 X_i가 주어져 있을 때 Y_i의 조건부 CDF이고, 주변 분포(marginal distribution)는 $F_y(y)\equiv P[Y_i<y]$이라고 정의하자. 위의 CDF는 자신의 역함수와 다음의 관계를 갖는다.

$$\int_0^1 1\left[F_y^{-1}(\tau|X_i)<y\right]d\tau=F_y(y|X_i) \qquad \text{(식 7.1.9)}$$

여기서 $F_y^{-1}(\tau|X_i)$는 곧 CQF $Q_\tau(Y_i|X_i)$이다.

다시 말해, X_i가 주어져 있을 때 y 미만의 값을 갖는 모집단의 비중은 y 미만의 값을 갖는 조건부 분위들의 비중과 같다.[5] 선형모형을 사용해 적분 안쪽의 CQF를 치환하면, 다음의 식이 도출된다.

$$F_y(y|X_i) = \int_0^1 1[X_i'\beta_\tau < y]\,d\tau$$

그 다음, 반복 기대값 법칙을 사용해 주변 분포 함수$F_y(y)$를 구한다.

$$F_y(y) = E\left[\int_0^1 1[X_i'\beta_\tau < y]\,d\tau\right] \qquad \text{(식 7.1.10)}$$

마지막으로 주변 분위, 즉 $\tau \in (0,1)$일 때 $Q_\tau(Y_i)$는 $F_y(y)$의 역함수를 이용해 구한다.

$$Q_\tau(Y_i) = \inf\{y : F_y(y) \geq \tau\}$$

주변 분포의 추정량은 (식 7.1.10)에 있는 적분과 기대값을 합산식으로 대체함으로써 구한다. 이때 여러 분위들에 걸쳐 합할 때에는 0.01 분위 단위로 끊어서 구한 분위회귀 추정치를 사용한다. 크기 N인 표본에서 이것은 다음의 식과 같다.

$$\hat{F}_y(y) = N^{-1}\sum_i (1/100)\sum_{\tau=0}^{\tau=1} 1[X_i'\hat{\beta}_\tau < y] \quad .$$

대응하는 주변 분위 추정량은 $\hat{F}_y(y)$의 역함수를 이용해 구한다.

이 방법을 실제 분석에 적용하는 데에는 많은 어려움들이 있다. 그 하나는 연구자가 많은 분위회귀 추정치들을 구해야 한다는 점이다. 또 다른 어려움은 점근적 분포 이론이 (감당하지 못할 정도는 아니지만) 매우 복잡하다는 점이다. (Chernozhukov, Fernandez-Val, and Melly(2008)를 참조하라.) 조건부 분위를 주변 분위로 간단하게 전환시키는 방법에 대한 연구가 현재 활발히 진행되

[5] 예를 들어, y가 조건부 중위값이면 $F_y(y|X_i) = 0.5$이 성립하고, 모든 조건부 분위들의 절반이 y보다 작다. 변수 변환 공식을 사용하면 관계식 (식 7.1.9)를 정식으로 증명할 수 있다.

고 있다. Gosling, Machin, and Meghir(2000)과 Machado and Mata(2005)는 조건부 분위를 주변 분위로 전환시키는 방법을 다룬 최초의 실증 연구들이다. 분위회귀모형에서 주요 관심 변수가 처치 여부와 같은 더미변수이고 여타 설명변수들은 통제변수로서 포함되는 경우, 성향점수류의 가중치 부여방법을 사용해 주변 분포에 미치는 효과를 추정할 수 있다. 관심변수가 외생적인 경우에는 Firpo(2007)를 참고하라. 그리고 다음 절에서 논의하는 바와 같은 내생적 처치효과 모형에 적용되는 주변 분포 도출방법에 대해서는 Frölich and Melly(2007)를 참고하라.

7.2 분위 처치효과의 IV 추정

어느 회귀모형 추정치들에게나 제기되는 $42,000짜리 질문은 그 추정치가 인과적으로 해석될 수 있느냐 하는 것이다. OLS에 대해 제기되는 것과 똑같은 질문이 분위회귀법에 대해서도 제기된다. 훈련 프로그램이 임금에 미치는 효과를 추정하는 데 우리의 관심이 있다고 가정하자. OLS 회귀추정치는 이 프로그램이 임금의 평균값에 미치는 영향을 추정한다. 반면에 분위회귀 추정치는 이 프로그램이 임금의 중위값에 미치는 영향을 추정하는 데 사용된다. 두 경우 모두 우리는 프로그램의 추정된 효과가 누락변수 편의(OVB)에 의해 오염되지는 않았는지를 염려해야 한다.

여기에서도 마찬가지로 누락변수의 문제는 도구변수를 활용해서 해결할 수 있다. 분위회귀모형에 적용되는 도구변수법은 상대적으로 새로운 연구방향으로 아직은 통상적인 2SLS만큼 다루기 쉽지는 않다. 여기서 우리는 2진 도구변수를 사용해 2진 변수가 분위들에 미치는 인과효과(즉, 일종의 처치효과)를 잡아내는 방법을 논의하고자 한다. Abadie, Angrist, and Imbens(2002)에 소개된 바와 같이, 도구변수를 사용한 분위 처치효과(quantile treatment effects: QTE) 추정량은 평균 인과효과를 LATE로서 해석할 때 사용한 것과 실질적으로 동일한 가정들을 사용한다. 그 결과 Abadie 류의 가중치가 부여된 추정량이 도출되고, 이는 순응자들 집단(compliers)에서 처치가 여러 분위에 미치는 인과효과를 보여준다.[6]

우리는 더해지는 형식의 조건부 분위 모형을 사용해 QTE 추정량에 관해 논의할 것이다. 따라서 여기에서는 여타 설명변수들을 통제한 상태에서 하나의 처치효과가 추정된다. 도구변수를 사용하지 않는 경우, 여기서 도출되는 추정량은 Koenker and Bassett(1978)의 선형 분위회귀 추정량과 동일하다. 따라서 QTE와 분위회귀법 간의 관계는 관심 설명변수가 더미변수일 때 통상적인 2SLS와 OLS 사이에 성립하는 관계와 유사하다.

관심대상인 모수들은 다음과 같이 정의된다. 임의의 $\tau \in (0,1)$ 에 대해 다음의 식을 만족하는 α_τ와 β_τ가 존재한다고 가정하자.

$$Q_\tau(Y_i | X_i, D_i, D_{1i} > D_{0i}) = \alpha_\tau D_i + X_i' \beta_\tau \qquad \text{(식 7.2.1)}$$

여기서 $Q_\tau(Y_i | X_i, D_i, D_{1i} > D_{0i})$ 는 X_i와 D_i가 주어져 있을 때 순응자 집단에서 Y_i의 $\tau-$분위를 의미한다. 따라서 α_τ와 β_τ는 순응자 집단에서 성립하는 분위회귀 계수들이다.

(식 4.5.1)에서 논의한 바와 같이, X_i가 주어져 있을 때 D_i는 잠재성과들과 독립적이고 $D_{1i} > D_{0i}$ 의 관계가 성립한다는 점을 기억하자. 따라서 이 모형의 모수 α_τ는 X_i가 주어져 있을 때 순응자 집단의 각 분위에서 Y_{1i}과 Y_{0i} 사이에 존재하는 차이를 표시한다. 즉, 다음과 같다.

$$Q_\tau(Y_{1i} | X_i, D_{1i} > D_{0i}) - Q_\tau(Y_{0i} | X_i, D_{1i} > D_{0i}) = \alpha_\tau \qquad \text{(식 7.2.2)}$$

이 수치는 이를테면 훈련 프로그램 때문에 순응자들 임금 분포의 조건부 중위값이나 하위 10분위 값에 변화가 있었는지의 여부를 알려준다. 하지만 이 때의 모수 α_τ는 처치 때문에 Y_{1i}와 Y_{0i}의 무조건부 분포의 분위들에 변화가 있었는지에 관해서는 이야기하지 못한다. 후자를 알기 위해서는 7.1.3절에 설

6 또 다른 접근법에 대해서는 Chernozhukov and Hansen(2005)을 참고하라. 이 논문은 (더미변수뿐만이 아니라) 임의의 유형의 설명변수들에 대해서도 적용 가능하지만, 순위 유사성이라는 가정(rank-similarity assumption)을 필요로 한다. QTE 접근법에서는 이 가정이 필요하지 않다.

명한 것과 같은 방법을 이용해 여러 개의 분위회귀 추정치들을 하나로 통합해야 한다.

그리고 α_τ는 개인에 대한 처치효과 $Y_{1i}-Y_{0i}$의 조건부 분위가 아니라는 점 역시 강조할 필요가 있다. 예를 들어, 당신은 처치효과의 중위값이 양수인지 아닌지를 알고 싶어할 수 있다. 불행하게도, 순위불변성(rank-invariance)과 같은 강한 가정들을 하지 않는다면 이런 질문에 답을 제시하기는 대단히 어렵다.[7] 실험 참가자들이 완벽하게 순응행동을 보이는 무작위 시행을 이용하더라도, $(Y_{1i}-Y_{0i})$의 분포를 구하는 것은 불가능하다. 평균값의 차이는 차이의 평균값과 동일하지만, $(Y_{1i}-Y_{0i})$ 분포의 여타 특성들은 알기 어렵다. 왜냐하면 임의의 한 개인에 대해 우리는 결코 Y_{1i}와 Y_{0i} 모두를 동시에 관측할 수 없기 때문이다. 응용 경제학자들에게 다행스러운 점은 처치효과의 분포보다는 분포들 간의 차이가 보통 더 중요하다는 것이다. 왜냐하면 사회 전체의 후생을 비교하기 위해서는 보통 Y_{1i}와 Y_{0i}의 분포만이 필요하지 그들 간 차이의 분포는 필요하지 않기 때문이다. (예를 들어, Atkinson(1970)을 참고하라.) 사실 이 점은 분위들을 참고하지 않더라도 생각해 볼 수 있다. 취업 프로그램을 평가하는 상황에서 우리는 그 프로그램이 총 취업률을 올리는 경우에 그 프로그램에 대해 호의적인 입장을 취한다. 다시 말해, Y_{1i}의 평균이 Y_{0i}의 평균보다 높을 때 우리는 만족스럽게 생각한다. 일자리를 얻은 사람들($Y_{1i}-Y_{0i}=1$)의 숫자나 일자리를 잃은 사람들($Y_{1i}-Y_{0i}=-1$)의 숫자는 이차적인 관심대상일 뿐이다. 왜냐하면 좋은 프로그램이라면 반드시 일자리를 얻은 사람들의 숫자가 잃은 사람들의 숫자보다 클 것이기 때문이다.

[7] 여기에서 순위불변성이란 Y_{1i}와 Y_{0i}이 가역함수(invertible function)에 의해 서로 연관되어 있다는 의미이다. 예를 들어, Heckman, Smith, and Clements(1997)를 참고하라.

7.2.1 QTE 추정량

순응자 집단에 대한 분위회귀 계수는 순응자 모집단을 대상으로 분위회귀법을 적용함으로써 (이론적으로) 추정이 가능하다는 생각으로부터 QTE 추정량은 출발한다. 하지만 우리는 주어진 자료 파일로부터 누가 순응자인지를 정확히 구분할 수 없다. 그러나 4.5.2절에서 설명한 바와 같이, Abadie의 카파정리를 이용해 순응자들을 찾아낼 수 있다. 구체적으로 설명하면 다음과 같다.

$$
\begin{aligned}
(\alpha_\tau, \beta_\tau) &= \underset{a,b}{\arg\min}\, E\{\rho_\tau(Y_i - aD_i - X_i'b) | D_{1i} > D_{0i}\} \\
&= \underset{a,b}{\arg\min}\, E\{k_i \rho_\tau(Y_i - aD_i - X_i'b)\} \qquad \text{(식 7.2.3)}
\end{aligned}
$$

이 식에서는 이전과 같이 다음의 관계가 성립한다.

$$
k_i = 1 - \frac{D_i(1-Z_i)}{1-P(Z_i=1|X_i)} - \frac{(1-D_i)Z_i}{P(Z_i=1|X_i)}
$$

QTE 추정량은 (식 7.2.3)에 대한 표본 대응식이다.

QTE를 실제 적용할 때에는 많은 이슈들이 발생한다. 첫째, κ_i를 추정해야 하고, 이 1단계 추정에서 발생하는 표본 분산을 점근분포 이론에서 적절히 반영해야 한다. Abadie, Angrist and Imbens(2002)는 κ_i를 비모수적으로 추정했을 경우 (식 7.2.3)에 대한 표본 대응식이 어떤 극한분포를 따르는지를 도출한다. 그러나 실제 분석에서는 점근분포의 식을 사용하는 것보다는 전체 과정을 반복하는 붓스트랩법(즉, κ_i를 먼저 추정하고 그 다음의 과정들을 진행함)이 보다 용이하다.

둘째, $D_i \neq Z_i$일 때 κ_i는 음수이다. 따라서 κ_i 가중치를 부여하는 분위회귀 최소화 추정식은 볼록성을 갖지 않게 되고, 보통의 분위회귀 추정치와는 달리 선형계획법을 이용해 해를 구하지 못한다. 대신 이 문제는 다음의 식을 최소화하는 방법을 통해 해결할 수 있다.

$$E\{E[\kappa_i | Y_i, D_i, X_i]\, \rho_\tau(Y_i - aD_i - X_i'b)\} \qquad \text{(식 7.2.4)}$$

이 최소화 추정식은 (식 7.2.3)에 기대값을 반복 적용함으로써 유도할 수 있다. (식 7.2.3)과 (식 7.2.4) 간의 실질적인 차이는 아래의 식이 확률이어서 0과 1 사이의 값을 갖는다는 데 있다.[8]

$$E[\kappa_i | Y_i, D_i, X_i] = P[D_{1i} > D_{0i} | Y_i, D_i, X_i]$$

다음의 관계를 이용하면 위의 식을 좀 더 단순화할 수 있다.

$$E[\kappa_i | Y_i, D_i, X_i] = 1 - \frac{D_i(1 - E[Z_i | Y_i, D_i = 1, X_i])}{1 - P(Z_i = 1 | X_i)} - \frac{(1 - D_i)E[Z_i | Y_i, D_i = 0, X_i]}{P(Z_i = 1 | X_i)} \qquad \text{(식 7.2.5)}$$

Angrist(2001)은 위의 식을 이용해 QTE를 적용하였다. 그는 $E[Z_i | Y_i, D_i, X_i]$ 의 probit 모형을 $D_i = 0$ 인 부분 표본과 $D_i = 1$ 인 부분 표본에 대해 따로 추정하고, (식 7.2.5)를 이용해 $E[\kappa_i | Y_i, D_i, X_i]$를 구한 후, [0, 1] 구간을 벗어나는 $E[\kappa_i | Y_i, D_i, X_i]$의 추정치에는 0 또는 1의 값을 부여한다. 이와 같이 음(−)이 아닌 $E[\kappa_i | Y_i, D_i, X_i]$의 1단계 추정치들을 가중치로 사용해 Stata의 ‘qreg’ 명령어를 실행함으로써, 2단계에서 가중 분위회귀 추정치를 구할 수 있다.[9]

[8] κ_i는 “순응자들을 찾아 주기 때문에” κ_i의 기대값은 확률 값이다. Abadie, Angrist and Imbense(2002; lemma 3.2)에는 이 결과가 정식으로 표현되어 있다.

[9] 이를 단계별로 설명하면 다음과 같다.

1. $D_i = 0$인 부분 표본과 $D_i = 1$인 부분 표본에 대해 각각 종속변수가 Z_i이고 설명변수가 Y_i와 X_i인 probit 모형을 추정한다. 여기서 구한 probit 예측치들을 저장한다.
2. 전체 표본에 대해 따로 종속변수가 Z_i이고 설명변수가 X_i인 probit 모형을 따로 추정한다. 여기서 구한 probit 예측치들을 저장한다.
3. 위에서 구한 두 종류의 예측치들을 (식 7.2.5)에 대입해 $E[\kappa_i | Y_i, D_i, X_i]$를 구한다. 0보다 작은 값은 0으로, 그리고 1보다 큰 값은 1로 치환한다.
4. 이렇게 구한 κ들을 분위회귀모형의 가중치로 사용한다.
5. 위의 전체 과정을 반복하는 붓스트랩법을 적용해 표준 오차를 구한다.

훈련이 훈련받은 사람들 임금의 분위에 미치는 효과를 보여주는 추정치

직업훈련 협력법(Job Training Partnership Act: JTPA)은 1980년대 미국의 저소득층 노동자들에게 훈련을 제공하는 대규모 연방 프로그램이었다. 미국 전역에 자리 잡고 있는 649개의 지점(서비스 전달 지역(Service Delivery Areas: SDA)이라고도 부른다)에서 JTPA 서비스가 제공되었다. JTPA 서비스의 노동시장 효과를 다룬 최초의 연구는 무작위 훈련배정 후 최소 30개월 동안 지속적으로 임금자료를 확보할 수 있었던 남성과 여성들의 표본을 사용하였다.[10] (임금 자료는 주정부의 실업보험 기록이나 두 번의 후속 설문조사를 통해 확보하였다.) 분석된 표본은 30개월 동안의 임금 정보가 확보된 5,102명의 성인 남성들이다.

우리의 수식에서 Y_i는 30개월 동안의 임금, D_i는 JTPA 서비스에 등록했는지의 여부, 그리고 Z_i는 무작위로 배정된 JTPA 서비스 '제안(offer)'을 받았는지의 여부를 나타낸다. 새로운 약이나 치료법의 경우와 마찬가지로, 대부분의 무작위 사회실험에서 나타나는 중요한 특성 중 하나는 일부 참여자들이 자신들에게 제안된 정책 처치를 거절하고 받지 않는다는 것이다. JTPA에서는 서비스 제안을 받은 사람들을 강제로 훈련에 참여시키지 않았다. 그 결과, 훈련 제안을 받은 사람들 중 대략 60퍼센트 정도만이 실제로 JTPA 서비스를 제공받았다. (훈련에 대한 제안은 사람들에게 무작위로 배정하였다.) 그리하여 실제 처치를 받았는지의 여부는 부분적으로 자기선택에 근거한 것이고 잠재성과들과 상관관계를 가질 가능성이 있다. 그러나 4.4.3절에서 논의한 바와 같이, 사람들에게 훈련을 무작위로 제안하는 것은 실제 훈련 참여 여부에 대한 훌륭한 도구변수의 역할을 한다. 왜냐하면 두 변수는 명백하게 서로 상관관계를 가지고 있고, 처치 제안 여부는 잠재성과들과 독립적이기 때문이다. 게다가 통제집단 내에서 JTPA 서비스를 받은 사람들의 비중(2퍼센트 미만)이 매우 낮기 때문에, 순응자 집단에 대한 효과는 처치를 받은 사람들에 대한 효과로서 해석될 수 있다. (4.4.3절에서 논의한 바와 같이, 항시 처치자

10 Bloom *et al.*(1997)과 Orr *et al.*(1996)을 참고하라.

들이 존재하지 않는 경우, LATE는 처치를 받은 사람들에 대한 효과와 동일하다.) 전국 JTPA 연구에서 훈련 제안은 무작위로 배정되었기 때문에, 순응자들에 대한 효과의 일치추정량을 구하기 위해 여타 설명변수들은 필요하지 않다. 그러나 이와 같은 실험들에서 조차도 처치 여부와 신청자들의 개인 특성 간에 존재할 수도 있는 우연한 연관관계를 교정하고 추정치의 정확도를 높이기 위해 통상적으로는 여타 설명변수들을 통제한다. (2장을 참고하라.) 여기에서 사용되는 설명변수들은 JTPA에 지원하는 시점에 수집된 처치 이전 특성 변수들이다. 이 변수들로는 흑인 및 히스패닉 더미, 고교 졸업(GED 포함) 더미, 혼인상태 더미, 5개 그룹의 연령 더미, 그리고 지원자가 무작위 배정 직전 연도에 최소 13주 이상 취업했었는지에 관한 더미변수 등이 있다. 또한 최초로 제안 받은 서비스의 종류(교실 내 훈련, 현장훈련, 일자리 탐색 보조 및 기타)와 임금이 2단계 후속 설문조사에서 조사된 자료인지를 표시하는 더미변수가 포함되어 있다. 이들 설명변수는 분석 대상자들의 인구학적 및 사회경제적 배경들을 요약하고 있기 때문에, 분위회귀법을 통해 우리는 JTPA 실험이 인구학적 및 사회경제적으로 동일한 집단 내의 임금 분포에 어떤 영향을 미쳤는지를 확인할 수 있다.

비교의 기준을 설정하는 의미에서, <표 7.2.1>의 첫 번째 열에는 훈련이 성인 남성들에게 미치는 영향을 보여주는 OLS 추정치 및 통상적인 도구변수(2SLS) 추정치가 제시되어 있다. OLS 추정치는 \$3,754로서 정확도가 높게 추정되어 있다. 이 값은 Y_i를 D_i와 X_i에 회귀시키는 회귀모형에서 D_i의 계수이다. 이 추정치는 훈련을 받은 사람들의 자기선택을 전혀 고려하고 있지 않고 있다. <표 7.2.1>의 2SLS 추정치는 무작위로 배정된 처치 제안 Z_i를 D_i에 대한 도구변수로서 사용한다. 2SLS 추정치는 \$1,593으로서 OLS 추정치 크기의 절반 미만이고, 그 표준 오차는 \$895이다.

분위회귀 추정치들에 따르면, 훈련 여부에 따른 각 분위값의 차이는 중위값 이상에서 보다 중위값 이하 부분에서 (비율의 측면에서) 훨씬 크다. 이것은 0.15, 0.25, 0.5, 0.75 그리고 0.85 분위에 대한 분위회귀 추정치를 제시하는 <표 7.2.1>의 위쪽 우측 열들을 통해 확인할 수 있다. 구체적으로, 훈련을

표 7.2.1 JTPA 실험 자료로부터 구한 분위회귀 추정치들과 분위회귀 처치효과

A. OLS와 분위회귀 추정치들

		분위				
변수	**OLS**	**.15**	**.25**	**.50**	**.75**	**.85**
훈련의 효과	3,754 (536)	1,187 (205)	2,510 (356)	4,420 (651)	4,678 (937)	4,806 (1,055)
훈련의 영향(%)	21.2	135.6	75.2	34.5	17.2	13.4
고교 혹은 GED	4,015 (571)	339 (186)	1,280 (305)	3,665 (618)	6,045 (1,029)	5,224 (1,170)
흑인	−2,354 (626)	−134 (194)	−500 (324)	−2,084 (684)	−3,576 (1087)	−3,609 (1,331)
히스패닉	251 (883)	91 (315)	278 (512)	925 (1,066)	−877 (1,769)	−85 (2,047)
기혼	6,546 (629)	587 (222)	1,964 (427)	7,113 (839)	10,073 (1,046)	11,062 (1,093)
지난 1년 간 13주 미만 취업	−6,582 (566)	−1,090 (190)	−3,097 (339)	−7,610 (665)	−9,834 (1,000)	−9,951 (1,099)
상수	9,811 (1,541)	−216 (468)	365 (765)	6,110 (1,403)	14,874 (2,134)	21,527 (3,896)

B. 2SLS와 QTE 추정치들

		분위				
변수	**2SLS**	**.15**	**.25**	**.50**	**.75**	**.85**
훈련의 효과	1,593 (895)	121 (475)	702 (670)	1,544 (1,073)	3,131 (1,376)	3,378 (1,811)
훈련의 영향(%)	8.55	5.19	12.0	9.64	10.7	9.02
고교 혹은 GED	4,075 (573)	714 (429)	1,752 (644)	4,024 (940)	5,392 (1,441)	5,954 (1,783)
흑인	−2,349 (625)	−171 (439)	−377 (626)	−2,656 (1,136)	−4,182 (1,587)	−3,523 (1,867)
히스패닉	335 (888)	328 (757)	1,476 (1,128)	1,499 (1,390)	379 (2,294)	1,023 (2,427)
기혼	6,647 (627)	1,564 (596)	3,190 (865)	7,683 (1,202)	9,509 (1,430)	10,185 (1,525)
지난 1년 간 13주 미만 취업	−6,575 (567)	−1,932 (442)	−4,195 (664)	−7,009 (1,040)	−9,289 (1,420)	−9,078 (1,596)
상수	10,641 (1,569)	−134 (1,116)	1,049 (1,655)	7,689 (2,361)	14,901 (3,292)	22,412 (7,655)

주: 표에는 훈련이 임금에 미치는 효과를 보여주는 OLS, 분위회귀, 2SLS, QTE 추정치가 제시되어 있다. (Abadie, Angrist, and Imbens(2002)에서 발췌하였다.) 표본은 5,102명의 성인 남성들이다. 패널 B에서 훈련 여부에 대한 도구변수는 훈련 제안을 받았는지의 여부이다. 표에 제시된 공변량들 이외에도 각 모형에는 권고 받은 서비스의 종류, 연령 그룹 및 2차 후속조사의 자료가 사용되었는지를 표시하는 더미변수가 포함되어 있다. 괄호 안에는 강건한 표준 오차들이 제시되어 있다.

받은 사람들 임금의 0.85 분위값은 훈련을 받지 않은 사람들 임금의 0.85 분위값보다 약 13퍼센트 정도 높다. 반면에 0.15 분위값은 136퍼센트 정도 높다. 표의 OLS 추정치들과 마찬가지로, 이 분위회귀 계수들을 반드시 인과적으로 해석할 수는 없다. 이 값들은 훈련자들의 임금 분포와 비훈련자들의 임금 분포를 비교 기술하고 있을 뿐이다.

훈련이 임금의 중위값에 미치는 효과를 보여주는 QTE 추정치는 기준이 되는 2SLS 추정치와 비교할 때 크기는 유사하고 정확도는 떨어진다. 그러나 QTE 추정치들은 분위회귀 추정치들과는 매우 다른 패턴을 보이고 있다. 낮은 분위들에서 QTE 추정치는 자신과 대응되는 분위회귀 추정치보다 상당히 작다. 그리고 QTE 추정치들의 크기 자체도 작은 편이다. 예를 들어, 0.15 분위에 미치는 효과를 보여주는 QTE 추정치는 $121인 반면, 그에 대응되는 분위회귀 추정치는 $1,187이다. 이와 비슷하게, 0.25 분위에 미치는 효과를 보여주는 QTE 추정치는 $702인 반면, 대응되는 분위회귀 추정치는 $2,510이다. 그러나 하위 분위에서 나타난 결과들과는 달리, 중위값 이상의 임금에 미치는 효과를 보여주는 QTE 추정치들은 크기도 크고 통계적으로 유의한 값을 갖는다. (하지만 그에 대응하는 분위회귀 추정치들에 비해서는 작은 값이다.)

성인 남성들을 대상으로 한 JTPA 훈련이 그들 임금 분포의 하위 분위들을 증가시키지 못했다는 분석결과는 위의 분석에서 발견되는 가장 흥미로운 점이다. 이는 <표 7.2.1>의 위쪽 부분에 제시된 분위회귀 추정치들이 양(+)의 선택편의에 의해 오염되어 있음을 시사한다. 이와 같은 발견에 대해, JTPA 지원자들 중 부유한 사람들이 거의 없어서 지원자들 내에서의 분포 효과는 큰 의미가 없고, 이보다는 프로그램이 전체적으로 많은 지원자들에게 도움을 준 것처럼 보인다는 사실이 더 중요하다는 식으로 생각하는 견해도 있을 수 있다. 그러나 전국 JTPA 연구에 참여했던 성인들 내에서 임금의 상위 분위는 꽤 높았다. 따라서 훈련자들 임금의 상위 꼬리 부분을 상승시키는 것이 정책 입안자들이 우선시했던 정책 목표였을 가능성은 낮다.

DEPT
OF
ECONOMETRICS
YOU ARE
PROBABLY
HERE

8장

표준적이지 않은 표준 오차들

정상 상태 도달. 반복합니다. 정상 상태 도달.
따라서 아직도 처리 안 된 문제가 있다면
그건 당신의 문제입니다.

더글러스 애덤스, 「은하수를 여행하는 히치하이커를 위한 안내서」

오늘날의 통계 소프트웨어들은 으레 표본추출 과정이나 모형 자체에 대한 약한 가정들 하에서 성립하는 점근적 표준 오차를 계산한다. 예를 들어, 우리는 Stata 옵션 'robust'를 사용해 (식 3.1.7)에 기반을 둔 회귀 표준 오차들을 구한다. 강건한 표준 오차는 회귀 잔차가 이분산성을 보일 때에도 추론이 점근적으로 적절하도록 만들기 때문에 과거식의 표준 오차보다 우수하다. (회귀모형이 비선형 조건부 평균 함수(CEF)에 근사할 때에는 거의 확실하게 회귀 잔차가 이분산성을 보인다.) 이와는 대조적으로 과거식의 표준 오차는 등분산성 가정 하에서 도출된다. 여기에서 문제는 강건한 표준 오차 추정치들에 정당성을 부여하는 점근적 근사방법이 썩 좋지 못할 때에는 강건한 표준 오차 추정치가 잘못될 수도 있다는 점이다. 이 장의 앞 부분에서는 강건한 표준 오차 추정치를 이용하는 점근적 추론이 적절하지 못한 경우와 이때 적용할 수 있는 임시적인 해결책에 대해 살펴본다.

횡단면 자료를 이용하는 전통적 추론법의 핵심(그리고 3.1.3절에서 논의한 내용)은 자료에 있는 관측치들이 서로 독립적이라는 가정이다. 각 관측치는 동일한 모집단으로부터 무작위로 추출되어 다른 관측치들과는 상관관계를 갖지 않는 것으로 취급된다. 오늘날 우리는 이러한 표본추출 모형이 비현실적이고 무모할 수도 있다는 점을 잘 알고 있다. 거시경제학에서 흔히 사용하는 시계열 연구와 비슷하게, 횡단면 자료 연구자들도 관측치들 사이의 상관관계에 대해 염려할 필요가 있다. 가장 중요한 형태의 종속관계는 그룹별 구조를 가진 자료(가령, 학급이나 학교 내에서 관측된 학생들의 시험점수)에서 발생한다. 동일한 학교나 학급의 학생들은 일련의 동일한 환경이나 가족배경의 영향을 받기 때문에 그들의 성적 사이에는 일정한 상관관계가 존재한다. 우리는 이러한 상관관계를 군집화 문제(clustering problem) 혹은 (이 문제를 유명하게 만든 Moulton(1986)의 이름을 따서) Moulton 문제라고 부른다. 이와 밀접하게 관련된 문제로서, 이중차분(DD) 추정법을 실행할 때 보통 사용하는 자료에서 나타나는 시점 간 상관관계(correlation over time)가 있다. 예를 들어, 미국의 주 단위 최저임금을 대상으로 하는 연구에서는 개별 주의 평균 고용률이 시간에 따라 서로 상관관계를 갖는다는 사실을 고려해야만 한다. Moulton 문제와 구분하기 위해 우리는 이것을 계열상관(serial correlation)의 문제라고 부른다.

군집화나 계열상관을 염려하는 연구자는 이 문제들을 처리하는 가장 간단한 방법(Stata의 'cluster' 옵션 등)이 그리 좋은 방법이 아니라는 사실을 인정해야 한다. 자료가 군집화되어 있거나 계열상관을 가지고 있을 때 적절한 점근적 근사방법은 많은 숫자의 군집들이나 시계열 관측치들을 확보하는 것이다. 그러나 많은 수의 군집이나 긴 시계열의 축복이 우리에게 항상 일어나는 것은 아니다. 이런 경우 최상의 해결책은 더 많은 자료를 확보하는 것이지만, 이때 발생하는 추론의 문제가 항상 극복 불가능한 것만은 아니다. 군집화 및 계열상관에 대한 계량경제학적 해결책은 이 장의 뒷부분에서 다루어진다. 이 장의 몇몇 주제들은 행렬대수(matrix algebra)를 사용하지 않으면 표현하기 어렵다. 그러므로 우리는 대체로 행렬을 사용하여 논의를 전개할 것이다.

8.1 강건한 표준 오차 추정치의 편의★

행렬을 이용해 $\hat{\beta}$을 표현하면 다음과 같다.

$$\hat{\beta}=\left[\sum_i X_i X_i'\right]^{-1}\sum_i X_i Y_i=(X'X)^{-1}X'y$$

여기서 X는 각 행이 X_i'인 $N\times K$ 행렬이고, y는 y_i들로 구성된 $N\times 1$ 벡터이다. 3.1.3절에서 우리는 $\hat{\beta}$이 점근적으로 정규분포를 따른다는 점을 확인하였다. 그러므로 다음과 같이 쓸 수 있다.

$$\sqrt{N}(\hat{\beta}-\beta)\sim N(0,\Omega)$$

여기서 Ω는 점근적 공분산 행렬이고, $\beta=E[X_i'X_i]^{-1}E[X_i'Y_i]$이다. (식 3.1.7)을 반복하면 이 경우 Ω의 식은 다음과 같다.

$$\Omega_r=E[X_iX_i']^{-1}E[X_iX_i'e_i^2]E[X_iX_i']^{-1} \qquad \text{(식 8.1.1)}$$

여기서 $e_i=Y_i-X_i'\beta$이다. 잔차들이 등분산성을 가지면 공분산 행렬은 간단하게 $\Omega_c=\sigma^2E[X_iX_i']^{-1}$로 표현된다. 여기서 $\sigma^2=E(e_i^2)$ 이다.

이 지점에서 우리가 염려하는 것은 독립적 표본(즉, 군집화나 계열상관이 없는 표본)에서도 강건한 표준 오차의 추정치가 편의를 가질 수 있다는 점이다. 이때의 편의를 간단히 유도하기 위해, 설명변수 벡터를 고정된 값으로 취급할 수 있다고 가정하자. (X_i를 기준으로 층화 표본을 구성하는 경우 이 가정이 성립한다.) 비확률적인 설명변수들은 유한 표본분포를 살펴볼 때 자주 사용되는 기준이 되는 표본모형을 제시한다. 위와 같이 가정함으로써 우리는 이론적으로 중요한 부분을 놓치지는 않으면서도 상당히 간단한 유도식을 구할 수 있다.

설명변수들이 고정되어 있는 경우 다음의 관계가 성립한다.

$$\Omega_r=\left(\frac{X'X}{N}\right)^{-1}\left(\frac{X'\Psi X}{N}\right)\left(\frac{X'X}{N}\right)^{-1} \qquad \text{(식 8.1.2)}$$

여기서 Ψ는 다음과 같은 잔차들의 공분산 행렬이다.

$$\Psi = E[ee'] = diag(\psi_i)$$

등분산성 가정 하에서는 모든 i에 대해 $\psi_i = \sigma^2$이 성립하므로 다음의 관계가 성립한다.

$$\Omega_c = \sigma^2 \left(\frac{X'X}{N} \right)^{-1}$$

이 식을 N으로 나누어 점근적 정규변환 부분을 제거한 후 Ω_r과 Ω_c의 대각 요소들에 제곱근을 취하면 그 값이 바로 점근적 표준 오차이다.
실제 분석에서 점근적 공분산 행렬의 요소들은 표본 적률을 이용해 추정한다. 과거식의 혹은 통상적인 공분산 행렬 추정량은 다음과 같다.

$$\widehat{\Omega}_c = (X'X)^{-1}\hat{\sigma}^2 = (X'X)^{-1}\left(\sum \frac{\hat{e}_i^2}{N} \right)$$

여기서 $\hat{e}_i = Y_i - X_i'\hat{\beta}$는 회귀 잔차 추정치이고, $\hat{\sigma}^2$은 다음과 같은 잔차 분산의 추정치이다.

$$\hat{\sigma}^2 = \sum \frac{\hat{e}_i^2}{N}$$

이에 대응하는 강건한 공분산 행렬 추정량은 다음과 같다.

$$\widehat{\Omega}_r = N(X'X)^{-1}\left(\sum \frac{X_i X_i' \hat{e}_i^2}{N} \right)(X'X)^{-1} \qquad \text{(식 8.1.3)}$$

우리는 가운데 괄호 안의 부분을 $\sum \frac{X_i X_i' \hat{\psi}_i}{N}$ 형식을 가진 추정량이라고 생각할 수 있다. 이때 $\hat{\psi}_i = \hat{e}_i^2$은 ψ_i의 추정치이다.
대수의 법칙과 슬러츠키 정리에 의해 $N\widehat{\Omega}_c$는 Ω_c에, 그리고 $N\widehat{\Omega}_r$는 Ω_r에 확률적으로 수렴한다. 그러나 유한표본에서는 두 분산 추정량 모두 편의를 가진다. $\widehat{\Omega}_r$에 내재한 편의는 전통적인 최소제곱법 이론으로부터 잘 알려져 있고 교정하기도 수월하다. 이것보다 덜 알려져 있는 점은 잔차들이 등분산성을 갖는 경우 강건한 추정치가 통상적인 추정치보다 더 큰 (아마도 상당히 더 큰) 편의를 갖게 된다는 점이다. 이러한 사실로부터 우리는 이분산성이 크지 않은 경우에는 강건한 표준 오차가 통상적인 표준 오차보다 더 잘못될 수 있다는 결론에 이른다. 정확도에 대해 심각하게 잘못된 판단을 내리지 않기 위해, 우리는 과거식의 표준 오차와 강건한 표준 오차 중 더 큰 것을 사용하자는 경험규칙(rule of thumb)을 제안한다.

우리는 $\hat{\Omega}_c$의 편의로부터 분석을 시작하고자 한다. 설명변수들이 고정되어 있는 경우 다음의 관계가 성립한다.

$$E[\hat{\Omega}_c] = (X'X)^{-1}\hat{\sigma}^2 = (X'X)^{-1}\left(\sum \frac{E(\hat{e}_i^2)}{N}\right)$$

$E[\hat{e}_i^2]$ 를 분석하기 위해 $\hat{e} = y - X\hat{\beta}$ 을 다음과 같이 전개해 보자.

$$\hat{e} = y - X(X'X)^{-1}X'y = \left[I_N - X(X'X)^{-1}X'\right](X\beta + e) = Me$$

여기서 e는 모집단 잔차들의 벡터는 $M = I_N - X(X'X)^{-1}X'$ 으로서 i번째 행이 m_i'인 고정된 잔차 생성 행렬이고, I_N은 $N \times N$ 단위행렬이다. 그리하여 $\hat{e}_i = m_i'e$가 성립하고, 또한 다음의 관계가 성립한다.

$$\begin{aligned} E(e_i^2) &= E(m_i'ee'm_i) \\ &= m_i'\Psi m_i \end{aligned}$$

이를 보다 더 간단히 표현하기 위해, $m_i = l_i - h_i$라고 써 보자. 이때 l_i는 I_N의 i번째 열이고, $h_i = X(X'X)^{-1}X_i$ 는 사영행렬 $H = X(X'X)^{-1}X'$ 의 i번째 열이다. 그리하여 다음의 관계가 성립한다.

$$\begin{aligned} E(\hat{e}_i^2) &= (l_i - h_i)'\Psi(l_i - h_i) \\ &= \psi_i - 2\psi_i h_{ii} + h_i'\Psi h_i \end{aligned} \qquad (식\ 8.1.4)$$

여기서 H의 i번째 대각요소인 h_{ii}는 다음의 관계를 만족한다.

$$h_{ii}=h_i'h_i=X_i'(X'X)^{-1}X_i \qquad \text{(식 8.1.5)}$$

참고로, h_{ii}는 i번째 관측치의 '지레값(leverage)'이라고 부른다. 지레값을 통해 우리는 X_i의 어떤 값이 회귀선을 자신이 위치한 방향으로 어느 정도 잡아당기는지를 알 수 있다. i번째의 예측치(즉, Hy의 i번째 요소)는 다음과 같음에 유의하라.

$$\hat{Y}_i=h_i'y=h_{ii}Y+\sum_{j\neq i}h_{ij}Y_j \qquad \text{(식 8.1.6)}$$

h_{ii}가 크다는 것은 i번째 관측치가 i번째 예측치에 큰 영향을 미친다는 것을 의미한다. 설명변수가 x_i 하나인 2변량 회귀모형에서 h_{ii}는 다음과 같다.

$$h_{ii}=\frac{1}{N}+\frac{(x_i-\bar{x})^2}{\sum(x_j-\bar{x})^2} \qquad \text{(식 8.1.7)}$$

이 식에 따르면, x_i가 평균에서 멀리 떨어져 있을 때 지레값은 증가한다. (식 8.1.6)과 더불어, 우리는 h_{ii}가 [0, 1]의 구간에 있는 숫자이고 $\sum_{i=1}^{N}h_{ii}=K$(즉, 설명변수의 개수)가 성립함을 알고 있다.[1] (예를 들어, Hoaglin and Welsch(1978)을 참고하라.)

잔차들이 등분산성을 가져서 $\psi_i=\sigma^2$이라고 가정하자. 이 경우 (식 8.1.4)는 다음과 같이 단순화된다.

$$E\left(\hat{e}_i^2\right)=\sigma^2[1-2h_{ii}+h_i'h_i]=\sigma^2(1-h_{ii})^2<\sigma^2$$

따라서 $\hat{\Omega}_c$은 참값보다 작은 경향이 있다. h_{ii}의 특성을 이용해 우리는 다음과 같이 한 단계 더 나아갈 수 있다.

[1] $\sum_{i=1}^{N}h_{ii}=K$라는 성질은 H가 멱등행렬(idempotent matrix)이어서 대각합(trace)이 행렬의 계수(rank)와 같다는 사실로부터 유도된다. 또한 (식 8.1.7)을 이용해 우리는 2변량 회귀모형에서 $\sum_{i=1}^{N}h_{ii}=2$가 성립함을 확인할 수 있다.

$$\sum \frac{E\left(\hat{e}_i^2\right)}{N} = \sigma^2 \sum \frac{1-h_{ii}}{N} = \sigma^2\left(\frac{N-K}{N}\right)$$

그리하여 간단한 자유도 교정을 통해 $\hat{\Omega}_c$에 있는 편의를 바로잡을 수 있다. 즉, $\hat{\sigma}^2$식의 분모에 N이 아니라 $N-K$를 사용하는 방법이다. 이 교정방법은 대부분의 회귀분석 소프트웨어에서 초기 설정(default)되어 있다.

이제 우리는 등분산성이 성립하는 경우 $\hat{\Omega}_r$의 편의가 $\hat{\Omega}_c$의 편의보다 더 심각할 가능성이 있음을 보이고자 한다. 강건한 공분산 행렬 추정량의 기대값은 다음과 같다.

$$E\left[\hat{\Omega}_r\right] = N(X'X)^{-1}\left(\sum \frac{X_i X_i' E\left(\hat{e}_i^2\right)}{N}\right)(X'X)^{-1} \qquad \text{(식 8.1.8)}$$

여기서 $E\left[\hat{e}_i^2\right]$는 (식 8.1.4)와 같다. 등분산성이 성립하는 경우 $\psi_i = \sigma^2$이고, $\hat{\Omega}_c$에서와 같이 $E\left[\hat{e}_i^2\right] = \sigma^2(1-h_{ii})$ 이 성립한다. 그러므로 $\hat{e}_i^2$의 편의는 강건한 표준 오차를 작게 만드는 경향이 있음이 확실하다. 그러나 (식 8.18)과 같은 일반식의 값을 구하기는 어렵다. Chesher and Jewitt(1987)가 증명한 바에 따르면, 이분산성이 "과도하지" 않다면 $\hat{\Omega}_r$에 기반을 둔 강건한 표준 오차는 사실 하향 편의(biased downward)를 갖는다.[2]

$\hat{\Omega}_r$이 $\hat{\Omega}_c$보다 "더 큰 편의"를 가질 수 있다는 것을 우리는 어떻게 아는가? 이것은 Monte Carlo 시뮬레이션을 이용한 증거(예를 들어, MacKinnon and White(1985) 및 아래에서 논의되는 본서 저자들의 간단한 연구)로부터 일부 확인할 수 있다.

여기에서 우리는 2변량의 경우에 대해 이를 증명한다. 즉, 단일 설명변수 $\tilde{x}_i$가 평균으로부터의 편차 형식(deviations-from-mean form)을 취하고 있어, 모수가 하나만 존재한다고 가정한다. 이 경우 관심대상 추정량은 $\hat{\beta}_1 = \frac{\Sigma \tilde{x}_i Y_i}{\Sigma \tilde{x}_i^2}$ 이고

[2] 구체적으로, 가장 큰 ψ_i의 값 대 가장 작은 ψ_i의 값의 비율이 2보다 작다면, 강건한 표준 오차는 하향 편의를 갖는다.

지레값은 $h_{ii} = \frac{\widetilde{x}_i^2}{\Sigma \widetilde{x}_i^2}$ 이다. (평균으로부터의 편차를 만드는 과정에서 상수가 상쇄되기 때문에 (식 8.1.7)에 있는 $\frac{1}{N}$ 부분은 사라진다.) $s_x^2 = \frac{\Sigma \widetilde{x}_i^2}{N}$ 이라고 정의하자. 통상적인 공분산 추정량의 경우 다음의 관계가 성립한다.

$$E[\widehat{\Omega}_c] = \frac{\sigma^2}{Ns_x^2}\left[\frac{\Sigma(1-h_{ii})}{N}\right] = \frac{\sigma^2}{Ns_x^2}\left[1-\frac{1}{N}\right]$$

그러므로 이때의 편의는 작다. (식 8.18)을 이용한 간단한 계산에 따르면, 등분산성이 성립하는 경우 강건한 추정량은 다음과 같은 기대값을 갖는다.

$$\begin{aligned} E[\widehat{\Omega}_r] &= \frac{\sigma^2}{Ns_x^2}\sum\frac{(1-h_{ii})}{N}\left(\frac{\tilde{x}_i^2}{s_x^2}\right) \\ &= \frac{\sigma^2}{Ns_x^2}\sum(1-h_{ii})h_{ii} = \frac{\sigma^2}{Ns_x^2}\left[1-\Sigma h_{ii}^2\right] \end{aligned}$$

따라서 $\Sigma h_{ii}^2 > \frac{1}{N}$ 인 경우 $\widehat{\Omega}_r$ 의 편의는 $\widehat{\Omega}_c$ 의 편의보다 더 심각하다. 그리고 설명변수의 지레값이 일정한 경우(즉, 모든 i 에 대해 $h_{ii} = \frac{1}{N}$ 인 경우)가 아닌 한 Jensen의 부등식에 의해 $\Sigma h_{ii}^2 > \frac{1}{N}$ 이 성립한다.[3]

한편 ψ_i 의 보다 나은 추정량 $\hat{\psi}_i$ 을 구하려고 노력함으로써 $\widehat{\Omega}_r$ 의 편의를 줄일 수 있다. White(1980a) 및 이 장의 서두에서 제안한 바와 같이, 추정치 $\widehat{\Omega}_r$ 은 $\hat{\psi}_i = \hat{e}_i^2$ 라고 설정된다. MacKinnon and White(1985)이 설명하는 잔차 분산의 추정치들에는 이 식 이외에도 세 개의 다른 식들이 포함되어 있다. 즉,

[3] h_{ii} 를 균일분포(uniform distribution)를 따르는 확률변수라고 생각해 보자. 이 경우 h_{ii} 가 고정된 상수가 아닌 한 Jensen의 부등식에 의해 다음의 두 관계가 성립한다.

$$E[h_{ii}] = \frac{\Sigma h_{ii}}{N} = \frac{1}{N}$$

$$E\left[h_{ii}^2\right] = \frac{\Sigma h_{ii}^2}{N} > (E[h_{ii}])^2 = \left(\frac{1}{N}\right)^2$$

그러므로 $\Sigma h_{ii}^2 > \frac{1}{N}$. 지레값이 일정한 경우는 $(\widetilde{x}_i)^2$ 이 일정할 때 발생한다.

$$HC_0 : \hat{\psi}_i = \hat{e}_i^2$$

$$HC_1 : \hat{\psi}_i = \frac{N}{N-K}\hat{e}_i^2$$

$$HC_2 : \hat{\psi}_i = \frac{1}{1-h_{ii}}\hat{e}_i^2$$

$$HC_3 : \hat{\psi}_i = \frac{1}{(1-h_{ii})^2}\hat{e}_i^2$$

HC_1 은 $\hat{\Omega}_c$에 사용된 것과 같은 단순 자유도 교정이다. HC_2는 지레값을 사용해 잔차가 등분산성을 가질 때 i번째 잔차의 분산에 대한 불편추정량을 구한다. 그리고 HC_3는 재크나이프 추정량(jackknife estimator)에 근사한다.[4] 우리가 보았던 응용사례들에서는 HC_0, HC_1, HC_2, HC_3를 순차적으로 사용함에 따라 표준 오차 추정치가 점차 커지는 경향이 있다. 그러나 이러한 경향은 하나의 증명된 정리는 아니다.

붓스트랩법에 대해 잠시 살펴보기

붓스트랩법(bootstrapping)은 표본을 반복적으로 재추출해 추론에 이용하는 방법으로서 점근적 수식에 기반을 둔 추론방법에 대한 하나의 대안을 제시한다. 붓스트랩 표본은 주어진 원자료로부터 추출한 표본이다. 다시 말해, 크기가 N인 표본이 있을 때 이 표본을 마치 모집단인 것처럼 취급하여 이 표본으로부터 반복적으로 관측치들을 (복원) 추출한다. 붓스트랩 표본분포는 이와 같이 추출된 표본들에서 구한 추정치가 따르는 확률분포이다. 직관적으로 말해, 주어진 원표본으로부터 표본을 재추출하는 방식을 통해 구한 표

4 재크나이프 분산 추정량은 한 번에 하나씩의 관측치를 제외시키는 방법으로 생성한 경험적 분포를 이용해 표본 분산을 추정한다. Stata는 HC_1, HC_2 및 HC_3를 계산한다. 연구자는 Messer and White(1984)에서 제안하는 기발한 방법을 사용할 수도 있다. 즉, Y_i와 X_i를 $\sqrt{\hat{\psi}_i}$로 나누고 이렇게 변형된 모형에서 연구자가 원하는 형식의 $\hat{\psi}_i$를 선택한 후, 이에 대한 도구변수로서 $X_i/\sqrt{\hat{\psi}_i}$를 사용해 모형을 추정한다.

본분포는 우리가 찾고자 하는 표본분포에 대해 훌륭한 근사치를 제공할 것이라고 기대할 수 있다.

붓스트랩법을 이용해 회귀 추정치를 구하는 방법에는 여러 가지가 있다. 가장 단순한 것은 $\{Y_i, X_i\}$의 쌍을 추출하는 방법으로서 보통 "쌍 붓스트랩(pairs bootstrap)" 혹은 "비모수 붓스트랩(nonparametric bootstrap)"이라고 부른다. 또 다른 방법으로는, X_i의 값들을 고정시키고 잔차($\hat{e}_i$)의 분포로부터 숫자를 추출한 후, 종속변수 예측치와 추출된 잔차를 이용해 각 관측치의 종속변수 값을 구축하는 방법이다. 모수적 붓스트랩의 한 유형인 이 방법에서는 비확률 설명변수가 추출되었던 그 표본을 그대로 사용함으로써 X_i와 회귀잔차가 서로 독립이 되도록 만든다. 다른 한편으로, 우리가 이분산성을 따르는 표준 오차에 관심을 가진다면 이들 간의 독립성은 필요하지 않다. 와일드 붓스트랩(wild bootstrap)이라고 불리는 또 다른 잔차 붓스트랩법에서는 0.5의 확률로 $X_i'\hat{\beta}+\hat{e}_i$를 추출하고, 0.5의 확률로 $X_i'\hat{\beta}-\hat{e}_i$를 추출한다. (예를 들어, Mammen(1993)과 Horowitz(1997)을 참고하라.) 이 방법에서는 잔차와 설명변수들 사이에 평균 독립성이라는 제약을 부과하면서도, 잔차의 분산과 원표본에서 관측된 X_i 사이의 관계를 그대로 유지한다. 이 제약이 참인 경우에 붓스트랩 추론방법은 더 좋아진다.

붓스트랩법은 컴퓨터를 이용해 점근적 표준 오차를 직접 계산하는 데 유용한 방법이다. 추정치의 점근분포가 계산하기 어렵거나 혹은 여러 단계를 거쳐야 하는 경우에 특별히 붓스트랩을 이용하는 방법이 유용하다. (예를 들어, 7장에서 논의한 분위회귀 추정치나 분위 처치효과 추정치를 구하기 위해서는 확률밀도를 추정할 필요가 있다.) 반면에, OLS 추정치들의 표준 오차를 구하는 점근 식을 유도하거나 그 값을 구할 때에는 대체로 큰 어려움이 없다.

현재의 맥락에 보다 깊은 관련이 있는 것은 붓스트랩법을 사용해 추론을 향상시키는 문제이다. 추론의 향상은 대체로 다음과 같은 두 가지 형태로 이루어진다. (1) 일치추정량의 유한표본 편의(예를 들어, 강건한 표준 오차 추정치의 편의)를 줄이기, (2) 검정통계량의 붓스트랩 표본분포가 점근적 근사방법보다 관심대상 유한 표본분포에 더 근사할 수 있다는 사실을 이용하는 추론방법 도출하기. 이들 두 특성을 점근적 세련화(asymptotic refinements)라고 부른다. (예를 들어, Horowitz(2001)를 참고하라.)

여기에서 우리의 주된 관심대상은 붓스트랩을 사용해 점근적 세련화를 달성하는 방법이다. 회귀추정치의 점근분포는 계산하기 쉽다. 하지만 우리는 전통적인 강건 공분산 추정치(HC_0)에 편의가 있지는 않는지 걱정스럽다. 붓스트랩을 사용해 이때의 편의를 추정할 수 있고, 간단한 변형을 거치면 편의가 보다 적은 표준 오차 추정치를 구할 수도 있다. 그러나 최소한 현재에는 회귀분석 표준 오차의 편의를 붓스트랩법을 이용해 교정하는 방법이 실제 실증분석에서 자주 사용되고 있지는 않다. 그 이유는 아마도 편의 계산이 자동화되어 있지 않고, 붓스트랩을 이용한 편의 교정에서 새로운 변동성이 추가되기 때문일 것이다. 회귀 계수와 같은 간단한 추정치들의 경우, HC_2 나 HC_3 같은 분석적 편의 교정법은 쉽게(예를 들어, Stata에서는) 적용가능하다. 또한 '점근적으로 중심축인(asymptotically pivotal)' 통계량을 이용해 가설검정(그리고 신뢰구간 추정)을 하는 데에도 점근적 세련화를 적용할 수도 있다. 점근적으로 중심축인 통계량이란 점근분포에 미지의 모수가 전혀 없는 통계량을 일컫는다. 하나의 예는 t-통계량으로서, 이 통계량은 점근적으로 표준 정규분포를 따른다. 회귀분석의 계수들은 점근적으로 중심축인 통계량이 아니다. 이들의 점근분포는 미지의 잔차 분산에 따라 달라진다. 회귀계수들에 대한 추론을 세련화시키는 방법으로서, 연구자는 t-통계량을 각 붓스트랩 표본에 대해 구한 후, 원표본으로부터 구한 t-통계량을 붓스트랩 "t-통계량의 분포"와 비교한다. 원표본 t-통계량의 절대값이 붓스트랩 분포로부터 구한 절대값 기준치(가령, 95퍼센타일)보다 큰 경우 귀무가설은 기각된다.

이론적으로 매력적인 방법이긴 하지만, 응용 연구자들인 우리는 붓스트랩을 이용해 중심축 통계량을 구하는 아이디어를 그리 좋아하지는 않는다. 그 이유 중 하나는 우리가 정식 가설검정에만 주로 관심이 있는 것이 아니기 때문이다. 우리는 회귀계수 아래 괄호 안에 표시되는 표준 오차를 보고 싶어한다. 이들 표준 오차는 추정의 정확도(precision)를 요약하는 척도로서,

신뢰구간을 설정하고 추정치들을 비교하며 지금이나 나중에 대두되는 어떤 가설을 검정하는 데 사용된다. 따라서 우리의 생각으로는, 강건한 표준 오차의 유한표본 특성을 염려하는 실증연구자는 HC_2 나 HC_3 같은 편의 교정 방법에 초점을 맞추어야 한다. 아래에서 살펴볼 바와 같이, 적어도 이분산성이 그리 강하지 않은 경우에는 전통적인 표준 오차와 편의가 교정된 표준 오차 중 더 큰 값을 사용하는 추정전략이 보다 우월한 성과를 나타내는 듯하다. 여기서 우월한 성과란 정확도의 손실은 최소화하면서 편의를 줄이는 것을 말한다.

하나의 사례

강건한 공분산 추정량들 간의 차이를 보다 잘 이해하기 위해, 이 책의 앞 장들에서 다루었던 간단하지만 중요한 사례 하나를 분석해 보자. 우리가 다음의 모형에서 β_1의 추정치에 관심을 갖고 있다고 가정하자.

$$Y_i = \beta_0 + \beta_1 D_i + \epsilon_i \quad \text{(식 8.1.9)}$$

여기서 D_i는 더미변수이다. β_1의 OLS 추정치는 D_i가 1인 사람들과 0인 사람들 사이 Y_i의 평균값의 차이이다. 이때 각 부분 표본을 하첨자 1과 0으로 표시하면, β_1의 OLS 추정치는 다음과 같다.

$$\hat{\beta} = \overline{Y}_1 - \overline{Y}_0$$

위의 식을 유도하기 위해 우리는 D_i를 비확률변수라고 간주해, $\Sigma D_i = N_1$ 과 $\Sigma(1-D_i) = N_0$이 고정되어 있다고 생각한다. 또한 $r = N_1/N$이라고 정의하자. 통계학 이론으로부터 우리는 $\hat{\beta}_1$의 일부 유한표본 특성들에 대해 알 수 있다. 즉, Y_i가 $D_i = 1$ 및 $D_i = 0$ 모집단에서 각각 정규분포를 따르고 동일한 미지의 분산을 가질 때, $\hat{\beta}_1$에 대한 통상적인 t-통계량은 t-분포를 따른다. 이것은 고전적인 2-표본 t-검정이다. 이 경우 이분산성이란 $D_i = 1$ 및 $D_i = 0$ 모집단에서 분산이 서로 다르다는 것을 의미한다. 이분산성이 있는 경우 소규모 표본을 이용해 검정하는 문제는 대단히 어려워진다. 즉, 이런 간단한 문제에서 조차도 정확한 소표본분포는 알려져 있지 않다.[5] 강건한 분산 추정치 $HC_0 \sim HC_3$는 이분산성이 있는 경우 미지의 유한 표본분포에 점근적으로 근사한다.

HC_0, HC_1, HC_2 및 HC_3 간의 차이는 D_i가 정의하는 두 집단의 표본 분산이 다루어지는 방식의 차이에 기인한다. 각 $j(=0,1)$에 대해 $S_j^2 = \Sigma_{D_i=j}\left(Y_i - \overline{Y_j}\right)^2$이라고 정의하자. 이 예에서 지레값은 다음과 같다.

$$h_{ii} = \begin{cases} \dfrac{1}{N_0} & if \quad D_i = 0 \\ \dfrac{1}{N_1} & if \quad D_i = 1 \end{cases}$$

이를 이용하는 경우, 위에서 논의한 다섯 개의 분산 추정치들이 다음과 같다는 점을 쉽게 보일 수 있다.

$$\text{통상적인 분산}: \frac{N}{N_0 N_1}\left(\frac{S_0^2 + S_1^2}{N-2}\right) = \frac{1}{Nr(1-r)}\left(\frac{S_0^2 + S_1^2}{N-2}\right)$$

$$HC_0: \frac{S_0^2}{N_0^2} + \frac{S_1^2}{N_1^2}$$

$$HC_1: \frac{N}{N-2}\left(\frac{S_0^2}{N_0^2} + \frac{S_1^2}{N_1^2}\right)$$

$$HC_2: \frac{S_0^2}{N_0(N_0-1)} + \frac{S_1^2}{N_1(N_1-1)}$$

$$HC_3: \frac{S_0^2}{(N_0-1)^2} + \frac{S_1^2}{(N_1-1)^2}$$

통상적인 추정치는 부분 표본들을 수직병합(pooling)하여 구한다. 두 분산이 동

5 이와 같은 문제를 Behrens-Fisher의 문제라고 부른다. (예를 들어, DeGroot and Schervish (2001, 8장)를 참조하라.)

일한 경우에 이 방법은 효율적이다. White(1980a) 추정량 HC_0는 일치추정량이지만 불편추정량은 아닌 분산 추정량 $\frac{S_j^2}{N_j}$를 사용해, 평균의 (서로 다른) 표본분산 추정치들을 합친다. 추정치 HC_2는 각 집단에 대한 표본 분산의 불편추정량을 사용한다. 그래야 정확하게 자유도를 교정할 수 있기 때문이다. HC_1에서는 합의 바깥에서 자유도를 교정한다. 이는 손쉬운 방법이기는 하지만 대체로 그리 정확한 방법은 아니다. 등분산성 가정 하에서는 HC_2가 표본 분산에 대한 불편추정량이기 때문에, HC_3는 참값보다는 크게 된다.[6] $r=0.5$인 경우, 즉 회귀모형의 디자인이 균형이 맞춰져 있다고 말할 수 있는 경우 통상적인 추정치는 HC_1과 동일하고, 다섯 개 모든 추정치들 사이의 차이는 전혀 없다.

(식 8.1.9)을 이용한 소규모 Monte Carlo 실험을 통해, 우리는 각 추정치의 장점과 단점들을 알 수 있다. 그리고 간단한 경험규칙을 적용해 HC 추정치들의 편의를 어느 정도 교정할 수 있는지를 확인할 수 있다. 소규모 표본이라는 이슈를 강조하기 위해 $N=30$으로, 그리고 $r=0.10$(즉, 10퍼센트가 처치집단)으로 설정하자. $r=0.10$인 경우, $D_i=1$일 때 $h_{ii}=\frac{1}{3}$이고, $D_i=0$일 때 $h_{ii}=\frac{1}{27}$이다. 이것은 매우 불균형적인 디자인이다. 그리고 다음과 같은 분포로부터 잔차를 생성한다.

$$\epsilon_i \sim \begin{cases} N(0,\sigma^2) & if \quad D_i=0 \\ N(0,1) & if \quad D_i=1 \end{cases}$$

그리고 다음 세 가지 경우에 대해 결과를 제시한다. 첫 번째 경우는 $\sigma=0.5$로 설정함으로써 이분산성을 크게 만든다. 두 번째 경우는 $\sigma=0.85$로 설정하여 이분산성을 상대적으로 작게 만든다. 기준이 되는 세 번째 경우에서는 이분산성을 허용하지 않는다.

<표 8.1.1>에 그 결과들이 제시되어 있다. (1)열과 (2)열에는 실험을 통해 생성한 25,000개의 복제 표본들로부터 구한 표준 오차 추정치의 평균과 표본

[6] 위의 간단한 예에서 HC_2는 잔차가 등분산성을 갖든 그렇지 않든 관계없이 불편추정량이다.

표 **8.1.1 강건한 표준 오차 추정치들에 대한 Monte Carlo 실험 결과**

모수 추정치	평균 (1)	표준 편차 (2)	유의수준을 5%로 설정할 경우 경험적 기각률: 정규분포 (3)	t-분포 (4)
A. 이분산성이 큰 경우				
$\hat{\beta}_1$	−.001	.586		
표준 오차들				
통상적	.331	.052	.278	.257
HC_0	.417	.203	.247	.231
HC_1	.447	.218	.223	.208
HC_2	.523	.260	.177	.164
HC_3	.636	.321	.130	.120
max(HC_0, 통상적)	.448	.172	.188	.171
max(HC_1, 통상적)	.473	.190	.173	.157
max(HC_2, 통상적)	.542	.238	.141	.128
max(HC_3, 통상적)	.649	.305	.107	.097
B. 이분산성이 작은 경우				
$\hat{\beta}_1$	.004	.600		
표준 오차들				
통상적	.520	.070	.098	.084
HC_0	.441	.193	.217	.202
HC_1	.473	.207	.194	.179
HC_2	.546	.250	.156	.143
HC_3	.657	.312	.114	.104
max(HC_0, 통상적)	.562	.121	.083	.070
max(HC_1, 통상적)	.578	.138	.078	.067
max(HC_2, 통상적)	.627	.186	.067	.057
max(HC_3, 통상적)	.713	.259	.053	.045
C. 이분산성이 없는 경우				
$\hat{\beta}_1$	−.003	.611		
표준 오차들				
통상적	.604	.081	.061	.050
HC_0	.453	.190	.209	.193
HC_1	.486	.203	.185	.171
HC_2	.557	.247	.150	.136
HC_3	.667	.309	.110	.100
max(HC_0, 통상적)	.629	.109	.055	.045
max(HC_1, 통상적)	.640	.122	.053	.044
max(HC_2, 통상적)	.679	.166	.047	.039
max(HC_3, 통상적)	.754	.237	.039	.031

주: 표에는 25,000개의 복제표본을 생성하는 실험으로부터 도출된 결과가 제시되어 있다. (1)열과 (2)열에는 '표준 오차' 추정치의 평균과 표준 편차가 제시되어 있다. 다만, 각 패널의 첫 번째 행에는 $\hat{\beta}_1$의 평균과 표준 편차가 제시되어 있다. 모형은 (식 8.1.9)에서 설명한 바와 같고, $\beta_1=0$, $r=0.1$, $N=30$으로 설정되어 있다. 이분산성 정도는 각 패널의 서두에 제시되어 있다.

편차가 제시되어 있다. $\hat{\beta}_1$의 표준 편차가 바로 우리가 추정하고자 하는 표본 표준 오차 추정치이다. 표의 패널 A에 제시되어 있는 바와 같이, 이분산성이 큰 경우 통상적인 표준 오차의 편의는 심하게 나타나, 표준 오차의 평균값은 Monte Carlo 실험디자인에서 설정한 참값의 약 절반 정도 수준이다. 반면에, 강건한 표준 오차들은 HC_3만 빼고 통상적인 표준 오차보다는 좋은 성과를 보이지만, 그 값들은 여전히 참값보다 작다.[7]

표준 오차들은 그 자체가 추정량이므로 표본 추출시의 변이를 상당히 포함하고 있다. 특별히 주목해야 하는 점은 (2)열에서 확인할 수 있는 바와 같이, 강건한 표준 오차는 통상적인 표준 오차 추정치보다 훨씬 큰 표본 추출 변이를 포함하고 있다는 점이다.[8] 표준 오차 추정치의 표본 추출 변이는 우리가 잔차를 $1-h_{ii}$로 나누거나(HC_2) 혹은 $(1-h_{ii})^2$로 나누어(HC_3) 편의를 줄이고자 할 때는 더욱 증가한다. 최악의 경우는 HC_3로서, 그것의 표준 편차는 White(1980a) 표준 오차 HC_0의 표준 편차보다 약 50퍼센트 정도 더 크다. 표의 마지막 두 열에는 이 예제의 모수로서 설정된 $\beta_1=0$이라는 가설이 유의수준을 5퍼센트로 설정하는 검정에서 실제로 어느 정도 기각되는지가 제시되어 있다. 그리고 검정통계량을 정규분포와 $N-2$ 자유도를 갖는 t-분포에 대해 비교하고 있다. 모든 검정의 경우에(심지어 HC_3의 경우조차도) 기각률은 참값보다 훨씬 더 크다. 정규분포보다는 t-분포를 사용하면 약간 더 성과가 좋아진다.

패널 B에 제시된 바와 같이, 이분산성이 작은 경우의 결과는 통상적인 표준 오차가 여전히 참값보다 작다는 점을 보여준다. 이때의 편의는 약 15퍼센트 정도 수준이다. HC_0와 HC_1도 절대값 기준으로 이전과 비슷한 정도로 참값

[7] HC_2는 표본 분산에 대한 불편추정량이지만, 표준 오차 HC_2의 평균값(0.52)은 여전히 $\hat{\beta}_1$의 표준 편차(0.59)보다 작다. 그 이유는 표준 오차가 표본 분산의 제곱근이고, 표본 분산은 추정치이므로 표본 추출시의 변이를 포함하고 있으며, 마지막으로 제곱근은 오목함수(concave function)이기 때문이다.

[8] Chesher and Austin(1991)은 강건한 표준 오차 추정치들의 표본 추출 변이가 크다는 점을 지적한다. Kauermann and Carroll(2001)은 이를 교정해 신뢰구간을 조정하는 방법을 제안한다.

보다 작으며, 통상적인 표준 오차와 비교할 때 상태가 더 나쁘다. 표준 오차 HC_2와 HC_3 도 평균적으로 통상적인 표준 오차보다 여전히 크지만, 경험적인 기각률은 통상적인 표준 오차보다 더 높다. 이는 강건한 표준 오차가 "우연한 이유 때문에" 때때로 참값보다 작게 된다는 것을 의미한다. 이러한 상황은 기각률을 높일 수 있을 만큼 충분히 자주 발생하기 때문에 이때의 기각률은 통상적인 기각률을 초과하게 된다.

위의 논의로부터 우리는 강건한 표준 오차가 만병통치약이 아니라는 교훈을 얻을 수 있다. 강건한 표준 오차는 다음 두 가지 이유 때문에 통상적인 표준 오차보다 작을 수 있다. 첫째, 위에서 논의했던 소규모 표본 편의와 둘째, 강건한 표준 오차의 높은 표본 분산 때문이다. 따라서 우리는 강건한 표준 오차가 통상적인 표준 오차보다 작은 경우에 해당하는 실증결과를 주의 깊게 살펴볼 필요가 있다. 이러한 현상은 편의나 우연한 사건 등의 결과로 일어날 가능성이 높기 때문이다. 이러한 의미에서 통상적인 표준 오차와 강건한 표준 오차 중 더 큰 값이 최상의 정확도 척도일 수 있다. 이러한 경험규칙은 다음과 같은 두 가지 측면에서 도움이 된다. 이 규칙을 적용하면 첫째, 강건한 추정치의 낮은 값들을 제거함으로써 편의를 줄이고 둘째, 변동성을 감소시킬 수 있다. <표 8.1.1>에는 $\max(HC_j,$ 통상적$)$ 규칙을 사용해 구한 경험적 기각률들이 제시되어 있다. 이와 같은 경험규칙을 이용해 구한 기각률은 패널 B에서 좋은 성과를 보이고 있고, 패널 A에 나타난 바와 같이, 이분산성이 큰 경우에도 강건한 표준 오차 하나만을 사용해 구한 기각률보다 훨씬 더 좋은 성과를 보인다.[9]

이득을 보려면 항상 비용을 지불해야 하듯이, $\max(HC_j,$ 통상적$)$ 규칙을 사용하는 데에도 일정한 비용이 따른다. 이때 비용은 이분산성이 전혀 없는 경우 가장 좋은 표준 오차는 통상적인 표준 오차 추정치라는 점 때문에 발생한다. 등분산성 하에서 두 추정치 중 최대값을 사용하면 표준 오차는 불필요

[9] Yang, Hsu and Zhao(2005)에는 서로 다른 효율성 및 강건성 특성을 갖는 일련의 검정통계량들 중 최대값을 사용해 검정하는 방법에 관한 아이디어가 정식으로 표현되어 있다.

하게 커지게 되고 기각률은 낮아지게 된다. 그럼에도 불구하고, 표에 따르면 이런 경우조차도 기각률이 그리 많이 내려가지는 않는다. 우리는 또한 정확도를 과대 추정하는 것보다는 과소 추정하는 것이 비용이 더 낮다고 판단한다. 정확도가 과소 추정됨에 따라 우리는 자료에 그리 유용한 정보가 담겨 있지 않기 때문에 더 많은 자료를 수집하거나 연구의 디자인을 개선할 필요가 있다고 생각하게 된다. 하지만, 정확도가 과대 추정되는 경우에 우리는 중요한 내용에 대해 잘못된 결론을 내릴 가능성이 높아진다.

Monte Carlo 실험을 통한 검증방법에 관한 마지막 코멘트는 소규모 표본과 관련된다. 우리와 같은 노동경제학자들은 수천 수만 혹은 그 이상의 관측치들을 다루는 데 익숙해 있다. 그러나 가끔 그렇게 하지 못할 때가 있다. 학생강제 통학(busing)이 공립학교 학생들에게 미치는 효과를 연구하면서 Angrist and Lang(2004)은 56개 학교 그룹으로 구성되어 있는 약 3,000명 학생들의 표본을 분석하였다. 이 연구에서 관심대상 설명변수는 각 학년 내에서 학교수준에서만 변동을 보유하였다. 그리하여 일부 분석에서는 56개의 학교 평균값만을 사용하였다. 따라서 당연하게도 Angrist and Lang(2004)은 학교수준 자료를 분석하면서 통상적인 (OLS 표준 오차보다 작은 값을 갖는) HC_1 표준 오차를 구하였다. 일반적으로, 연구자가 개인에 대한 미시자료로부터 출발한다고 하더라도, 관심대상 설명변수의 변동이 보다 높은 집계수준(예를 들어, 학교, 주, 혹은 여타의 그룹이나 군집)에서 존재한다면, 표본의 실질적인 크기는 개인들의 숫자보다도 군집들의 숫자에 훨씬 더 가깝게 된다. 군집화된 자료에 적용되는 추론 방법은 다음 장에서 자세히 논의된다.

8.2 패널자료에서 군집화와 계열상관

8.2.1 군집화와 Moulton 요인

이분산성 때문에 추론의 결과가 극적으로 바뀌는 경우는 거의 없다. 편의가 문제되지 않을 가능성이 높은 대규모 표본에서, 통상적인 표준 오차 대신 HC_1 표준 오차를 사용하는 경우 표준 오차의 크기가 약 25퍼센트 정도 증가하는 경우가 있기는 하다. 이와는 대조적으로, 군집화(clustering)는 추정결과에 상당한 차이를 야기할 수도 있다.

그룹구조를 가진 자료에 대해 간단한 2변량 모형을 추정함으로써 군집화 문제를 좀 더 자세히 살펴보자. 우리가 다음과 같은 2변량 회귀모형에 관심이 있다고 가정하자.

$$Y_{ig} = \beta_0 + \beta_1 x_{\mathrm{g}} + e_{ig} \qquad \text{(식 8.2.1)}$$

여기서 Y_{ig}는 군집 혹은 그룹 g에 속한 개인 i의 종속변수이다. 총 G개의 그룹이 있다. 중요한 것은 관심대상 설명변수 x_{g}가 그룹의 수준에서 변동한다는 점이다. 예를 들어, Krueger(1999)가 분석한 STAR 실험자료의 형태는 학급 g에 속한 학생 i의 시험점수 Y_{ig}와 학급규모 x_{g}이다.

STAR 실험에서 학생들은 학급에 무작위로 배정되었지만, STAR 자료에서 상이한 관측치들은 서로 간에 독립적일 가능성이 거의 없다. 동일한 학급에 속한 학생들의 시험점수 사이에는 상관관계가 존재하는 경향이 있다. 왜냐하면 동일한 학급에 속한 학생들은 동일한 배경 특성을 공유하고 동일한 교사 및 교실 환경에 노출되기 때문이다. 따라서 g라는 동일한 학급에 속한 i와 j라는 두 학생 사이에는 다음의 관계가 성립한다고 가정하는 것이 현명하다.

$$E[e_{ig} e_{jg}] = \rho_e \sigma_e^2 > 0 \qquad \text{(식 8.2.2)}$$

여기서 ρ_e는 잔차의 학급 내 상관계수(intraclass correlation coefficient)이고, σ_e^2

는 잔차의 분산이다.

그룹 내 상관관계 모형은 대개 확률효과가 더해지는 형식으로 설정된다. 구체적으로, 우리는 잔차 e_{ig}가 다음과 같은 그룹구조를 갖는다고 가정한다.

$$e_{ig} = v_g + \eta_{ig} \qquad \text{(식 8.2.3)}$$

여기서 v_g는 학급 g에 고유한 확률적 요인이고, η_{ig}는 잔여의 학생수준 오차 요인으로서 평균이 0이다. 여기에서 우리는 상관관계라는 문제에 초점을 두고 있으므로, 이들 두 오차 요인은 등분산성을 갖는다고 가정한다. 그룹수준 오차 요인이 그룹 내 상관관계 전부를 잡아낸다고 가정하기 때문에 η_{ig}는 서로 상관관계를 갖지 않는다고 가정할 수 있다.[10]

관심대상 설명변수가 그룹수준에서만 변동할 때, (식 8.2.3)과 같은 오차항 구조는 표준 오차를 급격하게 증가시킬 수 있다. 이런 불행한 사실이 새로운 발견은 아니지만, — Kloek(1981)과 Moulton(1986)은 공히 이 점을 이미 지적하였다 — 약 15년 전까지만 해도 군집화를 고려하는 것은 응용 계량경제학 시대정신의 일부가 되지는 못했다고 말해야 옳을 듯하다.

(식 8.2.3)의 오차항 구조가 주어져 있을 때 학급 내(intraclass) 상관계수는 다음 식과 같이 된다.

$$\rho_e = \frac{\sigma_v^2}{\sigma_v^2 + \sigma_\eta^2}$$

여기서 σ_v^2는 v_g의 분산이고, σ_η^2는 η_{ig}의 분산이다. 여기서 용어를 정리하자면, 관심대상 그룹이 학급이 아닌 일반적인 경우에 ρ_e를 '급내 상관계수

[10] 이런 종류의 잔차 상관관계 구조는 층화 표본 추출(stratified sampling)을 시행한 결과로서 나타나기도 한다. (예를 들어, Wooldridge(2003)을 참고하라.) 우리가 다루는 대부분의 표본들은 거의 무작위 표본에 가깝기 때문에, 우리가 염려하는 것은 대체로 층화로 인한 군집화보다는 그룹구조로 인한 상호연관성이다. 설명변수가 각 그룹 내에서 일정하기 때문에, (식 8.2.3)의 오차항 구조를 갖는 (식 8.2.1)의 경우 GLS 추정량은 존재하지 않는다는 점에 유의하라. 아무튼 다른 경우들과 마찬가지로 여기에서도, 우리는 GLS보다는 "표준 오차를 교정하는" 접근법을 더 선호한다.

(intraclass correlation coefficient)'라고 부른다.

$V_c(\hat{\beta}_1)$를 회귀선 기울기의 통상적인 OLS 분산식(즉, 앞 장에서 살펴본 Ω_c의 대각요소)이라고 정의하자. 반면에 $V(\hat{\beta}_1)$는 오차항 구조가 (식 8.2.3)일 때 표본 분산의 참값이라고 가정하자. 그룹수준에서 동일한 값을 갖는 비확률적 설명변수들이 주어져 있고 각 그룹의 구성원 수는 n으로 모두 동일한 경우, 다음과 같은 관계가 성립한다.

$$\frac{V(\hat{\beta}_1)}{V_c(\hat{\beta}_1)} = 1 + (n-1)\rho_e \qquad \text{(식 8.2.4)}$$

이 식의 유도방법은 이 장의 부록에 제시되어 있다. Moulton(1986)의 영향력 있는 연구를 기념하여, 이 비율의 제곱근을 Moulton 요인이라고 부른다. (식 8.2.4)를 통해 우리는 급내 상관관계를 무시하는 경우 정확도가 어느 정도 과대 추정되는지를 알 수 있다. n과 ρ_e가 커짐에 따라 통상적인 표준 오차는 참값으로부터 점점 더 멀어진다. 예를 들어, $\rho_e = 1$이라고 가정하자. 이 경우 한 그룹 내의 모든 오차항들은 동일하고, 그리하여 Y_{ig}의 값도 마찬가지로 동일하다. 소규모의 자료파일을 n번 복사함으로써 자료파일을 더 크게 만드는 것은 전혀 새로운 정보를 생성하지 못한다. 따라서 $V_c(\hat{\beta}_1)$이라는 새로운 분산은 원래의 분산 $V_c(\hat{\beta}_1)$에 n을 곱해 크기를 키워야 한다. Moulton 요인은 그룹 내 관측치 수가 클수록 크다. 왜냐하면 전체 표본의 크기가 주어져 있을 때 그룹의 크기가 크다는 것은 군집의 수가 적다는 의미이고, 이 경우 표본 내에 독립적인 정보는 더 적기 때문이다.[11] (그 이유는 자료가 군집들 간에는 독립적이지만 하나의 군집 내에서는 독립적이지 않기 때문이다.)

급내 상관계수가 작은 경우에서 조차도 Moulton 요인은 큰 값을 가질 수 있다. 예를 들어, Angrist and Lang(2008)에서는 4,000명의 학생들이 40개의 학교

11 설명변수가 비확률변수이고 잔차가 등분산성을 갖는 경우, Moulton 요인은 유한표본에서 성립하는 결과이다. 설문조사 전문 통계학자들은 Moulton 요인을 '디자인 효과(design effect)'라고 부른다. 왜냐하면 이것을 통해 우리는 층화 표본에서 구한 표준 오차를 단순 무작위 표본추출로부터 벗어나는 정도를 고려해 어느 정도 조정해 주어야 하는지를 알 수 있기 때문이다.

들에서 그룹을 형성하고 있으므로 n의 평균은 100이다. 관심대상 설명변수는 학교수준 처치상태이다. 즉, 처치집단 학교의 모든 학생들에게 입학시험에 통과하는 경우 현금보상을 받을 수 있는 자격이 주어졌다. 이 연구에서 학급 내(즉, 급내) 상관계수는 0.1을 중심으로 위 아래로 변동한다. (식 8.2.4)의 공식을 적용하면 Moulton 요인은 3을 초과하므로, 초기설정에 의해 제시되는 표준 오차는 참값의 약 1/3 정도에 불과하다.

(식 8.2.4)는 설명변수가 그룹 내에서 일정하고 그룹의 크기가 그룹별로 동일한 중요하고도 특수한 사례를 포괄한다. 일반화된 식에서는 설명변수 x_{ig}가 개인 수준에서 변동할 수 있고, 또한 그룹의 크기 n_g도 그룹 간에 서로 다를 수 있다. 이 경우 Moulton 요인은 아래 식의 제곱근이다.

$$\frac{V(\hat{\beta}_1)}{V_c(\hat{\beta}_1)} = 1 + \left[\frac{V(n_g)}{\bar{n}} + \bar{n} - 1\right]\rho_x \rho_e \qquad \text{(식 8.2.5)}$$

여기서 $\bar{n}$는 그룹의 평균 크기이고, ρ_x는 x_{ig}의 급내 상관계수로서 다음과 같이 표현된다.

$$\rho_x = \frac{\sum_g \sum_j \sum_{i \neq j} (x_{ig} - \bar{x})(x_{jg} - \bar{x})}{V(x_{ig}) \sum_g n_g (n_g - 1)}$$

ρ_x에는 (식 8.2.3)과 같은 분산의 구성요소 제약이 부과되어 있지 않다. 여기서 ρ_x는 설명변수의 그룹 내 상관관계를 측정하는 일반적인 척도이다. 일반화된 Moulton 공식에 의하면, 군집화가 표준 오차에 보다 큰 영향을 미치는 상황은 그룹의 크기가 그룹들 간에 상이하고 ρ_x가 큰 경우이다. $\rho_x = 0$인 경우에 그 영향은 사라진다. 다시 말해, x_{ig}의 값들이 그룹 내에서 서로 상관관계를 갖지 않으면, 그룹화된 오차항 구조는 표준 오차에 아무런 영향도 미치지 않는다. 이것이 바로 관심대상 설명변수가 그룹 내에서 일정한 경우의 군집화에 대해 우리가 심각하게 생각하는 이유이다.

테네시의 STAR 사례를 이용해 (식 8.2.5) 공식을 적용해 보자. 유치원 학생들의 백분위 점수를 학급규모에 회귀시키는 분석을 통해 도출한 추정치는 −0.62이고 강건한 표준 오차(HC_1)는 0.09이다. 이 경우에서, 학급규모는 학급 내에서 고정되어 있기 때문에 $\rho_x = 1$ 이다. 그리고 학급규모는 차이가 있기 때문에 $V(n_g)$ 은 양수이다. (이 경우, $V(n_g)$=17.1이다.) 잔차들의 급내 상관계수는 0.31이고 평균 학급규모는 19.4이다. 이들 숫자를 (식 8.2.5)에 대입하면 $\frac{V(\hat{\beta}_1)}{V_c(\hat{\beta}_1)}$는 대략 7 정도의 값이 되므로, 통상적인 표준 오차에 $2.65 = \sqrt{7}$를 곱해야 한다. 따라서 교정된 표준 오차는 약 0.24이다.

Moulton 요인은 2SLS 추정치들에 대해서도 비슷하게 적용된다. 구체적으로, ρ_x 대신에 $\rho_{\hat{x}}$를 대입하면 (식 8.2.5)를 사용할 수 있다. 여기에서 $\rho_{\hat{x}}$는 1단계 예측치들의 급내 상관계수이고, ρ_e는 2단계 잔차들의 급내 상관계수이다 (Shore-Sheppard, 1996). 이 관계가 성립하는 이유를 이해하기 위해, 2SLS의 통상적인 표준 오차는 2단계식의 잔차 분산을 1단계 예측치의 분산으로 나눈 값으로부터 도출된다는 점을 기억하자. 1단계 예측치가 설명변수의 역할을 하기 때문에, 이 식은 OLS의 경우와 동일한 점근적 분산 공식이다.

결론적으로, 우리는 Moulton 문제에 대한 여러 해법들을 다음과 같이 나열하고 비교하고자 한다. 위에서 논의했던 모수적 접근법으로부터 시작해 보자.

1. **모수적 접근법** : (식 8.2.5)를 사용해 통상적인 표준 오차를 교정하라. 급내 상관계수 ρ_e와 ρ_x는 쉽게 계산할 수 있고, 일부 통계 프로그램에서는 기술통계량으로서 제공된다.[12]
2. **군집화된 표준 오차** : Liang and Zeger(1986)는 White(1980a)의 강건한 공분산 행렬을 일반화시켜 이분산성뿐만 아니라 군집화도 허용한다. 군집화된 공분산 행렬은 다음과 같다.

$$\hat{\Omega}_{cl} = (X'X)^{-1}\left(\sum_g X_g' \hat{\Psi}_g X_g\right)(X'X)^{-1} \qquad \text{(식 8.2.6)}$$

12 예를 들어, Stata의 'loneway' 명령어를 사용해 보라.

이 식에서

$$\hat{\Psi}_g = a\hat{e}_g\hat{e}_g{}'$$

$$= a\begin{bmatrix} \hat{e}_{1g}^2 & \hat{e}_{1g}\hat{e}_{2g} & \cdots & \hat{e}_{1g}\hat{e}_{n_g g} \\ \hat{e}_{1g}\hat{e}_{2g} & \hat{e}_{2g}^2 & \cdots & \vdots \\ \vdots & \vdots & \ddots & \hat{e}_{n_g-1,g}\hat{e}_{n_g g} \\ \hat{e}_{1g}\hat{e}_{n_g g} & \cdots & \hat{e}_{n_g-1,g} & \hat{e}_{n_g g}^2 \end{bmatrix}$$

여기에서 X_g는 그룹 g의 설명변수 행렬이고, a는 HC_1에서 있는 것과 유사한 자유도 조정 요인이다. 식 (8.2.3)과 같은 모수적 모형뿐만 아니라 다른 어떠한 그룹 내 상관관계 구조가 주어지더라도, 군집화된 추정량은 그룹의 수가 증가함에 따라 일치추정량으로 수렴한다. 그러나 그룹의 크기(즉, 그룹 내 관측치의 수)가 무한대로 갈 때조차도, 그룹의 수가 고정되어 있다면 $\hat{\Omega}_{cl}$는 일치추정량이 아니다. 추정치의 일치성 여부는 대수의 법칙에 의해 결정된다. 즉, 모집단 적률에 수렴할 수 있는 표본 적률을 사용한다. (3.1.3장의 논의를 참고할 것.) 그러나 여기에서 합하는 연산은 개인에 대해서가 아니라 그룹에 대해 적용되고 있다. 따라서 군집화된 표준 오차는 군집의 수가 작은 경우에는 그리 신뢰할 만하지 않다. 이 점은 아래에서 다시 논의될 것이다.

3. **미시자료 대신에 그룹별 평균값을 이용하라**: $\bar{Y}_{ig}$를 그룹 g에서 Y_{ig}의 평균값이라고 정의하자. 그룹의 크기를 가중치로 사용해 WLS를 적용함으로써 아래의 식을 추정하라.

$$\bar{Y}_g = \beta_0 + \beta_1 x_g + \bar{e}_g$$

이는 미시자료를 사용하는 OLS와 정확히 동일하다. 그러나 그룹화된 방정식의 표준 오차는 자료의 그룹구조, 즉 (식 8.2.3)을 반영하고 있다.[13] 다시 강조하지만, 여기서 유효한 점근이론은 그룹의 크기가 아니라 그룹의 숫자를 기준으로 적용된다. 그럼에도 불구하고, 그룹의 크기가 적당히 클 경우 그룹별 평균은 정규분포에 가까운 분포를 갖기 때문에, 그룹별 평균을 이용하는 경우 정규분포를 따르는 오차항을 사용할 수 있고, 회귀추정치 또한 좋은 유한표본 특성을 보이게 된다. 따라서 그룹별 평균 자료를 이용하는 추정법으로부터 도출된 표준 오차는 군집의 수가 적은 표본에서 구한 군집화된 표준 오차와 비교할 때 더 믿음직할 가능성이 높다.

그룹별 평균 자료를 이용한 추정은 2단계 절차를 사용해 미시 공변량들을 보유한 모형으로까지 일반화될 수 있다. 관심대상 방정식이 다음과 같다고 가정하자.

$$Y_{ig} = \beta_0 + \beta_1 x_g + \beta_2 W_{ig} + e_{ig} \qquad \text{(식 8.2.7)}$$

여기서 W_{ig}는 그룹 내에서 변동하는 공변량이다. 1단계에서는 다음 식을 추정함으로써 공변량을 반영해 조정한 그룹효과 μ_g를 구한다.

$$Y_{ig} = \mu_g + \beta_2 W_{ig} + \eta_{ig}$$

그룹효과라고 불리는 μ_g는 각 그룹을 표시하는 더미변수의 계수이다. 추정치 $\hat{\mu}_g$는 그룹 평균값으로서 개인 수준 변수 W_{ig}의 차이가 반영된 값이다. (식 8.2.7)과 (식 8.2.3)에 의해 $\mu_g = \beta_0 + \beta_1 x_g + v_g$임에 주목하라. 따라서 2단계에서 우리는 그룹효과 추정치를 그룹수준 변수들에 다음과 같이 회귀시킨다.

$$\hat{\mu}_g = \beta_0 + \beta_1 x_g + \left\{ v_g + \left(\hat{\mu}_g - \mu_g \right) \right\} \qquad \text{(식 8.2.8)}$$

(식 8.2.8)의 효율적인 GLS 추청량은 WLS로서, 여기에서 사용하는 가중치는 그룹수준 잔차 $\left\{ v_g + (\hat{\mu} - \mu_g) \right\}$의 분산 추정치의 역수이다. 이것은

13 그룹의 크기가 동일하지 않은 한, 그룹화된 잔차들은 이분산성을 갖는다. 그러나 이보다 더 중요한 점은 오차항이 미시자료에서 그룹구조를 갖는다는 사실이다.

문제가 될 수 있다. 왜냐하면 그룹이 몇 개 되지 않을 때 v_g의 분산은 제대로 추정되지 않기 때문이다. 따라서 가중치로서 그룹효과 추정치의 분산의 역수나 그룹의 크기를 사용해 가중하거나 혹은 전혀 가중치를 사용하지 않는 방법을 생각해 볼 수 있다.[14] 적절한 유한 표본분포에 더 잘 근사하기 위한 노력의 일환으로서, Donald and Lang(2007)은 (식 8.2.8)과 같이 그룹화된 방정식을 이용해 추론할 때는 자유도가 (G-K)인 t-분포를 이용할 것을 제안한다.

그룹별 평균을 사용하는 접근방법은 x_{ig}가 그룹 내에서 변동할 때에는 적절한 방법이 아니다. 우리가 4장에서 살펴본 바와 같이, x_{ig}를 평균한 값 $\bar{x}_g$를 사용하는 방법은 일종의 IV이다. 그러므로 관심대상 설명변수에 미시적인 변동이 존재할 때, 그룹별 평균 자료를 이용하는 추정법은 (식 8.2.7)과 같은 모형의 목표 모수들과는 다른 모수들을 식별한다.

4. **블록 붓스트랩**(Block bootstrap) : 일반적으로 붓스트랩 추정법에서는 표본을 재추출해 구한 자료의 경험적 분포를 사용한다. 그러나 군집화된 자료의 경우에는 단순한 무작위 표본 재추출로는 충분하지 않다. 군집화된 자료를 다룰 때에는 목표 모집단에 있는 관측치들 간의 종속성 구조를 유지할 필요가 있다. 이것은 블록 붓스트랩을 통해, 즉 그룹 g로 정의되는 블록을 단위로 재추출함으로써 달성할 수 있다. 예를 들어, 테네시 STAR 자료에서 블록 붓스트랩은 개별 학생들이 아니라 학급 전체를 재추출하는 방법이다.
5. 어떤 경우에는 GLS나 최우추정법을 이용해 (식 8.2.1)에 (식 8.2.3)과 같은 오차항 구조모형이 결합된 모형을 추정할 수도 있다. 이 방법은 군집화 문제를 해결하기는 한다. 그러나 3.4.1장에서 LDV 모형들을 다루면서 자세히 설명한 바와 같이, CEF가 선형이 아닌 한 이 방법은 추정치의 수식을 변화시킨다. 따라서 우리는 이 방법 이외의 다른 추정방법들을 선호한다.

[14] 위에서 말한 두 개의 가중치 부여방식을 적용한 사례로는 Angrist and Lavy(2008)을 참고하라.

표 8.2.1 STAR 자료(318개 군집)에서 학급규모의 효과에 대한 표준 오차들

분산 추정량	표준 오차
강건한(HC_1) 표준 오차	0.090
모수적 Moulton 수정(Moulton의 급내 상관관계 이용)	0.222
모수적 Moulton 수정(Stata의 급내 상관관계 이용)	0.230
군집화된 표준 오차	0.232
블록 붓스트랩	0.231
그룹평균을 이용한 추정(학급규모 가중치 부여)	0.226

주: 표에는 공개된 Project STAR 자료파일을 이용해 유치원생들의 평균 백분위 점수를 학급규모에 회귀시키는 회귀모형으로부터 구한 추정치의 표준 오차들이 제시되어 있다. 학급규모의 계수는 −0.62이다. 군집화가 이루어지는 그룹의 수준은 학급이다. 관측치는 5,743개이다. 붓스트랩 추정에서는 1,000번 표본을 반복 재추출하였다.

<표 8.2.1>에서는 STAR 사례에 대해 표준 오차를 교정하는 방법들을 비교하고 있다. 표에는 다음과 같은 6개의 추정치들이 제시되어 있다. (1) (HC_1를 사용해 구한) 통상적인 강건한 표준 오차; (2)/(3) Moulton 공식, 즉 (식 8.2.5)를 사용해 교정된 두 종류의 표준 오차들. 첫 번째 표준 오차는 Moulton이 제시한 급내 상관관계 공식을 사용한 것이고, 두 번째 표준 오차는 Stata의 loneway 명령어를 사용해 구한 것이다; (4) 군집화된 표준 오차; (5) 블록 붓스트랩 표준 오차; 마지막으로 (6) 그룹수준에서 가중치를 부여한 추정방법을 이용해 구한 표준 오차. 계수 추정치는 −0.62이다. 이 경우에서 군집화를 고려해 조정하는 모든 방법들은 표준 오차가 약 0.23 정도로 유사한 결과를 도출한다. 이와 같이 유쾌한 결과가 도출되는 주된 이유는 학급의 수가 318개이어서 그룹수준의 점근이론이 작동하기에 충분한 수의 군집이 존재하기 때문이다. 그러나 군집들의 수가 적은 경우에 결과는 훨씬 더 불확실하다. 우리는 이 장의 끝부분에서 이 점에 대해 다시 살펴볼 것이다.

8.2.2 패널 및 이중차분 모형에서 나타나는 계열상관

계열상관(serial correlation)은 — 즉, 하나의 관측치가 과거에 실현된 관측치들과 상관관계를 갖는 경향은 — 과거에는 다른 부류 사람들의 문제(Somebody Else's Problem, SEP)였다. 구체적으로 말해, 그것은 시계열 자료를 다루면서 먹고 사는 불행한 영혼들(예를 들어, 거시경제학자들)의 문제였다. 따라서 응용 미시계량경제학자들은 오랫동안 계열상관에 대해 크게 신경쓰지 않으면서 지냈다.[15] 그런데 우리의 자료도 종종 시간의 차원을 가지고 있다. 특히 DD 모형에서는 그러하다. 이러한 사실이 군집화 문제와 결합되면 통계적 추론에 큰 영향을 미칠 수 있다.

5.2절에서와 같이, 우리가 주(state) 최저임금의 효과에 관심을 가진다고 가정하자. 이 경우 회귀모형 DD에는 주별 효과(state effects)와 시간 효과(time effects)가 합해져 있다. 따라서 우리는 아래 제시된 바와 같이, (식 5.2.2)와 유사한 방정식을 설정한다.

$$Y_{ist} = \gamma_s + \lambda_t + \delta D_{st} + \epsilon_{ist} \qquad \text{(식 8.2.9)}$$

이전과 같이, Y_{ist}는 s주에 사는 개인 i의 t년도 성과이고, D_{st}는 처치 이후 기간에 대해 처치집단 주를 표시하는 더미변수이다.

(식 8.2.9)의 오차항에는 잠재성과가 갖는 개인별, 주별, 시점별 변동이 포함되어 있다. 이들 변동 중 일부(가령, 지역적인 경기변동)는 동일한 주와 동일한 연도에 있는 개인들에게는 공통적일 가능성이 높다. 우리는 ϵ_{ist}를 주-연도별 충격 v_{st}와 무작위적인 개인별 요인 η_{ist}의 합이라고 생각하고 이들 공통 요인을 모형화한다. 그리하여 다음의 식을 도출한다.

[15] 다른 부류 사람들의 문제(SEP)는 Adams의 *Life, the Universe, and Everything*이라는 책에서 하나의 자연현상으로서 처음 인식되었다. Wikipedia는 그것을 다음과 같이 정의한다. "SEP는 하나의 생성된 에너지 장(field)으로서 인식에 영향을 미친다…. 이 장의 외부에 있는 관찰자는 내부에 있는 존재를 '다른 부류 사람들의 문제'로서 인식할 것이다. 따라서 그 관찰자가 내부 존재자를 특별히 찾아보지 않는 한, 그 내부 존재자는 실질적으로는 보이지 않는 존재일 것이다."

$$Y_{ist} = \gamma_s + \lambda_t + \delta D_{st} + v_{st} + \eta_{ist} \quad \text{(식 8.2.10)}$$

주별로 그리고 시점별로 반복적으로 표본을 추출하는 경우 $E[v_{st}]=0$이 성립한다고 가정하자. 그리고 정의에 의해 $E[\eta_{ist}|s,t]=0$이 성립한다.

주-연도별 충격은 DD 모형에 있어서는 좋지 않은 소식이다. Moulton 문제와 마찬가지로, 주별로 고유한 확률효과와 시점별로 고유한 확률효과는 군집화 문제를 야기하기 때문에 통계적 추론에 영향을 미친다. 그러나 위의 경우에서 군집화 문제는 우리가 다루어야 하는 문제들 중 가장 덜 심각한 문제일 수 있다. 그 이유를 살펴보기 위해 Card and Krueger(1994)의 뉴저지-펜실베이니아 연구에서와 같이, 시점이 2개이고, 주도 2개만 있다고 가정해 보자. 실증적인 DD 추정량은 다음과 같다.

$$\hat{\delta}_{CK} = \left(\overline{Y}_{s=NJ,t=Nov} - \overline{Y}_{s=NJ,t=Feb}\right) - \left(\overline{Y}_{s=PA,t=Nov} - \overline{Y}_{s=PA,t=Feb}\right)$$

$E[v_{st}]=E[\eta_{ist}]=0$이 성립하기 때문에 이 추정량은 불편추정량이다. 한편, 분석대상 주들과 시점들의 조합을 고정한 상태에서 그룹의 크기가 증가하는 것을 확률극한이라고 생각하는 경우, 주-연도별 충격이 있을 때 $\hat{\delta}_{CK}$는 일치추정량이 되지 못한다. 즉,

$$plim\ \hat{\delta}_{CK} = \delta + \left\{\left(v_{s=NJ,t=Nov} - v_{s=NJ,t=Feb}\right) - \left(v_{s=PA,t=Nov} - v_{s=PA,t=Feb}\right)\right\}$$

두 시점 각각을 대상으로 뉴저지 및 펜실베이니아 각 주 내에서 보다 더 큰 표본을 사용해 평균값을 구하더라도, 이것은 특정 지역과 시점에 고유한 지역적 충격을 제거하지는 못한다. 오직 2개의 주와 2개의 시점만이 주어져 있을 때 정책변화에 의해 야기된 이중차분과 1992년에 안정되어 있는 뉴저지 경제와 경제하강을 경험하고 있던 펜실베이니아 경제로부터 나타나는 이중차분을 구분할 수 있는 방법은 존재하지 않는다. v_{st}의 존재 자체는 5.2절에서 논의했던 공통추세 가정이 성립하지 않음을 시사한다.

무작위적인 충격이 이중차분 모형에서 야기하는 비일치성을 해결하는 유일

한 방법은 표본에 여러 개의 시점들이나 여러 개의 주들(혹은 둘 다)을 포함시켜 분석하는 것이다. 예를 들어, Card(1992)는 51개 주들을 사용해 최저임금 변동의 효과를 연구하였고, Card and Krueger(2000)는 보다 긴 월별 시계열 급여자료를 이용해 뉴저지-펜실베이니아 실험을 새로운 각도에서 분석하였다. 여러 개의 주나 시점이 있는 경우, 우리는 v_{st}가 평균적으로 서로 상쇄되어 0이 될 것이라는 희망을 가질 수 있다. Moulton 문제를 다룬 이 장의 첫 부분에서 논의한 것처럼, 이 경우의 추론방식은 그룹의 크기가 클 때가 아니라 그룹의 수가 많을 때 성립하는 점근분포 이론에 기반을 둔다. (또는 최소한, 이 점근분포 이론은 그룹의 크기에만 의존하지는 않는다.) 이 경우 가장 중요한 추론상의 이슈는 v_{st}가 어떤 특성을 보이는가 하는 것이다. 구체적으로 말해, 충격들이 서로 다른 주들 간에 그리고 서로 다른 시점들 간에 독립적이라고 가정할 수 있다면, 우리는 8.2.1절에서 논의했던 가장 단순한 Moulton 문제로 되돌아간다. 즉, 주×연도 단위로 군집화된 표준 오차를 사용하면 적절한 추론이 가능하다. 그러나 대부분의 경우 v_{st}가 계열상관을 갖지 않는다는 가정이 정당화되기는 어렵다. 예를 들어, 지역적인 충격들이 서로 높은 계열상관을 가진다는 것은 거의 확실하다. 즉, 펜실베이니아에서 어느 달에 경기가 좋지 않았다면 다음 달에도 역시 경기가 그만큼 좋지 않을 가능성이 높다.

Bertrand, Duflo and Mullainathan(2004)와 Kézdi(2004)는 계열상관이 군집화 구조를 갖는 패널자료에 일정한 영향을 미친다는 점을 강조한다. 그룹 평균들이 서로 상관관계를 갖는 그룹구조 자료를 이용하는 모든 연구 디자인에서는 반드시 계열상관의 문제가 발생한다고 말할 수 있다. 그룹구조를 갖는 자료의 계열상관을 다룬 최근의 연구결과에 따르면, v_{st}의 존재 때문에 발생하는 그룹 내 상관관계를 표준 오차에서 고려하듯이, 우리는 v_{st} 자체에 존재하는 계열상관도 추가적으로 고려해 표준 오차를 조정해야 한다. 이를 조정하는 몇 개의 방법들이 있지만, 모든 방법이 모든 상황에서 동일하게 효과적이지는 않다. 계열상관의 문제에 접근하는 최선의 방법에 관한 연구는 현재 진행형이고, 합의된 결론이 아직은 도출되지 않고 있다는 정도로 정리하는 것이 적절하겠다.

가장 간단하면서도 가장 폭넓게 사용되고 있는 방법은 군집화 문제를 한 단계 상위 수준으로 이전시키는 방법이다. 주-연도의 예에서 우리는 주별-연도별 군집 대신 주별로만 군집화된 Liang and Zeger(1986)의 표준 오차를 (예를 들어, Stata의 cluster 옵션을 사용해) 구할 수도 있다. 이 모형에서는 주별 효과를 통제하고 있기 때문에, 이 방법은 언뜻 보기에 이상하다고 생각될 수도 있다. (식 8.2.10)에서는 주별 효과 γ_s를 통해 v_{st}의 주별 평균값 $\bar{v}_s$이 제거된다. 그럼에도 불구하고, $v_{st}-\bar{v}_s$는 아마도 여전히 계열상관을 가질 것이다. 주별 수준으로 군집화된 표준 오차에서는 이러한 사정이 이미 고려되어 있다. 왜냐하면 한 단계 상위 수준의 군집화를 고려하는 공변량 추정량은 잔차들의 군집 내 상관관계에 대해 아무런 제약을 부여하지 않으므로 $v_{st}-\bar{v}_s$의 계열상관을 포괄하고 있기 때문이다. 위에서 제시한 방법은 빠르고 간단한 해결책이다. 그런데 여기서 문제는 군집화 단위를 한 단계 상승시킴에 따라 군집의 총 숫자가 감소하게 된다는 점이다. 점근적 추론에서는 우리가 많은 수의 군집들을 보유하고 있다고 가정한다. 왜냐하면 많은 수의 주와 시점들을 가지고 있어야, $v_{st}-\bar{v}_s$와 $v_{st-1}-\bar{v}_s$ 사이의 상관관계를 어느 정도 제대로 추정할 수 있기 때문이다. 군집들의 수가 적으면 표준 오차에 편의가 발생하여 추론이 잘못될 가능성이 높아진다.

8.2.3 군집의 수가 42보다 적은 경우

Moulton 문제와 계열상관 두 경우 모두 군집을 기반으로 추론이 실행되기 때문에 군집의 수가 적을 때에는 편의가 발생할 위험이 있다. 군집의 수가 적은 경우에는 v_{st} 같은 무작위 충격의 계열상관이나 Moulton 문제의 급내상관계수 ρ_e가 과소 추정되는 경향이 있다. Moulton 문제에서 군집의 수를 세는 적절한 방식은 그룹들의 전체 숫자 G를 세는 것이다. 주별 단위 또는 여타의 횡단면적 차원에서 형성된 군집에 대해 DD를 적용하는 경우, 군집의 수를 세는 적절한 방식은 상이한 주들의 총 수 또는 횡단면적 그룹들의 총 수를 세는 것이다. 그러므로 삶, 우주, 그리고 모든 것에 대한 궁극적인 해답이 42라는 Douglas Adams의 금언을 좇아 우리가 질문하고자 하는 것은 다음과 같다. (식 8.2.6)으로부터 유도된 표준적인 군집 조정방법을 사용해 신뢰할 만한 추론을 시행하기 위해 필요한 군집의 숫자는 과연 몇 개일까? 42는 표준적인 군집 조정방법을 신뢰할 만하도록 만드는 데 충분한 숫자이고 이보다 작은 수는 너무 작은 숫자라면, 군집의 수가 작을 때 연구자는 도대체 무엇을 해야만 하는가? 최선의 방법은 자료를 더 수집하여 군집의 수를 늘리는 것이다. 그러나 종종 우리가 이 일을 하기에는 너무 게으르거나 또는 그룹의 숫자가 애초부터 고정되어 있을 수도 있다. 그러므로 다른 아이디어들을 아래에서 제안해 보자. 여기에서 제안하는 모든 아이디어들은 Moulton 문제나 계열상관 문제에 동일한 정도로 딱 맞는 것은 아니라는 점을 먼저 지적할 필요가 있다.

1. **군집화된 표준 오차의 편의 교정하기**: 8.1절의 잔차 공분산 행렬에서와 마찬가지로 $E(\hat{e}_g\hat{e}_g') \neq E(e_g e_g') = \Psi_g$이 성립하기 때문에 군집화된 표준 오차는 소규모 표본에서 편의를 가진다. 보통 $E(\hat{e}_g\hat{e}_g')$는 참값보다 작다. 하나의 해결책은 잔차를 부풀림으로써 편의를 줄이고자 하는 것이다. Bell and McCaffrey(2002)는 다음과 같이 잔차를 조정하는 방법을 제안한다. (이 방법은 편의 감축 선형화(bias-reduced linearization: BRL)라고 불린다.)

$$\hat{\Psi}_g = a\tilde{e}_g\tilde{e}_g'$$

$$\tilde{e}_g = A_g\hat{e}_g$$

여기서 A_g는 아래와 같은 식들의 해이고, a는 자유도를 교정하는 부분이다.

$$A_g' A_g = (I - H_g)^{-1}$$

$$H_g = X_g (X'X)^{-1} X_g'$$

이것은 군집화된 경우에 대해 HC_2를 적용한 것이다. BRL은 군집의 수가 적은 전형적인 Moulton 문제의 경우에 적절하게 적용된다. 그러나 기술적인 이유들 때문에 DD에서 발생하는 전형적인 계열상관의 문제에 대해서는 사용될 수 없다.[16]

2. 근본적인 관측 단위는 군집 내에 있는 개인들이 아니라 군집 자체임을 인식한 Bell and McCaffrey(2002)와 Donald and Lang(2007)은 표준 정규분포가 아니라 자유도가 $G-K$인 t-분포를 이용해 추론할 것을 제안한다. G가 작은 경우 이와 같이 추론하면 차이가 많이 생긴다. 신뢰구간이 넓어짐에 따라 몇몇 실수들을 피할 수 있게 된다. Cameron, Gelbach and Miller(2008)는 여러 Monte Carlo 예제들을 통해 BRL 조정법과 t-분포표 사용을 결합하는 방법이 제대로 적용될 수 있음을 보이고 있다.
3. Donald and Lang(2007)의 주장에 의하면, 그룹 평균을 사용하는 추정방법은 Moulton 문제에서 G가 작은 경우에 잘 작동한다. 자유도가 $G-K$인 t-분포를 이용해 추론하는 경우 이 방법은 더 잘 작동한다. 그러나 8.2.1절에서 우리가 논의한 바와 같이, 그룹 평균을 이용하는 추정법의 경우 설명변수는 그룹 내에서 변하지 않아야 한다. 집계의 수준은 연구자가

16 행렬 A_g가 유일한 것은 아니다. 이와 같은 분해방법의 사례는 많이 있다. Bell and McCaffrey (2002)는 $(I-H_g)^{-1}$의 대칭적인 제곱근, 혹은

$$A_g = R\Lambda^{1/2}$$

을 사용하고 있다. 이 식에서 R은 $(I-H_g)^{-1}$의 고유벡터들(eigenvectors)의 행렬이고, $\Lambda^{1/2}$는 고유근들(eigenvalues)의 제곱근 행렬이다. Bell and McCaffrey의 조정방법이 가진 하나의 문제는 $(I-H_g)$가 완전 계수(full rank)를 갖지 않아서 모든 경우에 대해 역행렬이 존재하지는 않는다는 점이다. 이러한 현상은, 예를 들어, 설명변수들 중 하나가 더미변수로서 여러 군집들 중 단 하나의 군집에서 1의 값을 취하고 다른 군집들에서는 0의 값을 취하는 경우에 일어난다. 이 현상이 Bertrand *et al.*(2004)에서 논의한 패널 DD 모형에서 일어나고 있는데, 그 이유는 이 모형에 주별 더미변수들과 주별 군집들이 포함되어 있기 때문이다.

군집을 형성하고자 하는 수준이다. (예를 들어, Angrist and Lavy(2008)에서는 학교이다.) 계열상관의 경우 이 수준은 주별 수준이다. 하지만 주별 평균값을 사용해 모든 주별 효과들을 포함하는 모형을 추정할 수는 없다. 또한 처치상태는 주 내에서 변동이 있기 때문에 주별 수준 평균값을 구하는 과정에서 관심대상 설명변수 또한 주별 수준에서 평균하게 된다. 이에 따라 추정치의 수식이 우리가 원하지 않는 방향으로 바뀌게 된다. (이때의 추정량은 그룹 더미들을 도구변수로 사용하는 IV 추정량으로 변한다.) 따라서 그룹별 평균을 이용한 접근방법은 계열상관 문제의 경우에는 적절하지 않다. 그룹화된 잔차들이 이분산성을 갖고 그에 따라 연구자가 강건한 표준 오차를 사용하는 경우, 연구자는 8.1절에서 논의한 형태의 편의에 대해서도 염려할 필요가 있다는 점에 유의하라. 어떤 경우에는 그룹의 크기에 따른 가중치를 부여함으로써 그룹화된 잔차들의 이분산성을 교정할 수 있다. 그러나 CEF가 선형이 아닐 때 가중치를 부여하면 추정식이 달라지게 되므로, 가중치를 부여하는 방법은 더 이상 고려의 대상이 되지 못한다. (Angrist and Lavy(1999)의 연구에서는 변동이 대부분 소규모 학교들로부터 발생하기 때문에, 그들은 학교수준 평균값에 가중치를 적용하지 않는 선택을 하였다.) 가중치를 적용하든 그렇지 않든, 그룹수준 평균값을 이용할 때 보수적인 접근법은 8.1절에 제시된 경험규칙을 이용하는 것이다. 즉, 강건한 표준 오차와 통상적인 표준 오차 중 더 큰 것을 정확도의 척도로서 사용하는 방법이다.

4. Cameron, Gelbach and Miller(2008)가 제시한 바에 따르면, 일부 형태의 블록 붓스트랩은 그룹의 수가 작을 때 잘 작동하고, 그러한 블록 붓스트랩 방법은 대체로 Stata의 군집화된 표준 오차보다 더 좋은 성과를 보인다. 이 점은 Moulton 문제와 계열상관 문제 둘 모두에 대해 적용되는 듯하다. 다만 Cameron, Gelbach and Miller(2008)는 (중심축이 되는) 검정통계량을 사용하는 기각률에 초점을 두는 데 반해, 우리는 표준 오차를 살펴보기를 원한다.
5. **모수적 교정법** : Moulton 문제의 경우 모수적 교정방법은 Moulton 요

인을 사용하는 것이다. 계열상관의 경우 모수적 교정방법은 그룹수준의 1계 계열상관(first-order serial correlation)을 고려해 표준 오차를 조정하는 것이다. Moulton 문제를 다룬 우리의 표본추출 실험과 관련 문헌들을 연구한 바에 따르면, 모수적 접근방법은 잘 작동할 수 있고, 특별히 모수적 모형이 과도하게 잘못 설정되어 있지만 않으면 이 방법은 (식 8.2.6)의 비모수적 군집 추정치보다 더 잘 작동할 수 있다. (예를 들어, 계열상관 모수들의 추정치에 대한 편의 교정방법을 제안하는 Hansen (2007a)의 연구를 참고하라.) 그러나 불행하게도, 통제된 Monte Carlo 연구라는 온실을 벗어나면, 모수적 가정들이 적절한 것인지 아닌지 우리가 알 수 있는 가능성은 거의 없다.

아아, 유감스럽게도 여기에서의 요점이 그리 분명하지도 않고, 또한 어떤 경우에 군집 수가 작으면 추론에 치명적인가 하는 보다 기본적인 질문도 그리 명확하지 않다. 추정에서 나타나는 편의의 심각성은 연구하는 문제의 성격, 특별히 연구자가 전형적인 Moulton 문제를 만나느냐 혹은 계열상관 이슈를 만나느냐에 따라 다른 듯하다. Donald and Lang(2007)에서와 같이, 관심대상 설명변수가 그룹 내에서 일정하고 이분산성이 그리 심하지 않은 경우 그룹 수준의 집계방법은 Moulton 문제를 잘 해결하는 듯하다. 최소한, 연구자는 자신의 결론이 그룹 평균을 사용한 연구로부터 도출되는 추론결과와 일치한다는 점을 보여주고 싶어 한다. 왜냐하면 이 방법은 보수적이면서 투명한 접근방법이기 때문이다. Angrist and Lavy(2008)은 BRL 표준 오차를 사용해 학교수준의 군집화를 조정한 후, 주요 결과들이 공변량을 조정한 후 그룹 평균들을 사용할 때의 결과와 동일하게 나온다는 점을 보임으로써 자신들의 방법이 적절함을 입증하고 있다.

계열상관에 관한 대부분의 증거가 시사하는 바에 따르면, 연구자가 운이 좋게도 미국의 주들에 대한 연구를 하는 경우 51개의 군집이 존재하기 때문에, Stata의 'cluster' 옵션을 주별 수준에서 단순하게 적용하더라도 꽤 괜찮은 결과를 얻을 수 있다. 그러나 연구자는 캐나다를 연구해야만 할 수도 있는데, 캐나

다의 주(province)는 (42보다 훨씬 작은) 단 10개의 군집들로 구성되어 있다. Hansen(2007b)이 연구한 바에 따르면, Liang and Zeger(1986)의 (Stata의 cluster 옵션을 사용해 구한) 표준 오차는 패널에서 나타나는 계열상관을 꽤 잘 교정한다. 이는 캐나다 자료를 다루는 경우에도 그러하다. 또한 Hansen은 자유도가 $G-K$인 t-분포를 이용해 기각값들(critical values)을 설정하라고 권고한다. 응용 미시계량경제학자는 군집화 문제를 다루면서 겸손한 마음을 갖게 된다. 대규모 미시자료 파일을 다룬다고 자랑스러워하면서 우리는 거시경제학자들이 소규모의 시계열 자료 정도를 갖고 논다고 비웃곤 했다. 그러나 가장 나중에 웃는 자가 가장 크게 웃는 법이다. 만약 관심대상인 설명변수가 어떤 폭넓은 그룹수준에서만(가령, 시간별, 주별, 혹은 국가별) 변동을 보인다면, 가장 현실에 맞는 추론방법을 줄곧 사용해 왔던 사람들은 다름 아닌 거시경제학자들일 것이다.

8.3 부록: 단순 Moulton 요인 유도방법

다음과 같이 벡터와 행렬들을 정의하자.

$$y_{\mathrm{g}} = \begin{bmatrix} Y_{1\mathrm{g}} \\ Y_{2\mathrm{g}} \\ \vdots \\ Y_{n_{\mathrm{g}}\mathrm{g}} \end{bmatrix} \qquad e_{\mathrm{g}} = \begin{bmatrix} e_{1\mathrm{g}} \\ e_{2\mathrm{g}} \\ \vdots \\ e_{n_{\mathrm{g}}\mathrm{g}} \end{bmatrix}$$

그리고

$$y = \begin{bmatrix} y_1 \\ y_2 \\ \vdots \\ y_G \end{bmatrix} \qquad x = \begin{bmatrix} \iota_1 x_1 \\ \iota_2 x_2 \\ \vdots \\ \iota_G x_G \end{bmatrix} \qquad e = \begin{bmatrix} e_1 \\ e_2 \\ \vdots \\ e_G \end{bmatrix}$$

여기서 ι_{g}는 1이 n_{g}개인 열벡터이고, G는 그룹의 수이다. 다음의 관계가 성립한다는 점에 유의하라.

$$E(ee') = \Psi = \begin{bmatrix} \Psi_1 & 0 & \cdots & 0 \\ 0 & \Psi_2 & \cdots & \vdots \\ \vdots & \vdots & \ddots & 0 \\ 0 & \cdots & 0 & \Psi_G \end{bmatrix}$$

$$\Psi_g \equiv \sigma_e^2 \begin{bmatrix} 1 & \rho_e & \cdots & \rho_e \\ \rho_e & 1 & \cdots & \vdots \\ \vdots & \vdots & \ddots & \rho_e \\ \rho_e & \cdots & \rho_e & 1 \end{bmatrix} = \sigma_e^2[(1-\rho_e)I + \rho_e \iota_g \iota_g{}']$$

여기서 $\rho_e = \dfrac{\sigma_v^2}{\sigma_v^2 + \sigma_\eta^2}$ 이다.

이제

$$X'X = \sum_g n_g x_g x_g{}'$$

$$X'\Psi X = \sum_g x_g \iota_g{}' \Psi_g \iota_g x_g{}'$$

그러나

$$x_g \iota_g{}' \Psi_g \iota_g x_g{}' = \sigma_e^2 x_g \iota_g{}' \begin{bmatrix} 1+(n_g-1)\rho_e \\ 1+(n_g-1)\rho_e \\ \vdots \\ 1+(n_g-1)\rho_e \end{bmatrix} x_g{}'$$

$$= \sigma_e^2 n_g [1+(n_g-1)\rho_e] x_g x_g{}'.$$

$\tau_g = 1+(n_g-1)\rho_e$ 이라고 정의하면, 다음과 같은 식을 구할 수 있다.

$$x_g \iota_g{}' \Psi_g \iota_g x_g{}' = \sigma_e^2 n_g \tau_g x_g x_g{}'$$

$$X'\Psi X = \sigma_e^2 \sum_g n_g \tau_g x_g x_g{}'$$

위 식이 주어져 있을 때, 우리는 다음 식과 같이 쓸 수 있다.

$$V(\hat{\beta}) = (X'X)^{-1}X'\Psi X(X'X)^{-1}$$
$$= \sigma_e^2\left(\sum_g n_g x_g x_g'\right)^{-1}\sum_g n_g \tau_g x_g x_g'\left(\sum_g n_g x_g x_g'\right)^{-1}$$

위 식을 다음과 같은 표준적인 OLS 공분산 추정량과 비교해 보자.

$$V_c(\hat{\beta}) = \sigma_e^2\left(\sum_g n_g x_g x_g'\right)^{-1}$$

만약 그룹의 크기가 동일하면, $n_g = n$ 과 $\tau_g = \tau = 1 + (n_g - 1)\rho_e$ 의 관계가 성립하므로, 다음의 식이 성립한다.

$$V(\hat{\beta}) = \sigma_e^2\tau\left(\sum_g n x_g x_g'\right)^{-1}\sum_g n x_g x_g'\left(\sum_g n x_g x_g'\right)^{-1}$$
$$= \sigma_e^2\tau\left(\sum_g n x_g x_g'\right)^{-1}$$
$$= \tau V_c(\hat{\beta})$$

위 식은 (식 8.2.4)를 의미한다.

마지막 권고사항

만약 응용 계량경제학 연구가 쉬웠다면, 이론 계량경제학자들이 응용 계량경제학 연구를 할 수 있었을 것이다. 그렇다고, 응용 계량경제학 연구가 *Econometrica* 에 있는 난해한 논문들을 보면서 당신이 생각하듯이 그처럼 어려운 것도 아니다. 논리정연한 인과관계 질문들에 대해 회귀분석과 2SLS를 주의 깊게 적용 한다면, 회귀분석과 2SLS는 거의 언제나 타당한 추정방법이다. 이때 도출되는 표준 오차는 어쩌면 그리 정확한 값이 아닐 수도 있다. 하지만 표준 오차를 정확하게 구할 수 있는 경우는 거의 없다. 자기 자신의 연구에 대해 가장 회의적인 시각을 견지하여 나중에 발생할 수도 있는 당혹스러운 상황을 피해라. 그리고 특히 "두려워하지 마라(DON'T PANIC)!"

약어 목록

[전문용어]

2SLS 2단계 최소제곱법(Two-stage least squares), 도구변수(IV) 추정량.

ACR 평균 인과반응(Average causal response), 서열이 있는 처치에 대한 가중 평균 인과반응.

ANOVA 분산분석(Analysis of variance), 총 분산을 조건부 기대함수(CEF)의 분산과 조건부 분산의 평균값으로 분해하는 방법.

BRL 편의 감축 선형화 추정량(Biased reduced linearization estimator), 군집화된 자료에서 편의가 교정된 공분산 행렬 추정량.

CDF 누적분포함수(Cumulative distribution function), 확률변수가 임의의 어떤 숫자 이하의 값을 가질 확률.

CEF 조건부 기대함수(Conditional expectation function), 고정된 X_i에서 구한 Y_i의 모집단 평균.

CIA 조건부 독립성 가정(Conditional independence assumption), 회귀 추정량과 매칭 추정량을 인과적으로 해석할 수 있도록 정당화하는 핵심 가정.

COP 양수 조건부 효과(Conditional on positive effect), 비음수 확률변수에 대해 양수만을 대상으로 평균값을 구해 처치-통제집단 간에 차분한 값.

CQF 각 분위 τ에 대해 정의된 조건부 분위 함수(Conditional quantile function), 고정된 X_i에서 구한 Y_i의 τ-분위값.

DD 이중차분 추정량(Differences-in-differences estimator). 가장 단순한 형태인 경우, 처치집단과 통제집단 사이 시간에 따른 변화분을 비교하는 방법.

GLS 일반 최소제곱 추정량(Generalized least squares estimator), 이분산성과 (또는) 계열상관을 보유한 모형에 적용되는 회귀 추정량. 조건부 기대함수(CEF)가 선형인 경우 GLS는 효율성을 증가시킴.

GMM 일반 적률 추정법(Generalized method of moments), 표본 적률과 모집단 적률 간 차이의 제곱의 행렬-가중 평균값을 최소화시키는 방식으로 추정치를 구하는 계량경제학 추정 방법.

HC_0-HC_3 MacKinnon and White (1985)에서 논의한 이분산성-일치 공분산 행렬 추정량.

ILS 간접 최소제곱 추정량(Indirect least squares estimator), 도구변수법 모형에서 축약형 계수 나누기 1단계 계수의 비율.

ITT 처치 의도 효과(Intention to treat effect), 처치 자격을 제공받은 것의 효과.

IV 도구변수 추정량 혹은 도구변수 추정법(Instrumental variables estimator or method).

JIVE 재크나이프 도구변수 추정량(Jackknife instrumental variables estimator).

LATE 국지적 평균 처치효과(Local average treatment effect), 처치가 순응자들에게 미치는 인과효과.

LDVs 제한 종속변수(Limited dependent variables), 회귀모형이나 그와 관련된 통계 모형의 좌변에 있는 확률변수가 더미변수이거나 자연수이거나 비음수인 경우.

LIML 제한정보 최우추정량(Limited information maximum likelihood estimator), 2단계 추정량(2SLS)에 대한 하나의 대안적 추정량으로서 더 작은 편의를 가짐.

LM 라그랑지 승수 검정(Lagrange multiplier test), 추정치가 부과하는 제약들을 검정하는 통계적 검정법.

LPM 선형확률모형(Linear probability model), 종속변수가 더미변수인 경우의 선형 회귀모형.

MFX 한계효과(Marginal effects). 비선형모형에서 모형이 제시하는 조건부 기대함수(CEF)의 도함수를 설명변수에 대해 구한 값.

MMSE 평균 제곱오차의 최소값(Minimum mean squared error), 기대 제곱 예측오차의 최소값 혹은 추정량과 모수 사이의 차이를 제곱한 기대값의 최소값.

OLS 단순 최소제곱 추정량(Ordinary least squares estimator), 모집단 회귀벡터의 표본 대응식.

OVB 누락변수 편의(Omitted variables bias), 다양한 조합의 통제변수들을 포함하고 있는 모형에서 회귀 추정치들 간의 관계.

QTE 분위처치효과(Quantile treatment effect), 처치가 순응자들 결과변수의

조건부 분위에 미치는 인과효과.

RD 회귀단절모형(Regression discontinuity design), 처치, 처치확률 또는 평균 처치강도가 공변량의 단절함수일 때 적용하는 식별 전략.

SEM 연립방정식 모형(Simultaneous equations model), 여러 변수들 사이의 인과관계가 여러 개의 방정식들에 의해 표현되는 계량경제학 모형.

SSIV 분할표본 도구변수 추정량(Split-sample instrumental variables estimator), 2-표본 도구변수(TSIV) 추정량의 한 형태.

TSIV 2-표본 도구변수 추정량(Two-sample instrumental variables estimator), 1개의 자료파일만으로는 적절한 추정이 불가능할 때, 2개의 자료파일을 결합해 사용하는 도구변수 추정량.

VIV 눈에 보이는 도구변수(Visual instrumental variables), 더미 도구변수를 갖는 도구변수 모형에서 축약형과 1단계 예측치를 그림으로 표현한 그래프.

WLS 가중 최소제곱법(Weighted least squares), 가중치 행렬이 대각행렬일 때의 GLS 추정량.

[자료파일들과 변수명]

AFDC Aid to Families with Dependent Children, 미국의 복지 프로그램 중 하나로서 현재 더 이상 시행되고 있지 않음.

AFQT Armed Forces Qualification Test, 미국 군대에서 사용하는 시험으로서 입대지원자들의 학업능력이나 인지적 능력을 측정함.

CPS Current Population Survey, 미국 가구들에 대한 대규모 월별 설문조사로서, 미국의 실업률이 이 조사로부터 계산됨.

GED General Educational Development certificate, 전통적인 고등학교 졸업장을 대신하는 증서로서, 시험을 통과함으로써 이 증서를 획득할 수 있음.

IPUMS Integrated public use micro data series, 미국 및 다른 국가들로부터 구한 센서스 자료에 동일한 코드를 부여해 구성한 표본.

NHIS National Health Interview Survey, 건강과 관련되는 많은 질문들을 포함하고 있는 미국의 대규모 설문조사.

NLSY National Longitudinal Survey of Youth, 1979년 당시 고등학교에 재학할 나이의 코호트를 대상으로 오랜기간 동안 추적한 패널조사.

PSAT Preliminary SAT, 미국의 고등학교 2학년 학생들에게 전국 우수 장학금에 지원할 자격을 부여하는 시험.

PSID Panel Study of Income Dynamics, 1968년에 시작된 미국 가구들에 대한 패널조사.

QOB 출생 분기(Quarter of birth).

RSN Random sequence numbers, 1970년부터 1973년까지 실시된 베트남전 징병 추첨에서 출생일에 따라 무작위로 부여된 징병추첨번호.

SDA 서비스 전달 지역(Service delivery area), Job Training Partnership Act (JTPA) 서비스가 전달되는 649개 지점들 중 하나.

SSA 사회보장국(Social Security Administration), 미국의 정부기관.

[실험연구명]

HIE Health Insurance Experiment. RAND Corporation에서 시행한 무작위 실험으로서, 서로 다른 특성을 갖는 의료보험 프로그램들이 참가자들에게 배정됨.

JTPA Job Training Partnership Act, 연방자금을 지원받는 대규모 훈련 프로그램. 무작위 배정을 이용한 평가가 포함되어 있다.

MDVE Minneapolis Domestic Violence Experiment, 가정폭력에 대한 경찰의 대응방법을 무작위 배정에 의해 부분적으로 결정했던 무작위 실험.

NSW National Supported Work demonstration, 1970년대 중반 실시된 실험적 훈련 프로그램으로서, 노동시장 참여도가 낮은 남성과 여성들에게 취업 경험을 제공함.

STAR The Tennessee Student/Teacher Achievement Ratio experiment, 초등학교의 학급규모를 무작위로 배정한 연구.

WHI Women's Health Initiative, 호르몬 대체 치료법을 평가하기 위한 일련의 무작위 실험들.

실증연구 목록

이 목록에서는 본 책에 수록되어 있는 표와 그림들의 출처가 되는 연구들을 나열한다.

Abadie, Angrist, and Imbens(2002)는 지원금을 받는 JTPA 훈련이 훈련자들의 임금 분포에 미치는 효과를 보여주는 QTE(IV) 추정치를 도출한다. 7.2.1절에서 살펴보았다. 추정결과는 <표 7.2.1>에 제시되어 있다.

Acemoglu and Angrist(2000)는 의무교육법과 출생 분기를 사용해 학력의 경제적 수익률을 보여주는 IV 추정치를 도출한다. 4.5.3절에서 살펴보았다. 추정결과는 <표 4.4.2>와 [그림 4.5.1]에 제시되어 있다.

Angrist(1990)은 징병 추첨을 사용해 군복무가 임금에 미치는 효과를 보여주는 IV 추정치를 도출한다. 4.1.2절과 4.1.3절에서 살펴보았다. 추정결과는 <표 4.1.3>과 <표 4.4.2>에 제시되어 있다.

Angrist(1998)은 매칭, 회귀분석 및 IV법을 사용해 자발적인 군복무가 민간부문 임금에 미치는 영향을 추정한다. 3.3.1절에서 살펴보았다. 추정결과는 <표 3.3.1>에 제시되어 있다.

Angrist(2001)은 비선형모형을 사용해 OLS와 IV에서 구한 한계효과들을 비교한다. 4.6.3절에서 살펴보았다. 추정결과는 <표 4.6.1>에 제시되어 있다.

Angrist and Evans(1998)는 자녀의 성별구성과 쌍둥이 출산을 이용해 가족의 수가 모친과 부친의 노동공급에 미치는 영향을 보여주는 IV 추정치들을 도출한다. 3.4.2절과 4.6.3절에서 살펴보았다. 추정결과는 <표 3.4.2>, <표 4.4.2> 및 <표 4.6.1>에 제시되어 있다.

Angrist and Imbens(1995)는 2SLS 추정치가 처치에 대한 가중평균 인과반응으로서 해석될 수 있음을 보인다. 4.5.3절에서 살펴보았다. 실증결과는 <표 4.1.2>에 제시되어 있다.

Angrist and Krueger(1991)는 출생 분기를 사용해 학력의 경제적 수익률을 보여주는 IV 추정치들을 도출한다. 4.1절, 4.5.3절, 및 4.6.4절에서 살펴보았다. 추정결과는 [그림 4.1.1], <표 4.1.1>, <표 4.1.2>, <표 4.4.2> 및 <표 4.6.2>에 제시되어 있다.

Angrist and Lavy(1999)는 경사형 RD를 사용해 학급규모가 학생들의 성취도에 미치는 영향을 추정한다. 6.2절에서 살펴보았다. 추정결과는 [그림 6.2.1]과 <표 6.2.1>에 제시되어 있다.

Angrist, Chernozhukov and Fernandez-Val(2006)은 분위회귀법이 비선형 CQF에 대한 MMSE 근사치를 도출함을 보이고, 학력이 임금의 분포에 미치는 효과를 추정함으로써 분위 회귀분석의 근사 특성을 예시한다. 7.1.2절에서 살펴보았다. 추정결과는 <표 7.1.1>과 [그림 7.1.1]에 제시되어 있다.

Autor(2003)는 고용보호법의 주별 변동을 이용해 노동시장 규제가 임시직 고용에 미치는 영향을 보여주는 DD 추정치들을 도출한다. 5.2.1절에서 살펴보았다. 추정결과는 [그림 5.2.1]에 제시되어 있다.

Besley and Burgess(2004)는 주별 변동을 이용해 인도에서 노동법이 기업의 성과에 미치는 영향을 추정한다. 5.2.1절에서 살펴보았다. 추정결과는 <표 5.2.3>에 제시되어 있다.

Bloom *et al.*(1997)은 JTPA의 주요 발견들을 제시하고 있다. 4.4.3절에서 살펴보았다. 추정결과는 <표 4.4.1>에 제시되어 있다.

Card(1992)는 주별 최저임금과 임금수준의 지역적 변동을 이용해 최저임금의 효과를 추정한다. 5.2.1절에서 살펴보았다. 추정결과는 <표 5.2.2>에 제시되어 있다.

Card and Krueger(1994, 2000)은 뉴저지의 최저임금 인상을 이용해 최저임금 변화의 고용효과를 추정한다. 5.2절에서 살펴보았다. 추정결과는 <표 5.2.1>과 [그림 5.2.2]에 제시되어 있다.

Dehejia and Wahba(1999)는 Lalonde(1986)의 NSW 표본을 재분석하면서 성향점수를 사용해 자금지원을 받는 훈련이 임금에 미치는 영향을 추정한다. 3.3.3절에서 살펴보았다. 추정결과는 <표 3.3.2>에 제시되어 있다.

Freeman(1984)은 고정효과 모형을 사용해 노조가입 여부가 임금에 미치는 효과를 보여주는 패널자료 추정치를 도출한다. 5.1절에서 살펴보았다. 추정결과는 <표 5.1.1>에 제시되어 있다.

Krueger(1999)는 테네시 STAR의 무작위 배정 실험을 사용해 학급규모가 시험성적에 미치는 효과를 보여주는 IV 추정치들을 도출한다. 2.2절에서 살펴보았다. 추정결과는 <표 2.2.1>, <표 2.2.2> 및 <표 8.2.1>에 제시되어 있다.

Lee(2008)는 회귀단절모형을 사용해 현직상태가 정당 후보자의 당선확률에 미치는 효과를 추정한다. 6.1절에서 살펴보았다. 추정결과는 [그림 6.1.2]에 제시되어 있다.

Manning *et al.*(1987)은 무작위 배정을 사용해 상이한 의료보험 상품들이 의료시설 이용, 의료비 및 건강상태에 미치는 영향을 추정한다. 3.4.2절에서 살펴보았다. 추정결과는 <표 3.4.1>에 제시되어 있다.

Pischke(2007)는 독일에서 일어난 학년도 수업일수의 급격한 변화를 이용해 학교의 1년 수업일수가 성취도에 미치는 영향을 추정한다. 5.2절에서 살펴보았다. 추정결과는 [그림 5.2.3]에 제시되어 있다.

참고문헌

ABADIE, ALBERTO (2003): "Semiparametric Instrumental Variable Estimation of Treatment Response Models." *Journal of Econometrics* 113, 231-63.

ABADIE, ALBERTO, JOSHUA D. ANGRIST, AND GUIDO IMBENS (2002): "Instrumental Variables Estimates of the Effect of Subsidized Training on the Quantiles of Trainee Earnings." *Econometrica* 70, 91-117.

ABADIE, ALBERTO, ALEXIS DIAMOND, AND JENS HAINMUELLER (2007): "Synthetic Control Methods for Comparative Case Studies: Estimating the Effect of California's Tobacco Control Program." Working Paper No. 12831. National Bureau of Economic. Research, Cambridge, Mass.

ABADIE, ALBERTO, AND GUIDO IMBENS (2006): "Large Sample Properties of Matching Estimators for Average Treatment Effects." *Econometrica* 74, 235-67.

______ (2008): "Bias-Corrected Matching Estimators for Average Treatment Effects." Mimeo. Department of Economics, Harvard University, Cambridge, Mass.

ACEMOGLU, DARON, AND JOSHUA ANGRIST (2000): "How Large Are the Social Returns to Education? Evidence from Compulsory Schooling Laws," in *National Bureau of Economics Macroeconomics Annual 2000*, ed. Ben S. Bernanke and Kenneth S. Rogoff, pp. 9-58. MIT Press, Cambridge, Mass.

ACEMOGLU, DARON, SIMON JOHNSON, AND JAMES A. ROBINSON (2001): "The Colonial Origins of Comparative Development: An Empirical Investigation." *The American Economic Review* 91, 1369-401.

ACKERBERG, DANIEL A. AND PAUL J. DEVEREUX (2008): "Improved JIVE Estimators for Overidentified Linear Models With and Without Heteroskedasticity." *The Review of Economics and Statistics* 91, 351-62.

ADAMS, DOUGLAS (1979): *The Hitchhiker's Guide to the Galaxy*. Pocket Books, New York.

______ (1990): *Dirk Gently's Holistic Detective Agency*. Simon & Schuster, New York.

______ (1995): *Mostly Harmless*. Harmony Books, New York.

ALTONJI, JOSEPH G., AND LEWIS M. SEGAL (1996): "Small-Sample Bias in GMM Estimation of Covariance Structures." *Journal of Business and Economic Statistics* 14, 353-66.

AMEMIYA, TAKESHI (1985): *Advanced Econometrics*. Harvard University Press, Cambridge, Mass.

AMMERMUELLER, ANDREAS, AND JÖRN-STEFFEN PISCHKE (2006): "Peer Effects in European Primary Schools: Evidence from PIRLS." Discussion Paper No. 2077. Institute for the Study of Labor(IZA), Bonn, Germany.

ANANAT, ELIZABETH, AND GUY MICHAELS (2008): "The Effect of Marital Breakup on the Income Distribution of Women with Children." *Journal of Human Resources* 43, 611-29.

ANDERSON, MICHAEL (2008): "Multiple Inference and Gender Differences in the Effect of Early Intervention: A Reevaluation of the Abecedarian, Perry Preschool, and Early Training Projects." *Journal of the American Statistical Association* 103, 1481-495.

ANGRIST, JOSHUA D. (1988): "Grouped Data Estimation and Testing in Simple Labor Supply Models." Working Paper No. 234. Princeton University, Industrial Relations Section, Princeton, N.J.

______ (1990): "Lifetime Earnings and the Vietnam Era Draft Lottery: Evidence from Social Security Administrative Records." *American Economic Review* 80, 313-35.

______ (1991): "Grouped Data Estimation and Testing in Simple Labor Supply Models." *Journal of Econometrics* 47, 243-66.

______ (1998): "Estimating the Labor Market Impact on Voluntary Military Service Using Social Security Data on Military Applicants." *Econometrica* 66, 249-88.

______ (2001): "Estimations of Limited Dependent Variable Models with Dummy Endogenous Regressors: Simple Strategies for Empirical Practice." *Journal of Business and Economic Statistics* 19, 2-16.

______ (2004): "American Education Research Changes Track." *Oxford Review of Economic Policy* 20, 198-212.

______ (2006): "Instrumental Variables Methods in Experimental Criminological Research: What, Why and How." *Journal of Experimental Criminology* 2, 22-44.

ANGRIST, JOSHUA, ERIC BETTINGER, ERIK BLOOM, ELIZABETH

KING, AND MICHAEL KREMER (2002): "Vouchers for Private Schooling in Colombia: Evidence from a Randomized Natural Experiment." *The American Economic Review* 92, 1535-58.

ANGRIST, JOSHUA D., AND STACEY H. CHEN (2007): "Long-Term Consequences of Vietnam-Era Conscription: Schooling, Experience, and Earnings." Working Paper No. 13411. National Bureau of Economic Research, Cambridge, Mass.

ANGRIST, JOSHUA D., VICTOR CHERNOZHUKOV, AND IVAN FERNANDEZ-VAL (2006): "Quantile Regression Under Mis-specification, with an Application to the U.S. Wage Structure." *Econometrica* 74, 539-63.

ANGRIST, JOSHUA D., AND WILLIAM N. EVANS (1998): "Children and Their Parents' Labor Supply: Evidence from Exogenous Variation in Family Size." *American Economic Review* 88, 450-477.

______ (1999): "Schooling and Labor Market Consequences of the 1970 State Abortion Reforms," in *Research in Labor Economics*, ed. Solomon W. Polachek, vol. 18, pp. 75-113. Elsevier Science, Amsterdam.

ANGRIST, JOSHUA D., KATHRYN GRADDY, AND GUIDO W. IMBENS (2000): "The Interpretation of Instrumental Variables Estimators in Simultaneous Equations Models with an Application to the Demand for Fish." *Review of Economic Studies* 67, 499-527.

ANGRIST, JOSHUA D., AND JINYONG HAHN (2004): "When to Control for Covariates? Panel Asymptotics for Estimates of Treatment Effects." *Review of Economics and Statistics* 86, 58-72.

ANGRIST, JOSHUA D., AND GUIDO W. IMBENS (1995): "Two-Stage Least Squares Estimation of Average Causal Effects in Models with Variable Treatment Intensity." *Journal of the American Statistical Association* 90, 430-42.

ANGRIST, JOSHUA D., GUIDO IMBENS, AND ALAN B. KRUEGER (1999): "Jackknife Instrumental Variables Estimation." *Journal of Applied Econometrics* 14, 57-67.

ANGRIST, JOSHUA D., GUIDO IMBENS, AND DONALD B. RUBIN (1996): "Identification of Causal Effects Using Instrumental Variables." *Journal of the American Statistical Association* 91, 444-72.

ANGRIST, JOSHUA D., AND ALAN B. KRUEGER (1991): "Does Compulsory Schooling Attendance Affect Schooling and Earnings?" *The Quarterly Journal of Economics* 106, 976-1014.

______ (1992): "The Effect of Age at School Entry on Educational Attainment: An Application of Instrumental Variables with Moments from Two Samples." *Journal of the American Statistical Association* 418, 328-36.

______ (1994): "Why Do World War II Veterans Earn More than Nonveterans?" *Journal of Labor Economics* 12, 74-97.

______ (1995): "Split-Sample Instrumental Variables Estimates of the Return to Schooling." *Journal of Business and Economic Statistics* 13, 225-35.

______ (1999): "Empirical Strategies in Labor Economics," in *Handbook of Labor Economics*, ed. Orley C. Ashenfelter and David Card, vol. 3. North Holland, Amsterdam.

______ (2001): "Instrumental Variables and the Search for Identification: From Supply and Demand to Natural Experiments." *Journal of Economic Perspectives* 15(4), 69-85.

ANGRIST, JOSHUA D., AND GUIDO KUERSTEINER (2004): "Semi-parametric Causality Tests Using the Policy Propensity Score." Working Paper No. 10975. National Bureau of Economic Research, Cambridge, Mass.

ANGRIST, JOSHUA D., AND KEVIN LANG (2004): "Does School Integration Generate Peer Effects? Evidence from Boston's Metco Program." *The American Economic Review* 94, 1613-34.

ANGRIST, JOSHUA D., AND VICTOR LAVY (1999): "Using Maimonides' Rule to Estimate the Effect of Class Size on Scholastic Achievement." *The Quarterly Journal of Economics* 114, 533-75.

______ (2008): "The Effects of High Stakes High School Achievement Awards: Evidence from a Group-Randomized Trial." *The American Economic Review* 99, 1384-414.

ANGRIST, JOSHUA D., VICTOR LAVY, AND ANALIA SCHLOSSER (2006): "Multiple Experiments for the Causal Link Between the Quantity and Quality of Children." Working Paper No. 06-26. Department of Economics, Massachusetts Institute of Technology, Cambridge, Mass.

ARELLANO, MANUEL (1987): "Computing Robust Standard Errors for Within-groups Estimators." *Oxford Bulletin of Economics and Statistics* 49, 431-34.

ARELLANO, MANUEL, AND STEPHEN BOND (1991): "Some Tests of Specification for Panel Data: Monte Carlo Evidence and an Application to Employment Equations." *The Review of Economic Studies* 58, 277-97.

ASHENFELTER, ORLEY A. (1978): "Estimating the Effect of Training Programs on Earnings." *Review of Economics and Statistics* 60, 47-57.

______ (1991): "How Convincing Is the Evidence Linking Education and Income?" Working Paper No. 292. Princeton University, Industrial Relations Section, Princeton, N.J.

ASHENFELTER, ORLEY A., AND DAVID CARD (1985): "Using the Longitudinal Structure of Earnings to Estimate the Effect of Training Programs." *The Review of Economics and Statistics* 67, 648-60.

ASHENFELTER, ORLEY A., AND ALAN B. KRUEGER (1994): "Estimates of the Economic Return to Schooling from a New Sample of Twins." *American Economic Review* 84, 1157-73.

ASHENFELTER, ORLEY A., AND CECILIA ROUSE (1998): "Income, Schooling, and Ability: Evidence from a New Sample of Identical Twins." *The Quarterly Journal of Economics* 113, 253-84.

ATHEY, SUSAN, AND GUIDO IMBENS (2006): "Identification and Inference in Nonlinear Difference-in-Difference Models." *Econometrica* 74, 431-97.

ATKINSON, ANTHONY B. (1970): "On the Measurement of Inequality." *Journal of Economic Theory* 2, 244-63.

AUTOR, DAVID (2003): "Outsourcing at Will: The Contribution of Unjust Dismissal Doctrine to the Growth of Employment Outsourcing." *Journal of Labor Economics* 21, 1-42.

AUTOR, DAVID, LAWRENCE F. KATZ, AND MELISSA S. KEARNEY (2005): "Rising Wage Inequality: The Role of Composition and Prices." Working Paper No. 11628. National Bureau of Economic Research, Cambridge, Mass.

BARNETT, STEVEN W. (1992): "Benefits of Compensatory Preschool Education." *Journal of Human Resources* 27, 279-312.

BARNOW, BURT S., GLEN G. CAIN, AND ARTHUR GOLDBERGER (1981): "Selection on Observables." *Evaluation Studies Review Annual* 5, 43-59.

BECKER, SASCHA O., AND ANDREA ICHINO (2002): "Estimation of Average Treatment Effects Based on Propensity Scores." *The Stata Journal* 2, 358-77.

BEKKER, PAUL A. (1994): "Alternative Approximations to the Distributions of Instrumental Variable Estimators." *Econometrica* 62, 657-81.

BEKKER, PAUL A. AND J. VAN DER PLOEG (2005): "Instrumental Variable Estimation Based on Grouped Data." *Statistica Neerlandica* 59, 239-267.

BELL, ROBERT M., AND DANIEL F. McCAFFREY (2002): "Bias Reduction in Standard Errors for Linear Regression with Multistage Samples." *Survey Methodology* 28, 169-81.

BENNEDSEN, MORTEN, KASPER M. NIELSEN, FRANCISCO PÉREZ-GONZÁLEZ, AND DANIEL WOLFENZON (2007): "Inside the Family Firm: The Role of Families in Succession Decisions and Performance." *The Quarterly Journal of Economics* 122, 647-92.

BERTRAND, MARIANNE, ESTHER DUFLO, AND SENDHIL MULLAINA-THAN (2004): "How Much Should We Trust Differences-in-Differences Estimates?" *The Quarterly Journal of Economics* 119, 249-75.

BERTRAND, MARIANNE, AND SENDHIL MULLAINATHAN (2004): "Are Emily and Greg More Employable than Lakisha and Jamal? A Field Experiment on Labor Market Discrimination." *The American Economic Review* 94, 991-1013.

BESLEY, TIMOTHY, AND ROBIN BURGESS (2004): "Can Labour Market Regulation Hinder Economic Performance? Evidence from India." *The Quarterly Journal of Economics* 113, 91-134.

BJORKLUND, ANDERS, AND MARKUS JANTTI (1997): "Intergenerational Income Mobility in Sweden Compared to the United States." *The American Economic Review* 87, 1009-18.

BLACK, DAN A., JEFFREY A. SMITH, MARK C. BERGER, AND BRETT J. NOEL (2003): "Is the Threat of Reemployment Services More Effective than the Services Themselves? Evidence from Random Assignment in the UI System." *The American Economic Review* 93, 1313-27.

BLACK, SANDRA E., PAUL J. DEVEREUX, AND KJELL G. SALVANES (2005): "The More the Merrier? The Effect of Family Size and Birth Order on Children's Education." *The Quarterly Journal of Economics* 120, 669-700.

______ (2008): "Too Young to Leave the Nest: The Effect of School Starting Age." Working Paper No. 13969. National Bureau of Economic Research, Cambridge, Mass.

BLOOM, HOWARD S. (1984): "Accounting for No-shows in Experimental Evaluation Designs." *Evaluation Review* 8, 225-246.

BLOOM, HOWARD S., LARRY L. ORR, STEPHEN H. BELL, GEORGE CAVE, FRED DOOLITTLE, WINSTON LIN, AND JOHANNES M. BOS (1997): "The Benefits and Costs of JTPA Title II-A Programs: Key Findings from the National Job Training Partnership Act Study." *The Journal of Human Resources* 32, 549-76.

BLUNDELL, RICHARD, AND STEPHEN BOND (1998): "Initial Conditions and Moment Restrictions in Dynamic Panel Data Models." *Journal of Econometrics* 87, 115-43.

BORJAS, GEORGE (1992): "Ethnic Capital and Intergenerational Mobility." *Quarterly Journal of Economics* 107, 123-50.

______ (2005): *Labor Economics*, 3rd ed. McGraw-Hill/Irwin, New York.

BOUND, JOHN, DAVID JAEGER, AND REGINA BAKER (1995): "Problems with Instrumental Variables Estimation when the Correlation between the Instruments and the Endogenous Variables Is Weak." *Journal of the American Statistical Association* 90, 443-50.

BOUND, JOHN, AND GARY SOLON (1999): "Double Trouble: On the Value of Twins-Based Estimation of the Returns of Schooling." *Economics of Education Review* 18, 169-82.

BRONARS, STEPHEN G., AND JEFF GROGGER (1994): "The Economic Consequences of Unwed Motherhood: Using Twin Births as a Natural Experiment." *The American Economic Review* 84, 1141-56.

BUCHINSKY, MOSHE (1994): "Changes in the U.S. Wage Structure 1963-1987: Application of Quantile Regression." *Econometrica* 62, 405-58.

BUCHINSKY, MOSHE, AND JINYONG HAHN (1998): "An Alternative Estimator for the Censored Quantile Regression Model." *Econometrica* 66, 653-71.

BUSE, A. (1992): "The Bias of Instrumental Variable Estimators." *Econometrica* 60, 173-80.

CAMERON, COLIN, JONAH GELBACH, AND DOUGLAS L. MILLER (2008): "Bootstrap-Based Improvements for Inference with Clustered Errors." *The Review of Economics and Statistics* 90, 414-27.

CAMPBELL, DONALD THOMAS (1969): "Reforms as Experiments." *American Psychologist* 24, 409-29.

CAMPBELL, DONALD THOMAS, AND JULIAN C. STANLEY (1963): *Experimental and Quasi-experimental Designs for Research*. Rand McNally, Chicago.

CARD, DAVID (1992): "Using Regional Variation to Measure the Effect of the Federal Minimum Wage." *Industrial and Labor Relations Review* 46, 22-37.

______ (1995): "Earnings, Schooling and Ability Revisited," in *Research in Labor*

Economics, ed. Solomon W. Polachek, vol. 14, pp. 23-48. JAI Press, Greenwich, Conn.

______ (1996): "The Effect of Unions on the Structure of Wages: A Longitudinal Analysis." *Econometrica* 64, 957-79.

______ (1999): "The Causal Effect of Education on Earnings," in *Handbook of Labor Economics*, ed. Orley C. Ashenfelter and David Card, vol. 3. North Holland, Amsterdam.

CARD, DAVID, AND ALAN KRUEGER (1994): "Minimum Wages and Employment: A Case Study of the Fast Food Industry in New Jersey and Pennsylvania." *The American Economic Review* 84, 772-84.

______ (2000): "Minimum Wages and Employment: A Case Study of the Fast-Food Industry in New Jersey and Pennsylvania: Reply." *The American Economic Review* 90, 1397-420.

CARD, DAVID, AND THOMAS LEMIEUX (1996): "Wage Dispersion, Returns to Skill, and Black-White Differentials." *Journal of Econometrics* 74, 316-61.

CARD, DAVID E., AND DANIEL SULLIVAN (1988): "Measuring the Effect of Subsidized Training on Movements in and out of Employment." *Econometrica* 56, 497-530.

CARDELL, NICHOLAS SCOTT, AND MARK MYRON HOPKINS (1977): "Education, Income, and Ability: A Comment." *Journal of Political Economy* 85, 211-15.

CHAMBERLAIN, GARY (1977): "Education, Income, and Ability Revisited." *Journal of Econometrics* 5, 241-57.

______ (1978): "Omitted Variables Bias in Panel Data: Estimating the Returns to Schooling." *Annales De L'INSEE* 30-31, 49-82.

______ (1984): "Panel Data," in *Handbook of Econometrics*, ed. Zvi Griliches, and Michael D. Intriligator, vol. 2, pp. 1247-318. North Holland, Amsterdam.

______ (1994): "Quantile Regression, Censoring and the Structure of Wages," in *Proceedings of the Sixth World Congress of the Econometrics Society, Barcelona, Spain*, ed. Christopher A. Sims, and Jean-Jacques Laffont, pp. 179-209. Cambridge University Press, New York.

CHAMBERLAIN, GARY, AND EDWARD E. LEAMER (1976): "Matrix Weighted Averages and Posterior Bounds." *Journal of the Royal Statistical Society*, Series B 38, 73-84.

CHERNOZHUKOV, VICTOR, AND CHRISTIAN HANSEN (2005): "An IV

Model of Quantile Treatment Effects." *Econometrica* 73, 245-61.

______ (2008): "The Reduced Form: A Simple Approach to Inference with Weak Instruments." *Economics Letters* 100, 68-71.

CHERNOZHUKOV, VICTOR, AND H. HONG (2002): "Three-step Censored Quantile Regression and Extramarital Affairs." *Journal of the America Statistical Assoc.* 92, 872-82.

CHERNOZHUKOV, VICTOR, IVAN FERNANDEZ-VAL, AND BLAISE MELLY (2008): "Inference on Counterfactual Distributions." Working Paper No. 08-16. MIT Department of Economics, Cambridge, Mass.

CHESHER, ANDREW, AND GERALD AUSTIN (1991): "The Finite Sample Distributions of Heteroskedasticity Robust Wald Statistics." *Journal of Econometrics* 47, 153-73.

CHESHER, ANDREW, AND IAN JEWITT (1987): "The Bias of the Heteroskedasticity Consistent Covariance Estimator." *Econometrica* 55, 1217-22.

COCHRAN, WILLIAM G. (1965): "The Planning of Observational Studies of Human Populations." *Journal of the Royal Statistical Society*, Series A 128, 234-65.

COOK, THOMAS D. (2008): "Waiting for Life to Arrive: A History of the Regression-Discontinuity Design in Psychology, Statistics, and Economics." *Journal of Econometrics* 142, 636-54.

COOK, THOMAS D., AND VIVIAN C. WONG (2008): "Empirical Tests of the Validity of the Regression-Discontinuity Design." *Annales d'Economie et de Statistique* 91, 127-50.

CRUMP, RICHARD K., V. JOSEPH HOTZ, GUIDO W. IMBENS, AND OSCAR A. MITNIK (2009): "Dealing with Limited Overlap in the Estimation of Average Treatment Effects." *Biometrica* 96, 187-99.

CRUZ, LUIZ M., AND MARCELO J. MOREIRA (2005): "On the Validity of Econometric Techniques with Weak Instruments: Inference on Returns to Education Using Compulsory School Attendance Laws." *Journal of Human Resources* 40, 393-410.

CURRIE, JANET, AND AARON YELOWITZ (2000): "Are Public Housing Projects Good for Kids?" *Journal of Public Economics* 75, 99-124.

DAVIDON, RUSSELL, AND JAMES G. MACKINNON (1993): *Estimation and Inference in Econometrics.* Oxford University Press, New York.

DEARDEN, LORRAINE, SUE MIDDLETON, SUE MAGUIRE, KARL ASHWORTH, KATE LEGGE, TRACEY ALLEN, KIM PERRIN, ERICH

BATTISTIN, CARL EMMERSON, EMLA FITZSIMONS, AND COSTAS MEGHIR (2003): "The Evaluation of Education Maintenance Allowance Pilots: Three Years' Evidence. A Quantitative Evaluation." Research Report No. 499. Department for Education and Skills, DFES Publications, Nottingham, UK.

DEATON, ANGUS (1985): "Panel Data from a Time Series of Cross-sections." *Journal of Econometrics* 30, 109-126.

______ (1997): *The Analysis of Household Surveys: A Microeconometric Approach to Development Policy*. Johns Hopkins University Press for the World Bank, Baltimore, Md.

DEE, THOMAS S., AND WILLIAM N. EVANS (2003): "Teen Drinking and Educational Attainment: Evidence from Two-Sample Instrumental Variables Estimates." *Journal of Labor Economics* 21, 178-209.

DEGROOT, MORRIS H., AND MARK J. SCHERVISH (2001): *Probability and Statistics*, 3rd ed. Addison-Wesley, Boston.

DEHEJIA, RAJEEV H. (2005): "Practical Propensity Score Matching: A Reply to Smith and Todd." *Journal of Econometrics* 125, 355-364.

DEHEJIA, RAJEEV H., AND SADEK WAHBA (1999): "Causal Effects in Non-experimental Studies: Reevaluating the Evaluation of Training Programs." *Journal of the American Statistical Association* 94, 1053-62.

DEMING, DAVID, AND SUSAN DYNARSKI (2008): "The Lengthening of Childhood." *The Journal of Economic Perspectives* 22(3), 71-92.

DEVEREUX, PAUL J. (2007): "Improved Errors-in-variables Estimators for Grouped Data." *The Journal of Business and Economic Statistics* 27, 278-287.

DONALD, STEPHEN G., AND KEVIN LANG (2007): "Inference with Difference- in-Differences and Other Panel Data." *Review of Economics and Statistics* 89, 221-33.

DUAN, NAIHUA, WILLARD D. MANNING, JR., CARL N. MORRIS. AND JOSEPH P. NEWHOUSE (1983): "A Comparison of Alternative Models for the Models for the Demand for Medical Care." *Journal of Business & Economic Statistics* 1, 115-26.

______ (1984): "Choosing Between the Sample-Selection Model and the Multi-Part Model." *Journal of Business & Economic Statistics* 2, 283-289.

DURBIN, JAMES (1954): "Errors in Variables." *Review of the International Statistical Institute* 22, 23-32.

EICKER, FRIEDHELM (1967): "Limit Theorems for Regressions with Unequal and Dependent Errors," in *Proceedings of the Fifth Berkeley Symposium on Mathematical Statistics and Probability*, vol. 1, pp. 59-82. University of California Press, Berkeley and Los Angeles.

FINN, JEREMY D., AND CHARLES M. ACHILLES (1990): "Answers and Questions About Class Size: A Statewide Experiment." *American Educational Research Journal* 28, 557-77.

FIRPO, SERGIO (2007): "Efficient Semiparametric Estimation of Quantile Treatment Effects." *Econometrica* 75, 259-76.

FLORES-LAGUNES, ALFONSO (2007): "Finite Sample Evidence of IV Estimators under Weak Instruments." *Journal of Applied Econometrics* 22, 677-94.

FREEDMAN, DAVID (2005): "Linear Statistical Models for Causation: A Critical Review," in *The Wiley Encyclopedia of Statistics in Behavioral Science*, ed. B. Everitt, and D. Howell. John Wiley, Chichester, UK.

FREEMAN, RICHARD (1984): "Longitudinal Analyses of the Effect of Trade Unions." *Journal of Labor Economics* 3, 1-26.

FRISCH, RAGNAR, AND FREDERICK V. WAUGH (1933): "Partial Time. Regression as Compared with Individual Trends." *Econometrica* 1, 387-401.

FRÖLICH, MARKUS, AND BLAISE MELLY (2007): "Unconditional Quantile Treatment Effects Under Endogeneity." Working Paper No. CWP32/07. Centre for Microdata Methods and Practice.

FRYER, ROLAND G., AND STEVEN D. LEVITT (2004): "The Causes and Consequences of Distinctively Black Names." *The Quarterly Journal of Economics* 119, 767-805.

GALTON, FRANCIS (1886): "Regression Towards Mediocrity in Hereditary Stature." *Journal of the Anthropological Institute* 15, 246-63.

GOLDBERGER, ARTHUR S. (1972): "Selection Bias in Evaluating Treatment Effects: Some Formal Illustrations." Working paper. Department of Economics, University of Wisconsin, Madison.

______ (1991): *A Course in Econometrics*. Harvard University Press, Cambridge, Mass.

GOSLING, AMANDA, STEPHEN MACHIN, AND COSTAS MEGHIR (2000): "The Changing Distribution of Male Wages in the U.K." *Review of Economic Studies* 67, 635-66.

GRANGER, CLIVE W. J. (1969): "Investigating Causal Relations by Econometric

Models and Cross-spectral Methods." *Econometrica* 37, 424-38.

GRILICHES, ZVI (1977): "Estimating the Returns to Schooling: Some Econometric Problems." *Econometrica* 45, 1-22.

GRILICHES, ZVI, AND JERRY A. HAUSMAN (1986): "Errors in Variables in Panel Data." *Journal of Econometrics* 31, 93-118.

GRILICHES, ZVI, AND WILLIAM M. MASON (1972): "Education, Income, and Ability." *Journal of Political Economy* 80, S74-103.

GRUMBACH, KEVIN, DENNIS KEANE, AND ANDREW BINDMAN (1993): "Primary Care and Public Emergency Department Overcrowding." *American Journal of Public Health* 83, 372-78.

GURYAN, JONATHAN (2004): "Desegregation and Black Dropout Rates." *American Economic Review* 94, 919-43.

HAAVELMO, TRYGVE (1944): "The Probability Approach in Econometrics." *Econometrica* 12, Sl-115.

HAHN, JINYONG (1998): "On the Role of the Propensity Score in Efficient Semiparametric Estimation of Average Treatment Effects." *Econometrica* 66, 315-31.

HAHN, JINYONG, PETRA TODD, AND WILBUR VAN DER KLAAUW (2001): "Identification and Estimation of Treatment Effects with a Regression-Discontinuity Design." *Econometrica* 69, 201-9.

HANSEN, CHRISTIAN B. (2007a): "Asymptotic Properties of a Robust Variance Matrix Estimator for Panel Data When T Is Large." *Journal of Econometrics* 141, 597-620.

______ (2007b): "Generalized Least Squares Inference in Panel and Multilevel Models with Serial Correlation and Fixed Effects." *Journal of Econometrics* 140, 670-94.

HANSEN, LARS PETER (1982): "Large Sample Properties of Generalized Method of Moments Estimators." *Econometrica* 50, 1029-54.

HAUSMAN, JERRY (1978): "Specification Tests in Econometrics." *Econometrica* 46, 1251-71.

______ (1983): "Specification and Estimation of Simultaneous Equation Models," in *Handbook of Econometrics*, ed. Zvi Griliches, and Michael Intriligator, vol. 1, pp. 391-448. North Holland, Amsterdam.

______ (2001): "Mismeasured Variables in Econometric Analysis: Problems from the Right and Problems from the Left." *Journal of Economic Perspectives* 15(4),

57-67.

HAUSMAN, JERRY, WHITNEY NEWEY, TIEMEN WOUTERSEN, JOHN CHAO, AND NORMAN SWANSON (2008): "Instrumental Variable Estimation with Heteroskedasticity and Many Instruments." Unpublished manuscript. Department of Economics, Massachusetts Institute of Technology, Cambridge, Mass.

HAY, JOEL W., AND RANDALL J. OLSEN (1984): "Let Them Eat Cake: A Note on Comparing Alternative Models of the Demand for Medical Care." *Journal of Business & Economic Statistics* 2, 279-82.

HECKMAN, JAMES J. (1978): "Dummy Endogenous Variables in a Simultaneous Equations System." *Econometrica* 46, 695-712.

HECKMAN, JAMES J., HIDEHIKO ICHIMURA, AND PETRA E. TODD (1998): "Matching as as Econometric Evaluation Estimator." *Review of Economic Studies* 62, 261-94.

HECKMAN, JAMES J., JEFFREY SMITH, AND NANCY CLEMENTS (1997): "Making the Most out of Programme Evaluations and Social Experiments: Accounting for Heterogeneity in Programme Impacts." *The Review of Economic Studies* 64, 487-535.

HIRANO, KEISUKE, GUIDO W. IMBENS, AND GEERT RIDDER (2003): "Efficient Estimation of Average Treatment Effects Using the Estimated Propensity Score." *Econometrica* 71, 1161-89.

HOAGLIN, DAVID C., AND ROY E. WELSCH (1978): "The Hat Matrix in Regression and ANOVA." *The American Statistician* 32, 17-22.

HOLLAND, PAUL W. (1986): "Statistics and Causal Inference." *Journal of the American Statistical Association* 81, 945-70.

HOLTZ-EAKIN, DOUGLAS, WHITNEY NEWEY, AND HARVEY S. ROSEN (1988): "Estimating Vector Autoregressions with Panel Data." *Econometrica* 56, 1371-1395.

HOROWITZ, JOEL L. (1997): "Bootstrap Methods in Econometrics: Theory and Numerical Performance," in *Advances in Economics and Econometrics: Theory and Applications*, ed. David M. Kreps and Kenneth F. Wallis, vol. 3, pp. 188-222. Cambridge University Press, Cambridge, UK.

______ (2001): "The Bootstrap," in *Handbook of Econometrics*, ed. James J. Heckman and Edward E. Leamer, vol. 5, pp. 3159-228. Elsevier Science, Amsterdam.

HORVITZ, DANIEL G., AND DONOVAN J. THOMPSON (1952): "A Generalization of Sampling Without Replacement from a Finite Population." *Journal of the American Statistical Association* 47, 663-85.

HOXBY, CAROLINE (2000): "The Effects of Class Size on Student Achievement: New Evidence from Population Variation." *The Quarterly Journal of Economics* 115, 1239-85.

HSIA, JUDITH, ROBERT D. LANGER, JOANN E. MANSON, LEWIS KULLER, KAREN C. JOHNSON, SUSAN L. HENDRIX, MARY PETTINGER, SUSAN R. HECKBERT, NANCY GREEP, SYBIL CRAWFORD, CHARLES B. EATON, JOHN B. KOSTIS, PAT CARALIS, ROSS PRENTICE, FOR THE WOMEN'S HEALTH INITIATIVE INVESTIGATORS (2006): "Conjugated Equine Estrogens and Coronary Heart Disease: The Women's Health Initiative." *Archives of Internal Medicine* 166, 357-65.

IMBENS, GUIDO (2000): "The Role of the Propensity Score in Estimating Dose-Response Functions." *Biometrika* 87, 706-10.

______ (2004): "Nonparametric Estimation of Average Treatment Effects Under Exogeneity: A Review." *The Review of Economics and Statistics* 86, 4-29.

IMBENS, GUIDO, AND JOSHUA ANGRIST (1994): "Identification and Estimation of Local Average Treatment Effects." *Econometrica* 62, 467-76.

IMBENS, GUIDO, AND THOMAS LEMIEUX (2008): "Regression Discontinuity Designs: A Guide to Practice." *Journal of Econometrics* 142, 615-35.

INOUE, ATSUSHI, AND GARY SOLON (2009): "Two-Sample Instrumental Variables Estimators." *The Review of Economics and Statistics* 92, 557-561.

JAPPELLI, TULLIO, JÖRN-STEFFEN PISCHKE, AND NICHOLAS S. SOULELES (1998): "Testing for Liquidity Constraints in Euler Equations with Complementary Data Sources." *The Review of Economics and Statistics* 80, 251-62.

JOHNSON, NORMAN L., AND SAMUEL KOTZ (1970): *Distributions in Statistics: Continuous Distributions*, vol. 2. John Wiley, New York.

KAUERMANN, GORAN, AND RAYMOND J. CARROLL (2001): "A Note on the Efficiency of Sandwich Covariance Estimation." *Journal of the American Statistical Association* 96, 1387-96.

KELEJIAN, HARRY H. (1971): "Two Stage Least Squares and Econometric Systems Linear in Parameters but Nonlinear in the Endogenous Variables."

Journal of the American Statistical Association 66, 373-74.

KENNAN, JOHN (1995): "The Elusive Effects of Minimum Wages." *Journal of Economic Literature* 33, 1950-65.

KÉZDI, GÁBOR (2004): "Robust Standard Error Estimation in Fixed-Effects Panel Models." *Hungarian Statistical Review* (Special English Volume) 9, 95-116.

KISH, LESLIE (1965): "Sampling Organizations and Groups of Unequal Sizes." *American Sociological Review* 30, 564-72.

KLOEK, TEUN (1981): "OLS Estimation in a Model Where a Microvariable Is Explained by Aggregates and Contemporaneous Disturbances Are Equicorrelated." *Econometrica* 49, 205-7.

KNIGHT, KEITH (2000): *Mathematical Statistics.* Chapman & Hall/CRC, Boca Raton, Fla.

KOENKER, ROGER (2005): *Quantile Regression.* Cambridge University Press, Cambridge, UK.

KOENKER, ROGER, AND GILBERT BASSETT (1978): "Regression Quantiles." *Econometrica* 46, 33-50.

KOENKER, ROGER, AND STEPHEN PORTNOY (1996): "Quantile Regression." Working Paper No. 97-0100. College of Commerce and Business Administration, Office of Research, University of Illinois at Urbana-Champaign.

KRUEGER, ALAN B. (1999): "Experimental Estimates of Education Production Functions." *The Quarterly Journal of Economics* 114, 497-532.

KUGLER, ADRIANA, JUAN F. JIMENO, AND VIRGINIA HERNANZ (2005): "Employment Consequences of Restrictive Permanent Contracts: Evidence from Spanish Labor Market Reforms." FEDEA Working Paper No. 2003-14. FEDEA: Foundation for Applied Economic Research, Madrid, Spain.

LALONDE, ROBERT J. (1986): "Evaluating the Econometric Evaluations of Training Programs Using Experimental Data." *The American Economic Review* 76, 602-20.

______ (1995): "The Promise of Public Sector-Sponsored Training Programs." *Journal of Economic Perspectives* 93(2), 149-68.

LEE, DAVID S. (2008): "Randomized Experiments from Non-random Selection in U.S. House Elections." *Journal of Econometrics* 142, 675-97.

LEMIEUX, THOMAS (2008): "The Changing Nature of Wage Inequality." *Journal of Population Economics* 21, 21-48.

LIANG, KUNG-YEE, AND SCOTT L. ZEGER (1986): "Longitudinal Data Analysis Using Generalized Linear Models." *Biometrika* 73, 13-22.

MACHADO, JOSE, AND JOSE MATA (2005): "Counterfactual Decompositions of Changes in Wage Distributions Using Quantile Regression." *Journal of Applied Econometrics* 20, 445-65.

MACKINNON, JAMES G., AND HALBERT WHITE (1985): "Some Heteroskedasticity Consistent Covariance Matrix Estimators with Improved Finite Sample Properties." *Journal of Econometrics* 29, 305-25.

MADDALA, GANGADHARRAO SOUNDALYARAO (1983): "Methods of Estimation for Models of Markets with Bounded Price Variation." *International Economic Review* 24, 361-78.

MAMMEN, ENNO (1993): "Bootstrap and Wild Bootstrap for High Dimensional Linear Models." *Annals of Statistics* 21, 255-85.

MANNING, WILLARD G., JOSEPH P. NEWHOUSE, NAIHUA DUAN, EMMETT B. KEELER, ARLEEN LEIBOWITZ, AND SUSAN M. MARQUIS (1987): "Health Insurance and the Demand for Medical Care: Evidence from a Randomized Experiment." *American Economic Review* 77, 251-77.

MANSKI, CHARLES F. (1991): "Regression." *Journal of Economic Literature* 29, 34-50.

MARIANO, ROBERTO S. (2001): "Simultaneous Equation Model Estimators: Statistical Properties, " in *A Companion to Theoretical Econometrics*, ed. B. Baltagi. Blackwell, Oxford, UK.

McCLELLAN, MARK B., BARBARA J. MCNEIL, AND JOSEPH P. NEWHOUSE (1994): "Does More Intensive Treatment of Acute Myocardial Infarction Reduce Mortality? Analysis Using Instrumental Variables." *Journal of the American Medical Association* 272, 859-66.

McCRARY, JUSTIN (2008): "Manipulation of the Running Variable in the Regression Discontinuity Design: A Density Test." *Journal of Econometrics* 142, 698-714.

McDONALD, JOHN F., AND ROBERT A. MOFFITT (1980): "The Uses of Tobit Analysis." *The Review of Economics and Statistics* 62, 318-21.

MELTZER, ALLAN H., AND SCOTT F. RICHARD (1983): "Tests of a Rational Theory of the Size of Government." *Public Choice* 41, 403-18.

MESSER, KAREN, AND HALBERT WHITE (1984): "A Note on Computing the Heteroskedasticity Consistent Covariance Matrix Using Instrumental Variables Techniques." *Oxford Bulletin of Economics and Statistics* 46, 181-84.

MEYER, BRUCE D., W. KIP VISCUSI, AND DAVID L. DURBIN (1995): "Workers' Compensation and Injury Duration: Evidence from a Natural Experiment." *The American Economic Review* 85, 322-40.

MEYER, BRUCE D., AND DAN T. ROSENBAUM (2001): "Welfare, the Earned Income Tax Credit, and the Labor Supply of Single Mothers." *The Quarterly Journal of Economics* 116, 1063-114.

MILGRAM, STANLEY (1963): "Behavioral Study of Obedience." *Journal of Abnormal and Social Psychology* 67, 371-78.

MOFFITT, ROBERT (1992): "Incentive Effects of the U.S. Welfare System: A Review." *Journal of Economic Literature* 30, 1-61.

MORGAN, MARY S. (1990): *The History of Econometric Ideas.* Cambridge University Press, Cambridge, UK.

MOULTON, BRENT (1986): "Random Group Effects and the Precision of Regression Estimates." *Journal of Econometrics* 32, 385-97.

NELSON, CHARLES R., AND RICHARD STARTZ (1990a): "The Distribution of the Instrumental Variables Estimator and Its t-Ratio when the Instrument Is a Poor One." *Journal of Business* 63, 125-40.

______ (1990b): "Some Further Results on the Exact Small-Sample Properties of the Instrumental Variable Estimator." *Econometrica* 58, 967-76.

NEUMARK, DAVID, AND WILLIAM WASCHER (1992): "Employment Effects of Minimum and Subminimum Wages: Panel Data on State Minimum Wage Laws." *Industrial and Labor Relations Review* 46, 55-81. .

NEWEY, WHITNEY K. (1985): "Generalized Method of Moments Specification Testing." *Journal of Econometrics* 29, 299-56.

______ (1990): "Semiparametric Efficiency Bounds." *Journal of Applied Econometrics* 5, 99-135.

NEWEY, WHITNEY K., AND KENNETH D. WEST (1987): "Hypothesis Testing with Efficient Method of Moments Estimation." *International Economic Review* 28, 777-87.

NICKELL, STEPHEN (1981): "Biases in Dynamic Models with Fixed Effects." *Econometrica* 49, 1417-26.

OBENAUER, MARIE, AND BERTHA VON DER NIENBURG (1915):

"Effect of Minimum Wage Determinations in Oregon." Bulletin of the U.S. Bureau of Labor Statistics, No. 176. Washington, D.C., U.S. Government Printing Office.

OREOPOULOS, PHILIP (2006): "Estimating Average and Local Average Treatment Effects of Education When Compulsory Schooling Laws Really Matter." *American Economic Review* 96, 152-75.

ORR, LARRY L., HOWARD S. BLOOM, STEPHEN H. BELL, FRED DOOLITTLE, AND WINSTON LIN (1996); *Does Training for the Disadvantaged Work? Evidence from the National JTPA Study*. Urban Institute Press, Washington, D. C.

PFEFFERMAN, DANIEL (1993): "The Role of Sampling Weights When Modeling Survey Data." *International Statistical Review* 61, 317-37.

PISCHKE, JÖRN-STEFFEN (2007): "The Impact of Length of the School Year on Student Performance and Earnings: Evidence from the German Short School Years." *Economic Journal* 117, 1216-42.

PORTER, JACK (2003): "Estimation in the Regression Discontinuity Model." Unpublished manuscript. Department of Economics, University of Wisconsin, Madison, Wis.

POTERBA, JAMES, STEVEN VENTI, AND DAVID WISE (1995): "Do 401K Contributions Crowd Out Other Personal Savings." *Journal of Public Economics* 58, 1-32.

POWELL, JAMES L. (1986): "Censored Regression Quantiles." *Journal of Econometrics* 32, 143-55.

______ (1989): "Semiparametric Estimation of Censored Selection Models." Unpublished manuscript. Department of Economics, University of Wisconsin, Madison.

PRAIS, SIG J., AND JOHN AITCHISON (1954): "The Grouping of Observations in Regression Analysis." *Revue de l'Institut International de Statistique (Review of the International Statistical Institute)* 22, 1-22.

REIERSOL, OLAV (1941): "Confluence Analysis by Means of Lag Moments and Other Methods of Confluence Analysis." *Econometrica* 9, 1-24.

ROBINS, JAMES M., STEVEN D. MARK, AND WHITNEY K. NEWEY (1992): "Estimating Exposure Effects by Modeling the Expectation of Exposure Conditional on Confounders." *Biometrics* 48, 479-95.

ROSENBAUM, PAUL R. (1984): "The Consequences of Adjustment for a

Concomitant Variable That Has Been Affected by the Treatment." *Journal of the Royal Statistical Society*, Series A 147, 656-66.

______ (1995): *Observational Studies.* Springer-Verlag, New York.

ROSENBAUM, PAUL R., AND DONALD B. RUBIN (1983): "The Central Role of the Propensity Score in Observational Studies for Causal Effects." *Biometrika* 70, 41-55.

______ (1985): "The Bias Due to Incomplete Matching." *Biometrics* 41, 106-16.

ROSENZWEIG, MARK R., AND KENNETH Ⅰ. WOLPIN (1980): "Testing the Quantity-Quality Fertility Model: The Use of Twins as a Natural Experiment." *Econometrica* 48, 227-240.

RUBIN, DONALD B. (1973): "Matching to Remove Bias in Observational Studies." *Biometrics* 29, 159-83.

______ (1974): "Estimating the Causal Effects of Treatments in Randomized and Non-Randomized Studies." *Journal of Educational Psychology* 66, 688-701.

______ (1977): "Assignment to a Treatment Group on the Basis of a Covariate." *Journal of Educational Statistics* 2, 1-26.

______ (1991): "Practical Implications of Modes of Statistical Inference for Causal Effects and the Critical Role of the Assignment Mechanism." *Biometrics* 47, 1213-34.

RUUD, PAUL A. (1986): "Consistent Estimation of Limited Dependent Variable Models Despite Misspecification of Distribution." *Journal of Econometrics* 32, 157-87.

SHADISH, WILLIAM R., THOMAS D. COOK, AND DONALD T. CAMPBELL (2002): *Experimental and Quasi-Experimental Designs for Generalized Causal Inference.* Houghton-Mifflin, Boston.

SHERMAN, LAWRENCE W., AND RICHARD A. BERK (1984): "The Specific Deterrent Effects of Arrest for Domestic Assault." *American Sociological Review* 49, 261-72.

SHORE-SHEPPARD, LARA (1996): "The Precision of Instrumental Variables Estimates with Grouped Data." Working Paper No. 374. Princeton University, Industrial Relations Section, Princeton, N.J.

SMITH, JEFFREY A., AND PETRA E. TODD (2001): "Reconciling Conflicting Evidence on the Performance of Propensity-Score Matching Methods." *American Economic Review* 91, 112-18.

______ (2005): "Does Matching Overcome LaLonde's Critique of Nonexperimental Estimators?" *Journal of Econometrics* 125, 305-53.

SNOW, JOHN (1855): *On the Mode of Communication of Cholera*, 2nd ed. John Churchill, London.

STIGLER, STEPHEN M. (1986): *The History of Statistics: The Measurement of Uncertainty Before 1900*. The Belknap Press of Harvard University Press, Cambridge, Mass.

STOCK, JAMES H., AND FRANCESCO TREBBI (2003): "Who Invented Instrumental Variables Regression?" *The Journal of Economic Perspectives* 17(3), 177-94.

STOCK, JAMES H., JONATHAN H. WRIGHT, AND MOTOHIRO YOGO (2002): "A Survey of Weak Instruments and Weak Identification in Generalized Method of Moments." *Journal of Business & Economic Statistics* 20, 518-29.

TAUBMAN, PAUL (1976): "The Determinants of Earnings: Genetics, Family and Other Environments: A Study of White Male Twins." *American Economic Review* 66, 858-70.

THISTLEWAITE, DONALD L., AND DONALD T. CAMPBELL (1960): "Regression-Discontinuity Analysis: An Alternative to the Ex Post Facto Experiment." *Journal of Educational Psychology* 51, 309-17.

TROCHIM, WILLIAM (1984): *Research Designs for Program Evaluation: The Regression Discontinuity Design*. Sage Publications, Beverly Hills, Calif.

VAN DER KLAAUW, WILBERT (2002): "Estimating the Effect of Financial Aid Offers on College Enrollment: A Regression-Discontinuity Approach." *International Economic Review* 43, 1249-1287.

WALD, ABRAHAM (1940): "The Fitting of Straight Lines if Both Variables Are Subject to Error." *Annals of Mathematical Statistics* 11, 284-300.

______ (1943): "Tests of Statistical Hypotheses Concerning Several Parameters When the Number of Observations Is Large." *Transactions of the American Mathematical Society* 54, 426-82.

WHITE, HALBERT (1980a): "A Heteroskedasticity-Consistent Covariance Matric Estimator and a Direct Test for Heteroskedasticity." *Econometrica* 48, 817-38.

______ (1980b): "Using Least Squares to Approximate Unknown Regression Functions." *International Economic Review* 21, 149-70.

______ (1982): "Instrumental Variables Regression with Independent Observations." *Econometrica* 50, 483-99.

______ (1984): *Asymptotic Theory for Econometricians.* Academic Press, Orlanda, Fla.

WOOLDRIDGE, JEFFREY (2003): "Cluster-Sample Methods in Applied Econometrics." *American Economic Review* 93, 133.

______ (2005): "Fixed-Effects and Related Estimators for Correlated Random-Coefficient and Treatment-Effect Panel Data Models." *The Review of Economics and Statistics* 87, 385-90.

______ (2006): *Introductory Econometrics: A Modern Approach.* Thomson/South-Western, Mason, Oh.

WRIGHT, PHILLIP G. (1928): *The Tariff on Animal and Vegetable Oils.* Macmillan, New York.

YANG, SONG, LI Hsu, AND LUEPING ZHAO (2005): "Combining Asymptotically Normal Tests: Case Studies in Comparison of Two Groups." *Journal of Statistical Planning and Inference* 133, 139-58.

YELOWITZ, AARON (1995): "The Medicaid Notch, Labor Supply and Welfare Participation: Evidence from Eligibility Expansions." *The Quarterly Journal of Economics* 110, 909-39.

YITZHAKI, SHLOMO (1996): "On Using Linear Regression in Welfare Economics." *Journal of Business and Economic Statistics* 14, 478-86.

YULE, GEORGE UDNY (1895): "On the Correlation of Total Pauperism with Proportion of Out-Relief." *The Economic Journal* 5, 603-11.

______ (1897): "On the Theory of Correlation." *Journal of the Royal Statistical Society* 60, 812-54.

______ (1899): "An Investigation into the Causes of Changes in Pauperism in England, Chiefly During the Last Two Intercensal Decades (Part I)." *Journal of the Royal Statistical Society* 62, 249-95.

찾아보기

INDEX

대체로 해롭지 않은 **계량경제학**

저 자 J. D. Angrist and J-S. Pischke
공역자 강창희 · 박상곤
발행자 한헌주
발행처 도서출판 **경문사**
서울특별시 서대문구 독립문로 21-9
전화 738-7035 FAX. 722-4678
E-mail : kmsp@korea.com
홈페이지 : http://www.kmsp.co.kr
등 록 1995년 11월 9일 제300-1995-138호

2014년 8월 28일 초판 발행
2025년 2월 15일 초판 5쇄 발행

정가 24,000원
ISBN 978 89-420-0814-8 93320